기업성과 혁신을 위한 공급사슬관리

함용석

북 넷

머리말

세계경제와 더불어 한국경제가 어려움에서 벗어나지 못하고 있다. 미국이 점차 금융위기에서 벗어난 상태에서 영국의 유럽연합 탈퇴를 뜻하는 브렉시트로 인한 유럽국가들의 재정압박이 심해지고, 북핵위협 등 한국경제에 대한 우려로 세계경제와 한국경제의 위기가 지속되고 있다.

예전에는 기업들이 몸집 불리기에 나서면서 매출과 시장점유율 위주의 정책을 펴고, 세계 곳곳에 공장들을 세우고 확장하였으며, 이때 경제위기를 맞은 상태에서 기업들은 현금이 부족한 상황이었다. 린 제조방식 등의 기업의 경영혁신에 앞서던 많은 기업들이 시야를 너무 몸집 불리기로 돌렸던 것이다.

이 상태에서 공급업체들 쥐어짜기 형태의 경영이 이루어지고 공급업체와의 상생을 중시하던 일본기업들이 오히려 공급업체를 수익성의 대상으로만 인식하고 공급업체와의 조화로운 관계를 이끌어내지 못하면서 기업이 위기를 맞은 경우도 있었다.

점차 고객의 요구는 다변화되고 하이브리드 기술의 요구가 늘어나면서 한 기업이 홀로 수직계열화를 통해 가치를 창출하는 것이 점점 더 불가능해지고 있으며 이에 따라 아웃소싱이 증대되면서 공급업체부터 우리 회사를 거쳐 고객에게 이르는 공급사슬은 점점 더 복잡해지고 있는 양상이다.

이에 따라 더욱 공급사슬관리가 중요해지고 있다고 볼 수 있으며 이제는 우리나라도 우리 가정, 우리 회사라는 생각과 더불어 우리 공급사슬도 챙겨야 할 시점이 된 것 같다. 도저히 기업자체의 자원만으로는 최적의 가치를 창출하기 어렵고 외부의 공급업체와 더불어 고객까지도 같이 협력해야 하는 시점이 도래한 것이다.

〈ERP의 이해와 활용〉 책을 저술한 이후에 많은 독자들로부터 격려를 받았고 많은 독자들이 읽고, 여러 대학의 교재로 사용되면서 질문도 여러 번 받았고, 강의요청도 받았다. 이때마다 느낀 것이 ERP 자체의 기능에서 벗어나 ERP를 활용한 기업성과 혁신과 연관된 책이 필요하다는 생각을 하게 되었다.

기능과 실습위주의 교재에서 벗어나 개념활용과 실제 가치를 높이는데 도움이 될 수 있는 주제로 공급사슬관리를 선택하게 되었다. 그리고 공급사슬관리에 필요한 개념과 복잡한 내용들을 어떻게 하면 쉽게 기술하고 가르칠 수 있을 것인지를 고민하였다.

1장은 공급사슬에 대한 이해에 초점을 맞추고 각 기능부문들에 대한 설명과 e비즈니스 시대의 가치사슬의 변화를 다루었고, 2장에서는 공급사슬관리의 필요성을 설명하고, 공급사슬 구조를 변혁시키는 방법 등 다양한 관점에서 공급사슬관리를 이해하고자 노력하였다. 또한 수요가 왜곡되는 이유와 공급사슬관리를 위한 대책들을 살펴보았다. 3장에서는 여러 부문과 가장 상호작용이 많고 공급사슬관리와 밀접한 기능부문 역할을 담당하는 아웃소싱과 생산운영관리에 관해 설명하였으며, 4장에서는 공급사슬관리와 밀접한 경영혁신에 관한 미니사례들을 소개하면서, 혁신의 성공적 접근방법을 내용으로 다루었다. 그리고 5장에서는 공급사슬관리와 관련된 모형과 추진시에 알아두어야 할 기법과 개념을 설명하였으며, 6장에서는 공급사슬관리를 지원하는 정보시스템으로서 ERP, CRM, SRM, APS, PDM, SEM 등을 다루었다. 7장에서는 공급사슬관리를 성공적으로 추진하기 위하여 도입을 위한 사전 준비사항을 설명하면서 공급사슬관리를 추진하는 절차와 구축과정인 도입방법론을 다루었으며, 마지막으로 8장에서는 대표적인 공급사슬관리 추진 사례들을 설명하고 도시화하면서 앞에서 설명한 방법론과 기법이 어떻게 활용되었는지를 구체적으로 설명하였다.

항상 원고를 쓰고 또 탈고할 때마다 저자의 글 솜씨가 부족하다는 생각을 갖지 않을 수 없다. 그럼에도 이 책을 쓴 동기는 저자가 컨설팅을 하며 경험한 내용을 담아, 공급사슬관리를 학습하는 학생들이 개념과 실무를 이해하는데 도움이 되기를 바라는 마음이었다. 또한 공급사슬관리를 추진하는 기업들이 공급사슬을 구성하거나 추진 전략을 수립할 때 조그마한 힘이 될 수 있다면 더 이상 바랄 나위가 없을 것이다.

좋은 책의 출판을 위해 노심초사 일정을 맞추고자 고생하시고 직접 편집과 교정을 도와주신 북넷의 류재식사장님께 감사드리며, 또한 배려심 많으신 경영학부의 모든 교수님들께 많은 도움과 가르침을 받고 있으며 매일 만나도 즐겁고 기쁘다는 말씀과 더불어 감사의 말씀을 올립니다.

2018년 2월

저자 함 용 석

차 례

Chapter 1 공급사슬관리의 이해

Chapter 2 공급사슬관리의 필요성과 공급사슬 구조전략

Chapter 3 아웃소싱과 생산운영관리

Chapter 5 공급사슬관리 모형 및 기법

Chapter 6 공급사슬관리를 지원하는 정보시스템

Chapter 8 공급사슬관리 추진사례

CHAPTER 1

공급사슬관리의 이해

01. 공급사슬관리의 구성
02. 공급사슬관리의 개념
03. SCM의 발전과정
04. 현실 세계의 공급사슬관리

01 공급사슬의 구성

1.1 공급사슬의 개념

공급사슬 또는 공급망(Supply Chain)은 원재료를 부품과 반제품으로 변형시키고 이를 다시 완제품과 소비재로 변형시키고, 이를 소비자에게 제공하고 배분해 주는 비즈니스 프로세스, 사람과 조직 그리고 기술과 물리적 인프라의 합성으로 정의할 수 있다. 이렇게 자재가 제품이나 서비스로 변환되는 과정과 생산된 제품과 서비스가 고객에게 전달되는 모든 과정에 있는 공급업체 간의 상호 연결된 일련의 고리를 공급사슬이라고 일컫는다. 공급사슬의 예는 [그림 1-1]과 [그림 1-2]에 나타나 있다. 아웃소싱의 증가와 유통업체의 다변화로 인해 이러한 공급사슬은 점차 더 복잡해지고 있다. 또한 어떤 업체의 관점에서 공급사슬을 도시화하느냐에 따라, 공급사슬끼리도 서로 얽히는 공급사슬 합성현상도 나타나고 있다.

또한 공급사슬에는 고객요구를 충족시키기 위하여 직접적으로 참여하는 중간생산자 및 최종 생산자 그리고 유통업자 뿐만 아니라 간접적으로 참여하는 운송, 창고, 도매 및 연구/개발 담당자까지도 공급사슬 구성원으로 포함된다.

통합된 공급사슬(Integrated Supply Chain)을 형성하고 있는 [그림 1-1]의 하나는 서비스 사례이며 또 하나는 제조사례인 두 개의 단순화한 공급사슬을 보여준다. 이러한 공급사슬은 "해당 기업"의 관점에서 묘사되는데 해당 기업은 그 기업의 공급업체와 고객을 보이고 있다. 해당 기업옆의 "계층(또는 차: Tier)"이라 불리는 열은 해당 기업에서 떨어져 있는 순서에 따라 서열이 매겨진다. 구매된 상품과 서비스는 상류(Upstream)의 공급업체로부터 해당 기업을 거쳐 하류(Downstream)의 고객들에게까지 흘러간다. 반면에 정보는 공급사슬 구성원들이 자신들의 노력을 계획하고 조정함에 따라 양방향으로 전달된다.

매리오트 인터내셔널(Marriott International)의 사례를 살펴보자.

1972년부터 오랫동안 매리오트는 여행객들을 위한 숙박에만 전문화를 해왔다. 매리오

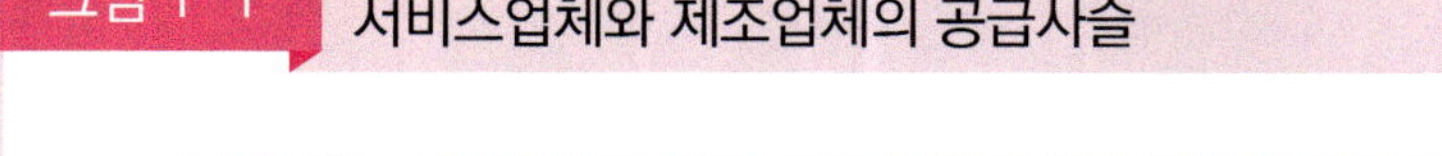

그림 1-1 서비스업체와 제조업체의 공급사슬

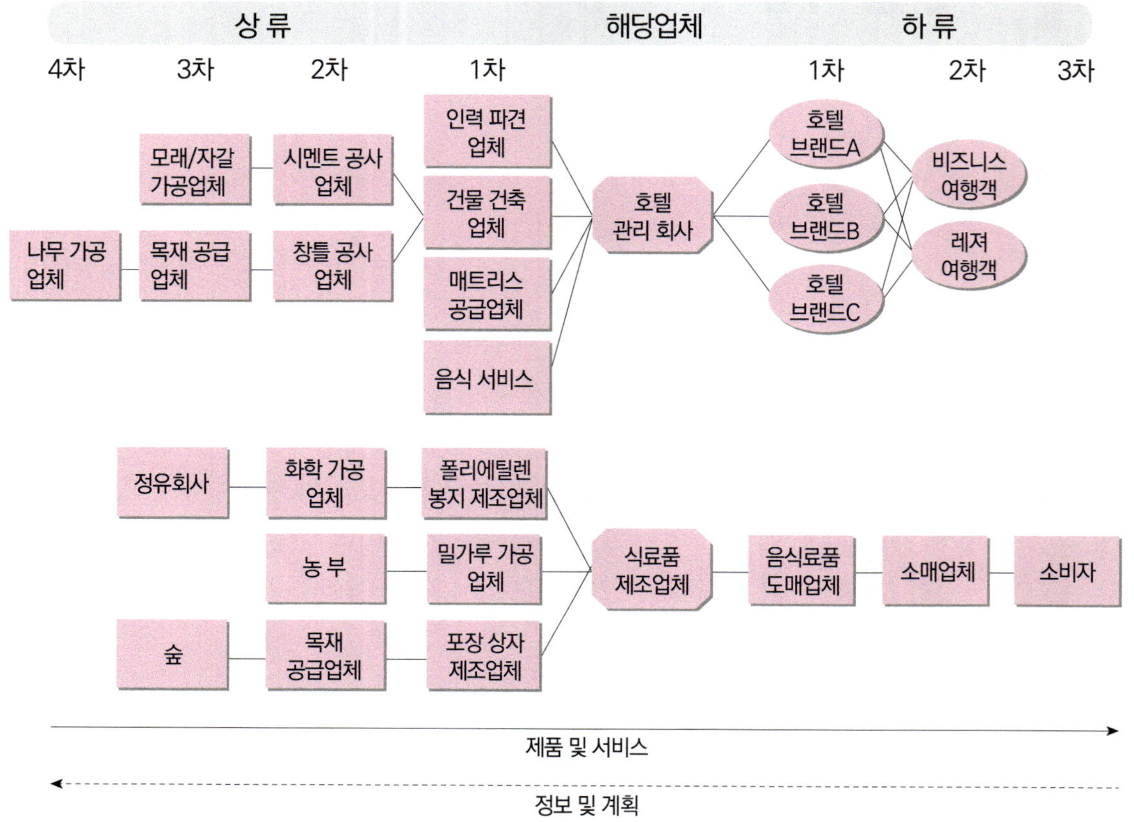

트가 70여개국에 2600개의 호텔과 리조트를 운영하는 회사로 성장하면서 여행요구에 많은 차별적 유행이 존재한다는 사실을 인식하게 되었다. 이에 따라 고객세분시장의 요구를 이해하고 고객이 지불하려는 능력에 따라 호텔을 맞추어 설계하는 자신의 역할을 정의하였다.

매리오트는 전통적인 컨퍼런스 호텔과 리조트를 넘어서서 많은 유행의 브랜드를 개발하였다. 예산에만 집착하는 여행객을 위해서는 페어필드 인(Fairfield Inn)을, 비즈니스 여행객을 위하여 코트야드(Courtyard)라는 브랜드를 개발하였으며, 장기 투숙객에 맞추어 레지던스 인(Residence Inn)이라는 브랜드를 개발하였다.

그럼에도 불구하고 매리오트는 건축이나 가구산업 분야로 후방통합을 시도하지는 않았으며, 호텔을 건축하고 장식하는 전문화된 공급업체에 맡기는 정책을 유지하였다. 이러한 공급업체들은 호텔의 기초를 만들거나 매트리스를 만드는 업체들인데, 이 업체들은 또한 호텔을 건축하는 데 사용되는 시멘트나 프레임 등을 공급하는 업체로부터 재료를 공급받는다. 이와 같이 매리오트는 자신이 가장 잘할 수 있는 일에 집중하고 나머지는 아웃소싱 함으로써 선도적인 세계적 숙박서비스 전문기업이 되었다.

또한 [그림 1-1]의 하단에 있는 식품제조 업체는 식품유통 공급사슬(Food Distribution Supply Chain)에 속해 있다. 1990년대 초에 ECR(Efficient Consumer Response)의 일환으로 공급사슬 경쟁력을 향상시키는 기회를 파악하기 위하여 산업전반의 연구가 수행된 바 있다. 중요 발견점은 104일분의 완성품 재고가 전체 파이프 라인에 채워져있다는 사실과 더불어 농장에서 소비자에 이르기까지 제품을 이송하는데 거의 300일이 소요된다는 사실이었다.

대규모 재고와 비효율적인 프로세스의 중요원인은 공급사슬의 업체들이 자신을 개별적인 실체로만 여기고 정보를 공유하고, 공급사슬 전반에 걸친 제품의 흐름을 신속하게 하기 위해 협력하지 못했기 때문이다. 이러한 비효율성은 적은 이윤을 내고있는 산업에 커다란

그림 1-2 동부하이텍의 반도체 공급사슬

비용부담을 지게 한다.

[그림 1-2]는 동부하이텍의 공급사슬에 대한 단순도해를 나타내고 있다. 반도체 업계의 특성상, 특수기술에 의해 CIS, LDI, Flash, BCDMOS로 시장세분화가 이루어지고 각 세분 시장별로 1차고객, 1차고객의 고객업체인 2차고객, 2차고객의 고객인 3차고객으로 나누어 보여주고 있다. 마찬가지로 공급도 웨이퍼, 웨이퍼 제조설비, 화학약품으로 크게 분류하여 반제품, 부품 및 원재료까지 공급사슬이 구성되는 것을 볼 수 있다.

이와 같이 단순화시킨 공급사슬을 살펴보면 최적화의 단위가 개별공장, 회사, 창고에서 공급사슬 내에 있는 모든 멤버들로 옮겨지고 있음을 생각해볼 수 있다. 즉, 시야를 넓히고, 공급사슬 전체를 최적화할 필요가 있는 것이다. 개별단위 최적화에서 나아가 전체 공급사슬의 경쟁력을 갖기 위한 노력이 필요하고 그것이 바로 팀별 경쟁우위 관점의 SCM인 것이다.

또한 이렇게 관련 회사의 공급사슬을 그려봄으로써 관련 회사가 전체 공급사슬내의 어디에 위치해 있으며, SCM에 대한 다양한 관점 및 활동에 입각해서, 전략적으로 어떤 문제점을 극복하며 어느 방향으로 움직이는 것이 좋을 것인가에 대한 운영비젼을 생각할 수 있다.

1.2 공급사슬의 구성

이러한 공급사슬에는 기업내부의 주요 가치사슬(Value Chain)이 포함된다. 기업에서 업무를 수행하려면 마케팅, 영업, 제품개발, 생산, 구매, 물류, 회계 및 재무 등 다양한 부문의 활동이 필요하다. 이러한 다양한 부문들이 각기 고객의 요구와 기업전략을 이해하고, 기업전략에 일관성 있게, 조화를 이루는 관계속에서 일을 하면 합리적인 프로세스와 보다 경쟁력 있는 제품이 만들어질 것이다. 그러나 많은 기업들의 문화와 기업구조는 오히려 기업내에서 긴밀하게 일하는 관계를 만들지 못한다.

예를 들어, 식품유통 산업에 종사하는 구매부서의 관리자가 물류부문의 관리자와 의견조율을 하지 않고 판매중인 제품의 상당한 양을 한꺼번에 구매하여 보유하고 있다고 하자. 그런데 물류부문에서는 영업부문의 갑작스러운 수요에 대응하기 위해 이미 충분한 재고를 쌓아 놓고 있다. 이런 경우에 구매부서의 구매비용은 대량구매로 인해 내려가더라도 기업전체의 재고비용과 더불어 대체로 총비용은 올라가는 결과가 초래될 것이다. 이러한 상쇄관계(Trade-offs)는 일반적으로 많이 일어난다.

기업이 창출하는 가치는 그 기업의 제품이나 서비스에 대해 구매자가 지불하고자 하는 대가로 측정된다. 만일 기업이 창출해낸 가치가 그 가치를 창출하기 위해 들어간 비용을 초과한다면 그 기업은 수익성이 있다고 말할 수 있다. 기업이 경쟁우위를 가지려면 이러한 가치창출 기능을 경쟁기업들보다 적은 비용으로 수행하거나, 아니면 차별화된 가치를 만들어 높은 가격을 매길 수 있어야 한다.

이러한 가치창출 기능은 마이클 포터(Michael Porter)에 의해 제시된 가치사슬 개념을 통해 설명할 수 있다. 구체적으로, 가치사슬 분석이란 기업의 여러 내부활동들 간 시너지의 성격과 범위를 조사하는 기법으로, 이 기법을 통한 개별 내부활동의 체계적 검토는 기업의 강・약점들을 보다 더 잘 이해할 수 있도록 도와준다. 마이클 포터에 따르면, 모든 기업은

그림 1-3 가치사슬과 공급사슬

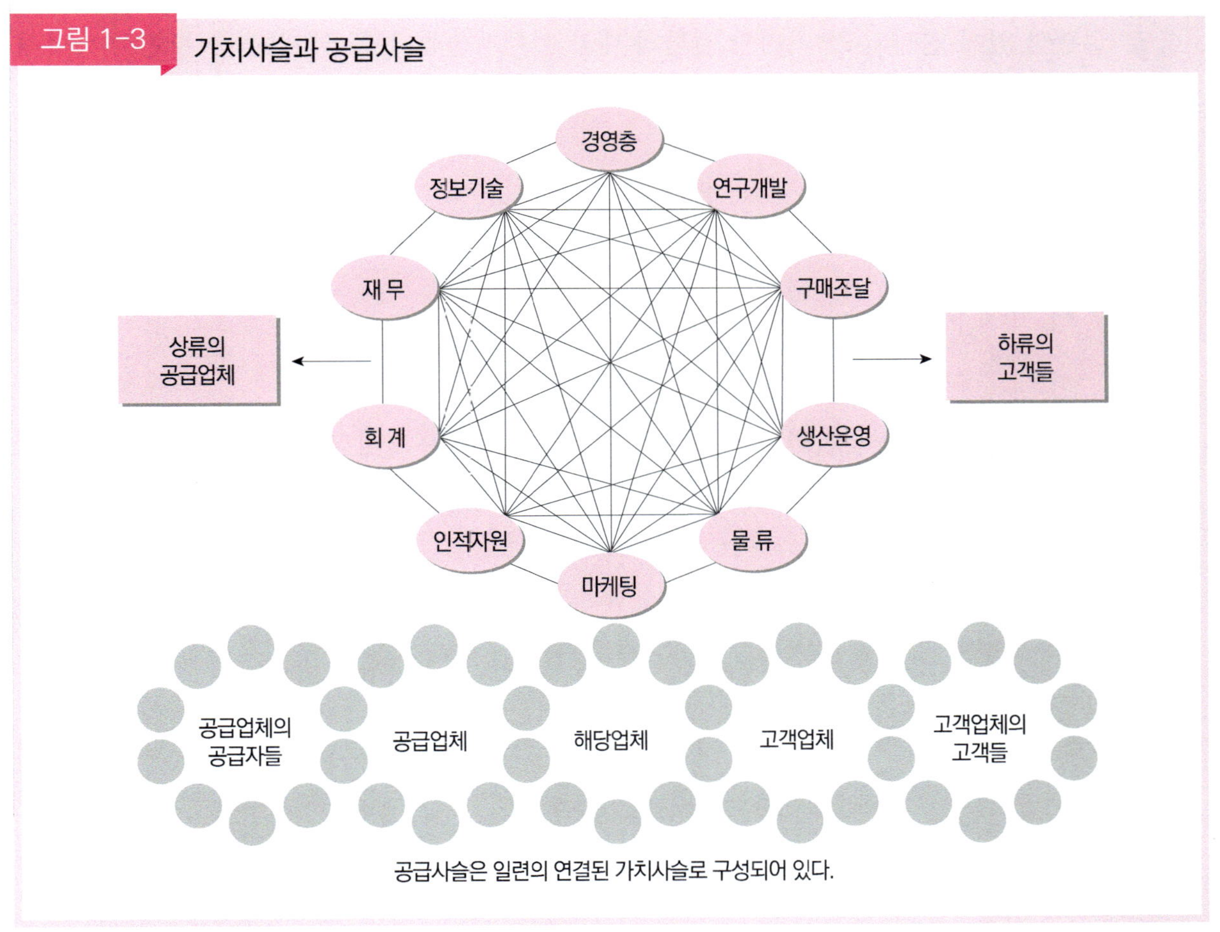

공급사슬은 일련의 연결된 가치사슬로 구성되어 있다.

제품을 설계, 생산, 판매, 배송하기 위해 지원하는 활동들의 집합체이고, 이러한 모든 활동들은 가치사슬을 이용하여 표시할 수 있다. 따라서 경쟁하는 기업 간에 차이가 벌어지는 것은 가치사슬의 차이에 의해서이며, 이 가치사슬의 차이가 바로 경쟁우위의 주요 원천이라고 할 수 있다.

[그림 1-3]을 보면 개별기업은 복잡하게 상호연결된 내부활동들의 가치사슬로 구성되어 있다. 물론 이 가치사슬의 차이에 의해서 경쟁력이 결정된다. 그런데 개별기업들이 서로 거래를 하면서 개별기업들 간의 가치사슬이 서로 맞물린다. 궁극적으로 개별기업들 간의 가치사슬이 일관성 있게 정렬되면서 더욱 큰 가치가 만들어지는데, 이것을 해당 공급사슬(Supply Chain)의 가치창출이라고 표현할 수 있을 것이다.

점차 아웃소싱과 유통의 범위가 넓어지고, 아웃소싱과 유통의 중요성이 확대되면서 공급사슬과 공급사슬 간의 경쟁양상이 나타나고 있다. 결국 공급사슬은 일련의 내부 가치사슬들이 연결되어 가치를 창출한다는 점을 이해해야 한다. 우선 내부 가치사슬들이 개별적으로 일관성 있게 연결되고, 이러한 일련의 내부 가치사슬들이 공급사슬을 이루면서 시너지 효과를 낼 때 진정한 경쟁우위가 달성될 것이다.

1.3 공급사슬의 참여자

회사와 그 회사의 공급자와 고객은 공급사슬을 구성하는 가장 기본적인 참여자들의 그룹이다. 확대된 공급사슬은 세 가지 형태의 참여자들을 포함한다. 첫 번째는 확대된 공급사슬의 시작에는 공급자의 공급자 혹은 최초 공급자가 있다. 그리고 확대된 공급사슬의 끝에는 고객의 고객 혹은 최종 고객이 있다. 마지막으로 공급사슬 내에서 다른 회사에게 서비스를 제공하는 회사들의 범주에 속하는 회사들로서 물류, 금융, 마케팅 및 정보기술 등의 서비스를 제공하는 회사들이 포함된다.

어떤 공급사슬에는 서로 다른 기능을 수행하는 여러 회사들이 합해져 있는데, 거기에는 생산자, 유통업자 혹은 도매업자, 그들이 고객인 회사나 개인들, 그리고 제품의 최종 고객들이 있다. 이와 같은 회사들을 지원하기 위해서 필요한 서비스들을 제공하는 서비스 제공자들인 다른 회사들이 있다.

1. 생산자

생산자는 제품을 만드는 조직으로 원자재를 생산하는 회사들과 중간부품을 생산하는 조직 그리고 최종 제품을 생산하는 회사들이 포함된다. 원자재 생산업자는 광산, 오일이나 가스 그리고 원목을 절단하는 조직들이다. 또한 토지를 경작하고, 동물을 사육하고 수산물을 잡는 조직들도 포함된다. 최종 제품의 생산자들은 원자재와 중간부품을 생산하는 생산자들에 의해 만들어진 하부조립품을 구매하고 이용하여 최종 제품을 만든다. 자동차를 만드는데 수많은 서로 다른 부품들을 필요로 하는 자동차 제조업자를 생각하여 보자. 자동차의 자재명세서(BOM)는 부품의 계층구조를 나타낸다. [그림 1-4]는 자동차를 만드는 데 필요한 부품의 압축된 요약을 나타내며, 수많은 공급업체들이 자동차를 만드는데 관련되어 있다는 것을 추론할 수 있다. 예를 들어 샤시부품인 머플러의 우리나라 생산업체는 우신공업, 세종공업, 디젠스 등이 있고 프랑스의 Faurecia와 미국의 Tenneco도 머플러를 공급하는 생산업체이다.

생산자들은 음악, 오락, 소프트웨어 그리고 디자인 등과 같이 무형의 제품들을 만들기도 하며, 잔디를 깎는다든지, 사무실 청소 또는 수술을 하는 것과 같은 서비스를 제공할 수도 있다.

유형의 제품과 산업적 제품의 생산자들은 인건비가 저렴한 지역으로 이동하는 경향이 있다.

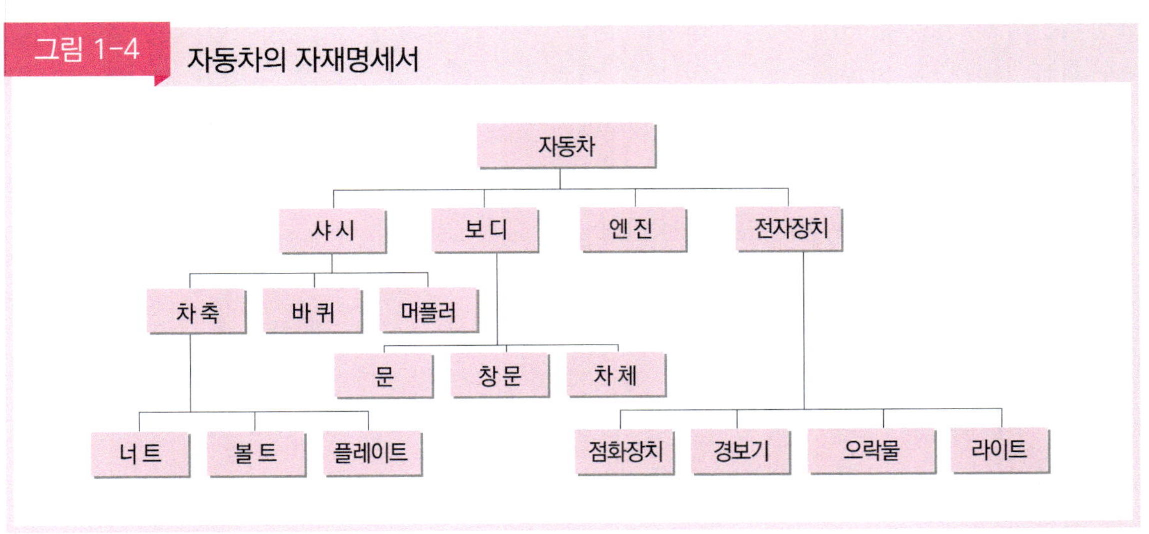

그림 1-4 자동차의 자재명세서

2. 유통업자

유통업자는 생산자로부터 커다란 양을 재고로 취하여 고객에게 관련제품들을 전달하는 회사들이다. 그들은 전형적으로 다른 비즈니스들에게 판매하고, 한 개인이 보통 구매하는 것보다 큰 양을 판매한다. 유통업자는 재고를 보유함으로써 제품수요가 변동하는 것으로부터 완충을 하고 있으며, 고객들을 발견하고 서비스하기 위한 판매업무에 많은 일을 하고 있다. 고객을 위해서 유통업자는 “시간과 장소” 기능을 수행하는데 즉, 그들은 고객이 원하는 제품을 원하는 때와 장소에 전달한다.

유통업자는 전형적으로 생산자로부터 그들이 구입한 상당한 양의 제품재고를 가지고, 그것을 고객에게 판매하는 조직이다. 제품홍보와 판매외에, 그들이 수행하는 다른 기능들은 재고관리, 창고운영 그리고 고객지원과 판매 후 서비스 뿐만 아니라 제품수송 등이 있다. 유통업자는 단지 생산자와 고객사이의 중개자일 수도 있고, 제품의 소유권을 전혀 취하지 않는 경우도 있는데, 이러한 종류의 유통업자는 제품홍보와 판매기능을 주로 수행한다.

3. 소매상

소매상은 “개인적 혹은 비영리적 목적으로 구매하려는 최종 소비자에게 재화나 서비스를 판매하는 활동을 수행하는 조직”으로 정의된다. 소매상은 재고를 쌓아두고 일반 최종 소비자에게 적은 양들을 판매한다. 소매상은 제조업체 → 도매상 → 소매상 → 소비자로 구성되는 유통경로의 마지막 단계에 위치하고 최종 소비자와 직접 접촉한다는 점에서 제조업체와 도매상의 판매성과에 큰 영향을 미친다. 소매상의 유형은 구멍가게부터 편의점(Convenience Store), 슈퍼마켓, 할인점(대형마트: Discount Store), 회원제 창고형 도·소매점(Membership Warehouse Club), 양판점(General Merchandising Store), 백화점, 팩토리 아울렛, 할인형 대규모 전문점(Category Killer: 토이저러스, 베스트 바이, 홈 데포 등)이 존재한다. 소매상은 판매하는 고객의 기호와 니즈를 긴밀하게 추적하며 고객에게 광고하고 종종 이들이 판매하는 제품이 고객을 유인하는 주요 유인책으로서 가격, 제품선택, 서비스 그리고 편의성을 혼합하여 사용한다. 할인점은 가격과 폭넓은 제품선택을 이용하여 고객을 유인한다. 고가의 전문점은 제품의 독특한 종류와 높은 서비스 수준을 제공하며, 패스트푸드 음식점은 편의성과 낮은 가격으로 고객을 유인한다.

4. 고 객

고객 혹은 소비업체는 제품을 구입해서 사용하는 조직이다. 고객조직은 제품을 구입해서 다른 고객에게 판매하기 위하여 또 다른 제품을 만들 수도 있다. 또한 고객은 소비하기 위해 제품을 구매하는 최종 사용자일 수도 있다. 요즘은 고객을 공급사슬에 포함시켜 고객과 협력하고 공급사슬 최적화에 적극 활용하는 경우가 많다.

5. 서비스 제공자

이들은 생산자, 유통업자, 소매상 그리고 고객들에게 서비스를 제공하는 조직이다. 서비스 제공자들은 공급사슬에 의하여 요구되는 특별한 활동에 초점을 맞춘 전문성과 기능을 개발하여 왔다. 이들은 생산자, 유통업자, 소매업자 그리고 고객들이 그들 자신이 하는 것보다 더 효과적으로 보다 나은 가격에 이러한 서비스를 수행할 수가 있다.

가장 대표적 서비스 제공자들은 수송서비스와 창고서비스를 제공하는 제공자들이다. 이들은 트럭회사와 일반 창고회사들로서 물류제공자로 알려져 있다. 금융서비스 제공자들은 대출을 해주고, 신용분석을 하고, 과거 지난 송장을 회수하는 등의 서비스를 제공하며, 또 다른 회사들은 정보기술과 데이터수집 서비스를 제공한다. 이 모든 서비스 제공자들은 공급사슬 내에서 생산자, 유통업자, 소매상 그리고 고객들의 일상적 운영을 크거나 작은 정도로 통합시킨다. 공급사슬은 하나 혹은 여럿이 이런 분류로 나눌 수 있는 참여자들의 계속되는 세트로 구성되어 있다. 일정 기간 동안 전반적인 공급사슬의 니즈는 상당히 안정을 유지한다. 변하는 것은 공급사슬 내에서 참여자의 혼합이나 각 참여자가 하는 역할이다.

어떤 공급사슬에서는 다른 참여자들이 자신들이 이러한 서비스를 수행하기 때문에 매우 적은 수의 서비스 제공자가 있을 수 있다. 다른 공급사슬에서는 전문적인 서비스를 제공하는 매우 효율적인 서비스 제공자들이 발전하여 왔고, 다른 참여자들은 이러한 서비스를 그들이 수행하는 대신에 이와 같은 서비스 제공자들을 활용하여 왔다.

1.4 가치사슬 내용과 변화

마이클 포터의 가치사슬은 기업의 총 가치를 나타내는 것으로 [그림 1-5]에서 보듯이 여러 가지 활동들과 이윤을 내는 경쟁우위로 구성되어 있다. 가치활동은 다시 본원적 활동(Primary Activity)과 지원활동(Support Activity)으로 구분할 수 있다. 먼저, 본원적 활동은 제품의 생산과 고객에게 판매, 운반 및 사후 서비스와 관련된 활동들로서 구체적으로 내부물류(Inbound Logistics), 생산 및 운영, 외부물류(Outbound Logistics), 마케팅과 판매, 고객서비스를 말한다.

제조업의 경우, 내부물류는 제품을 제조하기 위해 원자재와 부품을 들여오고 저장하는 과정을 의미한다. 외부물류는 만들어진 제품을 창고에서 출하하여 고객에게 이송하는 과정이다. 그리고 고객서비스는 제품의 가치유지 및 향상을 위한 고객만족 활동을 의미한다.

한편, 인적자원관리, 연구개발, 구매조달의 세 가지 지원활동은 기본적으로 내부물류, 생산 및 운영, 외부물류, 마케팅과 판매, 고객서비스 등의 본원적 활동을 지원하고, 본원적 활동에 대한 지원 뿐만 아니라 서로를 지원하기도 한다.

공급사슬 전반에 걸쳐 프로세스들이 효과적으로 관리되기 전에, 우선 해당 기업내에서 효과적인 프로세스로 관리되어야 한다. 마이클 포터가 내부기능들(Internal Functions)의 상

그림 1-5 가치사슬

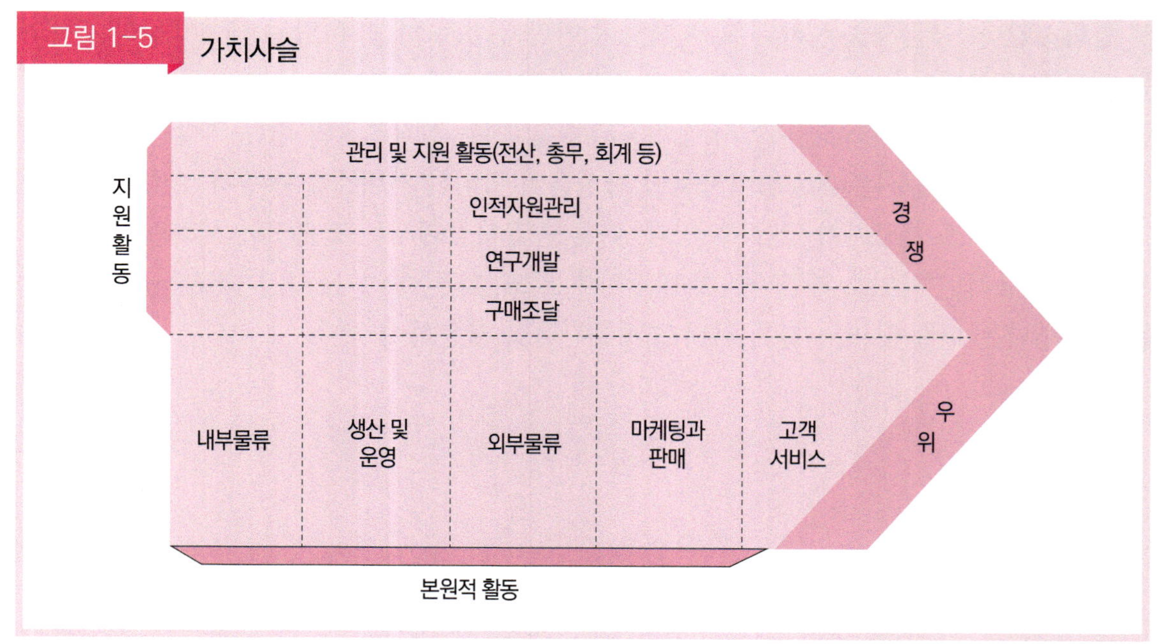

호연관된 성격을 설명하기 위해 제시한 가치사슬의 주요 요소를 간략하게 설명하면 다음과 같다.

- 경영층(Executive Management)은 기업전략을 수립하고 그 전략을 달성할 수 있도록 자원을 할당한다.
- 연구개발부문(Research and Development)은 신제품설계에 대한 책임이 있다.
- 구매조달(Supply Management)부문은 적절한 협력업체를 발견하고, 올바른 관계를 정립하는 등 상류(Upstream) 공급기반을 조정한다. 물이 상류에서 하류로 흐르듯이, 자재는 상류로부터 이동되고 제품으로 완성되어 점차 하류의 고객으로 이동하게 된다.
- 생산운영부문(Operation)에서는 공급업체에서 구입한 원・부자재를 부가가치가 높은 제품으로 변환시킨다.
- 물류부문(Logistics)은 자재들이 필요한 시기와 장소에 이용 가능하도록, 자재를 이송하고 저장한다.
- 마케팅부문(Marketing)은 고객의 요구를 파악하고, 광고나 판매촉진을 통해 그 요구를 충족시킬 수 있는 방안을 고객에게 전달하는 등, 하류(Downstream)의 고객관계를 관리한다.
- 인적자원부문(Human Resources)에서는 기업에 필요한 사원들을 고용하고, 교육하며, 발전시키는 시스템을 고안한다.
- 회계부문(Accounting)은 운영부문을 통제하는데 필요한 정보를 제공하며, 비즈니스 상황을 기록한다.
- 재무부문(Finance)은 비즈니스를 운영하는 데 필요한 자본을 획득하고 관리하는 역할을 한다.
- 정보기술부문(Information Technology)은 의사결정자들이 필요한 정보를 획득하고, 의사소통하는데 필요한 시스템을 개발하고 유지보수하는 역할을 담당한다.

마이클 포터는 기업에서 경쟁우위를 확보하기 위해서는 가치활동이 서로 연계되어 가치사슬이 최적화되어야 한다고 주장하였다.

현대의 가치사슬은 가치활동 간에 더욱 연계가 많아지고, 지원활동이 본원적 활동 못지않게 가치창출을 하는 역할이 커지고 있다고 생각된다.

우선 눈에 띄는 것은 지원활동이라고만 여겨지던 연구개발 활동과 구매조달 활동이 본원

표 1-1 가치활동의 변화

구분	내용
관리 및 인프라 지원활동	· 통합 전사적 자원관리(ERP) 시스템 및 연결재무 정보시스템 · 온라인 및 모바일 화상회의 및 신속정보 배포시스템
인적자원관리	· 온라인 및 모바일 인사관리 지원시스템 및 교육지원시스템 · 온라인 및 모바일 지식정보 공유 및 배포
연구개발	· 공급업체와 다기능 팀과의 협업, 시스템공유 및 참여를 통한 제품설계 및 디자인의 제휴
구매조달	· 자재소요량 계획의 발전 및 최적화 계획시스템 · 구매, 재고, 예측시스템을 온라인 및 모바일로 공급자와 연계 · 디지털 마켓, 교환, 경매, 구매자-공급자의 온라인 및 모바일 연결을 통한 구매조달
내부물류	· 기업내 전체 부서에 실시간 부품재고 정보 및 가용성 여부제공 · 해당 기업과 공급자를 모두 포함하는 최적 물류계획 수립 및 스케쥴링
생산 및 운영	· 공장, 계약생산자, 부품공급자에 대한 통합된 정보교환과 일정관리에 의한 의사결정 · 선적, 창고관리 및 수요관리를 모두 포함하는 실시간 통합 스케쥴링 · 대량고객 맞춤생산(Mass Customization) 지원 · 판매인력과 유통망에 실시간 가용성 및 납품 가능성 여부에 대한 정보제공
외부물류	· 생산운영 및 내부물류와 통합되어 최종 고객, 판매원, 유통망에 의한 주문의 실시간 처리 · 고객특유의 물류계약 조항설정 · 제품개발 및 운송상황에 대한 고객통보 및 유통망의 모니터링 · 고객수요 예측시스템과 통합 · 정보교환, 보증요청, 계약관리를 포함하는 통합된 유통망관리
마케팅과 판매	· 고객의 직접 접속에 의한 고객맞춤형 온라인 판매 및 유통망 · 고객정보, 제품 카탈로그, 재고가용성, 온라인 가격시세, 주문입력과 관련된 기업내부 및 외부로부터 실시간 접속 및 정보조회 · 온라인 및 모바일 제품구성과 사양선택 · 고객자료를 활용한 고객 맞춤형 마케팅과 개별고객 접촉광고 · 웹 설문조사, 선택형 광고, 판촉반응 추적프로그램을 통한 실시간 고객피드백
판매 후 고객서비스	· 모바일폰 메시지와 온라인을 통한 판매 및 서비스관리, 청구업무 통합 · 웹사이트와 고객맞춤형 서비스 요청 프로그램을 통한 고객자가 서비스 · 고객조회, 사양구성 조회, 부품가용성, 주문, 서비스 및 정비오더 갱신, 서비스 부품수령을 위한 실시간 서비스 조회

적 활동들과 훨씬 밀접하게 연관되어 있다는 사실들이 나타나고 있다. 최근의 경영혁신 활동들은 연구개발과 구매조달을 본원적 활동들과 결합하여 성과를 향상시키는 방향으로 움직이는 경우가 많다.

또한 마이클 포터는 2001년에 정보기술이 발전되고 e-비즈니스가 활성화되면서 가치사슬의 세부내용에 나타난 변화를 설명한 바 있다. 가치사슬이 e-비즈니스 활성화에 따라 크게 변화된 것처럼 보이지만, 기본적인 가치사슬 최적화 전략의 개념은 변화하지 않았다고 하였다. 단지 본원적 활동과 지원활동의 내용에 변화가 일어났으며, 공급사슬이 분해와 해체, 그리고 재결합되는 과정에서 다양한 형태의 기업유형이 나타났다.

이러한 가치사슬과 가치활동의 변화에 대한 핵심은 정보기술이 프로세스 혁신을 가능하게 하면서 본원적 활동과 지원활동에 변화가 나타났다는 것이다. 즉, 관리 및 인프라지원 활동, 인적자원관리, 기술개발, 구매조달, 내부물류, 생산 및 운영, 외부물류, 마케팅과 판매, 판매 후 고객서비스에 있어 역할의 변화가 발생하였다. 변화내용의 핵심은 본원적 활동과 지원활동의 역할에서 나타났고 근본적인 최적화 전략의 개념에는 변화가 없다. 가치활동들의 세부적인 변화내용은 〈표 1-1〉과 같다.

1.5 가치활동의 분석

경쟁우위는 각각의 가치활동에서 발생한다. 그런데 진정한 경쟁우위는 각각의 가치활동과 더불어 가치활동들 간의 연계로부터 발생되는 경우가 많다. 따라서 기업이 경쟁우위를 확보하기 위해서는 전략적인 관점에서 가치활동들의 연계를 최적화해야 한다. 가치사슬 내 가치활동 간 연계를 최적화하기 위하여는 우선 가치활동들 간의 상호작용을 정확하게 파악하여야 한다. 이러한 가치활동들 간의 연계가 경쟁우위로 나타난다.

재고없는 경영으로 가치활동들 간의 연계를 통해 가치를 창출한 예를 먼저 살펴보자.

유니클로의 성공사례는 모든 가치활동들이 재고를 최소화시키고 상품 소진율을 99.5%를 이루는데 일관성 있는 정책을 실행하고 '가이젠'을 끊임없이 수행한 가치창출의 결과이다. 즉, 패스트리테일링(Fast Retailing)이란 이름에서부터 회사정책을 철저히 저가상품을 판매하는데 초점을 맞추고, 제품소진과 무재고(Zero Inventory) 등 가격을 낮출 수 있는 모든 의

2009년 11월 9일, 일본 도쿄 유니클로(Uniqlo) 긴자점. 지난 달 초 유니클로가 패션 디자이너 질 샌더씨와 협업해 선보인 '플러스 제이(+J)' 라인 옷들은 인기가 높았다. 에미 후지 유니클로 긴자점 바이어는 "플러스 제이를 찾는 수요가 워낙 많아 고객한명이 같은 디자인을 한 개만 살 수 있게 했다"며 "유니클로의 이런 제한적 판매방침은 처음"이라고 말했다.

유니클로의 자매회사인 '카빈'의 중저가 브랜드 '엔라시네'도 이 매장 2층에 둥지를 틀었다. 유니클로의 단순한 디자인에 지루함을 느낄 수 있는 젊은 여성을 위해 유행요소를 넣은 옷들이다. 최근엔 이 점포 바로 옆에 유니클로 남성관도 처음으로 들어섰다. 루이뷔통과 샤넬 등 명품이 즐비하던 긴자거리에 일본 자국브랜드가 우뚝섰다.

일본에는 도요타자동차의 경영에서 비롯된 '가이젠(改善)'이 있다. 실패를 발판삼아 조금씩 개선한다는 뜻이다. 유니클로의 지주회사인 '패스트리테일링(Fast Retailing)'의 다다시 회장은 부친이 운영하던 신사복점인 오고리 상사(패스트리테일링의 전신)에 입사해 신사복시장의 한계를 간파했다. 1984년 히로시마에 낸 캐주얼 전문점인 유니클로 1호점은 '패션 가이젠'의 서곡이었다. 이 점포가 문을 열던 날 손님이 너무 많이 몰려 한 방송국에서 생방송 취재를 나오자 그가 인터뷰에서 "손님들이 다치실까 걱정된다. 방문을 자제해 달라"고 말할 정도였다.

미국 햄버거 체인인 맥도널드에서 영감을 얻은 다다시 회장은 1991년 유니클로를 캐주얼 체인으로 변모시켰다. 사명도 패스트푸드에서 본떠 패스트리테일링으로 바꿨다. 1990년대 후반부터는 본격적으로 제조소매업 모델을 발전시켰다. 상품의 기획, 디자인, 생산, 판매, 재고관리까지 도맡아 가격을 낮추는 전략이었다.

첫 해외 진출국인 영국에서 실패한 유니클로는 철저히 데이터를 분석하는 경영을 시작했다. 매주 경영진이 모여 상품, 점포, 나라별 판매현황을 확인하기 때문에 가격결정의 큰 요소인 원단비용을 정확히 책정할 수 있다. 애당초 팔릴만큼 상품을 만들고, 제품소진을 위한 프로모션을 결정한다. 그 결과 상품소진율은 99.5%로 재고가 거의 없다. 스페인 '자라'가 2주일마다 신제품을 내놓는 것과 달리 유니클로는 3개월 이상 제품을 진열대에 놓고 완판을 목표로 한다.

2004년 내놓은 방한옷 '히트텍'은 지금까지 6500만 벌이 팔렸다. 이 옷은 해가

갈수록 두께가 점점 얇아졌다. 겨울에도 날씬해 보이고 싶은 여성들을 감안한 '가이젠'이었다.

7개국에 887개 점포를 갖춘 패스트리테일링은 지난 해 매출 6850억엔(약 8조 9300억 원)을 기록하며 최대의 실적을 냈다. '잃어버린 20년'으로 우울한 일본경제에 희망을 주는 소식이었다. 이 회사는 프랑스 브랜드 '콩투아르 데 코토니에'에 이어 올 3월엔 미국 '시어리'도 인수합병했다.

자료원, 동아일보

사결정을 하는 것이다. 심지어 신제품 출시 속도를 늦추더라도 3개월 이상 제품을 진열대에 놓고 판매하는 의사결정을 한다.

가치사슬을 향상시켜 가치를 창출한 또 다른 예를 들어보자.

특이하게 원가와 유연성을 동시에 향상시키는 경쟁우위를 달성하기 위해 대량고객 맞춤생산(Mass Customization)이 가능한 사례들을 찾아보자. 이러한 경우에는 기업의 유연한 프로세스를 이용하여 고객 맞춤화된 제품 및 서비스를 대량으로 저렴한 원가에 생산하는 방법을 추구하게 된다.

첫 번째 예로 세계적인 동영상 콘텐츠 사이트인 유튜브를 보자.

개인이 동영상을 올려 자신의 페이지를 관리하고 댓글을 통해 사람들과 소통, 피드백을 할 수 있으므로 자신만의 콘텐츠를 알리고 발전시키기에 적합하다. 유튜브는 고객들이 초기에 선호하는 몇 개의 동영상을 보면 그 고객의 취향에 맞는 맞춤동영상을 제안하여 관련 동영상 재생을 독려한다.

또한 독일 자동차 업체인 BMW는 고객들이 인터넷으로 미니 쿠페 지붕에 자신이 직접 제작한 그래픽이나 사진을 넣을 수 있도록 했다. 또 미니 쿠페를 구입하려는 고객들이 각종 자동차 부품을 직접 선택하도록 했다. 이런 방법을 통해 고객들은 맞춤형 미니 쿠페를 구입하고 있다.

그리고 캐나다 몬트리올의 정보기술 업체인 마이버추얼 모델(MVM)은 고객들이 소프트웨어를 이용해 자신과 비슷한 가상모델인 아바타를 만들 수 있게 했다. 고객들은 인터넷에서 자신의 아바타를 활용해 다양한 의류업체의 제품을 착용했을 때 어떤 모습으로 보이는 지

확인할 수 있다. 이미 1000만 명 이상의 가입자가 아바타를 이용해 인터넷 쇼핑을 즐기고 있다. 이 서비스를 실시한 후 구매자들의 평균 주문물량이 15% 높아졌다. 또 웹사이트 방문객 중 제품을 구매한 사람의 비율은 무려 45%나 늘어났다.

이러한 대량고객 맞춤생산은 생산운영 부문만 잘하거나 마케팅과 판매부문만 잘해서 되는것이 아니다. 생산운영 부문이 마케팅과 판매부문을 이해하고 적극적으로 공감대를 형성하여 가치사슬을 최적화시킨 결과라고 할 수 있다.

대량고객 맞춤생산과 연관이 높은 지연전략(Postponement Strategy)은 제품뿐만 아니라 프로세스도 재설계함으로써 가능한 최종 순간에 고객맞춤 생산이 이루어질 수 있도록 프로세스를 배열하여야 한다는 것이다. [그림 1-6]에 도시화되어 있듯이 HP는 프린터 시장에서 국가마다 다른 전원공급 장치와 매뉴얼의 포장을 조립프로세스의 마지막 단계인 프린터 판매지역의 유통업체에서 수행하도록 하였다.

이렇게 완성시점을 연기함으로써 조립단계까지의 수요예측과 자재수급 정확성을 높이고, 각 국가별로 유통되고 나서 최종 수요와 주문이 확정된 후에 전원공급 장치와 매뉴얼을 포장하여 공장에서 생산하는 단계에서의 재고를 최소화시킬 수 있었다. HP와 같이 대량고객 맞춤생산을 성공시키기 위해서는 제품 및 서비스와 더불어 그 프로세스를 재설계하여야 한다.

또한 베네통(Benetton)은 스웨터 제조공정에서 유사한 사례를 보여주고 있다. 털실을 스웨터 제조전에 염색하기보다 고객이 주문을 내거나 새로운 시즌에 고객의 컬러 선호도가 결정된 이후에 스웨터를 염색하는 방법으로 염색공정과 편직공정의 순서를 바꾼 것이다. 이와 같이 프로세스를 변경함으로써 베네통은 진부화된 재고품을 폐기하는데 소요되는 수

그림 1-6 HP의 지연전략 예시

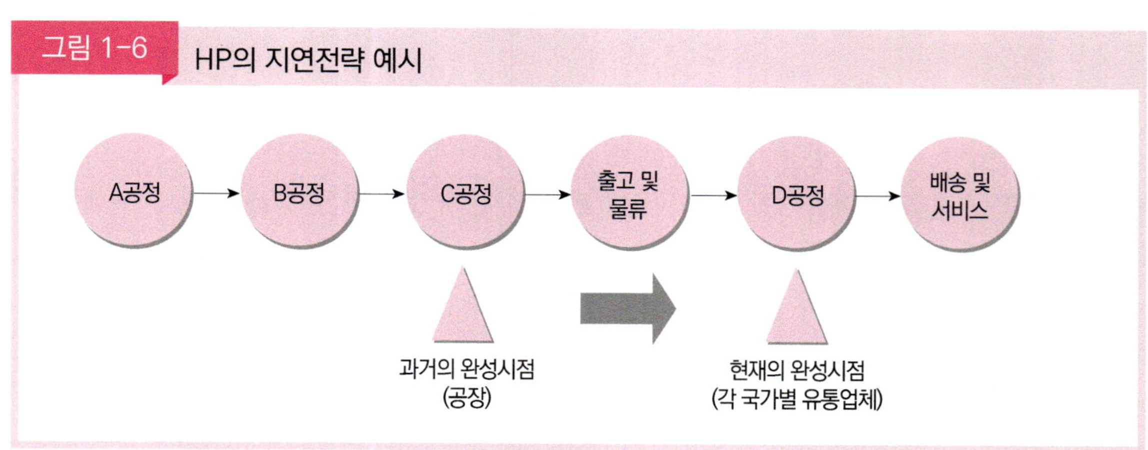

백만 달러를 절약할 수 있었다.

고객에 가깝게 최대한 수요예측을 늦추어 정확성을 높일 수 있는 방법을 찾거나 제품의 완성을 늦추는 지연전략을 수행한 HP와 베네통의 사례는 얼핏 보기에 생산운영 부문이 단독으로 수행했을 것처럼 보인다. 그러나 이 사례들도 모두 마케팅부문과 유통/물류부문 그리고 생산운영 부문이 공감대를 형성하고 일관성 있는 의사결정으로 가치사슬을 최적화시킨 결과로 볼 수 있다.

우리나라에서도 최근에 삼성르노자동차와 현대자동차가 혁신적인 혼류 생산시스템을 통해 다양한 모델을 적은 로트의 생산량으로 고객의 수요에 맞추어 생산하고 있다. 이로 인해 생산성 뿐만 아니라 품질을 향상시키고, 영업부문의 고객주문에 적시 대응을 함으로써 가치사슬의 최적화를 도모하고 있으며, 영업부문과의 통합을 통해 경쟁우위를 향상시키고자 노력하고 있다.

경쟁우위를 파악하기 위해서는 그 원천인 가치사슬을 분석해야 한다. 그리고 가치사슬을 분석하기 위해서는 그 기업의 개별 가치활동들을 구별해 내고 적절하게 상황에 따른 가치사슬의 변화를 감지하는 것도 필요할 것이다.

02 공급사슬관리의 개념

2.1 SCM의 정의와 가치사슬과의 관계

오늘날의 기업들은 효과적인 비즈니스 모형을 설계하고자 노력하고 있다. 경쟁업체보다 더 고객의 요구를 잘 충족시키는 것이 목표이다. 이 목표를 달성하는 것은 고객이 요구하는 혁신적인, 높은 품질의 제품과 서비스를 낮은 원가에 공급할 수 있도록 설계하고, 만들어내며, 배송하는 프로세스를 구축할 수 있느냐에 달려있다.

경영자들은 이러한 노력을 경주하는 동안 필요한 자원과 기술이 브족하다는 것을 깨닫게 된다. 그러므로 경영자들은 자신의 회사의 벽을 넘어 보다 선제적으로 (Proactively) 공급업체와 고객의 자원을 사용하여 가치를 창출할 지를 고려하고 있다. 목표를 같은 방향으로 정렬시키고, 자원을 공유하며, 기업 간에 협력을 도모하는 것이 공급사슬관리(SCM; Supply Chain Management)의 핵심이다.

앞에서 살펴본 바와 같이 개별기업들은 복잡하게 상호 연결된 내부활동들의 가치사슬로 구성되어 있다. 즉, [그림 1-7]에서 볼 수 있는 바와 같이 고객관계관리, 주문충족관리, 제품개발 및 상품화, 조달관리, 제조흐름관리, 수요관리, 고객서비스 관리, 대금청구 및 입금관리 등의 가치제고 활동들이 연결된 가치사슬로 구성되어 있다. 따라서 공급사슬은 개별기업들의 가치사슬이 상호 연결된 고리라고도 표현할 수 있다.

이러한 공급사슬을 최적화시키고 서로 연결하기 위해서는 가치사슬 재구축전략이 필요

그림 1-7 공급사슬관리의 구조

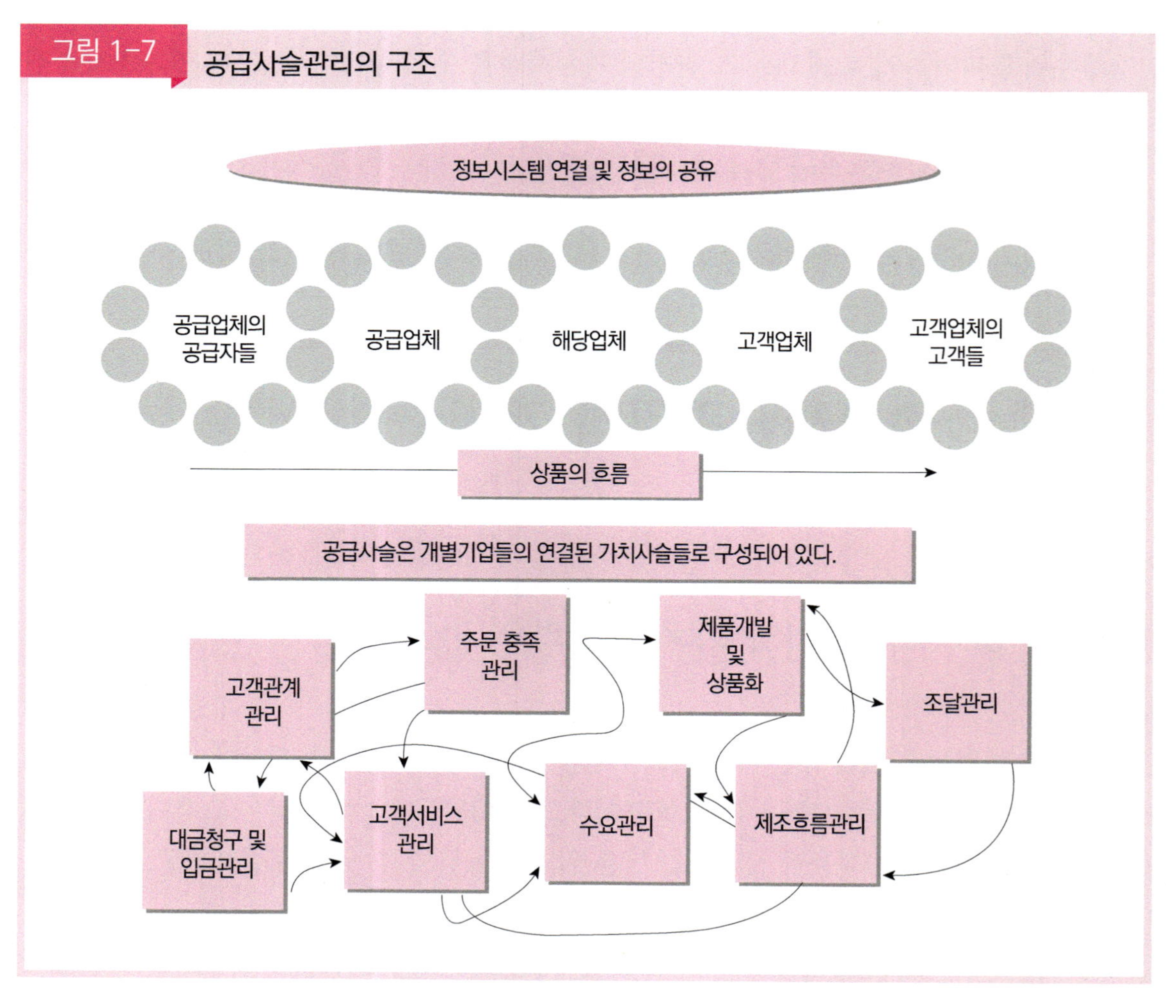

하다. 앞에서 살펴본 바와 같이 가치사슬은 마이클 포터(Michael E. Porter)가 제시한 전략수립 기본개념이다. 기업의 가치사슬은 본원적 활동과 지원활동 간에 상호 연계활동을 통해서 새로운 가치를 창출할 수 있다는 개념이다.

과거에는 단일기업 위주의 경영활동으로 기업들이 모든 자원을 브유하고, 스스로 가치를 창출하기 위해 노력했다. 하지만, 최근에는 [그림 1-7]에 나타나 있는 바와 같이 기업 간 협력을 통해 가치사슬을 공유하는 현상이 발생하고 있다. 그러므로 공급사슬 내의 기업간에 과거와는 전혀 다른 기업경영전략이 나타나게 되었다. 즉, 기업이 경영목표를 달성하기 위하여 공급사슬과 연계된 기업과의 협업을 통해 경영성과를 높이게 된 것이다. 이에 따라 공급사슬 최적화를 위해 공급사슬 내의 기업 간에 가치사슬 재구축현상이 나타나게 되었다. 따라서 변화하는 경영환경에 대응하기 위해서 기업들은 공급사슬 전반에 걸친 운영 및 전략측면을 고려한 대응전략이 필요하다.

공급관리협회(Institute for Supply Management)의 공급사슬관리(SCM; Supply Chain Management)에 대한 정의는 "최종 고객의 실제 요구를 충족시킬 수 있도록 조직의 바운더리를 넘어 지속적으로 부가가치 있는 프로세스를 설계하고 관리하는 것"이다. 이 정의는 매우 포괄적인 정의이기는 하지만, 가치사슬 최적화를 조직의 경계를 넘어 공동 달성하고 지속적으로 관리한다는 의미를 담고 있다.

미국 생산/재고관리협회(APICS)에서는 공급사슬은 첫째로 최초의 원재료에서 최종적인 완제품의 소비에 이르기까지 공급자-사용기업 간을 연계시키는 과정이며, 둘째로 제품을 생산하고 고객에게 서비스를 제공하여 가치사슬을 용이하게 하는 기업 내·외부의 기능이라며 SCM은 이러한 공급사슬 활동을 계획하고 편성하며 통제하는 것이라고 정의하였다.

1994년에 얼람(Ellram)은 공급사슬관리를 원재료 공급업체로부터 제조업체, 유통업체, 최종 소비자에 이르는 과정에서 제품의 생산을 위한 원자재와 부품의 흐름을 통제하고, 제품생산을 계획하고, 제품의 판매에 이르는 과정을 통합화한 경영접근법이라고 정의하였다.

또한 로스(Ross)는 1998년에 시장에서의 상품과 서비스의 흐름, 창조되는 정보, 개인화된 고객의 가치를 조화롭게 연결해주고, 혁신적인 해결책을 제시해 주는데 초점을 둔 고객가치를 향상시키는 공급시스템으로, 공급사슬에서 상호협업을 수행하는 비즈니스 파트너와 기업내부에 있는 경영자원과 생산역량을 단일한 방향으로 이끌어주어 성과를 창출하는 경영철학이라고 공급사슬관리를 정의한 바 있다.

SCM은 제조, 물류, 유통업체 등 유통과정상에 있는 모든 기업이 공동으로 데이터베이스(DB)를 구축함으로써 재고를 최적화하고 납기를 줄이는 전략적 제휴형태로 운영된다. 즉, 제조, 물류, 유통업체 등 유통공급망에 참여하는 모든 업체들이 협력을 바탕으로 정보기술(Information Technology)을 활용, 재고를 최적화하고 리드타임을 대폭적으로 감축하여 결과적으로 양질의 상품 및 서비스를 소비자에게 제공함으로써 소비자 가치를 극대화하기 위한 기업의 생존 및 발전전략이라 할 수 있다.

핵심 능력 이외의 기능은 외부로부터 조달하는 아웃소싱이 기업경영의 새로운 패러다임으로 등장하면서 오늘날 기업 부가가치의 60~70%는 '제조'밖의 공급사슬에 의해 결정되고 있다고 해도 과언이 아니다. 또한 산업별로 조금씩 차이는 있지만 통상 10~20%의 공급관리 비용이 발생하고 있는 점을 고려하면 능률적인 공급사슬관리를 통한 비용절감은 많은 기업경영자들에게 매력적인 공략대상이 되고 있다.

이 때문에 성공적인 SCM 정착을 위해서는 전체 공급망 안에 있는 모든 기업들이 전략적으로 협력적인 관계를 형성하는 것이 무엇보다 중요하다. 즉, 상호협력을 통해 강력한 경쟁우위를 확보할 수 있다는 신념을 기업들이 가져야 한다.

세계적으로 선도적 위치에 있는 제조업체, 물류업체, 유통업체들은 이와 같은 목적을 달성하기 위하여 그들의 비즈니스 파트너들과 협력함으로써 이익을 더 극대화하고 있다.

SCM은 업무데이터를 처리하는 전사적 자원관리(ERP)에 '지능'을 부여하는 것이라고 보는 관점도 있다. 이는 서로 멀리 떨어져 있는 고객 - 소매상 - 도매상 - 제조업 - 부품 및 자재 공급업체 등 동적인 공급활동이 실시간으로 파악 · 전달되는 것으로 궁극적으로는 공급사슬 전체에 흐르는 현금효율(Cash Flow)을 향상시키기 위함이다.

또한 SCM은 생산에서 최종 소비자에게 판매될 때까지 상품의 흐름에 대한 정보를 공유해 불필요한 시간과 비용을 제거하는데 목적을 두고 있다. SCM의 개념으로 공통적으로 표현되는 내용들은 공급자와 소비자의 사슬(chain) 사이에서 속도와 확실성하에서 최적의 효율을 얻을 수 있도록 의사결정을 지원하는 방안으로 설명되고 있다. 소비자의 실제 수요에 보다 잘 응할 수 있는 유통공급망을 만들기 위한 기업 간 BPR(Business Process Reengineering)의 일종이라 할 수 있다.

스포츠 세계를 비유하여 SCM을 시각화시켜 보도록 하자. 승리를 많이 하는 팀들은 위대한 선수들로 구성되어 있다. 그러나 최후에 우승을 하는 팀은 챔피언이 되게 만드는 원동력인 부가적인 첨가물이 더 있을 것이다. 높은 연봉의 위대한 선수들을 보유한 팀들이 궁극적으로 우승을 하지 못하는 경우가 많다. 팬들에게 실망스럽게도 아주 유능한 팀인데도 불구하고 승리의 요인들을 결합시키지 못해 목표를 달성하지 못하곤 한다.

SCM의 목표는 공급업체, 완성품 제조업체, 서비스 제공업체, 그리고 유통 또는 소매업체가 하나의 "기업팀"을 이루는 것이다. 마찬가지로 챔피언 공급사슬은 위대한 기업들로 구성되며 부가적인 첨가물을 더한다. 이것은 바로 공급사슬 목표와 개별역할에 대한 공감대 형성, 협력하는 능력, 그리고 최선의 제품과 서비스를 창출하고 배달하기 위해 적응하려는 의지라는 첨가물이다. 이러한 기업팀들은 오늘날의 세계시장에서 덜 응집력 있는 공급사슬과 경쟁하여 승리한다.

2010년 1월에 도요타는 가속페달 결함을 이유로 8개 자동차 모델에 대해 전 세계에서 760만대의 대규모 리콜조치를 취하고, 해당 모델의 자동차 판매를 중단하였다. 또한 혼다도 창문스위치 누수로 자동차 화재가 발생하며, 미국 16만대를 포함, 전 세계에서 64만 6천대를 리콜하였다. 이것은 도요타와 혼다만의 잘못이 아니라, 도요타 공급사슬과 혼다 공급사슬에서 발생한 품질문제로 접근해야 할 것이다. 물론 이러한 문제는 전체 공급사슬의 성공과 실패와도 밀접한 관계가 있다.

다음의 기사내용을 살펴보도록 하자.

미국 ABC 방송은 2009년 8월 2009년형 렉서스 ES350을 타고 가다 사고를 당한 일가족이 응급 신고전화 911에 남긴 급박한 목소리를 지난달 27일(현지시각) 공개했다. 캘리포니아 고속도로 순찰대 소속 마크 세일러씨는 캘리포니아 샌디에이고 부근 고속도로에서 부인, 딸, 처남과 2009년형 렉서스를 시속 약 50마일(80km)로 몰고 가던 중 속력이 120마일(약 190km)로 치솟으면서 사고를 당했다.

ABC방송이 공개한 911 음성파일에 따르면, 당시 뒷좌석에 타고 있던 세일러씨 처남은 "가속페달이 제멋대로다. 브레이크가 듣지 않는다. 우리는 곤경에 처해있다"고 소리쳤다. 결국 4명의 가족은 모두 숨졌다.

사상 초유의 도요타 리콜사태는 바로 이 사건에서 시작됐다. 미국 현지에서는 도요타 가속페달 결함관련 사고가 지금까지 2000여건, 사망자는 20명이라고 전하고 있다.

2009년 12월 21일 캠리 · 라브포(RAV4) · 코롤라 등 자사의 주력차종 230만대를 가속페달의 구조적 결함 때문에 리콜했고 26일에는 관련 차종의 판매 · 생산을 중단했다.

도요타 리콜의 심각성은 리콜자체가 아니라, 리콜이 확대돼 나가는 과정에 있다는 게 업계 및 전문가들 분석이다. 도요타가 처음에는 결함 가능성에 대해 부인(否認)으로 일관하다가 조사당국이나 언론에 의해 구체적 결함이 알려진 뒤에야 떠밀려 조치를 취한 인상을 줬기 때문이다.

2009년 8월 렉서스 사망사고 이후, 미국 도로교통안전국(NHTSA)은 조사과정에서 가속페달 문제로 인한 차량폭주(暴走) 가능성을 처음 제기했다. 도요타는 처음에 렉서스 사고는 차량결함과 관계없다고 주장했지만, 2009년 9월 30일 도요타는 '매트에 문제가 있었다'며 380만대 렉서스 · 도요타 차량의 리콜을 발표했다. 그러나 이후 NHTSA와 미국 언론들은 '매트만의 문제가 아니라 가속페달 자체의 구조적 결함때문일 수 있다'는 의혹을 제기했다. 도요타는 가속페달 결함가능성을 일축했지만, 결국 올해 1월 21일 230만대의 차량을 가속페달의 복원력 문제로 리콜했다.

도요타가 밝힌 가속페달 결함은 가속페달 뒤쪽의 페달암(arm)이 연결된 부위의 스프링 성능이 떨어졌기 때문이다. 운전자가 가속페달을 밟은 뒤 페달에서 발을 떼면 페달이 원위치로 빨리 돌아와야 하는데, 복원이 잘 안돼 차량이 폭주(暴走)할 가능성이 있다는 것. 가속페달의 구조적 결함, 즉 스프링이 탄성 · 강도를 자동차 수명보다 오래 유지해야 하는데, 엔진의 열(熱), 부품마모, 가혹한 외부조건 등으로 인해 원위치 환원이 잘 안되는 문제가 발생했다는 것이다.

도요타의 리콜이 일본차 전체의 품질 이미지 추락으로 이어질 가능성도 있다. 혼다는 2009년 12월 29일 차량창문 스위치의 누수에 따른 합선으로 화재 가능성이 있다며 자사 차량 65만대를 리콜했다.

문제가 된 가속페달 부품을 공급한 북미부품회사 CTS와 책임분쟁도 시작됐다. 도요타는 CTS에 리콜비용에 상응하는 손해배상을 청구할 방침이다. 그러나 CTS는 29일 "가속페달 부품이 가혹한 환경조건에서 매우 드물게 원위치 환원이 늦어진다는 것은 도요타의 급발진 문제와 관련이 없다"며 도요타의 책임전가에 정면으로 반박했다. CTS는 자동차뿐 아니라 의료 · 항공 · 우주 · 방위산업에 전자부품·센서를 공급하는 글로벌 전문업체다. CTS는 이날 성명에서 "도요타 · 렉서스의 급발진 문제는 CTS가 도요타에 납품하기 이전인 1999년으로 거슬러 올라가기 때문에

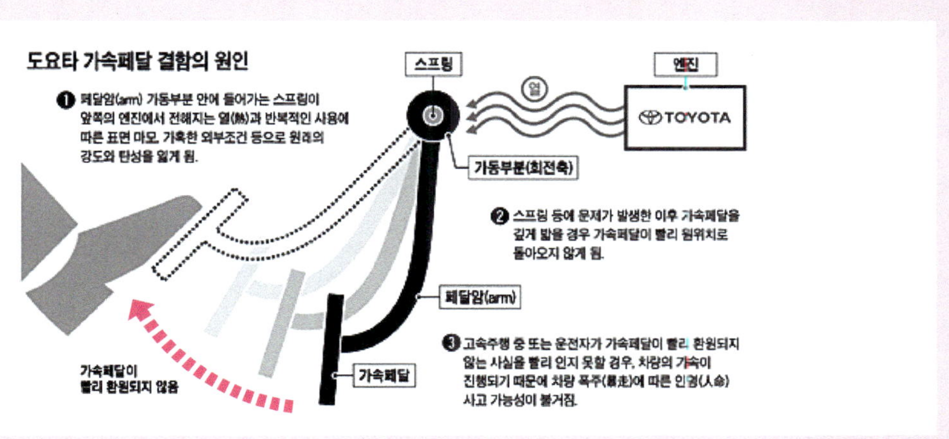

2005년부터 납품한 CTS의 문제일 수 없다"면서 "또 CTS는 렉서스(도요타의 고급브랜드)를 제외한 도요타 차량에만 납품하기 때문에 렉서스 급발진 사망사고와도 무관하다"고 주장했다.

자료원, 조선일보

2.2 SCM에 대한 다양한 관점 및 활동

이러한 리콜사태의 원인은 도요타의 페달암 공급업체인 CTS와 CTS에 회전축 스프링을 납품하는 2차 공급업체에 이르는 공급사슬의 문제라고 파악되고 있다. 또한 도요타의 엔진열과 공급업체 CTS의 페달암과의 구조적 결함이 나타나고 있으므로 공급사슬 내의 강건설계(Robust Design)에 문제가 있다고 볼 수 있다. 어떤 경우든 간에 공급사슬의 경쟁력에 문제가 생긴 것은 확실하다.

SCM의 본질에 대하여 좀 더 세부적으로 생각해보자. 이전에는 공장, 회사, 창고 등 개별단위를 최적화하는 것에 초점이 맞춰졌다. 이제는 시야를 넓혀야 한다. 최적화의 단위가 공급사슬 위에 있는 모든 멤버들로 넓혀져야 한다. 즉 공급사슬 전체를 최적화하는 것이다. 한국에는 "우리"라는 문화가 있다. "우리 회사"에서 이제는 "우리 공급사슬"이라는 관점을 가져야 할 시점이다. 개별단위 최적화에서 나아가 전체 공급사슬의 경쟁력을 갖기 위한 노력이 필요하고 그것이 바로 팀별 경쟁력 관점의 SCM인 것이다.

SCM을 이해하기 어려운 이유는 무엇인가? 이는 SCM에 대해 이야기하는 것이 장님이 코끼리 만지는 식으로 저마다 다르기 때문이다. 즉, 관련학자나 산업체 전문가들이 자신의 관점에 초점을 맞춰 이야기하기 때문이다. SCM에 대한 이해를 어렵게 하는 것에는 크게 세 가지 부류가 있다.

첫번째는 SCM 솔루션 제공업체들이 자신들의 솔루션이 SCM의 전체인 것처럼 이야기하는 것이다. 이것은 SCM을 경영접근법이나 경영철학으로 보지 않고 IT 솔루션으로만 접근하게 만드는 오류를 저지르게 한다.

두 번째는 물류와 유통부분에 크게 초점을 맞춰 이것이 SCM의 모든 것이라고 생각하는 것이다. 두 번째 관점은 주로 마케팅을 전공하면서 유통에 관심을 갖고있는 학자들의 접근방식이다.

세 번째는 구매분야만을 부각해 이것을 위주로 SCM을 말하는 것이다. 세 번째 관점은 주로 구매관리와 생산관리를 전공한 학자들에 의해 나타나는 오류이다.

또한 SCM은 산업마다 특성과 중요한 관점이 다르기 때문에 혼란이 가중되기도 한다. 이 세 가지 관점을 모두 고려하여 SCM에 대한 접근을 해야 한다고 생각한다.

첫 번째 관점은 통합 물류적 관점이다. 공급사슬을 공급업체로부터 제조 - 유통 - 판매를 거쳐 고객까지 이어지는 물류흐름으로 이해하고, 어떻게 하면 이러한 물적 유통과정을 최적화할 수 있을까 하는 시각으로 접근하는 방식이다. 만약 전 세계의 각 지역에서 2000개의 공급업체를 이용하여 10곳에서 500가지 물건을 제조하고 3000곳의 고객에게 배송한다면 누가 어느 정도의 재고를 보유하고, 어느 공장에서 어떤 제품을 생산하며, 어떤 방식의 경로로 물건을 이동시켜야 최적의 관리가 가능한지 그리고 비용을 최소화할 수 있는 지를 연구하는 것이다.

통합 물류적 관점에 입각한 SCM의 기본 구성요건은 다음 네 가지 기능으로 구성된다.

① 판매동향을 기초로 한 수요예측 기능
② 수요예측에 기초한 기업수준의 생산과 재고, 물류계획을 수립하는 기능으로 "어느 공장거점에서 무엇을 몇 개 생산한다." "어떤 물류거점에 어느 정도의 재고를 배치한다." 등을 결정하는 기능
③ 기업전체 입장에서 수립된 계획을 보면서 각 공장의 생산라인 수준에 의한 제조일정과 자재 및 부품의 보충을 위한 기능
④ 납기회답 기능으로 지금까지와 같은 보관재고만을 기초로 한 단순한 납기회답이 아닌, 부품에 대해 발주나간 납입시간과 생산일정 계획 등을 모두 그려한 납기회답 기능이다. 즉, 현재 보유재고는 없어도 "언제까지, 어느 정도의 수량을 확실하게 배송가능하다"라고 미래의 납기를 고객에게 제시한다.

이 네 가지 기능은 서로 연동되어 있다. 자재보충이 지연될 것으로 판명된 경우, 기업전체의 생산계획을 변경하면 곧바로 생산거점의 계획도 바뀌며, 공장에서는 생산라인의 능력을 보면서 공정스케줄을 변경한다. 또한 그 결과는 기업전체의 생산계획에 반영되며 기업수준에서 공장의 라인수준까지 자유자재로 변경할 수 있게 된다.

두 번째 관점은 기업 간의 상호작용 및 구성원 간의 연계적 관점이다. 공급사슬을 구성하고 있는 기업들, 즉 공급업체들, 제조회사, 유통회사들의 상호관계를 연구하고자 하는 관점이다. 공급사슬을 구성하고 있는 기업 간의 제휴 및 협력, 신뢰와 갈등 등으로 공급사슬을 이해하고자 하는 노력이다. 팀별 경쟁이 되기 위한 공급사슬의 운영을 만드려는 관점인 것이다. 물론 구성원들끼리 갈등도 있고 힘의 우위가 있는 구성원이 다른 구성원을 관리하거나 압박하는 경우도 생긴다. 이러한 공급사슬을 구성하는 구성원들 사이에서 발생하는 역학관계 및 상호작용으로 공급사슬을 이해하고자 하는 관점이다.

세 번째 관점은 공급사슬 내에 정보공유 관점이다. 공급사슬 내에는 정보, 물건, 그리고 돈이 흐르고 있는데, 이러한 흐름이 중단되지 않고 일관성 있게 흐르도록 잘 유지할 수 있는가 하는 관점이다. 특히, 고객이 원하는 정보가 어떻게 왜곡이나 지연없이 모든 구성원들에게 신속하게 전달되어 고객의 요구를 잘 충족시킬 수 있는가 하는 관점에서 접근하는 방식이다. 이러한 정보의 흐름과 공유는 실제로 정보시스템의 도움없이는 어렵기 때문에 대부분 정보시스템과 프로세스 혁신차원에서 연구하는 관점이다.

이렇게 여러 관점을 하나의 관점에서만 생각하고 이야기하면 듣는 입장에서는 혼란스럽

지 않을 수 없을 것이다. 공급사슬을 제대로 이해하려면 이러한 세 가지 관점에서 모두 바라볼 수 있으면 바람직할 것이다. 즉, SCM은 위 모든 것을 포괄하는 개념이다. 따라서 전체 SCM의 그림을 보고 자신의 회사가 속한 산업에서의 SCM 그리고 구체적으로 회사의 공급망을 이해하는 방식으로 접근하는 것이 바람직하다고 할 수 있다.

그렇다면 이렇게 다양한 관점의 공급사슬관리를 위한 활동에는 어떠한 것들이 있는가?

사실 SCM은 다양하고 광범위한 노력들을 요구한다. 여러 개의 톱니바퀴가 함께 돌아가야 하는 것이다. 그 톱니바퀴를 다섯 가지 정도로 이야기할 수 있다.

첫 번째는 제품개발 단계부터 SCM개념이 들어가는 것이다. 이른바 지연전략(Postponement Strategy)이 그것이다. 쉬운 예를 들면, 식기세척기를 처음부터 체리, 메이플, 화이트 등 각 색깔별로 따로 만드는 것이 아니라 몸통은 같이 만들고 겉에 붙이는 판넬색깔만을 바꾸는 것이다. 식기세척기를 제조하는 동양매직은 실제 이러한 방식으로 60% 정도의 재고를 줄일 수 있었다. 앞에서도 HP와 베네통의 사례에서 지연전략으로 소개된 사례를 살펴본 바 있다.

두 번째는 프로세스 혁신이다. 프로세스 혁신은 SCM에서 빼놓을 수 없는 중요한 활동이다. 혁신에 대해서는 4장에서 자세히 다루도록 한다.

세 번째는 공급망에 대한 구조조정이다. 구조조정의 대상은 공급물류 부분이 될 수도 있고 유통부분이 될 수도 있다. Dell처럼 아예 중간대리점을 없애는 것도 구조혁신의 한 예가 될 수 있다. 8장에서 Dell사례가 자세히 소개되어 있다.

네 번째는 물류혁신이다. 전통적인 물류는 판매물류(Physical Distribution)로 상품이 공급자로부터 소비자에게 이동되는 과정을 의미한다. 1950년대까지 물류는 유통활동의 일부에 국한된 개념이었다. 즉, 생산자에서 소비자에 이르기까지 상품의 운송과 보관이 주된 기능이었다. 최근에 와서 물류는 판매물류를 확장한 종합물류의 개념으로 발전하고 있다. 종합물류란 제품제조를 위해 원재료의 조달과정에서 소비자에게 상품이 판매되기까지의 전체를 포함하는 과정이다.

다섯 번째는 IT를 활용한 공급사슬 최적화를 위한 정보시스템이다. 예를 들어 POS(Point of Sale), ERP(Enterprise Resource Planning) 그리고 SCP(Supply Chain Planning)를 활용하여 기업에 필요한 정보시스템을 구축하는 것이다.

따라서 성공적으로 공급사슬관리를 하고자 한다면 이러한 다양한 노력들이 함께 수행되어야 하는 것이다. 물론 이러한 노력은 기업이 속해 있는 산업의 특성에 따라 단계적으로 차례차례 추진될 수도 있다. 중요한 것은 이러한 여러 가지 노력 중 어느 한 부분만을 끝내고 마치 SCM 활동이 끝난 것처럼 착각해서는 안될 것이다.

03 SCM의 발전과정

3.1 단계별 관점의 변화

공급사슬관리는 적용되는 산업별로 그 표현을 달리하고 있다. 특히, 의류부문에서는 QR(Quick Response), 식품부문에서는 ECR(Efficient Consumer Response), 의약품 부문에서는 EHCR(Efficient Healthcare Consumer Response) 등으로 일컬어지며 발전해 왔다.

공급사슬관리에 대한 중요성은 1980년대 생산관리 및 유통관리 분야에서 대두되었고, 정보시스템 분야에서는 1989년 전자문서 교환(EDI; Electronic Data Interchange)이 형성되면서 공급사슬관리가 활성화되었다. 〈표 1-2〉는 공급사슬관리의 발전과정을 보여주는 통합모델이다.

공급사슬관리 1단계는 상품제조를 중심으로 린(Lean) 생산을 중시하였다. 린 생산이란 말 그대로 군살없이 근육질로만 이루어진 날씬한 공정을 의미한다. 여기서 군살이란 불필요한 재고를 뜻하는데, 작업공정 혁신을 통해 낭비와 비용은 줄이고 생산성은 높이는 것을 말한

표 1-2 공급사슬관리의 발전과정

발전단계	1단계	2단계	3단계	4단계
시 기	1980년대	1990년대	2000년대	2010년대
공급사슬 철학	상품중심	시장지향	시장중심	고객중심
공급사슬 형태	린(Lean)기능	린 공급사슬	민첩 공급사슬	고객화된 민첩 공급사슬
핵심요인	품 질	비 용	효용성	리드타임
성 과	(a) 주식가치 (b) 생산비용	(a) 투입시간 (b) 물리적 비용	(a) 시장점유율 (b) 총비용	(a) 고객만족 (b) 부가가치

다. 즉, 숙련된 기술자들의 편성과 반자동화 장비의 사용으로 필요한 시점에 맞추어 적정량의 제품을 생산하는 방식이다.

이는 기존의 밀어내기 생산방식에서 나타나는 원가상승 및 대량 생산문제의 대안이다. 생산의 핵심은 평준화 생산 등을 활용하여 제품생산을 적게 가지고 감으로써 생산비용을 감소시키고, 제품의 품질을 중시하는데 있다. 린 생산방식은 모델을 자주 바꾸면서 단기간 동안 생산하면서도, 동일모델을 장기간 생산하는 것보다 오히려 비용이 적게 들며 이익을 더 많이 낼 수 있다는 가정에 기초한 것이다.

이러한 동향은 1980년 말에 들면서 최적화의 범위가 넓어지고 활성화 되었다. 아웃소싱 업체들을 포함한 린(Lean) 기능을 고려한 본격적인 공급사슬관리의 개념은 1980년대 말에서 찾아볼 수 있다. 이때에는 시장중심적인 사고가 생겨나기 시작했고, 공급사슬 전체의 효율성에 대해 깨닫기 시작했다.

그리고 공급사슬관리는 1990년대 말에 들어서면서 기존의 경영철학이 시장중심으로 변화하였고, 단순한 비용감소가 아닌 공급사슬 전체적인 민첩한 성능을 중요시하게 되었다. 민첩한 기업(Agile Enterprise)들의 특징은 무엇일까?

첫째, 기업 내·외부에서 발생하는 모든 현상 및 성과(KPI)에 미치는 영향도에 대한 신속정확한 가시성을 확보하고 있다는 것이다. 이것은 가치사슬과 공급사슬의 주요 성공요인들간의 전후관계가 파악되고 있을 때 가능한 내용이다.

둘째, 목표달성을 위한 전략, 전술, 운영상의 여러 정보 및 수단을 활용한 신속한 의사결정이 가능하다. 즉, 위험에 대한 조기경보를 발동시키고, 의사결정 시나리오별로 주요 성공요인에 미치는 영향을 분석하여 필요한 의사결정을 신속하게 내릴 수 있는 것이다.

셋째, 내려진 의사결정을 실행에 옮길 수 있는 능력(Focus to Execution)을 갖춘 조직, 마지막으로 저비용으로 신제품 및 납품수량 등의 변화에 신속히 대처할 수 있는 유연한 공급사슬을 꼽을 수 있다.

민첩함(Agility)이란 뒤의 전략적 기업관리(SEM)에서 자세히 살펴보겠지만, 적절한 시점에, 직면해 있는 상황을 정확하게 파악해낼 수 있는 능력에서 생겨나게 되며, 이는 잠재해 있는 문제나 기회를 찾아내는 것 외에, 문제를 회피하거나, 기회를 포착할 수 있는 간단명료한 방법을 고안해 낼 수 있다는 것을 의미한다.

2010년대에는 개별 고객중심의 경영철학이 본격화 되었다고 볼 수 있다. 이 단계에서는 제품생산을 위한 원재료 조달, 제품생산, 판매, 고객만족 등을 구현하기 위한 민첩하면서도 고객화된 공급사슬관리의 중요성이 증대되었다. 2010년대 초부터는 고객중심과 효율성을 동시에 추구하는 대량고객 맞춤생산(Mass Customization) 방식도 활성화되기 시작했다.

이러한 단계적 발전을 거쳐 오늘날 기업에서 공급사슬관리 전략을 통하여 파트너 간의 협업제품 개발이라든가 핵심 역량강화, 정보와 커뮤니케이션을 위한 어플리케이션 강화 등이 실현되고 있다.

〈표 1-3〉에서와 같이 공급사슬관리로의 관점의 변화는 분석단위, 핵심 성과목표, 시간관점, 비즈니스 관계, 혁신대상에서 나타나고 있다. 기업에 있어 경영의 초점변화는 공급사슬관리를 수행함으로써, 기업은 시장경쟁의 불확실성을 극복해 주고 글로벌 경영을 위한 경쟁

표 1-3 전통적 관점과 공급사슬관리 관점 비교

관리 범주	전통적 관점	공급사슬관리 관점
분석 단위	부서, 기업	•조직 간 확장된 구조 •전체 공급사슬
핵심 성과 목표	부서별 목표, 한 회사의 이익	채널의 역량강화, 상호이익
시간 관점	단기이익, 주기적 협상	장기적 혜택, 제품수명주기(Life Cycle) 동안의 총 비용과 총 가치
비즈니스 관계	거래 위주	형성된 채널 파트너십에 의한 장기적, 선제적(Proactive) 협력
혁신 대상	결점과 비용감소, 상품과 프로세스에 있어서의 혁신비율	•모든 공급사슬의 프로세스 혁신 •공급사슬 가치창조의 혁신비율

력을 가져다 줄 것이다. 이러한 공급사슬관리의 구현효과를 살펴보면 다음과 같다.

첫째, 정보기술과 커뮤니케이션 기술의 확장을 통한 상품개발, 판매, 수송의 문제점을 해결할 수 있다.

둘째, 고객의 요구사항에 대하여 상품과 서비스를 신속하게 반응하도록 풀시스템(Pull System)구축을 지원해 준다.

셋째, 가상 조직과 비즈니스 파트너의 전략적 제휴를 원활하게 해주어 시장에서 새로운 기회를 제공해 준다.

넷째, 공급사슬에서 고객의 니즈(Needs), 생산 프로세스, 비즈니스 운영전략, 시장에서의 유통전략, 상품디자인 전략, 원재료 조달이 일관성이 있도록 설계해 준다.

다섯째, 경쟁우위를 획득하기 위하여 전략적 채널파트너와 기업의 내부관계자를 전문화해주고, 협업을 할 수 있는 새로운 조직구조를 창조해 준다.

가트너그룹(2001)에 의하면, 공급사슬관리는 일반적으로 전사적 자원관리(ERP) 시스템 기반 위에서 더 잘 운영된다고 한다. 그 이유는 공급사슬관리 시스템이 ERP 시스템을 통해 확보한 정보를 기반으로 수요예측 및 생산계획 등 전사적 자원활용을 위해서 구축하기 때문이다. 또한 공급사슬관리 시스템은 회사 내부와 외부의 정보연계를 통해 성과창출을 위

표 1-4 ERP와 SCM의 비교

구 분	전사적 자원관리(ERP)	공급사슬관리(SCM)
구축 동기	전사적 자원활용 및 조정필요	회사내·외부 정보의 동기화
목 표	회사내부 각 부문의 모든 업무처리 내역의 통합관리	전체적인 의사결정을 지원할 수 있는 계획관리 중심
조정의 폭	공장, 창고, 회사내부	회사내부, 공급업체, 유통업체, 고객
고객수요계획	주문에 대한 대응중심, 수요판단 중심	예측중심, 시뮬레이션 중심, 타당성 있는 계획 및 최적계획 중심
계획의 폭	자재소요량, 생산능력	자재소요량, 공급업체와 다수의 거점 공장, 인력, 수요, 유통
계획방법	직렬적 계획	병렬적 계획

해 구축한다.

따라서 공급사슬관리 시스템은 ERP 시스템 기반위에 이루어져야 더욱 효과적으로 운영되는 것이다. 또한 ERP시스템이 공장과 창고중심으로 운용되는 반면, 공급사슬관리 시스템은 회사 내부와 외부의 공급업체, 유통업체, 고객까지 포함해 운영되는 특징을 가지고 있다. 가트너그룹이 2001년에 제시한 세부적인 특징은 〈표 1-4〉와 같다.

공급사슬관리가 새롭게 개발된 경영기법을 뜻하는 것은 아니다. 과거에서부터 존재해왔던 각종 기업관련 경영혁신 기법들이 필요에 따라 발전했거나 통합되어 발전한 것이 현재의 SCM이 되었다.

3.2 생산운영관리 기법과 ERP패키지의 발전에 의한 SCM

생산운영 부문에서는 기업자원 계획의 시초인 자재소요량 계획으로부터 시작하여 통합적 전사적 자원관리로 발전하여 현재 공급사슬관리로 발전하였다고 보고 있다.

1. 자재소요량 계획(MRP; Material Requirement Planning)

기준생산계획(MPS)은 월간 수요예측, 생산능력, 재고량을 고려하여 작성된 월 단위의 제품별 총괄 생산계획을 바탕으로 주 단위의 생산계획을 수립하는 역할을 한다. 그리고 생산능력계획 기능은 MPS가 제조업체의 생산능력 하에서 수행될 수 있도록 생산자원(기계, 인력, 자재)의 수급에 대한 장기계획을 수립하고, 단기적으로는 생산능력을 고려한 생산자원의 활용계획을 수립하면서, 필요에 따라 상세 일정계획이나 MPS를 조정한다.

회사의 자원계획은 기준생산계획(MPS)과 자재명세서, 그리고 재고정보의 세 가지를 바탕으로 생산 및 조달계획을 계산하는 생산관리 기법인 MRP가 등장하였다.

자재소요량 계획(MRP)은 MPS에 따라 제품이 생산될 수 있도록 필요한 시기에, 필요한 양의 자재가 꼭 필요한 부서에 공급되도록 계획한다. 자재소요량 계획은 ERP의 생산운영관리 관련 기능들 중에서 가장 중요한 부분으로 꼽힌다. 또한 MRP는 여러 부문과 연관된 가치사슬을 최적화시킬 수 있는 중요한 경영기법이며, 여러 부문에서 제공되는 정보인 MPS,

BOM, 재고 등의 정보가 정확해야 MRP의 결과가 정확하게 나타난다.

또한 MRP를 기반으로 하는 정보시스템이 영업, 재무 등 관련 업무를 포함하는 수준까지 발전된 것을 MRP II라 부른다. MRPII는 생산능력계획과 MPS에 대한 피드백(Feedback), 조달예산계획, 설비구입계획 그리고 재고예산계획, 판매계획을 연계하여 구체적인 제조일정 및 조달계획을 계산한다.

MRP가 갖는 한계는 시간, 자원, 인력이 무한대로 가용하다는 점과 수요 및 리드타임(Lead Time)이 변하지 않는다는 가정에 기반을 둔 계획이라는 점이다. MRP만 제대로 활용해도 기업의 원가절감에 큰 도움을 받을 수 있지만, 자재명세서를 지속적으로 정확하게 관리해야 하고, 재고정보가 정확해야 하며, 리드타임 등의 정보가 담겨있는 자재마스터 데이터의 정확성이 유지되어야 한다.

2. 전사적 자원관리(ERP; Enterprise Resource Planning)

ERP는 기업전체를 통합적으로 관리하고 경영의 효과성을 높이기 위하여 경영이론과 실무를 사전에 프로그래밍하여 놓은 패키지 형태의 기업솔루션이다. ERP는 1970년대의 MRP, 1980년대의 MRPⅡ에서 보다 확장된 개념의 영업, 생산, 자재, 회계, 원가관리 등의 통합정보시스템이라고 할 수 있다. MRP에서 발전된 ERP가 점차 SCM으로 확장 발전하고 있다.

1990년대 말에 e-business가 유행이 되면서 기업마다 무조건적인 인터넷화를 추진한 시절이 있었다. 그러나 결국 델이나 시스코 그리고 국내의 삼성전자나 볼보, 한국타이어 사례에서 업무 프로세스의 혁신과 ERP의 추진으로 e-business에 필요한 기본 정보가 나오지 않고서는 궁극적으로 e-business가 성공할 수 없다는 사실을 깨닫고, 국내외적으로 더욱 ERP의 중요성이 부각되었다.

ERP라는 용어를 처음 사용한 것은 가트너 그룹이라고 알려져 있는데, 사실 ERP는 혁명적이거나 아주 새로운 아이디어는 아니다. ERP는 시스템구성과 사용자 편이성의 측면에서 기존 MRP, MRPⅡ의 단점인 비유연성을 최소화한 시스템이며, 기술적인 측면에서는 3계층 클라이언트 서버구조의 분산데이터처리, 그리고 운영체제나 데이터베이스에 관한 개방형 구조를 채택한 분산화, 개방화된 시스템이라고 할 수 있다.

ERP에 대한 미국 생산/재고관리협회(APICS)의 정의를 인용하면,

① 고객의 주문을 획득, 제조, 운반, 계산하기 위해 필요한 기업자원을 파악하고 계획하기 위한 회계지향의 정보시스템. ERP시스템은 MRPⅡ 시스템과는 시각적인 사용자 인터페이스, 관계형 데이터베이스, 4세대 언어사용, 개발지원 소프트웨어 도구지원, 클라이언트 서버구조, 오픈시스템에 근거한 상호접근성 등에 있어서 기술적 차이가 있다.

② 보다 일반적으로는 제조, 유통, 서비스 기업에 있어서 고객의 주문을 획득, 제조, 운반, 계산하기 위해 필요한 모든 자원을 계획하고 통제하는 효율적 방법을 말한다.

오늘날 기업에게 요구되고 있는 전 세계적 수요공급망(Global Demand Supply Chain)을 종합적이면서 통합적으로 관리하기 위해서는, 기업내부만이 아니라 고객과 공급자까지 포괄하는 광범위한 정보수집이 필요하다.

예를 들면, 고객으로부터 수요의 예측, 거래문의라는 상담차원의 정보를 관리하는 시스템을 구축하고 아울러 공급자의 견적, 거래조건 등을 데이터베이스화 하는 것은 필수적이다. 또한 불특정 다수의 거래처와 인터넷을 통해 거래하기 위해 자사의 제품소개, 가격정보, 수주상황, 재고상황, 잔고조회, 서비스 정보의 제공이 필수적이다.

이러한 목적을 충족시키기 위해 등장한 것이 ERP 패키지이다. ERP패키지는 통합 데이터베이스를 중심으로 많은 우량기업의 비즈니스를 담고 있는 베스트 프랙티스(Best Practices)를 갖고 있고, 단기간에 업무 프로세스와 조직혁신을 실현하기 위한 솔루션 모델을 제공한다.

이러한 ERP의 개념을 시스템화한 ERP 소프트웨어 패키지는 기능별로 대개 십여 개 이상의 모듈 소프트웨어로 구성되어 있다. 이러한 기능들은 적용대상에 따라 크게 생산관리, 물류관리, 재무관리 등의 부문으로 나누어볼 수 있다.

생산관리 부문에는 기준생산계획, 생산능력계획, 자재수급계획, 생산데이터 관리, 품질관리, 적시 생산지원 등의 기능들이 포함된다. 물류관리 부문에는 재고관리, 송장관리, 창고관리, 판매관리, 운송관리, 수요예측, 구매관리, 실적평가 등의 기능이 포함되며, 재무관리 부문에는 원장관리, 환율관리, 예산관리, 재무보고, 원가관리, 미수금/미지급금 관리, 다중통화관리, 고정자산관리, 어음관리 등이 포함된다. 이외에도 산업별로 특화된 모듈이 포함되는 경우도 있다.

위의 수많은 프로그램들은 경영학적인 업무지식에 입각하여 각 기업들의 고유한 프로세스를 구현할 수 있도록 파라미터(Parameter)를 변경하여 고객맞춤화(Customization) 시킬 수 있게 구성되어 있다. 즉, 이미 경영학적인 이론과 실무가 ERP내에 내장되어 있고, 이러한 이론과 실무 프로세스가 수많은 산업의 생산 및 서비스 형태를 지원할 수 있도록, 그리고 특정 기업의 고유한 영업과 생산, 생산과 자재, 그리고 회계와 원가관리를 통합관리할 수 있도록 파라미터를 설정하는 방식을 취함으로써 신속하게 업무 프로세스를 혁신할 수 있는 패키지라고 생각하면 된다. 이들 하나하나의 모듈/기능들은 서로 통합이 되어 있어 규모가 큰 프로그램들이고 각 소프트웨어 벤더들과 산업체의 업무 노하우(Know-How)가 들어 있다.

한 기업의 가치사슬을 최적화시키는 ERP가 발전되면서 여러 가지 한계점과 문제점들을 개선하고 극복해 나가기 위해 점차 공급사슬 전체를 고려하는 ERP구축이 필요하게 되었고 이는 기업전반에 걸쳐 SCM으로 나아가는 발전형태를 띠게 되었다.

3.3 마케팅과 유통관리의 발전에 따른 SCM

마케팅은 판매촉진을 위한 여러 가지 활동만을 대상으로 한 초기 마케팅에서 고객에게 상품을 배송하고 보관 및 고객서비스와 관련된 물류관리로 그 관심도가 옮겨갔다. 필립 코틀러(Philip Kotler) 교수에 의하면 마케팅 용어는 그 변천과정에서 두 가지 상이한 뜻을 내포하고 있는데, 그 하나는 소비자를 자극하여 수요를 탐색하고 유인구매하게 하는 활동이고, 다른 하나는 상품의 물류활동을 나타내고 있다. 즉, 물류관리를 포함하는 유통부문의 발전을 보면서 SCM의 발전에 어떠한 영향을 미쳤는지를 살펴보면 다음과 같다.

① 1950년대까지는 기업들은 판매에 초점을 두기보다 생산활동을 중시하였다. 60년대와 70년대에 접어들며 판매활동에 점점 무게를 두게되면서 마케팅 개념이 등장하였는데 생산자와 고객을 이어주는 유통에 점차 관심을 가지게 되었다. 즉, 중간상인과 운송시스템이 중요하게 인식되기 시작하였으며, 전통적으로 익숙한 유통시스템이 등장하였고 처음에는 규모의 경제 그리고 표준화된 재화의 대량소비 등이 국가발전에 필수적인 것이 되고 대량유통이 시작되었다.

② 1960년대의 물적유통(Physical Distrbution)이 1980년대에 들어오면서 로지스틱스

(Logistics), 유통자원계획(DRP; Distribution Resource Planning)으로 발전하며 SCM으로 확대발전되었다. 물적유통만을 취급하는 것에서 점진적으로 DRP로 확대되었는데 이러한 기업이 가지는 주요 관심은 1960년대까지 보관 및 운송 등 단순배송에 머물렀으나 1970년대에는 이와 더불어 비용과 효용측면을 추가로 강조하였고, 1980년대의 통합 로지스틱스를 거쳐 1990년대 중반에는 SCM으로 발전하였다. 이와 같이 물류를 재화의 흐름이라는 측면에서만 보지 않고, 효용(Utility)의 측면에서 중요하게 생각하게 되었다. 주로 장소의 효용을 창출하는 것은 수송, 시간의 효용을 창출하는 것은 보관, 그리고 수송과 보관의 효율화 및 소비자 만족을 위한 것이 포장이고, 이와 더불어 하역이 이루어진다고 보았다.

③ 로지스틱스(Logistics)란 용어는 제2차 세계대전 중 미육군에서 처음 사용하였는데, 그 후 기업에서도 널리 사용되고 있다. 특히 비즈니스 로지스틱스란 조달, 보관, 수송, 배송 등 모든 물류문제를 체계적, 논리적으로 파악하려는 의도에서 출발하였다. 그 목표는 원자재와 제품을 적절한 시간에, 지정된 장소까지, 최고의 서비스 수준을 가지고, 최저비용으로 배치하는데 있다. 예전에는 로지스틱스가 물자의 정보가 체계적이지 못하고 연결되지 않은 상태로 수행되어 왔고 이에 속하는 부서들이 서로 분리된 형태를 취하고 있었다.

④ 기존의 기업들은 생산성 향상을 위한 생산활동이나 제품판매를 위한 마케팅활동에 치중하여 왔는데 결국에는 생산비의 절감에 있어 그 한계점에 부딪치게 되었다. 이를 극복하기 위해 원가에 상당히 높은 비중을 차지하는 물류비의 절감에 관심을 두기 시작했다. 갈수록 기업간의 경쟁이 치열한 상태에서 경쟁전략의 일환으로 고객서비스를 개선하고 고객의 욕구변화에 신속하게 대응하고 변동하는 시장에 대응할 수 있는 적정 재고수준의 유지에 필요성이 증가하게 되었다. 결과적으로 로지스틱스는 고객의 욕구를 충족시킬 목적으로 하여 원자재와 부품을 시작으로 최종 소비자에게 완제품을 판매하는데 있어 보다 효과적으로 물류흐름이 원활하도록 계획수행하는 것이라 할 수 있다.

⑤ 앞에서도 언급한 바와 같이, 가장 이상적인 로지스틱스 관리는 적절한 시간에, 적합한 장소로, 적당한 물자를, 최고의 서비스 수준을 가지고, 최저비용으로 공급자로부터 수요자에게 이동시키는 것을 말한다. 고객의 실제적인 수요에 입각해 생산된 물자가 유통되는 것이 아니라 고객의 예상수요에 의해 생산된 제품이 일방적으로 고객에게 전달되는 푸시(Push)방식의 로지스틱스로는 고객의 욕구를 충분히 만족시키기 어렵다. 이에따라 로지스틱스에서도 풀(Pull)방식이 대두되었다.

결과적으로 1990년대 중반을 기점으로 인터넷의 발전 등을 통한 정보기술의 발전과 무한 경쟁의 범세계화 및 소비자 욕구의 다양한 변화 등 기업이 처해있는 경영환경의 급격한 변화에 대응하고자 SCM이 자연스럽게 출현하게 되었다.

3.4 의류산업에서의 QR의 발전

QR(Quick Response)은 시장수요에 신속하게 대응하여 기업의 경쟁우위를 향상시키는 것이다. QR은 1985년 미국의 의류산업에서 시작되었다. 또한 QR은 공급사슬의 상품흐름을 개선하기 위하여 소매업체와 제조업체의 정보를 공유함으로써 효과적으로 원재료를 보충하고, 제품을 제조하고, 유통시키려는 개념이다. QR의 개념은 도요타 생산시스템에서 출발한 JIT(Just in Time)에 근거한다. JIT는 상품의 생산에 필요한 원재료를 적시에 조달해주는 개념으로 일본에서 시작해 미국으로 확산되었다.

JIT에서 발전해 QR의 개념이 형성되었고, QR이 발전해 식료품 업계에서 ECR의 개념을 형성하였다. 이러한 개념들이 발전하고 실현되면서 공급사슬관리의 넓은 개념으로 발전한 것이다. 도요타 자동차의 간반시스템에서 출발한 JIT의 개념은 제조업에 있어서 원재료를 필요로 하는 시간에 정확하게 배달해 줌으로써 낭비를 제거하고 재고를 감소시키기 위한 방안이다.

주문접수에서 납품까지의 시간을 분석하면 가치생산활동에 사용되는 시간은 총 사이클 타임의 20~30%에 불과하고, 나머지 70~80%의 시간은 비용만 발생시키는 경우가 많다. 1985년에 연구된 미국의 KSA라는 컨설팅 회사의 보고서에 따르면 의류상품의 제조 - 판매 프로세스는 66주나 걸린다. 그러나 실질적으로 제조나 가공에 걸리는 시간은 11주(전체의 17%)이며, 나머지 55주(전체의 83%)는 발주나 출하, 포장 등을 기다리는 재고 체류기간이라는 놀라운 사실이 밝혀졌다. 또한 연간 천억달러 이상으로 거래량이 상승한 미국의 의류업계가 무려 250억달러나 손실을 초래하고 있다. 그 이유로는 첫째, 재고과잉으로 인한 금리부담 등의 비용, 둘째, 결품으로 인해 판매하지 못하는 상황발생, 셋째, 덤핑판매로 인한 손실 등이 있으며 QR체제를 도입함으로써 이러한 손실을 만회할 수 있었다.

QR의 목적은 IT기술을 이용하여 조직의 효율성을 높이고 공급사슬 파트너와의 협업과 조화를 통하여 총 사이클 타임의 70~80%에 달하는 비효율적인 시간과 비용을 절감하고, 수익을 창출하는데 있다.

예를 들면, 1980년대 미국의 섬유업계는 QR도입을 통해 30%의 재고회전율 향상, 30~40%의 재고량 감소, 27%의 매출액 증가 등의 성과가 나타났다. 또한 월마트도 QR시스템 도입을 통해 물품발주에서 보충까지의 기간을 20일에서 10일로 감소시켰고, 제품의 결품율을 낮추었으며, 효과적인 상품구색을 갖추는 등 동종 유통업체에 비해 다양한 경쟁적 우위를 확보하는데 도움을 주었다고 한다.

QR이란 대립관계에 있는 섬유의 유통업과 제조업이 협조하여 제조와 판매사이를 직접 연결하는 정보네트워크를 구축하는 것에 의해 파트너십(Partnership), 바꿔말하면 제조판매 동맹 또는 비즈니스 공동체의 형성을 목표로 하는 운동이다.

파트너십(Partnership)에 의해 우선 '리드타임(Lead Time)의 단축과 재고의 감소'를 꾀한다. 그것도 '원료로부터 최종 제품에 이르는' 전제품 파이프라인(Pipeline)이라 불리는 과정 전체의 리드타임 단축과 재고의 감소를 목표로 하는 것이다.

과거 일본에서도 제조공정의 리드타임 단축이라는 생각은 알려져 있었다. 그러나 원료로부터 최종 제품까지의 긴 제조판매의 파이프라인 속에 존재하는 모든 생산과 유통의 시간 낭비를 줄이려고 하는 사상은 부족했다. 공급사슬이 되는 원사로부터 매장까지의 흐름 전 과정에서 시간과 비용의 낭비를 줄이고자 하는 생각을 한 것이다.

지금까지 관심외의 대상이었던 물류기능이 QR에서는 종합적 후방지원 시스템의 로지스틱스(Logistics)로서 중시되었다. QR에서는 여러 상품을 함께 적재한 카톤(Carton)안에 내용명세를 나타내는 특수코드를 표시한 운송용 외부상자의 라벨인 선적 카톤 마케팅(Shipping Carton Marketing)이 활용된다.

선적 카톤 마케팅 정보는 출하상품의 바코드를 공장에서 읽을 때 자동적으로 작성되어 상품이 도착할 때 동시에 물류센터(Distribution Center)로 보내진다.

또한 로지스틱스 효과를 발휘하는 것이 사전 출하통지(ASN; Advanced Shipping Notice)이다. 주문번호, 납품일시/시간, 상품, 수량, 포장단위, 운송차량 등 구체적인 정보가 담긴 사전 출하통지가 물류센터에 직접 전송되고 있다. 도매와 소매의 물류센터가 미리 수령하고 있는 ASN과 이후에 도착한 운송용 외부상자의 선적 카톤 마케팅의 스캔결과를 컴퓨터를 통해 시스템적으로 대조하면 상자를 개봉하지 않고도 납품된 상품의 입고를 할 수 있는 것이다. 물류의 검품 간소화가 실현되는 것이다.

QR개념을 적용하면서 물류센터의 본연의 기능도 변한다. 과거 유통업의 물류센터는 공장과 점포시간에 맞추어 상품의 분류와 배송의 역할을 함과 동시에 재고 적재장소로서의 상품보관 시설을 갖고 있는 것이 보통이었지만, QR체제에서는 보관기능을 적게 갖고 적시 납품을 위해 분류와 배송을 중시하는 크로스도킹(Cross Docking) 센터가 주목을 받는다.

QR의 로지스틱스가 더욱 발전하면 도매나 소매의 유통센터는 점차 덜 활용된다. 최근에 물동량이 어마어마하게 증가했는데도 물류센터 수가 크게 늘어나고 있지 않는 것도 이러한 QR기법들이 주변에서 이미 많이 활용되고 있기 때문일 것이다. 심지어 유통 및 소매점포에 그대로 진열될 수 있도록 설치고리가 달리고, 가격태그가 부착된 상품이 물류센터를 경유하지 않고 공장으로부터 소매점포에 직접 보내지기도 한다.

3.5 식료품 산업에서의 ECR의 발전

QR에서 자극을 받아 발전된 ECR(Efficient Consumer Response)은 1990년대 초 미국에서는 식료품 업계를 중심으로 슈퍼마켓에서 공급사슬의 비효율적인 문제점을 해결하려는 노력에서 출발하였다.

1990년대 미국 유통업계의 가장 큰 문제점은 소매업자나 유통업체가 매년 2회~4회 있던 가격인하 판촉시기에 맞춰서 상품을 대량으로 구입하고 그것을 재고로 비축해 두는 전방구매(Forward Buying)와 저가로 구입한 상품을 다른 지역으로 돌려 판매하는 전매(Diverting)였다. 제조업체로의 주문집중으로 나타난 이런 구조는 점포에서도 발생하였고, 가격인하때만 구매를 하게 되는 소비자로 인해 재고가 대폭 증가하여, 큰 창고의 투자 및 과잉생산 설비투자가 문제점으로 드러나게 되었다.

1992년 7월들어 유통업계의 혁신을 가로막는 문제점을 해결하기 위하여 FMI(Food Marketing Instritute) 등을 주축으로 제조업체, 유통업체, 컨설팅사가 모여 ECR 워킹그룹(Working Group)을 만들면서 ECR이 활성화되었다. FMI(Food Marketing Institute)는 식품유통마케팅 협회로 전세계 60여개 구에 분포된 약 2,300여 회원사들로 구성된 협의체이다.

미국에서 시작한 ECR 활동이 성과를 내면서 호주와 유럽으로 확산되게 되었다. 호주에서는 1994년에 ECR을 활성화하기 위하여 모나쉬 전자상거래 연구그룹(Monash ECR Group)

에서 유통망 혁신을 위한 ECR 프로젝트를 수행하였다.

또한 유럽의 식품산업에서는 ECR의 응용가능성과 중요성을 인식하여 1994년에 ECR 유럽추진위원회를 설립하고 ECR을 활성화하기 위한 많은 활동과 연구를 추진하였다.

한국에서는 이들 국가에 비해 늦었지만, 몇해전부터 공급사슬관리에 대한 많은 관심이 일어나고 있으며, 공급사슬관리 활성화를 위한 정부와 기업차원의 ECR 활성화를 위한 노력이 이루어지고 있다. 한국은 1999년 11월 한국유통정보센터를 주체로 ECR/SCM을 한국에 조기보급하고자 SCM 민관합동위원회를 발족하였다. SCM 민관합동위원회는 지식경제부 주관하에 IT업체, 제조업체, 유통업체가 참여하였다. 한국유통정보센터는 SCM 민관합동위원회 하에 공급사슬관리가 기업에서 활발하게 이루어지도록 하기 위한 ECR 워킹그룹을 만들었으며, 기업과 IT업체의 업무담당자들이 효과적으로 학습과 업무교류를 하도록 지원하고 있다.

2000년 1월 ECR 워킹그룹에 참여한 업체는 LG유통, 롯데마트, 까르푸, 유한킴벌리 등으로, 이들은 ECR 워킹그룹 내에서 자사의 파트너 선정방법과 효율적인 물류 및 유통방안에 대하여 공동세미나를 하였다. 이 회사들은 공급사슬관리 필요성에 대하여 확신을 가지고 ECR 워킹그룹에 참여하여 다양한 활동을 하고 있다.

ECR도 QR과 마찬가지로 최종 소비자의 만족도를 증대시키기 위해 공급업체와 소매업자가 공동으로 협력하는 전략을 중시한다. 그 목적은 공급업체와 소매업자는 서로 적대적이 아닌 협동의 자세로써 공급사슬에 상존해 있는 비효율적인 요소들을 제거함으로써 생산성을 높임과 동시에 소비자에게는 양질의 제품과 서비스를 제공하는 것이다.

ECR은 컴퓨터를 이용한 자동발주(CAO), 전자문서교환(EDI), 통과형 물류센터인 크로스도킹(Cross Docking), 가치사슬분석(VCA), 활동원가회계(ABC), 카테고리관리, 연속적인 제품보충(CRP), 배송상품의 순서선정(Sequencing of Parcels) 등의 8가지 도구들에 기초하고 있으며, 이는 앞에서 언급한 다양한 분야에 걸쳐 함께 작용하게 된다.

위의 8가지 ECR 도구들은 서로 밀접히 연관되어 있다. 예를 들어, 지속적 제품보충이라는 ECR 도구가 가능하기 위해서는 EDI와 CAO 뿐만 아니라 카테고리에 의한 상품관리 기법이 필요하다.

04 현실 세계의 공급사슬관리

4.1 공급사슬 통합의 정도

현실 세계에서는 기업 간 협력이 매우 제한되어 있다. 전체 공급사슬에 대해 의사결정을 하는 공급사슬 전체 경영층이 없는 상태에서 자신의 회사의 수익성과 성공을 극대화 시키려고만 하기 때문이다.

[그림 1-8]은 다양한 공급사슬 통합의 정도와 단계를 보여주고 있다.

① 내부 프로세스 통합(Internal Process Integration): 이 단계에서는 기능부문 간의 통합을 증대시키고 내부의 가치사슬을 최적화 시키고자 노력한다. 현실 세계에서는 내부 프로세스 통합도 이루지 못한 기업이 대부분이다.

② 1차 중요 공급업체들과의 후방 프로세스 통합(Backward Process Integration): 선도적인 기업들은 이러한 형태의 통합을 2차 공급업체들(공급업체의 협력업체)에게까지 확대 적용시키고 있다.

③ 1차 중요 고객들과의 전방 프로세스 통합(Forward Process Integration): 1차 중요 고객들과의 통합만 이루고 고객업체의 고객들과의 통합까지도 달성한 기업은 별로 없다.

④ 공급업체의 협력업체들부터 고객업체의 고객들까지의 완전한 전방 및 후방통합이 이론적인 이상형이다.

진정한 가치는 통합에서 나오는 것이 아니라 통합이 제공하는 여러 가지 이점들을 이용하여 지능적으로 가치를 창출할 수 있도록 실행한 결과로 나오는 것이다. 즉 공급사슬 전체에서 얻어진 데이터들을 취합하고, 가치를 창출할 수 있는 정보시스템을 활용하여 비즈니스 프로세스를 수행해야 한다.

미래의 경쟁은 포스코와 신일본제철과 같은 개별기업 간의 경쟁이 아니라, 포스코+공급자+고객과 신일철+공급자+고객과 같이 포스코 공급사슬 시스템과 신일철제철 공급사슬

그림1-8 공급사슬 통합의 정도와 단계

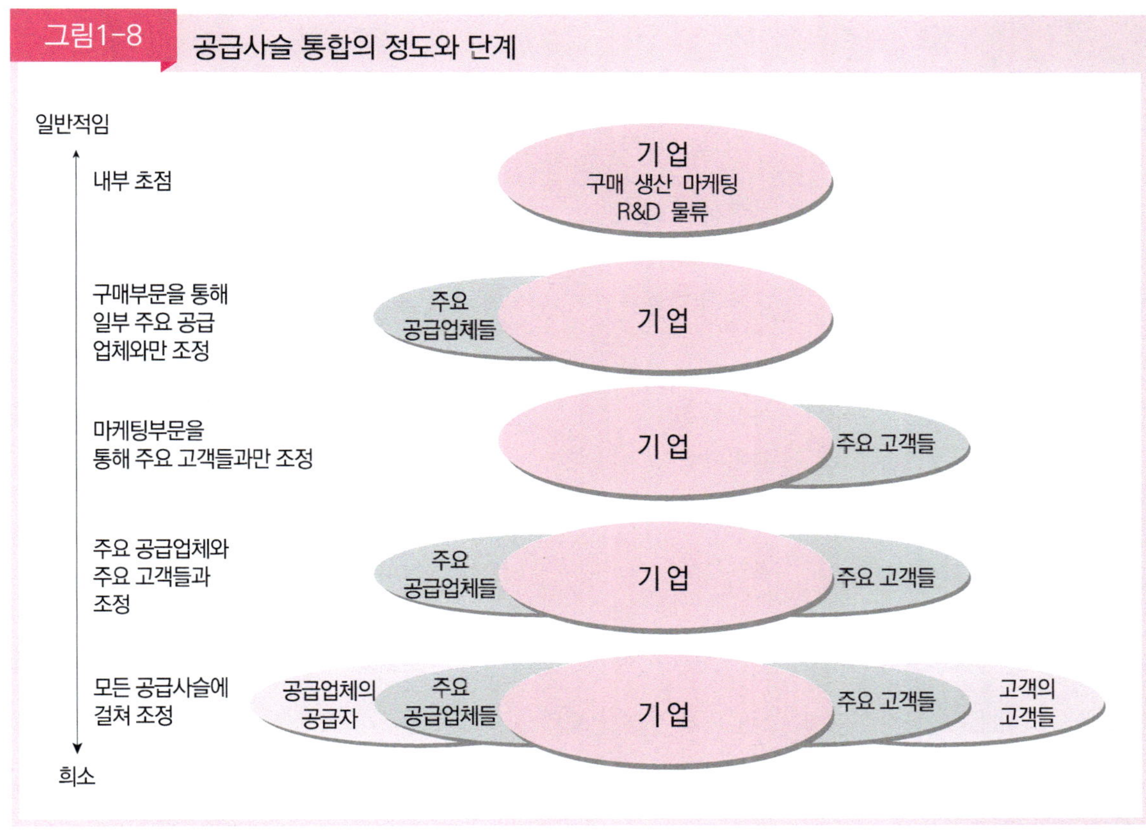

시스템 간의 경쟁이 될 것이다. 물론 이러한 비즈니스 프로세스를 효율적으로 수행하기 위한 중요도구 중 하나는 정보시스템이다. 이에 따라 공급사슬 전체를 통합하여 조화로운 관리를 제공하는 도구로서의 솔루션개발은 현재의 경쟁환경에서 점차 가속화될 것으로 여겨진다.

4.2 현실 세계의 통합단계

현실의 공급사슬 통합화의 단계는 〈표 1-5〉와 같이 나타낼 수 있다.

발전의 처음 두 단계는 내부에 초점을 맞춘 것이다. 대부분의 기업들이 현재 이 영역에

표 1-5	공급사슬 통합화 단계			
	내부(Internal)		외부(External)	
	소싱과 물류 Ⅰ	내부 우수성 Ⅱ	공급사슬구축 Ⅲ	산업 공급사슬 완성 Ⅳ
추진자	구매담당 팀	경영혁신 팀	공급사슬관리 팀	공급사슬관리 팀과 리더
혜 택	인건비 절감	내부 추진과제	최적 파트너 성과	네트워크 우위 수익성 있는 수입
초 점	재고 및 물류/ 주문 이행	프로세스 재설계 및 시스템 개선	기업 간 예측, 계획, 고객 서비스	소비자 네트워크
도 구	기능적 우월성	벤치마킹 및 베스트 프랙티스	데이터 마이닝 및 전자상거래	인터넷과 가상정보 시스템
활동 영역	중간단계 조직	전체부서	주요 공급사슬	전체 공급사슬
지 침	원가, 비용절감	프로세스 맵핑	발전된 비용 모델; 차별화 프로세스	수요/공급연결
모 델	없음	기업내부 부서간 협력	주요 기업 간 협력	전체 기업 간 협력
연 합	공급업체 공고화	최적 파트너	부분적 연합	조인트 벤처
교 육	팀	리더십	파트너링	산업전체

속해 있다. 1단계에서 회사는 소싱(sourcing)과 물류개선을 추구하는데, 주로 적은 수의 공급업자에 대하여 전체 양을 조정한다. 낮은 가격, 재고절감, 낮은 수송비용, 그리고 인력의 삭감 등이 이 단계에서 이루어진다. 이러한 것들은 현재의 개선노력을 확대함으로 시작되며, 가장 혜택이 있는 프로세스의 변화에 초점을 맞춤으로써 우선 순위에 의한 자원의 사용이 이루어질 수 있다. 이 단계에서는 기능 간 그리고 비즈니스 간 단위의 협력을 일반적으로 낮다.

2단계에서는 정교함이 더해지고 내부 우월성을 창출하는 프로세스의 강화를 리드하기 위한 공식적 후원자(sponsor)가 지명된다. 후원자와 최고 정보중역(CIO)은 기능 간 협력을 유도하고, 조직전체에 걸쳐 잠재적 개선의 전체 우선 순위화된 리스트를 만들기 위해 협력한다. 부서 간 그리고 비즈니스 단위팀 간에 이러한 개선을 추구하면서 전단계로부터 수행해온 기존 이니시에티브(initiatives)들의 노력을 통합함에 따라서 이 단계에서 과거의 기능적 분류는 사라지게 된다. 회사가 공급사슬 전체의 관리로 나아가기 전에 2단계인 내부 우수성을 완성하는 것은 매우 중요하다.

현실적으로는 대부분의 기업들은 공급사슬의 보다 더 발전을 저해하는 장벽을 쌓는데 이것은 내부환경과 외부환경을 분리하는 것이다. 그와 같이 구분하는 것은 많은 기업들이 시장에서 수요가 감소된 제품과 서비스를 개선한다 할지라도, 기존의 정적인 비즈니스 모델과 내부 우월성에 초점을 맞추며 지속하기를 고집하는 한 그들이 더 이상 발전을 기대하기 어렵게 될 것이다. 높은 2단계에 있는 회사에서도 소비자의 시각에서 볼 때 거의 가치가 없는 운영을 개선하기 위하여 노력들을 하고 있다.

최고경영층의 강력한 리더십만이 회사를 문화적 벽을 뛰어넘어 공급사슬 개선과 전자상거래가 활발히 사용될 수 있는 외부환경으로 이동하게 된다. 외부자원이 네트워크 개선을 추구하는 내부팀에 더해질 때 잠재적 혜택은 상승하게 되며, 이때 네트워크의 목적은 최종 소비자의 만족이라는 진정한 목적으로 전환하게 된다. 새롭고 수익성 있는 수입이 창출됨에 따라 모든 네트워크 구성원들은 이득을 보게 된다. 비즈니스 고객과 최종 소비자로부터의 직접 투입은 공급사슬로 하여금 고객에 대한 "push"로부터 고객이 실제 수요를 통한 제품의 "pulling"을 하는 조건으로의 필요한 이전을 가능케 하는 정보시스템을 설계할 수가 있게 된다.

공급사슬 최적화를 추구하는 비즈니스의 10%정도만이 3단계 이상을 이룩하였다. 실제로 극소수의 기업의 네트워크가 4단계 수준에 진입하고 있다. 이 단계에서 공급사슬관리가 되고 전체 글로벌 시장에서의 우위를 점하게 되어 산업계를 지배할 수 있는 기회가 존재한다. 의약품, 은행, 일반적 소비제품, 식음료, 건설, 그리고 산업용품 등이 내부적 중심에서 이동하여 3, 4단계로 발전하려고 지속적으로 노력하는 산업들의 예들이다.

대부분의 기업에서 나타나고 있는 현상은 내부의 기능부문들 끼리도 부문간 장벽이 존재하며, 공급업체와 고객기업이 상호 독립적으로 간주되는 단계이다. 이들 사이의 관계는 거래적(Transactional)이며 정보와 비용자료에 대한 공유가 매우 적다. 이 상태에서는, 부문간 회의는 빈번하게 이루어지고 조정을 하고자 노력하지만, 문제가 가시화되지 않는다. 그리고 개별부문 내의 목표충족에 몰입하면서 잠재갈등으로 인해 가치사슬이 최적화되지 않는다. 따라서 자기의 최적화만을 추구하면서 독립적으로 운영한다. 나아가 공급사슬을 구성하는 각 주체들은 자신의 재고만을 통제하고 다른 주체와 조화되지 못하는 통제시스템을 갖기도 한다. 조직과 기능들 간의 경계가 뚜렷이 구분되어 공급사슬 간에 많은 재고가 존재하게 되고, 전체적인 자재와 서비스의 흐름이 비효율적이 된다.

이러한 단계를 점차 극복하면서 기업은 자재와 서비스의 구매, 재고, 생산수준, 일정관리, 유통 등에 대한 일관성 있는 의사결정을 한다. 이러한 일관성 있는 의사결정에 의해 내부적인 가치사슬이 연계되어 가치를 창조하는데 초점을 맞춘다. 이 단계의 기업은 유통부터 구매, 마케팅, 재무, 회계와 생산에 이르기까지 단절없는 정보와 자재통제 시스템을 활용한다. 또한 이 단계에서는 고객과 공급자 간의 효율적인 정보시스템의 연결을 강조하지만, 아직 각 공급업체와 고객들을 독립적인 개체로 인식하고, 전략적인 이슈보다는 세부운영적인 이슈에 초점을 둔다.

공급사슬관리를 추진하는 기업에서는 기업내 통합단계를 거쳐 기업 외부와의 통합단계로 관점이 옮겨간다. 내부적으로 연계된 가치사슬이 공급업체와 고객을 포함하는 단계로 확대되어 기업의 직접 통제대상이 아닌 외적 공급사슬로 연결된다. 즉, 공급사슬관리 단계는 기업 간의 제품관련 정보 등을 동기화시키는 관리로서 협력업체들과의 관계를 개선내지 통합하는 단계이다.

또한 기업은 제품과 서비스 지향적인 것으로부터 고객지향으로 그 초점을 바꾸어야 한다.

그림 1-9 반도체 회사의 단계별 공급사슬 통합

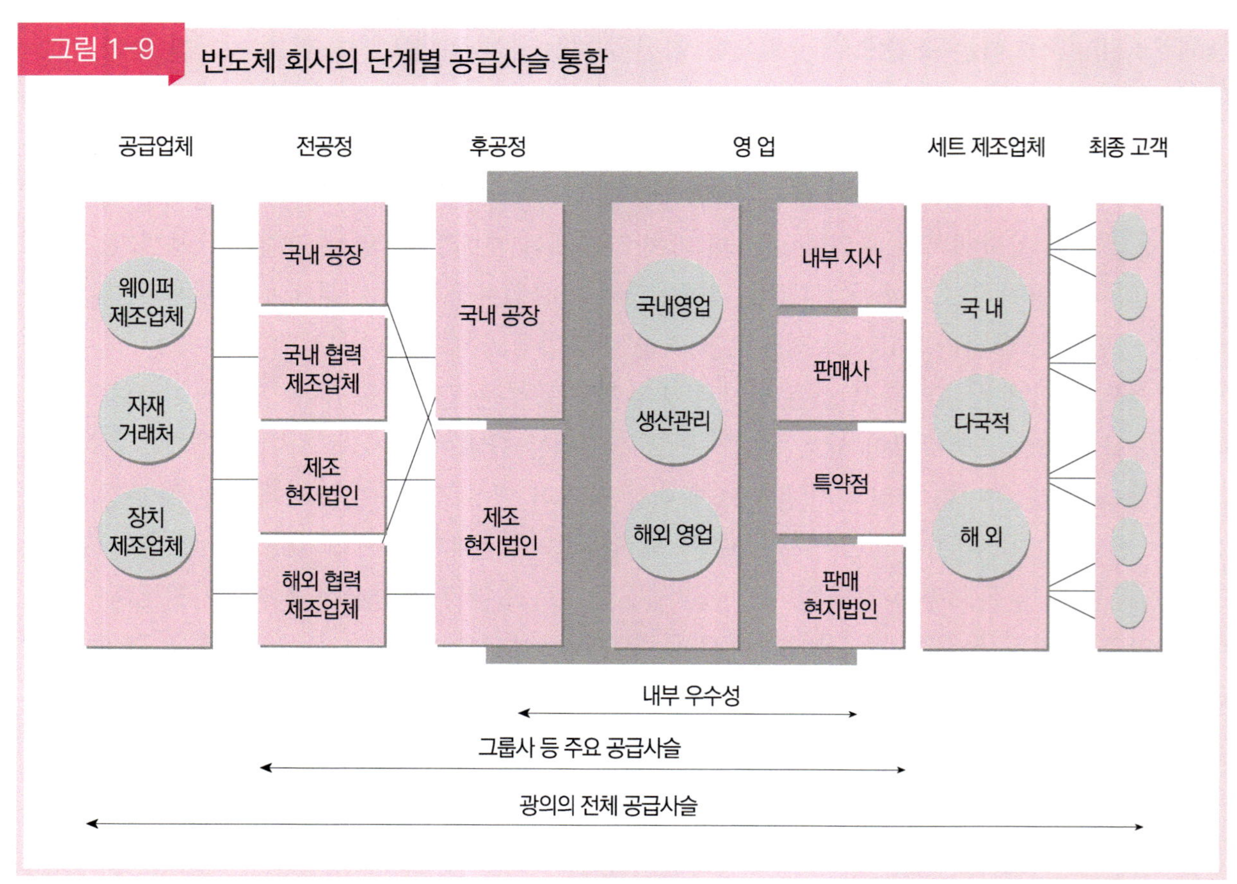

그 의미는 각 세분시장에 적합한 경쟁우위를 찾아야 한다는 것이다. 기업고객에 대해서는 그 제품, 문화, 시장, 조직 등에 대하여 더욱 이해를 잘 해야 한다. 단순히 고객주문에 반응하기 보다는 고객업체와 공동협력하여야 쌍방이 제품과 서비스의 개선된 흐름으로부터 이익을 얻을 수 있게 된다.

마찬가지로, 공급업체의 조직, 생산능력, 강점과 약점을 보다 잘 이해해야 하며, 공급업체를 신제품설계 단계에서부터 조기참여시켜야 한다. 이러한 단계가 소위 공급사슬관리라고 일컬을 수 있는 것이며 내적, 외적 공급사슬을 통합하고자 하는 것이다.

그룹사들이 있는 거대기업은 기업 내부를 자체기업 내부와 그룹사 내부로 구분하여 구축하여야 하는 경우가 많다. [그림 1-9]에서는 반도체 회사에서 공급사슬관리를 구현하고 있는 내용을 3단계로 표현하고 있다. 반도체 회사의 공급사슬에서는 1단계로 반도체 회사내부의 가치활동들을 최적화시키고, 2단계로 그룹사등 주요 공급사슬을 통합하였으며 3단계로는 산업 내의 전체 공급사슬을 통합한 모습을 보여주고 있다.

CHAPTER 2

공급사슬관리의 필요성과 공급사슬 구조전략

01 공급사슬관리의 필요성

1.1 경영환경 변화에 의한 필요성

SCM의 목적은 개별 기업단위의 최적화에서 탈피하여 공급사슬 구성요소들 간에 이루어지는 전체 프로세스를 대상으로 최적화를 달성하는 것으로 요약할 수 있다. 공급사슬의 전반적인 기능강화로 고객만족을 향상시키고, 비용을 최소화하여 최종적으로는 기업이윤을 극대화하는 것이다. 이것은 아래와 같은 경영환경 변화에 의한 필요성에 의해 대두되었다.

1. 공급사슬 구조의 확대 및 복잡화

앞에서 공급사슬의 모습들을 살펴본 바 있다. 고객에게는 더 많은 가치를 제공하면서도 비용 관점에서 경쟁우위를 갖기 위해 기업은 더 많은 아웃소싱을 사용하고, 유통채널도 더 복잡해지는 등 공급사슬 구조가 점차 확대되고 복잡해지고 있다. 이에 따라 공급사슬에서 운송비용과 재고비용 등 제조과정 외부의 비용이 부가가치의 70~80%를 차지하며, 또한 주문접수에서 납품까지의 시간 중 가치생산 활동에 사용되는 시간은 20~ 30%에 불과하고, 나머지 70~80%의 시간은 비용만 발생시키는 경우가 많다.

2. 수요의 변동과 예측의 불확실성 심화

소비자의 요구가 다양화되고 점차 개인화되며, 신제품의 라이프사이클이 점차 짧아지면서, 수요의 변동이 심화되고 있다. 또한 채찍효과(Bullwhip Effect)에 의해 공급사슬의 가장 하류인 소비단계의 주문과 고객수요 성향에 대한 정보가 도매상과 지역유통센터 등의 공급사슬 상류로 전달되는 과정에서 지연이나 왜곡되어 결품과 과잉재고 등의 문제가 발생한다.

3. 세계화와 정보화

기업활동이 글로벌화되면서 공급사슬 상의 리드타임이 더욱 길어지고 불확실해졌다. 또한 부품조달비용, 인건비, 금융비용, 생산성, 운송비용 등은 국가별 지역별 편차, 관세 및 환율, 법규의 국가별 차이, 지역별 제품사양의 차이 등을 감안해야 하고 그에 따라 물류과정도 복잡하게 되었다. 반면 이러한 세계화 경영을 지원할 수 있는 IT기술은 점차 발전되었다. IT기술을 활용하는 기대이익이 높아지고, 공급사슬 상에 가치를 창출할 수 있는 분야가 점차 커지고 있다.

4. 대량고객 맞춤생산(Mass Customization) 제품요구의 확대

기존의 표준화된 제품을 대량생산하여 고객에게 밀어내던 방식을 탈피하여 고객의 다양한 요구에 맞추어 제조, 납품하는 대량맞춤 서비스가 점차 보편화되고 있다. 대상품목이 많아지면서 재고 및 물류관리를 비롯해 주문관리, 생산계획, 정보관리 및 추적관리도 복잡해져서 공급사슬관리의 중요성이 부각되었다.

그림 2-1 SCM의 필요성

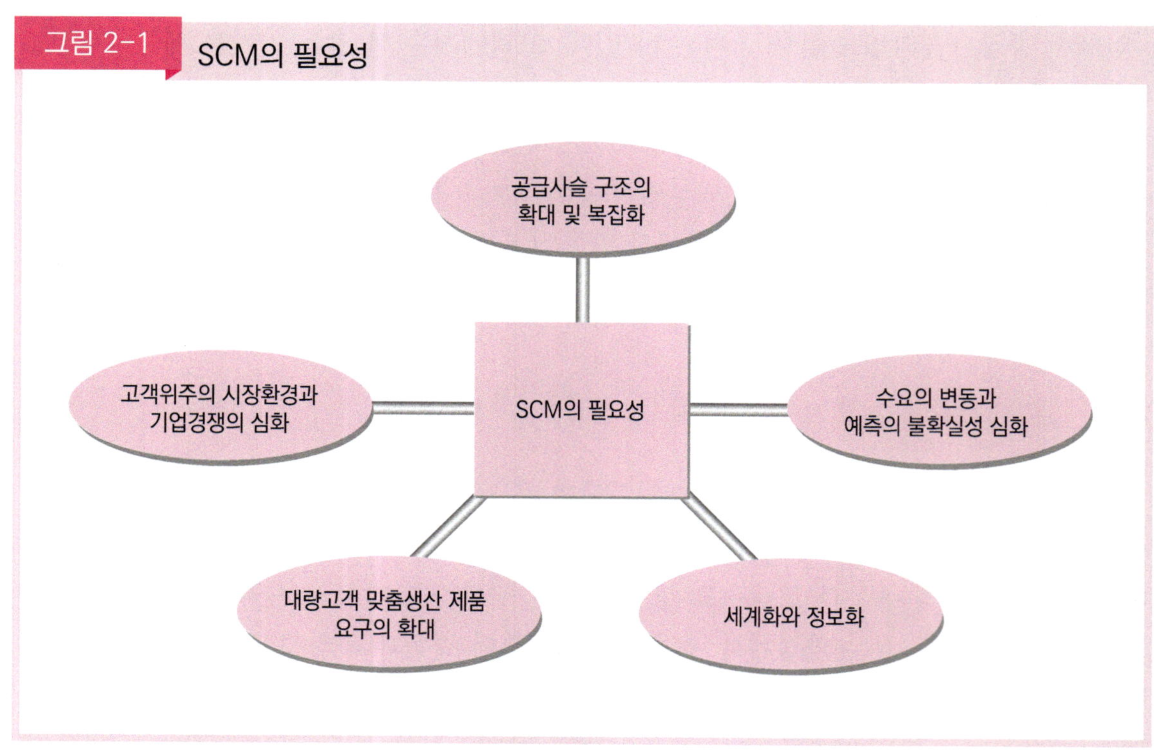

5. 고객위주의 시장환경과 기업경쟁의 심화

고객요구의 다양화로 공급사슬이 확대되고 있으나, 공급사슬에 포함되려면 기업입장에서는 강화된 역량을 보유하지 않으면 안되게 되었다. 이와 같이 서로 얽히고 설킨 공급사슬에서 생존하기 위해서 기업 간 경쟁이 치열해짐에 따라 비용 및 납기의 개선이 시급하게 되었다. 특히 고객지향, 고객만족, 시장요구에 대한 적응을 위해 공급사슬의 혁신요구가 증대되고 있다. 더구나 HP, 델 컴퓨터, 월마트, 미국섬유산업, 식료품업계, 의료제품업계, 자동차업계 등에서 최근에 공급사슬관리 성공사례들이 발표되어 이 기법의 확산을 촉진하고 있다.

1.2 현금흐름 리모델링을 위한 SCM

최근에 기업들은 안정된 현금흐름을 유지하도록 관리할 필요성이 높아졌다. 특히 경기침체기에는 현금이 기업의 명운을 좌우한다. 기업들은 현금을 확보하기 위해 금융회사와 증권시장 문을 두드리는 것은 물론이고 우리나라의 중소기업들은 개인 네트워크까지 총동원한다. 그러나 현금확보를 하려면 금융회사 등 외부에만 의존하기보다 회사내부의 가치창출을 통해 하는 것이 가장 건실한 경영일 것이다. 케빈 카이저 프랑스 인시아드경영대학원 연구팀은 하버드비즈니스리뷰(HBR) 2009년 5월호에 실은 논문에서 “기업들이 내부 운전자본 관리만 잘하면 회사의 운명에 결정적인 영향을 끼칠 충분한 현금을 확보할 수 있다”고 강조했다. 이 연구팀의 결론들은 공급사슬관리의 중요성을 강조하고 있는 것이라고 생각된다.

이 연구팀은 지금까지 직원들의 성과평가에 활용했던 수익성 관련 성과지표(KPI)를 전반적으로 재검토해야 한다고 강조했다. 예를 들어 필요이상으로 물건을 더 사면 가격을 깎아주겠다는 납품업체의 제안을 받아들이면 재고가 늘어나 현금이 묶이게 된다. 재고비용의 심각성은 앞에서 언급한 바 있다. 하지만 이런 재고비용은 손익계산서에 나타나지 않는다. 그런데 구매담당자는 회사에 불이익을 주는 이런 제안을 받아들여야 구매비용을 절감시켜서 오히려 보너스를 더 받을 수 있다. 구매담당자의 이러한 행위는 내부 우수성 및 가치사슬 최적화와는 역행하는 의사결정임에 틀림없다. 연구팀은 이런 문제를 막기위해 손익계산서상의 이익 뿐만 아니라 대차대조표의 자산 및 현금내용까지 감안해 직원들의 성과를 평가해야 한다고 설명했다.

특히 미국발 글로벌 경제위기 이후에 불확실성이 커진 최근 경제환경 속에서는 재고자산과 고정자산이 기업경영의 발목을 잡을 위험성이 높다. 제품의 라이프 사이클이 예전보다 짧아져, 재고부담의 비용은 예전보다 훨씬 커졌다. 몇년전에 겪었던 자동차 산업의 위기, 즉 GM의 파산과 Chrysler, Ford의 위기 그리고 심지어 일본의 잘 나가던 도요타의 대규모 리콜사태 및 연간적자 발표와 연이은 공장폐쇄는 과도한 투자와 생산이 위기를 자초할 수 있고, 이에 따라 경영속도를 높이고 안전한 현금으로 신속하게 회수하는 것이 무엇보다 중요하다는 것을 알려준다.

특히 하이테크 분야의 기본부품은 가격이 연간 50%씩 내려간다고 한다. 다시 말해서 일주일에 1%나 내려간다는 계산이 나온다. 재고는 매일매일 평가손실을 초래하고 있으며, 제품의 라이프 사이클은 불과 3개월밖에 되지 않는다. 때문에 재고는 어느 순간에 불량자산으로 변해버릴지 모른다.

그림 2-2 현금흐름 리모델링

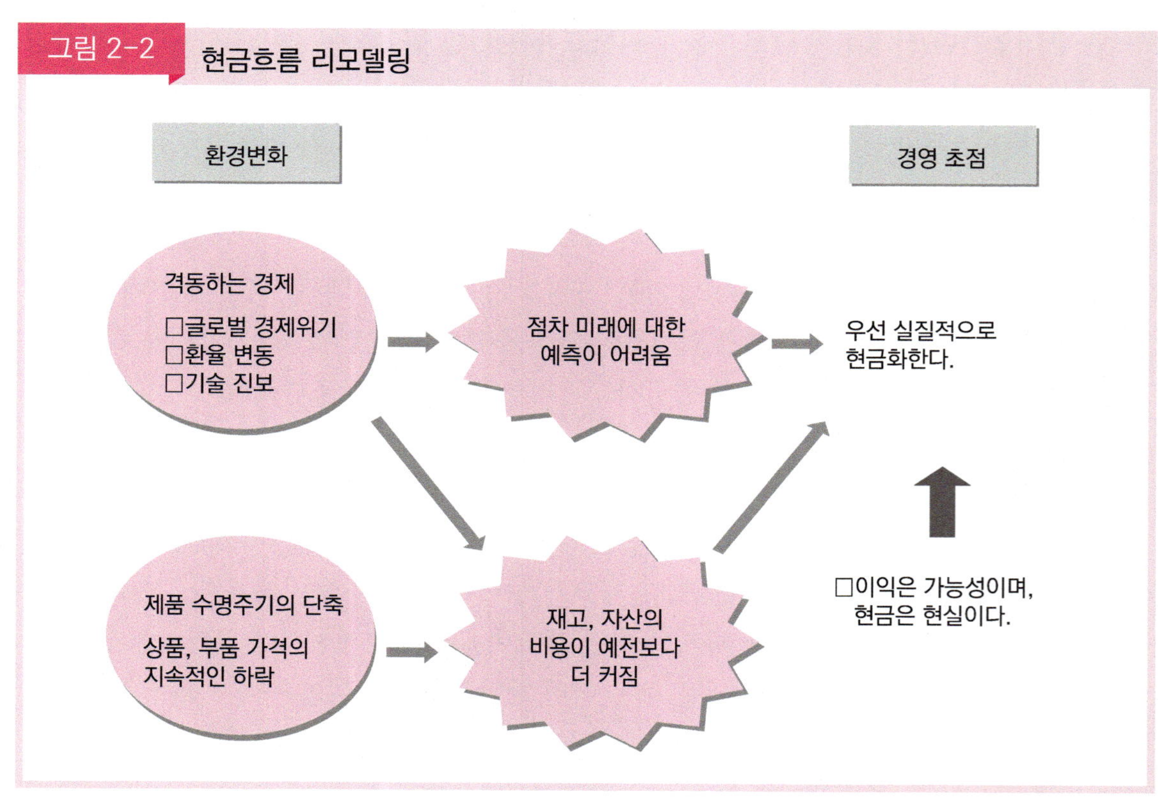

모든 비즈니스 속도가 빨라지게 되면, 투자한 설비를 4~8년이라는 장기간에 회수할 수 있다는 보장이 없게 된다.

장기재고가 되어 연 50%나 하락한 가격으로는 고액설비의 상각비를 전액 회수할 수 없을 것이다. 어쩌면 회수하기도 전에 이미 불량자산이 되어 버릴 수도 있을 것이다.

거래처 또한 급변하는 경영환경에 놓여 있으며 언제 경영이 파탄에 이르게 될지 모른다. 거래처나 투자처의 경영파탄으로 인해서 거액의 영업외 손실을 계상했던 기업도 상당히 많다.

[그림 2-2]에 나타나 있는 '이익은 가능성이며, 현금은 현실이다'라는 말은, 이익은 재고평가, 고정자산 평가(감가상각 평가), 외상매출 등의 평가에 의해서 크게 달라지지만, 현금은 현실이며 가장 확실한 자산이라는 의미다.

특히 미국발 글로벌 금융위기로 금융불안과 자금융통이 어려워진 현시점에서 현금흐름을 중시하지 않고 매출만을 생각하는 경영자라면 경영자로서 자격미달이다.

점차 경영력의 평가를 다시 현금흐름을 중심으로 한 사업가치의 증가로 측정하는 방향으로 변해가고 있다. 세계 각국에 수많은 공장을 건설했던 GM이나 도요타가 고전하는 것도 이러한 방향과 관계가 많다. 문어발식 확장이나 공장건설과 수직계열화(Vertical Integration)에 대한 유혹에서 벗어나 공급사슬을 점검하면서 핵심 역량위주로 사업을 하고 아웃소싱과 유통업체를 가치창출의 구성원으로 끌어들여야 할 것이다.

[그림 2-3]에서 볼 수 있는 바와 같이 주가도 매출 이익률보다 현금흐름과 더욱 깊은 상관관계에 있다. 현금흐름은 단순한 재무부문의 문제가 아니라, 경영의 최고 명제로 부상하고 있다.

현금흐름을 향상시키기 위해서는 사업분야에 대한 선택과 집중, 그리고 전략적 설비투자 등 전략적 접근이 요구된다. 더 나아가서 사업경영 속에서 현금 융통성을 늘리려면 재고를 대폭적으로 줄이면서, 수주부터 현금회수까지의 비즈니스 리드타임을 단축해 갈 필요가 있다.

이를 실현하는 방법중 하나가 바로 공급사슬관리이며, 경쟁우위 향상이라는 문제를 푸는 중요한 열쇠이다.

그림 2-3 현금흐름 경영에 의한 사업가치 향상

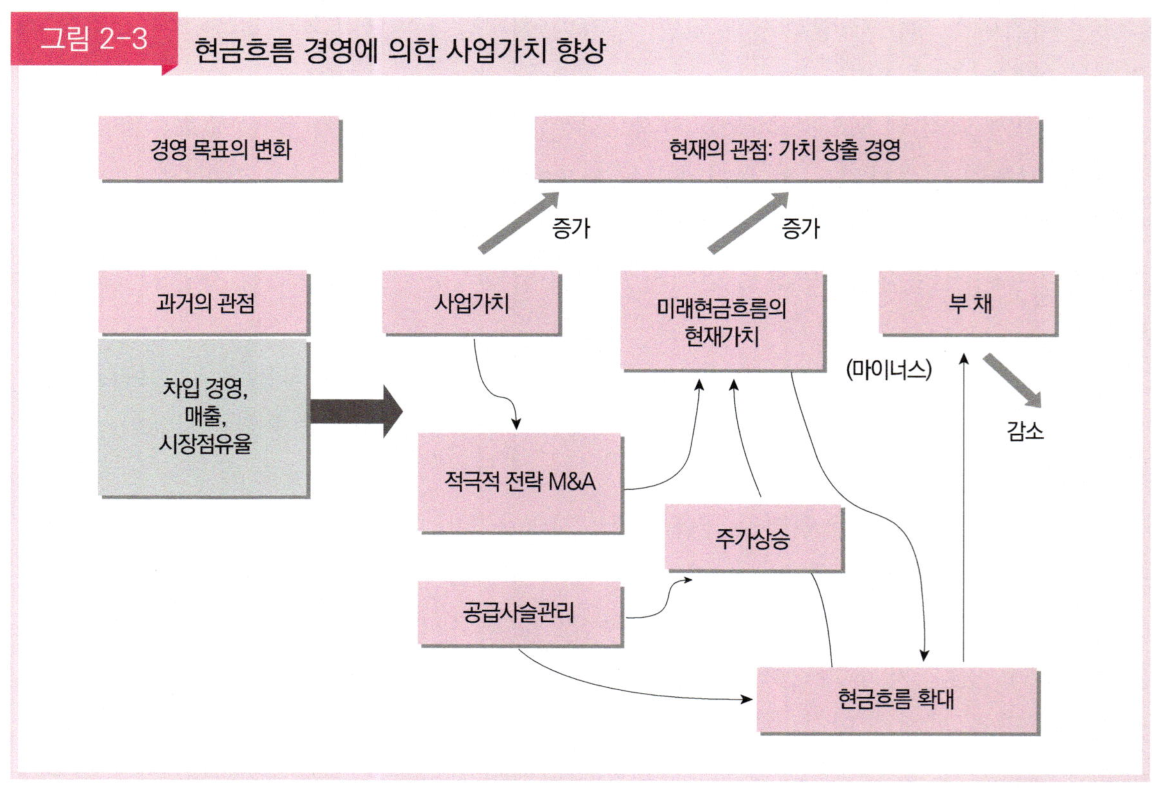

1.3 비용절감을 위한 글로벌 공급사슬 구축

제품의 생산방식과 구매방법을 변화시켜 제품의 원가를 절감시키는 것을 가장 잘하는 나라는 일본이다. 그러나 반도체, 가전제품, 자동차 부품 등에서는 일본의 국제가격 경쟁력은 그다지 높지 않다.

예를 들면 DRAM 반도체에서 가장 경쟁력 있는 미국의 마이크론 테크놀로지의 손익분기점은 14달러 정도라고 한다. 이에 비해서 일본의 제조업체는 17달러 정도이다. 이는 간접비용의 차이라고 말할 수 있다.

그 차이의 비밀은 공급사슬 구조의 차이에서 찾아볼 수 있다. 즉, 미국의 마이크론 테크놀로지는 전 세계에서 최적지 생산과 최적 아웃소싱 업체의 선정 및 구매, 그리고 수 만명의 전사원에 비해 본사직원은 불과 수 백명 정도이기 때문에 간접비용이 적게 든다는 점이 중요하다.

제품을 싸게 만드는 JIT 생산방식 등은 세계가 일본으로부터 배웠으며, 특히 공장의 개선에 있어서는 세계 최고로 손꼽히는 일본기업이지만, 짜임새 있는 공급사슬 구조로써 가격을 낮추는 기술은 미국이나 유럽을 따라가지 못하는 것 같다.

일본의 기업은 글로벌 공급사슬을 최적화시키는데 여러 가지 문제점을 가지고 있는데, 후쿠시마 요시아키가 요약한 문제점은 다음과 같다. 저자가 경험한 한국의 많은 기업들에게도 똑같이 적용되는 문제점들이다.

① 일본중심으로 착안한 자재명세서(BOM)와 도면체계는 글로벌화에 대응할 수 없으며, 해외에서는 많은 수작업을 발생시키고 있다.

② 일본 코드체계와 각국의 코드체계가 통일되어 있지 않기 때문에 전 세계의 정보를 신속하게 파악할 수 없다. 이 때문에 자재명세서(BOM) 정확도 유지나 MRP결과 최적화 등에 추가의 간접인원이 필요하게 될 뿐만 아니라, 경영속도도 떨어지고 있다.

그림 2-4 간접비 증가에 따른 원가상승의 원인

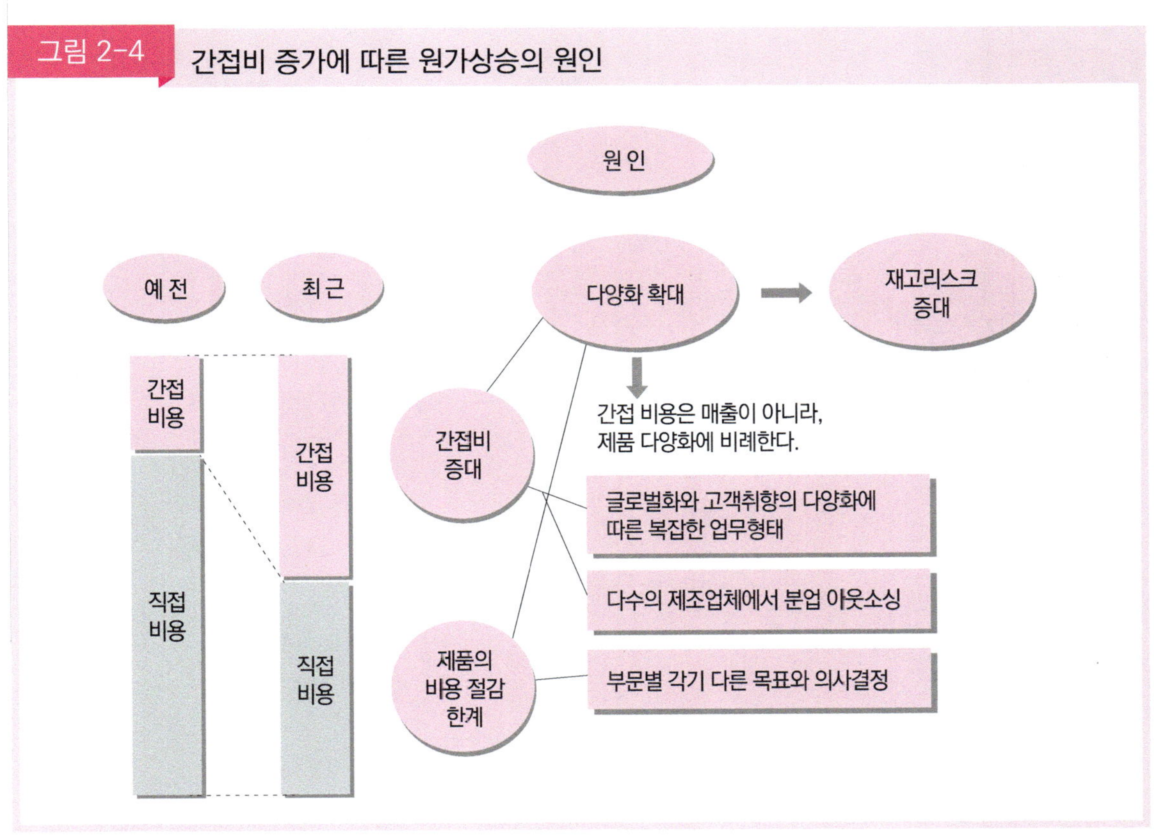

③ 생산 · 판매 · 물류 등 각 부문마다 제각기 다른 부분최적화 구조로 되어 있기 때문에, 각 부문사이를 서로 연결하기 위해 많은 간접비용을 쏟아 붓고 있다.

④ 공장내의 자동화는 대단히 진보되어 있지만, 제품의 다양화 추세에 따라 다양한 제품을 설계하는 설계부문 등의 간접업무는 극히 비대화되어 있다. 그러나 이를 개선하기 위한 대책은 찾기가 쉽지 않다.

[그림 2-4]에서 볼 수 있는 바와 같이, 제품의 다양화, 제품수명주기의 단축, 글로벌 기업경영에 따라서 매년 간접업무는 증대되고 있다. 간접비용은 매출규모에 비례하지 않고 복잡화와 제품 다양화에 비례한다.

이 때문에 매년 간접비용이 증대하고, 수익이 감소하고 있는 기업들이 많아지고 있다. 간접비용은 앞에서 서술한 바와 같이 상품의 원가를 높이고 가격을 높이는 원인이 되기 때문이다.

또한 뒤의 공급사슬관리 사례에서 나오는 소비자 직접 판매모델을 구축하여 도약한 델 컴퓨터처럼 간접비용을 획기적으로 절감시킬 수도 있다. 그리고 [그림 2-5]에 나타나 있는 바

그림 2-5 비용절감을 위한 공급사슬관리 대책 예

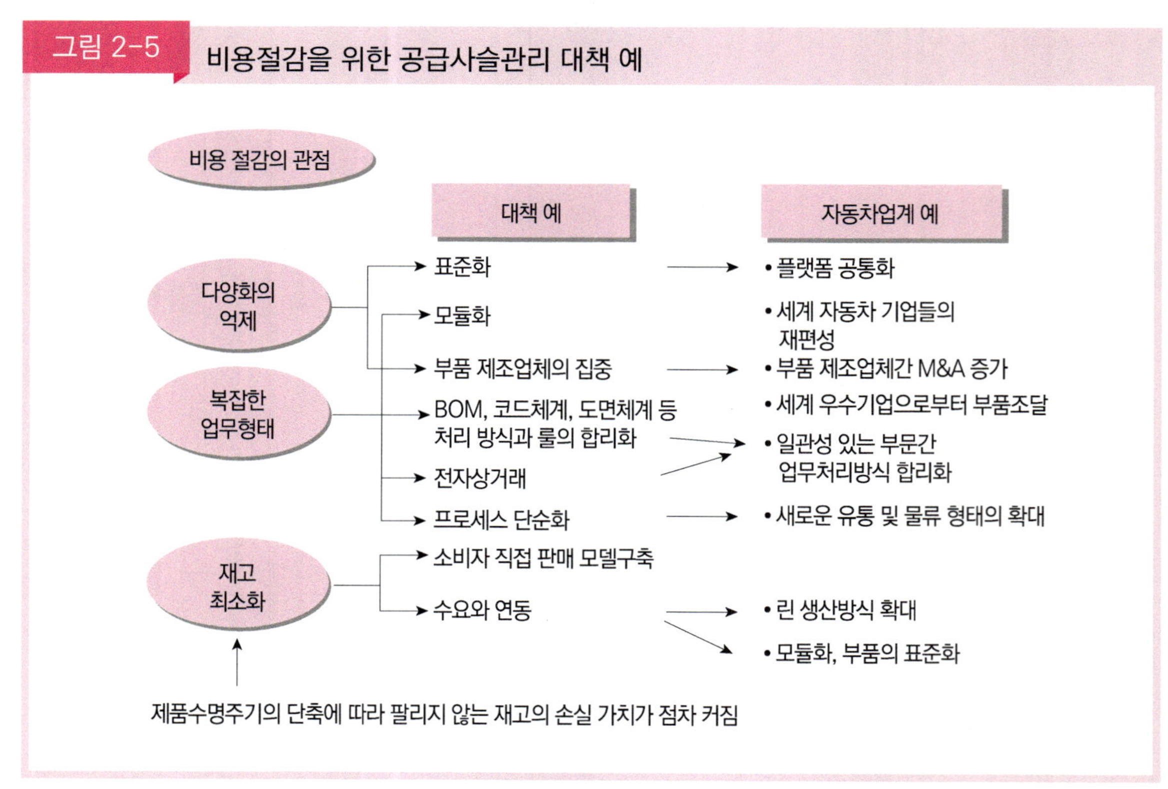

와 같이 공급사슬관리는 직접 비용에 있어서도 반제품 모듈(Module)화, 세계 일류기업으로부터의 조달, BOM, 코드체계, 도면체계 등의 처리방식과 부문간 처리 룰(Rule)의 합리화 등 새로운 접근방식으로써 비용절감을 도모하게 된다.

1.4 고객만족을 위한 SCM

제품이나 기술이 급속도로 발달해 가는 환경속에서 '제품의 특성이나 성능'만으로는 경쟁우위를 갖기 힘든 시대에 접어들었다. 이제 더 이상 고객들은 단순히 제품이라는 것 자체만으로는 만족하지 않는다. 앞에서 고객지향 혁신에 성공하려면 사용자, 지불자, 구매자라는 고객의 세 가지 특성을 잘 이해해 대응해야 한다는 점을 살펴보았다. 그리고 사용자 혁신에 성공한 로우스와 펫스마트, 지불자 혁신에 성공한 GE, 구매자 혁신에 성공한 익스피디아의 사례를 인용한 바 있다.

이와 같이 고객은 자신의 요구와 취향에 맞는 제품을 갖고 싶어하고, 최신기술을 시기적절하게 입수하고 싶어할 뿐만 아니라, 제품을 능숙하게 활용하기 위한 노하우 제공, 지속적인 관리 등의 총괄적인 서비스를 받고싶어하며, 지불과 구매관점도 생각한다.

바야흐로 소비자권력이 시장을 주도하는 시대에 진입했다. '소비권력'으로 집약되는 주요 트렌드를 용어와 사례를 통해 살펴보자.

① 지니 테크(Genie Tech): 요술램프의 요정 '지니'처럼 소비자들의 불만과 불편을 제품개선 아이디어로 활용한 제품이다. 사례로는 묵직한 김치냉장고 문을 여닫는데 불편해하던 주부들의 의견을 받아들여 삼성전자가 '오토클로징'과 '이지 핸들'기술을 장착한 김치냉장고를 생산한 것을 들 수 있다.

② 테크노 휴머니즘(Techno-Humanism): 첨단기술력을 기본으로 소비자를 배려하는 감성디자인이 접목된 제품이다. IT기기에 미숙한 중장년층을 겨냥해 본체없이 모니터 하나로 컴퓨터기능을 수행하는 일명 올인원(All-in-One) 한국 HP 데스크톱 컴퓨터와 아날로그적인 분위기를 최대한 살린 아이리버의 전자책을 사례로 들 수 있다.

③ 크리슈머(Creasumer): 창조적인 소비자(Creative Consumer)를 의미하며, 단순한 고객

모니터링과 단발성 이벤트에 참여하는데 만족하지 않고 자신들의 아이디어를 적극적으로 제품개발 디자인 및 유통과정에 반영한다. 서울우유에서 소비자들의 요구를 반영해 유통기간외 신선도 척도 중 하나인 '제조일자 표기제도'를 우유업체 최초로 도입한 사례를 들 수 있다.

미국 시애틀 아마존 본사 1층의 슈퍼마켓 '아마존 고(Go)'. 편의점처럼 꾸며진 167㎡(약 50평) 규모매장은 고객들로 북적인다. 지난해 12월 문을 연 이곳은 계산대와 계산원이 없는 세계 첫 무인(無人) 매장이다. 고객들은 스마트폰에서 '아마존 고 앱(응용 프로그램)'을 켜고 매장에 들어서서 장바구니에 빵·우유·샌드위치 등 원하는 상품을 담았다. 장을 다 본 사람들은 상품을 종이 봉투에 옮겨 담은 뒤 계산하지 않고 매장을 나섰다. 계산대 앞에서 길게 줄을 서는 모습이 사라진 것이다.

애슐리 로빈슨 아마존 매니저는 "매장안에 설치된 카메라와 센서가 장바구니에 담기는 물건을 파악한 뒤 사람들이 매장을 나설 때 앱에 등록된 신용카드로 자동결제한다"고 말했다. 인공지능은 물품별 판매량을 예측해 알아서 주문을 넣고, 사람들이 많이 찾는 제품위주로 상품배치까지 결정한다. 아마존은 미국에만 아마존 고 매장 2000곳을 열 계획이다. 투자은행 모건스탠리는 "아마존 고의 등장은 소매산

업의 개념을 흔드는 일대사건"이라며 "계산원이라는 직업이 사라지는 것은 물론 매장크기와 상품진열에 대한 고정관념을 아마존이 뒤엎고 있다"고 평가했다.

생명까지 바꿔놓는 첨단기술 인공지능과 빅데이터 분석 등 혁신기술은 사람 질병을 예측해 수명을 늘리거나 농작물의 미래를 예측하는 분야까지 진출했다. 지난 5월 12일 미국 샌디에이고의 유전자 분석기업 일루미나 본사 건물 2층에 있는 '메디신 룸(medicien room)'에 들어서니 100대가 넘는 유전자 분석장비가 늘어서 있었다. 이 장비는 2014년 일루미나가 선보인 '하이섹(Hiseq)'이다. 누구나 1000달러(약 110만원)만 내면 자신의 유전자를 분석할 수 있다. 태아때부터 노인이 될 때까지 어떤 질병에 걸릴 가능성이 높은지를 미리 분석해 발병위험을 없앨 수 있다는 것이다. 일루미나의 라이언 태프트 수석과학자는 "지금은 독감이 유행하면 독감예방 주사를 맞고, 암 종양이 발견되면 그때부터 항암치료에 들어가지만 앞으로는 암에 걸릴 가능성이 높은 유전자가 발견되면 이 유전자를 치료하거나 발병 가능성 자체를 차단하는 방식으로 치료법이 바뀔것"이라고 말했다. 일루미나는 수년 안에 100달러(약 11만원)짜리 유전자 분석시대를 열겠다고 공언했다.

세계 최대 종자기업 몬산토에서는 농업의 개념을 바꾸는 '빅데이터 바이오 혁명'이 진행되고 있다. 미국 세인트루이스 몬산토 농업연구개발센터에서 만난 개리 바튼 매니저는 "옥수수 씨앗을 분석해 옥수수가 얼마나 자랄지, 어떤 맛을 낼지 미리 알 수 있다"고 말했다. 그는 센터에 보관된 옥수수 알에서 잘라낸 가로·세로 1㎜ 조각을 유리그릇에 담아 '농작물 DNA(유전자) 추출분석기'에 넣었다. 분석결과를 몬산토가 보유한 옥수수 DNA 빅데이터 1200만건과 비교하면 옥수수 잎 모양이나 옥수수 알 크기는 물론 성장에 필요한 적정 강수량까지 알려준다. 바튼 매니저는 "DNA 빅데이터 덕분에 이제는 농작물을 시험재배해 보지 않고도 최고 품종을 가려낼 수 있다"고 말했다.

4차 산업혁신은 기존 산업질서를 송두리째 흔들고 있다. 아마존의 공습에 미국 백화점체인 시어스는 연말까지 260점포를, 메이시스는 63매장을 닫는다. "미국이 망하기 전에는 망하지 않는다"는 세계 최대 유통업체 월마트도 5년 뒤를 장담할 수 없는 상황이다. PC용 중앙처리장치(CPU)를 기반으로 24년간 세계 반도체의 제왕으로 군림했던 인텔은 성장정체에 신음하는 반면 게임용 그래픽 반도체(GPU)를 만들던 엔비디아는 빅데이터 분석이 핵심 경쟁력인 자율주행차의 등장으로 세계에서 가장 빠르게 성장하는 반도체 기업으로 떠올랐다. DJI와 리항드론(LHUAS) 등 중국의 드론업체들은 스마트폰 이후 최고 혁신제품으로 부상하고 있는 드론시장을 80% 이상 장악했다. 황종성 한국정보화진흥원 연구위원은 "4차 산업혁명은 종전에 없던 새로운 기술을 가진 기업이 모든 것을 독점하고, 전통강자들은 사라지는 파괴적 형태로 나타나고 있다"고 말했다. 변화는 산업에 국한된 것이 아니다. 차두원 한국과학기술기획평가원 연구위원은 "미국 통계국에 따르면 아마존은 미국에서 풀타임과 파트타임을 포함해 14만 5800명을 고용하고 있지만, 아마존 때문에 일자리를 잃은 사람은 29만 4574명에 달했다"면서 "4차 산업혁명이 일으킨 변화가 일자리 같은 국가적 문제까지 영향을 미치고 있다는 증거"라고 말했다.

자료원, 조선일보

이와 같이 고객에 대한 총괄적 서비스만이 경쟁력을 창출해내는 시대이다.

일본의 마쓰시타 전기는 '원 데이 딜리버리(One Day Delivery)'의 철저한 토털서비스 제공구조를 구축하기 위해서 10년 이상의 시간을 투자하고 있다. 마쓰시타 전기는 주택설비 분야 등 20만 가지 이상의 제품을 갖고 있는데, 그 제품 하나하나에 차별화를 창조해 간다는 것은 쉽지 않은 일이다.

마쓰시타 전기는 몇 백억 엔을 투자하여 20만 가지 이상의 제품을 필요에 맞춰서 일괄적으로 다음날에 전달하는 구조를 구축해왔다. 예를 들면 고객지향적인 '뉴 애로우시스템(New Arrow System)'은 고객의 주문부터 토털서비스를 온라인으로 제공한다. 물론 전국의 물류망 정비 등의 공급사슬의 구조혁신도 충실히 해왔다.

유통딜러나 대리점 등의 고객은 마쓰시타 전기의 고객지향적인 서비스에 의해서 최소의 재고로 운영할 수 있으며 일괄적인 주문처리, 납품, 검품 등에 걸리는 시간을 절감할 수 있다. 또한 현장으로 직송해 달라고 요청하면 마쓰시타 전기에서 직접 배송을 해주므로 물류가 감소될 수 있다.

이와 같은 효과 때문에 대리점은 똑같은 제품이라면 되도록 마쓰시타 전기로 발주하고 싶어 한다. 이와 같이 고객만족을 위해 고객과 연결된 공급사슬 구축이 점차 중요하게 되었다. 여기에 거대한 고객 데이터베이스를 결합시킴으로써 고객과 직결된 경영이 가능해지는 것이다.

02 채찍효과의 이해

2.1 채찍효과(Bullwhip Effect)의 개념

공급사슬은 일련의 개별기업의 가치활동들의 연결로 이루어져 있다. 공급사슬상의 상하류 커뮤니케이션이 원활해지면 경쟁력 있는 제품과 서비스를 생산하고 배송하는 프로세스를 구현할 수 있다. 그러나 공급사슬을 구성하는 조직들 간에 커뮤니케이션과 협동이 잘 이루어지지 않으면 비용이 올라가고 비효율성이 커진다.

앞에서 설명한 식품유통 공급사슬에서 104일 간의 재고가 존재하는 이유는 '곡물' 제조업체, 유통업체, 소매업자들이 모두 유사시의 재고를 보유하고 있기 때문이다. 정보가 제대로 공유되지 않고 물류가 지연되는 상황에 대비하기 위해 유사시의 재고(Just-in-case Inventory)나 안전재고(Safety Stock)를 보유할 수밖에 없다.

예를 들어, 식료품 소매상은 곡물에 대한 수요를 예측하여 유통업체에게 주문을 한다. 식료품 소매상의 예측이 잘못되면 유통업체에게 내는 주문이 지나치게 크거나 작을 것이다. 수요가 예측한 것보다 큰 경우를 대비하여 식료품 소매상은 창고에 별도의 재고를 유지할 것이다. 유통업체도 마찬가지로 모든 소매상들로부터 받는 주문수량을 합하여 제조업체에 대량주문을 하게 된다. 유통업체에서도 잘못된 예측과 공급과정에서 발생할 수 있는 불상사에 대비하여 안전재고를 보유하게 된다. 여러 소매상의 주문수량을 모두 고려해야 하므로 불확실성과 안전재고량은 더욱 커질 수밖에 없다. 마찬가지로 제조업체에서도 같은 일이 발생한다.

이와 같이 최종 소비자로부터 멀어질수록 수요와 재고의 불확실성이 확대되는 현상이 채찍효과(Bullwhip Effect)이다. 대부분의 공급사슬에서 최종 소비자로부터 멀어질수록 불확실성이 점점 커진다.

[그림 2-6]에서는 이러한 채찍효과 현상을 나타내주고 있다. 그림에서 채찍효과는 공급사슬의 상류로 갈수록 수요의 변동(Demand Variation)이 더욱 과장되게 커지는 경향이 있다는 것을 보여주고 있다.

그림 2-6 채찍효과

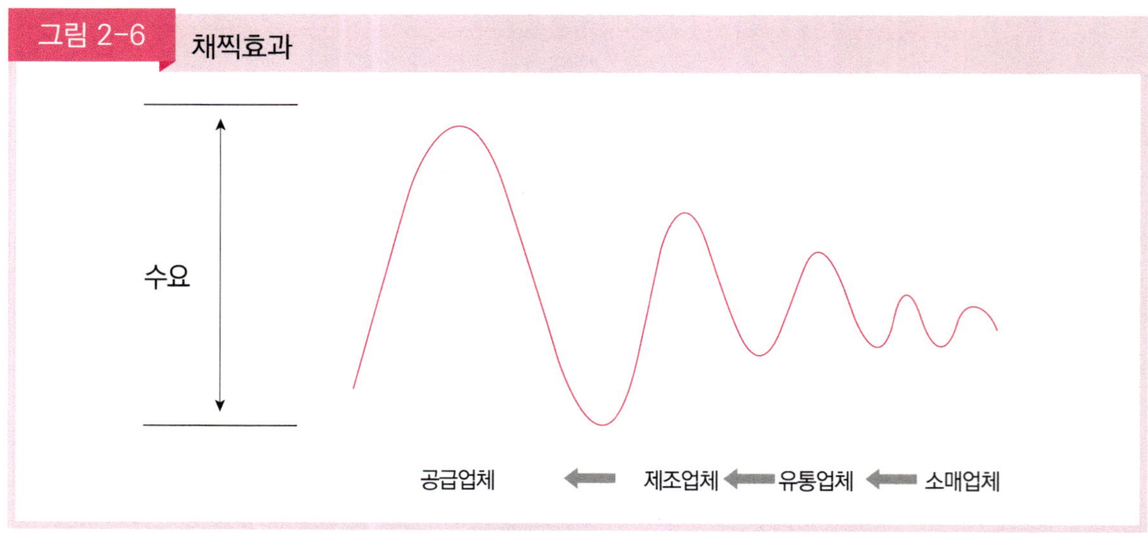

채찍효과에 대해 처음 생각한 P&G의 최고 경영층은 아기 기저귀의 판매추세를 보면서 이상한 점을 발견했다. 판매량 곡선이 위 아래로 큰 편차를 보였기 때문이다. 그들은 아기들의 기저귀 수요는 일정할텐데 실제 P&G가 도매상이나 소매상에게 판매하는 기저귀 양이 왜 이렇게 불규칙할까 고민하지 않을 수 없었다. 해답은 아기 기저귀에 대한 최종 소비자의 수요가 소매상의 예측과 도매상의 예측을 거치면서 수요변동이 증폭되어 수요량과 주문량이 왜곡된다는 것에 있었다. 맥주잔에 맥주는 300cc만 채워져 있는데 채찍효과에 의해 거품이 생겨 마치 500cc가 들어가 있는 것처럼 보이는 것이다. 기업들은 효과적인 공급사슬관리를 위해 이러한 거품이 생기지 않도록 하는 것이 중요하다.

사실 P&G뿐 아니라 많은 기업들이 이러한 현상이 있다는 것을 알고 있다. 이러한 채찍효과는 P&G의 공급업체들에게는 혼란을 더욱 가중시킨다. 이에 따라 수요를 왜곡시키고 재고관리에 어려움을 가중시키기 때문에 공급사슬관리에 장애요인으로 작용한다. 따라서 이에 대해 기업들은 각자 속한 산업에서 어떠한 유형의 채찍효과가 나타나는지를 파악하고 이에 맞는 대책을 강구해야 한다.

2.2 채찍효과의 원인과 대책

채찍효과의 원인은 크게 네 가지 정도로 나눌 수 있다. 첫째는 수요예측 과정에서 발생하는 경우다. 최종 고객과 생산의 사이에 있는 각 단계에서 수요증가나 감소가 이중삼중으로 계속 일어나 최종 소비자의 실제수요가 왜곡되는 것이다. 지난주에 신제품 닌텐도 게임을 100개 팔고, 이번주에 150개 팔았다면 추세를 생각하여 다음주의 수요예측으로 200개를 하게 되는데 이것이 소매상, 도매상을 지나면서 중복과장 수요예측이 되어 200개보다 훨씬 커지는 것이다. 과대, 과소수요가 발생하는 과정은 뒤에 설명하는 과거 닌텐도의 복잡한 유통망의 예를 참조해서 읽어보도록 하자. 따라서 이 경우에는 공급사슬 구조를 최적화시키고, 공급사슬의 여러 유통망을 거치면서 이중삼중으로 예측을 하지 않고 단일수요예측를 할 수 있도록 해야 한다. 그러기 위해서는 [그림 2-7]과 같이 정보를 공유하는 것이 필요하다.

채찍효과의 두 번째 원인은 배치(Batch)주문 방식이다. 물건이 하나가 팔리면 그때 주문되는 것이 아니라 100개가 팔릴때까지 기다렸다 한꺼번에 주문을 하는 것이다. 작은 것을 여러 번 배달하는 것보다는 한 번에 많은 양을 배송함으로써 비용이 절감되기 때문에 이러한 방식을 선호한다. 그러나 여러 도매상이나 소매상으로부터 동일한 시점에서 한꺼번에 주문을 받으면 일정시점에서 수요가 급격히 증가하는 현상이 벌어진다. 따라서 이를 해결하기 위해서는 도·소매 업체들의 주문시점을 골고루 분배하는 것이 필요하다. 그리고 가급적 평준화된 수량으로 주문받으면서 배치(Batch)주문 간격을 줄이도록 노력해야 한다.

평준화된 수량으로 주문간격을 줄인 P&G 사례가 있다. P&G는 배송트럭 안에 들어가는

그림 2-7 수요예측과정에서 발생하는 채찍효과와 정보공유

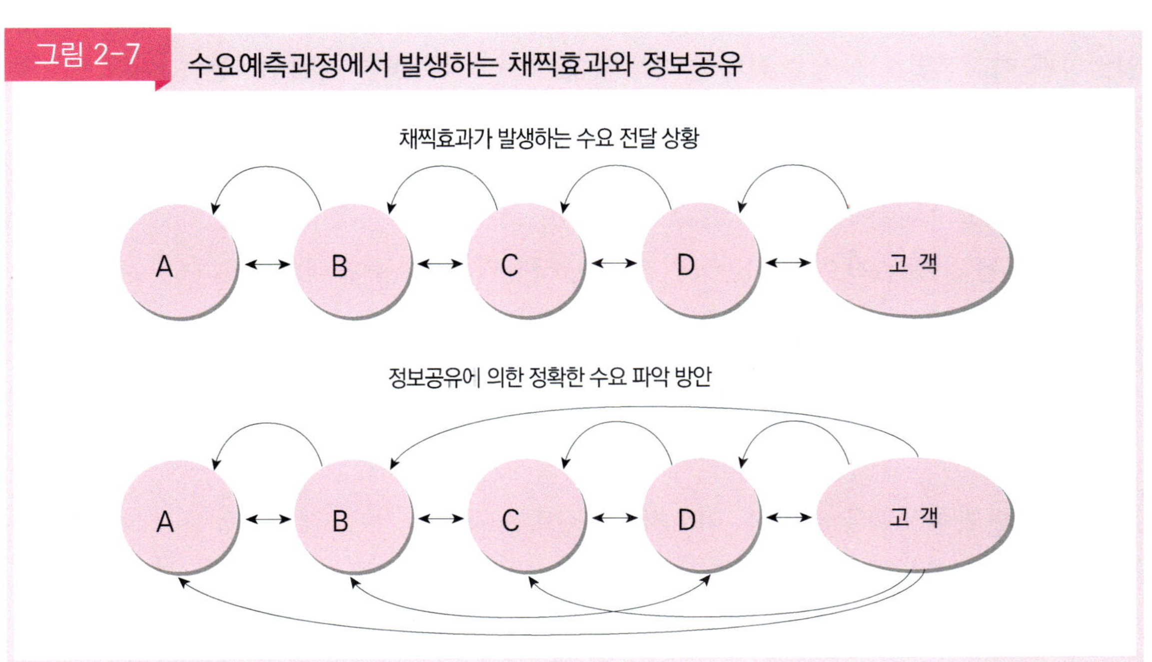

품목들이 다양하게 되도록 유도함으로써 채찍효과를 없애고, 배달비용이 증가하는 것을 없앴다. 이전에는 화장지를 한 트럭이 될 때까지 모았다 주문하면 10% 할인해 주는 정책을 폈었다. 그러나 이런 방식은 주문수량이 급격히 증가하거나 감소하게 되고 배치주문 간격이 증가되는 현상이 발생하게 만들었다. 이로인한 채찍효과를 해결하기 위해 P&G는 대신에 화장지, 비누, 세탁세제 등 여러 품목이 모여 한 트럭이 되면 10%의 할인혜택을 주고 있다. 배달빈도 수는 같고, 대신 품목을 다양하게 함으로써 배달비용을 증가시키지 않으면서 배치(Batch) 주문 문제를 풀어가고 있는 것이다.

채찍효과 발생의 세 번째 원인은 생산업체의 가격정책과 유통업체의 전방구매(Forward Buying)에 있다. 생산업체는 도·소매 업체에게 종종 일정기간 할인을 해주는데 이때 도·소매 업체들은 한꺼번에 많은 물량을 구입해서 재고로 쌓아 놓고 몇 달 동안 주문을 하지 않곤 한다. 물론 재고로 쌓아두는 대신 싸게 산 상품을 바로 팔아 차익을 챙기기도 한다. 어쨌든 수요가 불규칙하고 왜곡될 수밖에 없다. 이러한 현상은 앞에서 ECR의 배경을 설명할 때 유통업체의 전방구매(Forward Buying)와 전매(Diverting)라고 표현한 바 있다. 따라서 이를 해결하기 위해서는 상시 저가판매(Everyday Low Price) 정책을 적절히 사용하거나 제품은 할인해 주되 배달은 몇 주나 몇 달 간격으로 나누어 도·소매 업체에게 공급하는 방법을 쓸 수 있다.

네 번째 원인은 할당게임(Allocation Game)에서 찾을 수 있다. 예를 들어 여름에 에어컨 수요가 폭등했다고 하자. 공장에서는 5,000대밖에 못 만드는데 수요는 10,000대가 왔다면 일정하게 대리점별로 물건을 할당할 수밖에 없다. 이때 특정 대리점에서는 10대가 필요한데 5대밖에 받지 못하기 때문에 다음에 비슷한 상황이 발생하면 실수요가 10대인데도 20대를 주문하게 되는 것이다. 모든 대리점에 그렇게 하기 때문에 실수요는 10,000대인데 가수요로 20,000대가 들어오는 것이다.

특히 신제품의 경우에 이러한 현상이 자주 발생한다. 신제품에 대해 200개의 수요예측을 했으나 공장의 생산능력이 부족하여 요구한 수량 200대의 반인 100대만 가능하다는 회신이 오는 경우에 이러한 현상이 몇번 반복되면서 소매점이나 도매점은 요구수량의 2배를 수요예측하여 생산공장에 주문을 하게 될 것이다.

이런 가수요는 공급사슬의 상류로 갈수록 더욱 커질 수밖에 없다. 이러한 현상을 방지하기 위해서는 반품제약을 엄격히 하여 가수요감소를 유도하거나, 제품할당 시 대리점의 과거 주문실적에 의해 수요량을 결정하는 방법이 있다. 또한 조기주문 예약을 정착시키거나 시장의 가격기능으로 조절하는 해법도 생각해 볼 수 있다.

03 자동차 산업의 공급사슬관리

3.1 자동차 산업의 개편방향

미국발 글로벌 경제위기 이후 2009년에는 자동차 업체들끼리의 상호 주식인수와 전략적 제휴가 일어나는 등, 세계 자동차 업계의 합종연횡이 점차 가열되고 있다. 제조업의 꽃이라 불리우는 세계 자동차 산업의 개편방향을 다음의 내용을 통해 살펴보자.

독일 자동차회사 폴크스바겐과 일본 스즈키 자동차가 전략적 동맹관계에 합의함으로써 도요타를 능가하는 세계 최대의 '자동차 동맹'이 등장했다. 두 회사는 폴크스바겐이 스즈키자동차 지분 19.9%를 인수하는 등 제품개발, 생산, 판매부문에서 포괄적인 업무제휴를 하기로 했다.

일본 도쿄(東京)에서 발표한 공동성명에 따르면 스즈키는 자본제휴를 했던 미국 GM으로부터 되산 자사주 1억 795만 주를 주당 2061엔에 폴크스바겐에 넘겼다. 주식 인수대금은 2248억 엔(약 2조 9700억 원)에 이른다. 주식인수가 이뤄지면 폴크스바겐은 스즈키의 최대주주로 올라서게 된다. 동시에 스즈키는 폴크스바겐에서 받은 주식매각 대금가운데 절반으로 폴크스바겐 주식을 사기로 했다.

로이터통신은 이번 합의를 "폴크스바겐의 포르셰 인수에 이은 제2의 야심 찬 쿠데타"라고 평가했다. 두 회사가 연합할 경우 판매량 기준 세계 1위로 올라선다. 올해 상반기 자동차 판매량은 폴크스바겐이 3위, 스즈키는 9위. 하지만 두 회사의 판매량을 합치면 425만 2300대로 1위 도요타(356만 4105대)를 압도하게 된다. 폴크스바겐은 또 명품 스포츠카에서부터 소형차에 이르는 라인업을 구축하게 됐다.

업계전문가들은 두 회사의 결합을 '윈윈전략'으로 풀이하고 있다. 두 회사는 세계 자동차 시장의 미래인 아시아 신흥시장에서 강점을 갖고 있다. 폴크스바겐은 중국, 스즈키는 인도시장에서 선두를 지키고 있어 강력한 아시아 네트워크를 구축할 수 있다.

또 폴크스바겐은 스즈키의 소형차 생산경험을 도입할 수 있고, 스즈키는 폴크스바겐의 친환경 기술력과 자금력을 이용할 수 있다. 마르틴 빈터코른 폴크스바겐 최고경영자(CEO)는 "두 회사는 서로의 장점을 결합해 다가오는 시장의 도전에 대비할 것"이라고 밝혔다.

폴크스바겐의 스즈키 지분인수로 세계 자동차업계의 합종연횡이 가열될 것으로 예상된다. 업체들 간의 제휴와 인수합병(M&A)은 세계 자동차시장 재편성과정에서 살아남기 위한 몸부림이다. 극심한 불황으로 시장은 작아졌지만 한국 등 후발주자 때문에 경쟁이 더 치열해졌기 때문이다. 연료소비 효율이 높은 자동차 기술개발에 뒤처지면 도태될 수밖에 없는 상황이기도 하다.

프랑스의 푸조시트로앵은 이달 초부터 일본 미쓰비시 자동차와 지분 30~50%의 인수를 추진하는 협상을 진행하고 있는 것으로 알려졌다. 7월 파산보호에서 조기 졸업한 GM은 12개 브랜드 중 사브 허머 오펠 등에 대한 매각을, 미국의 포드도 적자 브랜드인 볼보매각을 각각 추진하고 있다. 피아트는 미국 크라이슬러에 고연비 소형차 엔진과 플랫폼 등을 이전하는 대가로 지분 20%를 인수해 거대 자동차그룹으로 재탄생했다.

메이저 업체들 간의 전략적 제휴도 분주하다. 전통적 라이벌 관계인 BMW와 다임러는 비핵심부품을 공용화하고 플랫폼을 공유하는 등 협력을 강화하고 있다. 또 다임러는 수소연료 전기차 개발에 도요타와 협력하고 있다.

자료원, 동아일보

위와 같은 자동차 산업의 개편방향을 보면 자동차 산업의 공급사슬 구조도 격변하고 있음을 추론할 수 있다. 과거의 단순한 소득계층에 따른 시장세분화 판매모델은 약 70년 동안이나 자동차 업계의 기본구조로 자리잡아 갔다. 또한 생산은 [그림 2-8]과 같이 대규모 대량생산(Mass Production High Volume)을 전제로 자체 제작율을 60~70%까지 높인 수직통합적 부품생산 형태를 구축해 갔다. 고객의 소득계층을 전제로 한 수직통합형 공급사슬이다.

한편 외부의 부품공급망에는 수천, 수만개의 공급업체를 두고, 눈앞의 가격중심의 입찰

그림 2-8 자동차 업계의 과거 공급사슬 구조

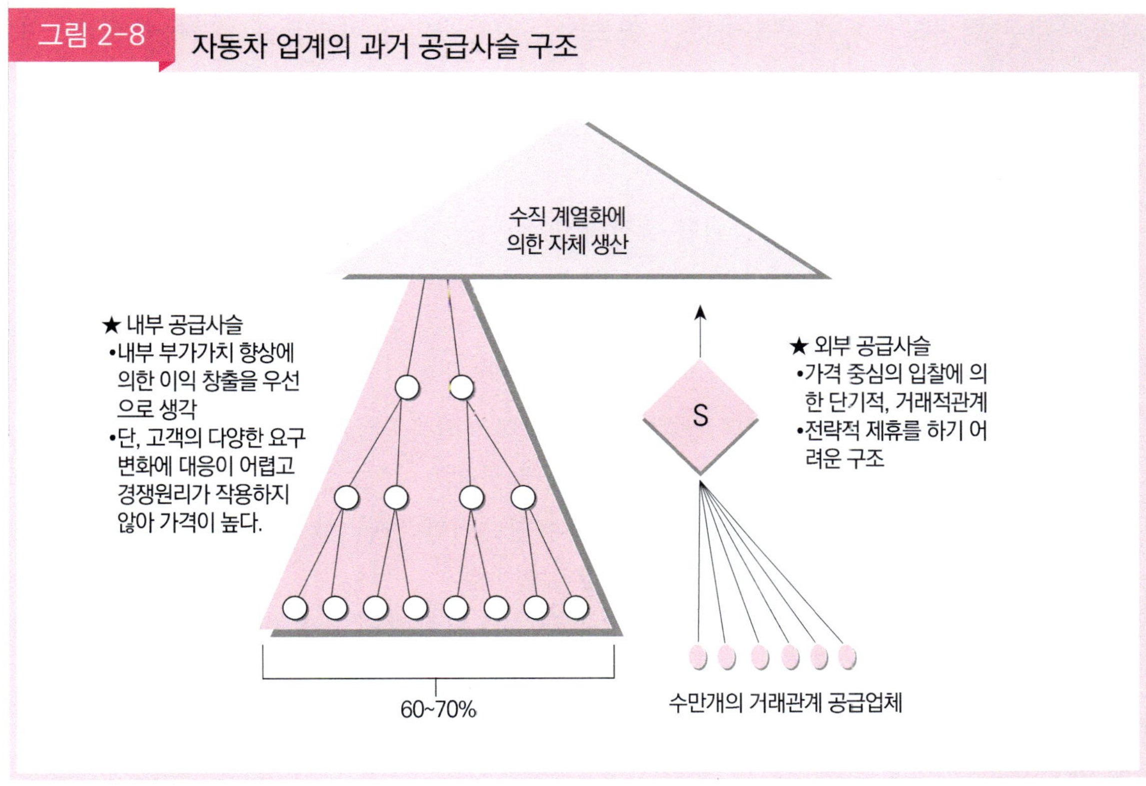

방식을 전개해 나갔다. 그리고 내부 공급사슬을 기본으로 하여 자체생산을 하며 이익을 높이려고 노력하였다. 외부 공급업체로부터는 불충분한 만큼을 단기적 시점에서 보충한다는 거래적 관계위주의 공급사슬 구조이다.

이와 같은 공급사슬 구조가 문제점을 야기시켰다. 그 원인은 다음과 같은 점에 있다.

① 소비자의 자동차 선택은 단순한 소득계층별이 아니라, 다양한 라이프 스타일에 따라서 변화되어 갔다.
② 이 때문에 자동차의 라이프사이클은 갈수록 짧아지고, 다양한 종류의 자동차가 필요해졌다.
③ 대규모 대량생산에 짜맞춰진 공급사슬 구조는 유연성을 잃고 부적합하게 되어 버렸다.

이와 같은 상황속에서 미국 자동차 산업에는 커다란 구조변화가 일기 시작한 것이다.

아웃소싱을 활용한 자동차 부품업계의 재편성이 일어났다. 빅3업체들은 떠안고 있던 부품사업을 과감히 분리하여 독립시킴과 동시에 종래의 딱딱한 관계에 있던 외부 부품제조업체와 새로운 협력적 관계를 구축하였다. 포드사는 부품사업을 비스테온으로 독립시켰으며, GM도 델파이로 분리를 시켰다.

그 변화된 핵심은 다음과 같다.

① 부품사업을 독립시켜서 고정비를 삭감하고, 소비량이나 소비자의 취향 등 수요의 변화에 대해서 유연성 있게 대응할 수 있도록 한다.
② 부품사업을 독립시켜 지금까지의 거래에 대한 룰이 없던 사내관계를 엄격한 비즈니스 룰에 의거하는 관계로 전환하여 체질을 강화한다. 더 나아가서 분사한 공급업체는 다른 자동차 제조업체에 판매를 강화하여 강한 경쟁력을 만든다.
③ 부품조달은 세계 각국에서 최적의 공급업체를 선택하여, 그 공급업체와 장기적이고 안정된 계약하에 협력적 관계를 맺고, 설계나 판매량에 관한 정보를 공유하면서 품질향상, 지속적 비용삭감, 확실한 납기확보를 실현한다.
④ 이를 실현하기 위해서 자동차 부품업계의 구조를 모듈화된 조립 반제품을 담당하는 시스템 통합자와 시스템 통합자에게 납품하는 부품공급 업체로 재편성해 간다.

이와 같이 부품업체로 독립하면서 새로운 공급사슬 구조가 편성되었다. 더불어 부품조달은 최적의 공급업체를 선택하므로 공급업체들도 더욱 경쟁력을 중시하게 되었다. 더구나 도요타와 혼다의 리콜사태의 여파가 커지는 가운데 부품공급 업체와의 관계가 더욱 주목을 받고 있다. 도요타는 최근에 부품공급 업체들에 납품가격의 30% 이상을 내릴것을 요구하는 등 글로벌 생산능력을 키우는 과정에서 무리한 원가절감을 추진했었다. 이에 따라 도요타의 리콜사태 이후에 공급사슬관리를 강화하며 부품공급 업체들과의 상생의 원가관리, 해외 생산공장에서의 철저한 품질관리 그리고 소비자의 눈높이에 맞춰 문제발생시 신속한 대응체계를 구축해야 한다고 분석된다.

또한 미국발 경제위기로 크라이슬러와 더불어 파산보호를 신청했던 GM이 점차 회복되면서 연비가 낮은 대형차를 고집하다 유가상승과 경제위기로 어려움에 빠진 것에 대해 통렬히 자기반성을 하고 있다. GM은 역사상 처음 미국시장에서 경차를 판매하고 있다.

3.2 크라이슬러의 2단계 합리화 사례

크라이슬러가 SCM을 주요 전략방향으로 결정했을 때, 초기과제는 공급사슬의 세 번째 계층(Tier)의 공급업체까지 포함하는 각 층의 참여업체들의 수를 나타내는 단순도해를 만드는 것이었다. [그림 2-9]에 나타난 바와 같이 개략적인 추정치지만, 크라이슬러는 첫 번째 계층에 있는 1,500개의 직접자재 공급업체를 관리하고 있었고, 50,000개의 두 번째 계층 공급업체의 성과와 250,000개의 세 번째 계층 공급업체의 성과에 의존하고 있었다. 크라이슬러의 관리자들은 이렇게 광대하고 복잡한 공급기반에 따라, 공급업체의 공급자로부터 고객업체의 고객까지 이르는 가치창출 프로세스를 관리하는 것이 거의 불가능한 과업인 것처럼 보였다.

공급기반과 연관된 복잡성과 비용을 감소시키기 위해 크라이슬러는 2단계 합리화 프로그램(2-Stage Rationalization Program)을 시작했다. 이에 맞추어 크라이슬러는 기존의 공급운

그림 2-9 크라이슬러의 복잡한 공급사슬에 대한 단순도해

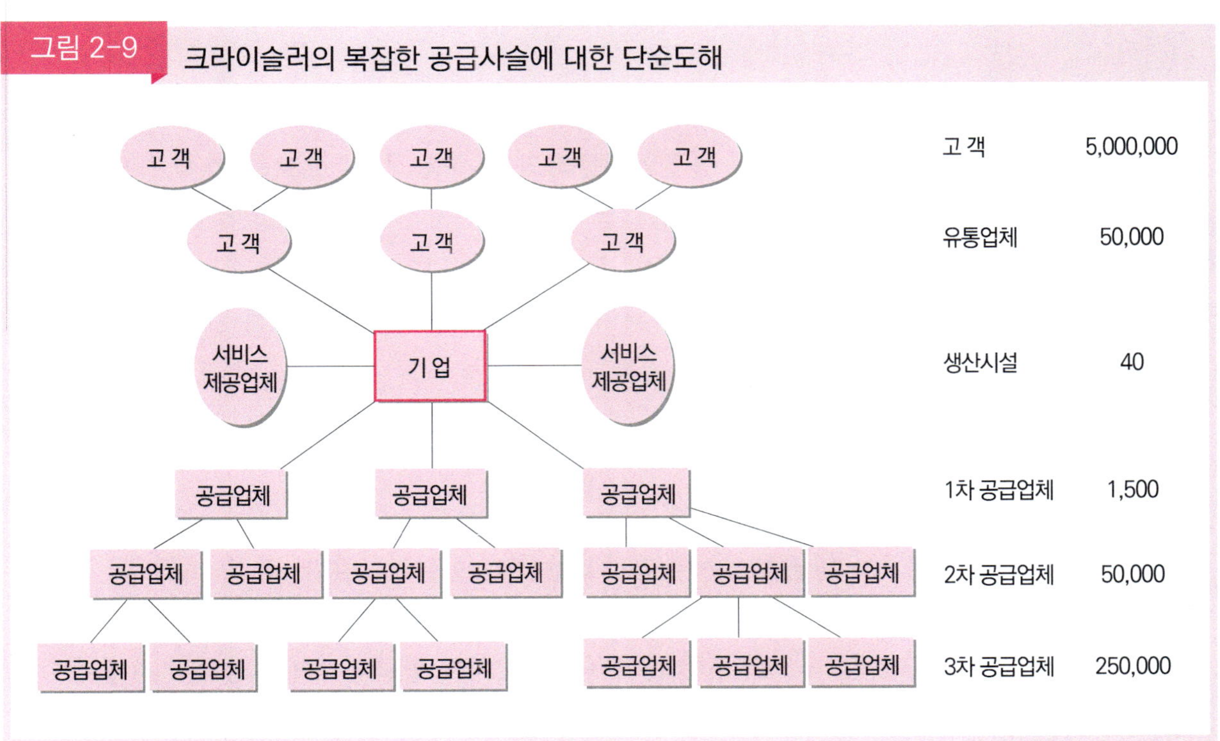

영 업무를 원활하게 하기 위해 필요한 분석을 수행하여 불필요하고, 낭비가 많은 활동을 배제시킬 수 있었다. 크라이슬러의 관리자는 일이 수행되는 방식과 이유를 면밀히 조사하여 "금지행위" 목록을 만들 수 있었다. 이러한 공급기반 합리화를 유도하기 위해 "금지행위" 목록을 만들고 수행함으로써 "권장행위" 목록에 있는 일을 제대로 수행하는데 필요한 시간을 더 많이 가질 수 있게 되었다.

2단계 합리화 프로그램의

첫 번째 단계는 중복되는 공급업체를 파악하고 없애는 것이었다. 이러기 위해서 모든 공급업체로부터 어떤 자재를 공급받는 지를 자세히 분석하였다. 공급관리 데이터베이스를 만드는 것이 이 분석에 매우 중요한 일이었다. 한 예로 크라이슬러는 같은 목적을 수행하지만 기술적으로 상이한 매우 다양한 부품을 구매하고 있다는 사실을 발견했다. 이러한 부품들은 간혹 상이한 공급업체로부터 구매되고 있었다. 상이한 부품들의 성과사양(Specifications)은 최소한으로만 달랐기 때문에 크라이슬러는 부품들을 표준화하고, 한 두 군데의 최상의 공급업체를 선정하여 구매를 합치므로써 보다 저렴한 원가로 구매할 수 있었다. 이러한 분석에 의해 보다 적은 재고보유 품목 수(SKU)를 달성하고, 보다 적은 수의 높은 성과를 내는 공급업체를 보유하게 되는 결과를 얻을 수 있었다.

두 번째 단계는 중요도에 기반하여 이러한 공급업체들을 분류하는 것이었다. 합리화 프로세스가 진행되면서 크라이슬러는 공급업체들과의 관계를 정립함으로써 가장 중요한 공급업체들과 이해도를 증진시키고, 보다 협력적인 관계를 구축하는데 필요한 자원들이 여유를 갖게 되었다. 공급업체들은 크라이슬러의 신제품개발 프로세스 속으로 통합되어 크라이슬러가 신제품 출시기간이 24개월로 단축되어 경쟁력을 갖추는 것을 돕게 되었다.

공급사슬 복잡성에 의해 잘못된 의사결정이 밝혀지지 않은 채로 넘어갈뻔한 사례가 많이 있다. 그 중에 한 사례를 들어보자.

크라이슬러의 가장 인기있고, 수익이 나는 자동차였던 Jeep Grand Cherokee 생산라인을 보좌하는 공급업체를 면밀히 조사하면서 V-8 엔진을 살펴보았다. 작지만 중요한 구성부품이었던 롤러리프터 밸브(Roller-Lifter Valve)가 분석의 초점이 되었다. 글로벌 자동차 부품공급 업체인 Eaton Corporation이 근처의 작은 2차의 공급업체에서 공급받는 강판주물을 이용하여 이 밸브를 정밀가공하고 있었다. 이때 주물프로세스는 특이한 화학적 합성물인 클레이(Clay)를 사용할 필요가 있었다.

그러나 3차 클레이 제조업체는 주물클레이를 판매하면서 계속 적자를 면치 못하고 있었다. 3차 클레이 공급업체 사장은 공급사슬 상의 다른 업체들에게 알리지도 않은 채로 수익성 없는 주물클레이 사업에서 손을 떼고 귀여운 쓰레기통을 만드는 사업에만 다시 총력을 기울이기로 결정하였다. 어떤 결과가 나왔을 지를 상상해 보라. 크라이슬러의 가장 중요한 생산라인을 폐쇄하기 직전에 3차 공급업체의 문제가 된 전략적 자원재할당을 발견할 수 있었던 것이 불행 중 다행이었다.

복잡성이 혼란을 야기시키고 원가를 증가시키며 비생산적인 의사결정을 하게 만들어서 경쟁력을 약화시키는 것이 사실이다. 그러나 모든 복잡성을 나쁘게만 볼 수 없다. 복잡성이 피치 못하게 필요할 수도 있다. 당신이라면 항상 20개 품목만 유지하는 식품점에서 쇼핑을 하겠는가? 이 식품점은 비교적 단순한 공급사슬만 관리해도 되겠지만, 당신의 요구를 충족시킬만한 가치제안은 거의 하지 못할 것이다. 때로는 하나의 재고보유 품목 수(SKU)가 늘거나, 공급업체를 한군데 더 보유하거나, 또는 유통채널을 하나 더 보유하는 것이 고객이 요구하는 가치를 제공하는데 필요한 경우가 많다. 때로는 복잡성을 더하는 것이 필수불가결하다. 그러나 여기에서 반드시 중요하게 생각해야 할 점은 복잡성으로 인해 야기된 추가비용이 추가된 가치(Value)를 초과하지 않도록 하는 것이다.

04 공급사슬 구조전략의 중요성

공급사슬 구조는 고객의 요구, 유통구조 변화의 진보, 물류산업의 성장 등에 적응하면서 계속적으로 변화하고 있다.

델 컴퓨터사는 공급사슬을 둘러싸고 일어나는 다양한 변화를 신속하게 포착하여, 고객과 직접 접촉하는 직접 판매모델을 구축한 바 있다.

반면에 미국 최대의 PC 양판점인 컴프 USA는 델 컴퓨터의 직판·모델에 대항하여 유통업의 틀을 과감히 깨고 '컴프 USA'라는 유통업체 브랜드의 PC를 대대적으로 판매하였다.

우리나라에서도 이마트, 홈플러스, 롯데마트 등 대형 유통업체들 간에 저가 자체상표(PB: Private Brand)의 경쟁이 심해지면서, 고품질의 자체상표인 PL(Private Label)까지 등장한 상황이다.

제조업과 유통업의 기존의 틀이 급속도로 무너지기 시작하고 있는 것이다. 우리나라에서도 유통업의 파워가 점점 커지면서 제조업체 브랜드 상품만 판매하지 않고, 자체상표의 상품을 유통업체들의 미래를 좌우할 주요 경쟁요소로 보기 시작했다. 이에 따라 제조업체와 유통업체의 힘겨루기 양상이 나타나는 경우도 있다.

4.1 닌텐도의 복잡했던 공급사슬 구조

과거 닌텐도가 어려움을 맞이했었던 시절의 공급사슬을 살펴보자. 닌텐도는 현재 소니 컴퓨터엔터테인먼트(Sony Computer Entertainment), 세가(Sega)와 더불어 일본을 대표하는 비디오게임 제작업체이다.

원래 닌텐도는 화투나 트럼프를 만들던 교토의 전통기업이었으나, 1949년 가업을 계승한 야마우치 히로시가 새로운 장난감 개발로 눈을 돌리면서 오늘날의 게임기 업체로 변신하는 기반을 다졌다.

닌텐도는 1985년 선보인 게임기 패미콤(Famicom: 텔레비전 게임용 컴퓨터의 상표명)과 1990년에 선보인 슈퍼패미콤(Super Famicom)을 통해 10년 가까이 전 세계 게임시장을 지배했으며, 닌텐도에서 제작한 슈퍼마리오브라더스는 비디오게임의 상징물로 부상될 만큼 높은 인기를 누렸다.

닌텐도는 1994년 소니의 플레이스테이션(Playstation)이 등장하면서 잠시 위기를 맞이했으나, 포켓몬(Pokemon)이라는 상품을 통해 새로운 수익원을 확보하고, 휴대용 게임기 게임보이 시리즈를 성공시켜 일시적 위기를 극복했다.

최근에는 차세대 게임인 Wii 스포츠 게임과 포켓 몬스터 등을 선보였으며, 이를 발판으로 다시 부활의 날개를 펴고 있다.

소니는 게임소프트 분야에서 플레이스테이션으로 큰 성공을 거둔바 있다. 이 거대한 성공을 이끈 요소의 하나로 그 당시 닌텐도와는 다른 방식으로 운영한 공급사슬의 차별화를 들 수 있다.

반면 닌텐도는 과거 전통적으로 예전부터 고락을 함께 해온 완구유통 채널을 그대로 주력으로 활용했었다. 닌텐도의 패미콤은 소프트웨어를 ED-ROM이라그 하는 반도체에 기입하여 조립하는 기술과 제조방법을 응용하고 있었다. 즉, 이러한 소프트웨어 조립생산 방식은 유통리드 타임과 생산리드 타임이 대단히 길었다.

그러나 당시에도 게임 소프트웨어의 제품수명주기는 짧았으며 점점 더 짧아지고 있었다. 소비자는 히트상품에 급격히 반응하며 우르르 몰려들었다가, 금새 싫증내 버린다. 신제품이 히트를 칠 때에는 소비자가 한꺼번에 몰려오기 때문에 물건이 바닥나면 소매점으로부터 재촉이 빗발친다. 그리고 일반적으로 소매점은 매출을 늘리기 위해 과장된 표현으로 재촉을 해댄다. 이에 따라 과대수요가 발생하는 것이다.

소비자 역시 한 사람 한 사람이 여기저기 가게로 제품을 찾아다니기 때문에 소매점의 재촉은 실수요의 몇배로 부풀려 나타나게 되는 것이다. 앞에서 이런 경우에 채찍효과(Bull-whip Effect)가 생기는 과정을 살펴보았다.

게다가 소비자는 이렇게 히트상품 구매에 열을 올리다가도 쉽게 싫증을 냈다. 공장을 풀

그림 2-10 닌텐도의 악성재고가 쌓이던 과거의 복잡한 유통구조

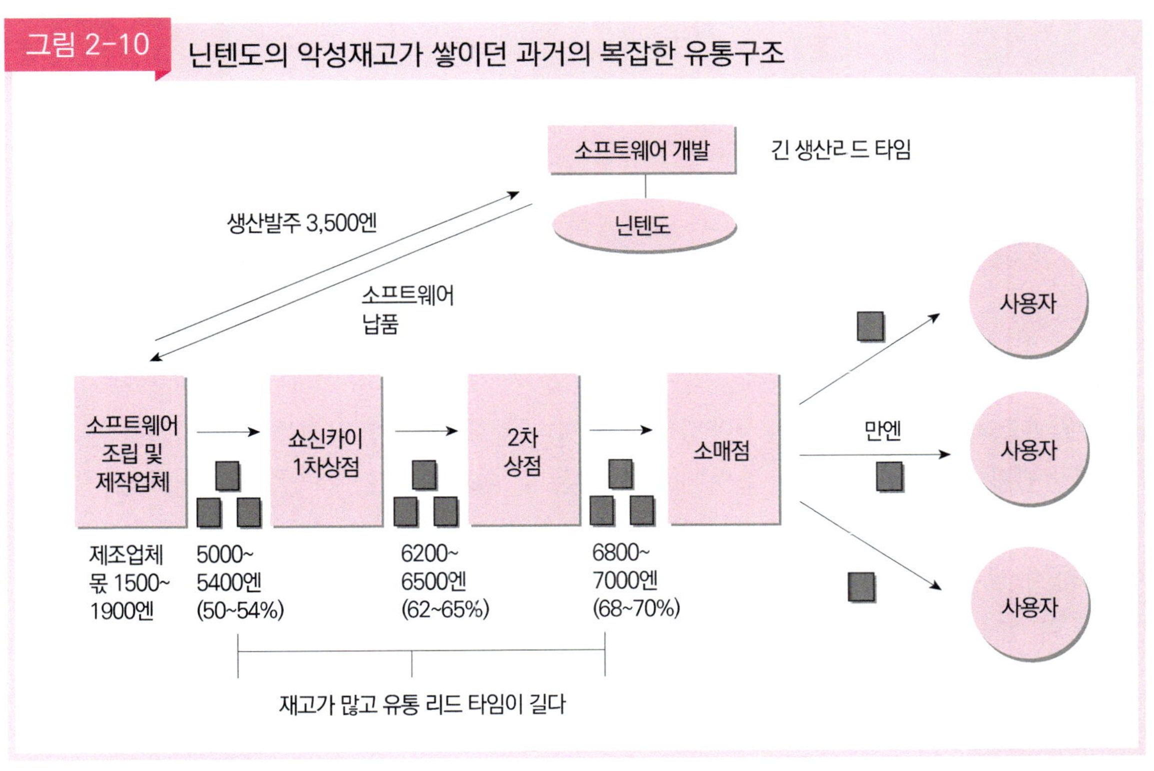

가동하여 제품이 완성될 무렵에 변덕스런 소비자가 외면하기 시작하는 경우에는 악성재고로 쌓이고 팔리지도 않게 된다. 이 재고는 게임 소프트웨어 회사의 큰 부담으로 작용하게 되며, 결국 재고로 남은 소프트웨어는 가치가 급격히 하락하고 심지어 중고유통으로 흘러가게 되며, 가격폭락의 원인이 된다.

이에 비해 소니는 레코드 유통채널, 편의점 유통채널, 가전 유통채널이라고 하는 비교적 유통경로가 짧은 채널을 이용했다. 특히 소니가 재고를 최소로 가져갈 수 있었던 것은 편의점 유통채널, 레코드 유통채널로부터 매일 판매실적을 파악하는 구조를 도입하여, 실제 소비되는 수요에 맞춰서 생산하는 체제를 구축했기 때문이었다.

소니는 이러한 방식에 의해서 장기악성 재고리스크를 최소화할 수 있었으며 게임유통의 경영리스크도 최소화 되었다.

바꿔 말하자면 실제 수요와 연계된 공급사슬이 게임유통에도 적용되면서 재고를 최소화시키고 소비자의 수요에 대응하는 짧은 리드타임을 갖는 중요한 역할을 담당한 것이다. 이와 같이 소니의 유통전략을 받아들이는 게임유통사가 증가하면서 소니그룹 전체의 브랜드힘도 증가하고 점차 게임산업에서도 소니의 역량이 발휘되었었다.

물론 지금은 닌텐도도 전통적인 공급사슬을 타파하고, 공급사슬 구조를 개선하고 다양한 유통채널을 통해 성공적으로 운영하고 있다.

4.2 세븐일레븐의 신규 가치창출

일본의 세븐일레븐(Seven Eleven)의 품목관리는 세계적으로 유명하다. 세계 소매업의 거장인 월마트의 핵심 멤버가 벤치마킹하러 왔었다고 한다. 세븐일레븐은 편의성을 팔고 있다. 일상생활에서 필요한 것은 무엇이든, 언제든지, 쉽게 구입할 수 있도록 공급하고 있다.

또한 세븐일레븐은 기존의 고정상품만 판매하는 이미지에서 벗어나 다양한 상품공급이나 여러 가지 서비스를 잇달아 개발하여 편의성 상승효과를 한층 더 높여 가고 있다.

최근의 성공사례로는 '갓 구운 빵'이 있다. 보통 제빵업체가 편의점에서 팔고있는 빵은 베이커리형 가게상품과 비교하면 맛이나 신선도 면에서 크게 떨어진다. 세븐일레븐은 이것에 착안하여 [그림 2-11]과 같이 1일 3회 갓 구운 빵을 공급하는 공급사슬을 매장에 구

그림 2-11 세븐일레븐의 '갓 구운 빵' 생산 · 유통시스템

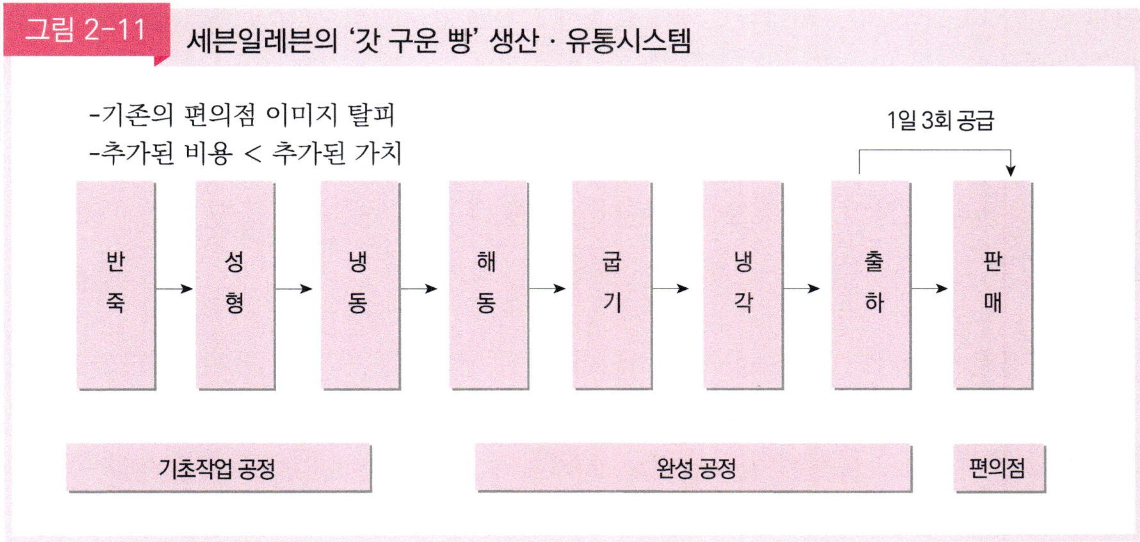

축했다.

세븐일레븐에 1일 3회나 신선한 빵을 공급해야 하는 야마자키 빵은 처음에는 세븐일레븐의 이러한 추가가치 창출제안에 반대했지만, 결국은 실행하여 차별화 측면에서 성공을 거두었다.

따라서 앞으로도 복잡성으로 인해 야기된 추가비용이 추가된 가치(Value)를 초과하지 않는 범위에서 매장을 기점으로 한 다양한 공급사슬이 계속적으로 생겨날 것이다. 공급사슬모델로서 차별화해 가는것이 이제부터의 편의점의 중요한 전략이 될 것이다.

장래의 공급사슬은 '상품'과 '정보' 그리고 '자금'의 일관성 있는 연결을 목표로 한다. 편의점은 이 세 가지 조건이 갖춰진 장소로서 소비자와 밀착된 존재이다. 그러므로 점차 편의점 수가 증가되고 있다.

4.3 공급사슬 구조의 변화

하루가 다르게 기존의 유통방식이 바뀌고 새로운 유통방식이 나타나고 있다. 기업이 어떤 유통업태를 대상으로 어떤 유통전략을 추구할 것인지는 소비자의 구매습관과 쇼핑패턴에

따라 달라진다. 소비자의 구매습관의 관점에서 제품을 분류하면 저관여제품(생필품)과 고관여제품(전문품)으로 나눌 수 있다. 관여도란 어떤 제품의 구매결정에 투입하는 소비자의 시간 및 정보수집 노력을 말한다. 자동차와 같은 고관여제품의 경우, 특정 모델의 구매 결정까지 오랜 시간과 많은 정보를 필요로 하는 반면, 라면이나 과자와 같은 저관여제품의 구매는 짧은 시간 내에 적은 정보로도 결정된다. 새로운 유통방식은 예를 들면 다음과 같이 나타나고 있다.

① 생필품은 품목간의 동반구매가 중시되어, 모든 생필품을 전부 취급하는 대형할인점이 주 유통업태가 되며, 전문품은 여러 품목의 동반구매보다는 한 품목의 다양한 모델에 대한 동시비교가 중시되어 각 품목은 분리되며, 한정된 품목에서 다양한 모델을 갖춘 대형할인 전문점(Category Killer)이 주 유통업태가 된다.

또한 인터넷의 급격한 보급과 택배 등 유통산업의 진보로 고객과 직접 접촉에 의한 판매가 효율적으로 이루어지고 있다. 거의 모든 분야에서 이러한 현상이 나타나고 있으며 심지어 PC업계, 미국의 자동차 판매에서도 인터넷을 통한 직판모델이 등장하고 있다. 이에 비해서 기존의 판매형태의 비효율성이 문제가 되고 있다.

② 대형유통의 힘이 모든 분야에서 강화되고 판매력이 집중되고 있다.

PL은 도·소매업자가 제조업체에게 하청을 주어 생산된 제품에 도·소매업자의 상표를 부착하는 것이다. 이마트의 Best와 이마트옷, Sears백화점의 Kenmore 가전제품, Craftsmen 공구, Diehard 배터리 등이 PL의 예이다. 미국의 경우 슈퍼마켓에서 판매중인 250개 품목 중에서 77개 품목에서 PL의 점유율이 가장 높고, 100개 품목에서 2위나 3위를 기록중이다.

2010년 1월에 신세계 그룹이 '이마트표 옷'을 명실상부한 패션브랜드로 키운다는 발표를 한 바 있다. 이마트는 자체적으로 만들던 자체 브랜드(PL)인 '데이즈(Daiz)'의 디자인과 생산을 그룹 내 패션계열사인 신세계 인터내셔널로 옮겨 이마트 옷을 키우겠다고 발표했다. 데이즈를 일본 '유니클로'에 비견되는 인기캐주얼 브랜드로 성장시키기 위해 옷 디자인과 매장구성 등을 전면 개편하는 것이다. 이를 위해 'PL 디자인 센터'의 디자이너 25명과 소싱팀 20명을 구성하고 박차를 가하고 있다.

또한 월마트도 2005년 자체 의류브랜드 '메트로 7'을 발표한 후, 최근에 디자이너 노마 카말리씨를 영입해 자체 디자이너 브랜드를 만들었다. 이외에도 롯데마트의 PL로는 식품류의 WiseLect 등을 들 수 있다.

이밖에도 가전, PC, 카메라 등의 대형양판점, 미국의 새로운 업태(오피스데포, 토이자라스 등)의 급성장을 들 수 있다. 제조업체 계열판매점은 새로운 형태로 변신할 수밖에 없다.

대형유통은 수요를 직접 파악하고 있으며, 업체에 대해서는 필요한 것을 필요할 때에 공급해 주면된다는 자세를 취하고 있다. 따라서 신상품에 대한 좋은 제안이 나오면, 판매점과 제조업체 공장을 직결하여 수요에 연동된 공급을 하면 되는 것이다. 이와 같은 상황속에서 제조업체 판매부문과의 힘겨루기 양상도 나타나고 있다.

③ 가전과 자동차 등 대부분의 산업에서 일반적으로 30% 이상이 유통비용이다.

고객과 직접 접촉, 또는 대형유통으로 공장과 직결하는 등의 방법을 통해서 비용을 대폭적으로 인하할 필요가 있다. 유통단계를 줄이기 위해 심지어 물류센터에서 직접 고객에서 가구나 의류를 판매하는 형태의 고객직판 모델도 나타나고 있는 상황이다.

④ 편의점의 수가 확산되고 종류가 다양화 되고 있다.

소비자에게 바싹 다가가서 소비자의 냉장고, 수납장 역할을 하고 있으며, 또한 최근에 와서는 현금출납기를 통한 돈지갑 역할까지 대신해 주는 등 다양한 형태로 그 범위를 넓혀가고 있다. 최근에는 GS25시에서 편의점을 대형화시켜 슈퍼형 편의점을 출점시킨 바 있으며, BBQ와 전략적 제휴를 하여 편의점 내에서 BBQ 제품을 구입할 수 있는 등 다양한 형태로 편의점이 변화하고 있다.

앞의 세븐일레븐 사례에서 살펴보았듯이 '갓 구운 빵' 등 여러 가지 아이디어로 판매점을 기점으로 한 공급사슬로서 새로운 가치를 창출해 내고 있는 것이다. 앞으로 이와 같은 경우가 끊임없이 확대되어 갈 것이다.

⑤ 공장에 필요한 설비투자 금액이 커지면서 아웃소싱의 활용도가 커지고 있다.

공장에서 필요로 하는 제품설비의 가격이 높아 투자비용은 많아지는데 제품수명주기는 짧아지고 제품의 가격은 내려간다. 따라서 각 기업들이 그 분야에 투자해도 투자자금을 회수할 수 있는 가능성은 극히 희박하다. 앞으로는 자신있는 분야와 핵심역량이 필요한 분야에만 전력투구하며, 핵심역량이 아닌 분야는 대담하게 아웃소싱할 수 있는 기업만이 경쟁속에서 살아남을 수 있다.

무분별한 문어발식 다각화 방식의 재벌형, 종합형 공급사슬은 부적합한 경영방식이라는 인식이 서서히 고개를 들기 시작했다.

⑥ 자동차 산업은 부품사업을 분리시킨 이후에 새로운 세계 공급사슬을 구축하려고 전력투구하고 있다.

특히 상위권 자동차 부품제조 업체는 '시스템 통합자(System Integrator)'를 통해서 모듈화된 자동차 부품을 한꺼번에(예를 들면 모든 내장재 등) 수주하고 있다. 한국의 자동차 부품업체들도 세계의 그 어느 자동차 회사에도 제안을 할 수 있고, 시스템으로서 인터그레이션할 수 있는 경쟁력 있는 부품공급 업체를 키워나가며 공급사슬을 강화시켜 나가야 할 것이다. 최근 빅3의 재기는 미국 현지에 진출한 한국 부품업체들에도 가뭄에 단비가 되고 있다. GM과 크라이슬러, 현대자동차 앨라배마 공장에 서스펜션 부품을 공급하는 회사의 한 관계자는 "2009년대 빅3 공급물량이 평상시 70%에도 못 미쳤지만 현대자동차 덕분에 버틸 수 있었다"며 "최근 빅3 물량이 90% 수준까지 올라왔다"고 전했다.

최적의 공급사슬관리는 고객업체의 고객(Customer's Customer)에서부터 공급업체의 공급업체(Supplier's Supplier)까지 필요한 기능을 최적의 기업구조로 실현한다. 그리고 마치 하나의 기업처럼 움직이는 가상(Virtual) 조직체를 구축한다.

과연 어떠한 조직체가 고객의 적극적인 지원을 받아 경쟁의 차별화를 이끌어낼 수 있을까. 또한 기업의 강점을 최대한으로 발휘하여, 이익을 획득하기 위해서는 어떤 비즈니스 모델을 구축해야 되는 것일까.

2010년 1월, 지식경제부와 정보통신산업진흥원은 '지식서비스 융합오픈포럼'을 열고, 제조업과 서비스업이 융합된 새로운 비즈니스 모델발굴을 위한 지원사업을 시작한다고 밝혔다. 이와 같이 제조업의 서비스화 모델개발을 통해 새로운 시장이 창출되고 있다.

예를 들면 현재 세계 최대의 주식총액을 자랑하는 GE의 수익원은 유지보수 서비스(Maintenance Service)와 금융서비스이다. GE에서는 [그림 2-12]와 같이 유지보수 공급사슬과 돈의 흐름까지 포함한 비즈니스 모델의 설계를 전략적으로 시행하고 있다.

물론 GE 뿐만 아니라 다양한 산업에서 제품과 서비스가 만나는 융합제공(Hybrid Offering) 현상이 나타나고 있다. Oracle, IBM, CISCO 등 대형 IT제조업체는 복잡한 업무를 수행하는 법인을 상대로 하드웨어와 데이터베이스 소프트웨어만 팔다가 직접 고객화된 컨설팅 서비스를 제공하고 있다.

최적의 공급사슬관리는 공급사슬의 구조를 변화시키는 비즈니스 모델에서 시작된다. 세계 선진기업들은 공급사슬의 중요성을 깨닫고, 21세기 비즈니스 모델의 재구축을 위해 매우 노력하고 있다.

삼성전자는 지속적으로 SCM을 추진해 오고 있으며, 전 해외공장과 판매법인들까지 모두

그림 2-12 제조업과 서비스 융합의 비즈니스 모델

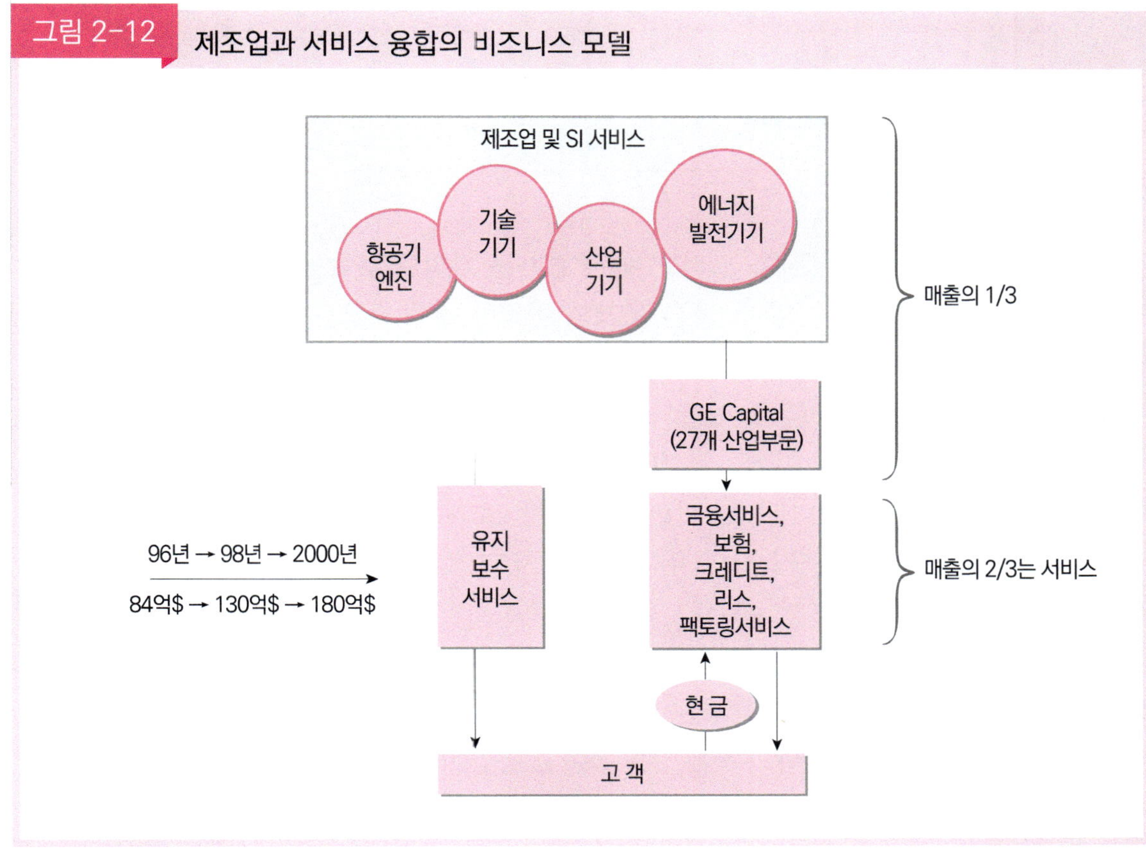

TFT를 결성하여 지속적으로 혁신을 하고 있다. 또한 삼성전기도 2009년에 경영지원실 산하에 SCM TFT를 구성하고 박종우 사장이 SCM 전도사로 나섰다. 삼성전기는 본사, 한국공장, 해외생산 및 판매법인의 4500여명을 대상으로 SCM교육을 하며 박차를 가하고 있다.

다시 말하자면 SCM은 단순한 정보시스템 구축이 아니다. 공급사슬이라는 관점에서 실행하는 경영구조개혁, 경영혁신으로의 과감한 도전을 포함하는 것이 공급사슬관리의 본질이다.

05 공급사슬관리의 효과

앞에서 살펴본 SCM의 본질을 고려할 때 극변하는 기업환경 속에서 SCM이 가져다주는 효과는 상당히 크다고 볼 수 있다. 물론 SCM의 범위가 매우 넓고, 어디부터가 SCM의 효과인지를 파악하는 것이 쉽지 않다. 그러나 일반적으로 많은 선진기업들이 발표하는 SCM 구현효과를 근거로 이야기는 할 수 있다.

SCM의 효과는 유형적인 효과와 무형적인 효과로 나누어 볼 수 있는데 유형적인 효과는 계량적, 수치적으로 측정이 가능한 반면, 무형적인 효과는 현실적으로 수치적으로 측정할 수 없는 형태로 기업 외부조직 간의 유대관계 내지 고객과의 관계, 그리고 업무들 간의 원활한 흐름 등을 들 수 있다.

먼저 유형적인 수치로 나타나는 SCM이 가져다주는 효과를 살펴보자. 〈표 2-1〉에서 보는 바와 같이 전형적인 SCM의 효과는 유형적인 면에서 보면 배송오류를 줄이고 재고비용 내지 재고수준을 줄이며, 예측의 정확도를 높이고 공급사슬 비용의 절감, 주문 충족률의 개선, 전체 생산성 향상 그리고 리드타임이 짧아지는 효과를 가져 온다.

그리고 SCM이 가져다 주는 무형적 효과는 기업 대 기업 간 또는 조직 대 조직 간 그리고 고객과의 커뮤니케이션에 초점을 맞춘 것으로 얼람(Ellram)에 의하면 공급사슬에서 조달업

표 2-1 통합적 SCM이 가져다주는 일반적 효과

납기성과 (Delivery Performance)	16% - 28% 개선
재고감소 (Inventory Reduction)	25% - 60% 개선
주문충족 사이클 타임 (Fullfillment Cycle Time)	30% - 50% 개선
예측정확도 (Forecast Accuracy)	25% - 80% 개선
전반적인 생산성 (Overall Productivity)	10% - 16% 개선
공급사슬 비용절감 (Lower Supply Chain Costs)	25% - 50% 개선
주문 충족률 (Fill Rates)	20% - 30% 개선
생산능력 개선실현 (Improved Capacity Realization)	10% - 20% 개선

체와 공급업체의 성공적인 SCM구축은 협력을 강화, 지속시키고 위험을 공유하며 이들 간 효과적인 정보공유를 가능하게 해주고 지속적으로 혁신을 가능케 해준다.

비슷한 의미로 랜더로스(Landeros)는 파트너 협력업체간 협조가 긴밀해지고 기대와 욕구에 대한 이해를 지원해주며, 문제점을 제거하고 성과를 개선시켜주며 경쟁우위를 창출내지 유지케한다고 하였다.

SCM이 가져다주는 무형적 효과로 가장 큰 것은 협력업체들과의 신뢰성 구축에 있다고 볼 수 있다. SCM을 도입하는데 있어서 가장 유념해야 할 점은 이들 협력업체들과 어떠한 방식으로 신뢰성을 구축할 것인가에 두어져야 하며, SCM구축 후 성과는 바로 이들과 어느 정도의 신뢰성이 구축되었는지에 따라 결정되게 된다.

일반적인 SCM의 도입성과에는 공급사슬 재고의 감소, 주문충족률과 납기달성률의 향상, 운전자금의 감소, 운영비용의 절감, 공정 유연성의 증가, 신제품 도입기간의 단축 등이 있다. 주목할 만한 것은 SCM이 고객에의 서비스 수준과 공급사슬의 효율성을 동시에 개선하여 준다는 것이다. 이는 공급사슬 전체에 대해 낭비요소를 제거함으로써 비용을 절감하면서 초점화된 세분시장에서 서비스 수준을 향상시키기 때문이다. 이와 같이 SCM은 단순히 비용을 절감하거나 운용효율을 개선하자는 것이 아니라 고객이 기대하는 서비스 수준을 충족시키면서 효율성을 향상시키는 전체 최적화 개념인 것이다.

CHAPTER 3

아웃소싱과 생산운영관리

1. 고객만족의 패러다임 변화
2. 종합 물류관리의 이해
3. 생산현장과 생산운영관리
4. 아웃소싱의 활용
5. 생산유형의 분류와 결정
6. 생산운영관리의 기본 축

01 고객만족의 패러다임 변화

1.1 고객만족의 실현방법

고객중심의 혁신에 성공하기 위해서는 우선 회사의 제품을 구매하는 소비자가 어떤 사람인지를 정확하게 파악해야 한다. 또한 대상이 되는 소비자가 사용자, 지불자, 구매자라는 각각의 관점에서 어떠한 특성을 가지고 있으며 무엇을 요구하는지도 정확하게 파악할 필요가 있다.

이러한 관점을 가지고 고객만족을 실현한 다음의 사례들을 읽어보자.

디즈니가 1992년 프랑스 파리에 세운 유로디즈니랜드는 초창기 큰 어려움을 겪었다. 프랑스인의 감성을 배려하지 않은 경영방식 탓이었다. 디즈니는 유로디즈니 안의 식당에서 와인을 못 마시게 했다. 곳곳에 야구를 상징하는 핫도그 카트를 배치해 축구를 좋아하는 프랑스인의 심기를 건드렸다. 결국 디즈니는 1994년 이 정책을 폐기하고, 미국출신 고위경영진도 유럽출신으로 교체했다.

유로디즈니의 사례는 '고객지향'이라는 용어를 자주 사용하면서도 여전히 공급자 위주의 시각에서 벗어나지 못하는 기업들에 많은 시사점을 준다. 기업이 고객지향 혁신에 성공하려면 사용자, 지불자, 구매자라는 고객의 세 가지 특성을 잘 이해해 대응해야 한다. 수행하는 역할에 따라 고객이 겪는 문제와 해결책이 각각 다르기 때문이다.

• 사용자 혁신에 성공한 로우스와 펫스마트

미국 2위 주택자재 판매업체 로우스와 애완동물 서비스 제공업체 펫스마트는 사용자라는 고객의 특성을 잘 이해하고 혁신에 성공한 대표적 기업이다. 먼저 로우스의 사례를 보자. 미국에는 아파트보다 단독주택이 많다. 단독주택은 지속적인 관리가 필요하지만, 미국은 인건비가 워낙 비싸 집주인이 직접 주택을 관리해야만 한다. 하지만 지붕을 교체하고, 카펫을 바꾸는 일에 익숙한 사람은 많지 않다. 결국 작업을 차일피일 미루거나 아예 포기하고 만다.

로우스는 이런 문제를 해결하기 위해 고객들을 대상으로 무료학습 프로그램을 운영했다. 고객이 원하면 실제 설치작업을 도와주는 서비스도 만들었다. 이는 로우스의 성장에 큰 기여를 했다.

펫스마트도 고객들이 실제 애완동물을 기를때의 행동을 세심히 관찰한 덕에 성공을 거뒀다. 신규 고객확보에 어려움을 겪던 이 회사는 사람들이 애완동물 기르기를 꺼리는 이유가 여행이나 출근 이후 대신 돌봐 줄 사람을 찾기가 어렵기 때문이란 점을 알아냈다. 펫스마트는 애완동물 전용호텔(Pet Hotel)을 만들어 큰 성공을 거뒀다.

• 지불자 혁신에 성공한 GE

제너럴일렉트릭(GE)이 몇년 전 시판한 신형비행기 엔진 'GE90'은 기존 엔진보다 훨씬 효율적이고 강력하다. 하지만 가격과 유지비용이 비싸다는 게 문제였다. 막대한 개발비용을 고려하면 저렴한 가격에 엔진을 팔기도 어려웠다.

GE는 엔진사용 시간에 따라 서비스 비용을 받는(Power By the Hour) 형태로 비즈니스 모델을 확 바꿨다. 물품을 구매한 고객이 '제품'이 아니라 '사용시간'에 따른 서비스 요금을 내게 만든 것이다.

미국 법률회사 모건 루이스 & 버틀러 루빈 역시 GE와 비슷한 지불자 혁신을 이뤄냈다. 이 회사는 신규고객을 유치하기 위해 업계의 관행이었던 시간당 서비스 비용이라는 가격산정 방식을 과감히 버리고, 고정금액 방식의 계약을 도입했다.

시간당 비용을 청구하는 체제에서는 변호사들이 비능률적으로 일하고, 비용을 엄밀히 산정하기 어려운데도 상당한 수임료를 물고있다는 고객들의 불평이 끊이지 않았다. 고정금액 방식은 기존 고객의 불평을 잠재우고, 신규수요까지 창출해냈다.

• **구매자 혁신에 성공한 익스피디아**

인터넷의 발전덕에 구매자로서의 고객역할도 크게 달라지고 있다. 많은 고객들은 구매과정에 적극개입하며 기업의 공급사슬 전체를 변화시키고 있다. 이를 잘 이용한 업체가 바로 미국 온라인 여행사 익스피디아다.

패키지 여행상품을 이용하지 않는 이상 해외여행은 상당히 많은 선택과정을 수반한다. 여행지를 결정하고 비행기표, 호텔, 렌터카 등을 예약하는 것은 보통 번거로운 일이 아니다. 인터넷의 도움없이 이 모든 절차를 따로따로 처리한다면 고객이 해야 할 일이 얼마나 많겠는가. 익스피디아는 수십만 가지에 이르는 고객들의 여행상품 구매행위(여행지 정보검색과 숙소 및 운송편 예약) 옵션을 미리 종합분석해 이들이 인터넷을 통해 편리하게 선택할 수 있게 함으로써 폭발적 성장을 거듭할 수 있었다.

GE, 로우스처럼 혁신에 성공한 기업들은 고객이 어떤 역할을 행하느냐에 늘 주목한다. 고객이 자사 제품을 사용하면서 어떤 문제와 직면하며 이를 해결하기 위한 대안은 무엇인지, 고객의 지불방식을 개선할 수는 없는지 등을 깊이 관찰하고 연구한다. 앞으로 우리나라에서도 고객기반의 혁신에 매진하는 기업이 더 많아지기를 기대한다.

자료원, 동아일보

과거의 획일적인 대량생산(Mass Production), 대량판매(Mass Marketing) 방식은 점차 세분화된 개별 마케팅으로 변화되고 있다. 세분화된 개별 마케팅은 앞의 기사내용처럼 사용자, 지불자, 구매자라는 고객의 세 가지 특성까지도 고려해서 이루어져야 한다. 이처럼 마케팅 사고방식이 변화하면 생산에 대한 사고방식도 이에 맞춰 나가야 한다. 다시 말해 고객만족의 실현이 가치사슬의 목적이 되어야 한다.

과거생산에 대한 기업의 사고방식은 먼저 제품을 제조하여 시장에 공급한 후에 제품에 문제가 발생하면, 개발부문에서 제품의 큰 틀은 변화시키지 않은 채 세부기능이나 용도를 변형시키는 '인사이드 아웃(Inside-out)'의 형태였다. 이에 반해 고객만족의 사고방식은 '아웃사이드 인(Outside-in)'에 해당된다. 즉, 공장의 바깥, 다시 말해 소비자의 소리에 귀를 기울이고 고객 눈높이에 집중하여 그 요구에 맞춰서 생산하는 것이다.

실제 혁신적인 공장에서는 생산운영 부문이 신제품 도입에 일찍 참여하는 것을 선호하며, 실제 제품개발 과정에서 마케팅 및 연구개발 부문 등 여타 부문에서 적극적으로 생산운영 부문을 참여시킨다. 반면 전통적인 공장에서는 생산운영 부문의 역할은 디자인 전문가에 의해 고안된 새로운 디자인에 따라 단순히 생산하거나, 마케팅 부서에서 결정한 판매수요를 충족시키는 것이다. 이 경우 생산운영 부문에서는 아무런 가치창출을 하지 못하고, 오히려 기술적인 한계를 고집하면서 혁신의 속도를 늦추는 역할을 한다.

앞으로의 생산운영관리는 가치사슬 최적화 관점에서 고객만족을 목표로 해야하며 생산운영관리 방식도 과거와는 달라져야 한다.

1.2 경쟁우위의 유형

앞에서 설명한 것처럼 이제는 제조업이 주도하던 시대가 아니라, 시장이나 소비자가 주도하는 시대로 변화하고 있다. 따라서 고객만족 없이는 지속적인 경영활동을 기대하기 어렵다. 그렇다면 과거 생산운영관리의 목적이라 할 수 있는 Q(Quality), C(Cost), D(Delivery)는 어떻게 생각해야 하는가?

결론적으로 말하면 생산운영관리 측면에서 QCD의 중요성에는 변함이 없다. 다만 생산운영관리의 최상위 목적은 고객만족에 있으므로 '그 틀 안에서' 전개해 나가야 한다. 다시 말해 좋은 제품을 저렴하게 정해진 납기일 안에 제공하는 것이다.

고객만족이라는 대명제를 무시하고 오로지 QCD만 추구한다면 가치사슬이 최적화 되었다고 할 수 없다. 이러한 딜레마를 해결하는 것이 바로 생산운영 부문이 당면한 과제이다. 그럼 QCD에 대해 구체적으로 살펴보기로 하자.

1. 품 질

고객의 요구에 기초해서 디자인 부문이나 설계부문에서 규정한 품질을 가급적 최소의 생산비용을 유지하면서 실현해 나가는 것이 그 목적이다. 물론 자동차 산업처럼 사람의 생명과 직결된 산업에서는 불량률을 제로로 만들어야 최선일 것이다. 산업별로 차이는 있지만 일반적으로는 불량률을 제로로 하는 것은 불가능하고, 불량률을 일정범위 내로 줄여야 한다. 여기서 '일정범위'라는 것이 중요한데, '불량률 제로'는 생산운영관리가 지향하는 목표는 될 수 있지만 경제적인 측면에서 볼 때 가장 최선의 방법이라고 할 수는 없다.

생산과정에서 지나치게 품질에만 집착하면 엄청난 자금이 생산공정에 묶여 현금화되지 못한다. 이탈리아의 한 식품제조 업체는 12~24개월 숙성시킨 고가제품군을 판매하고 있었다. 이들 고가제품의 매출비중은 25% 정도였지만 수익성은 평균이하였다. 회사경영진은 포트폴리오 구성 상 고가제품이 반드시 필요하고 브랜드 명성을 높이는데 도움이 된다고 주장했다. 하지만 경제상황이 악화되고 나서야 경영진의 태도가 바뀌었다. 이 회사 경영진은 우수한 품질을 위해 오랜 기간 숙성하는 기존 제조방법을 그대로 유지하면 회사의 부담이 엄청나게 늘어난다는 사실을 파악했다. 따라서 과감한 아웃소싱 등 총체적인 생산공정 재설계로 통해 이 회사는 생산공정에 묶여있던 수천만 유로의 자금을 활용할 수 있었다. 품질이 약간 낮아지기는 했지만 고객이 인지할 수준은 아니었기 때문에 판매량은 별로 줄어들지 않았다. 훨씬 적은 비용으로도 기존 이익수준을 유지하게 돼 이 회사의 투자자본수익률은 급격히 개선되었다.

다시 말해 불량률을 제로로 유지하고 최상의 품질을 실현하기 위해 재무상황이 악화될 정도로 많은 자금이 투입되어야 한다면 비용과 효과를 비교할 때 현실적으로 의미가 없다. 따라서 적정한 불량률과 품질수준을 계획하고 실현하는 것이 보다 중요하다.

물론 최근 미국에서 프리미엄 초콜릿 업체인 샤펜버거 초콜릿처럼 '가내수공업' 방식을 고수하며 원가가 올라가지만 프리미엄 이미지를 굳히는 전략이 성공할 수도 있다. 소비자들에게 '진정성(Authenticity)을 인정받은 기업'이라는 인식을 주기 위해서는 소비자 뿐만 아니라 공급업체, 투자자 등 광범위한 이해관계자들이 회사의 정체성을 규정해야 할 것이다.

2. 원 가

특정 제품의 품질과 기능이 동일한 경우 소비자는 당연히 가격이 저렴한 제품을 선택할 것이다. 특히 시장에서의 경쟁이 치열하면 할수록 제품의 가격을 회사 마음대로 결정할 수는 없다. 가격을 결정할 때 제품원가와 목표이익만 고려하지 말고 소비자가 지각하는 자사 및 경쟁사 제품의 가치와 가격수준을 모두 고려해야 한다. 따라서 기업은 가격을 올리기보다 원가를 내림으로써 이익을 확보하도록 해야한다.

제품을 생산하기 위해서는 원자재와 부품의 구입, 제조공정에서의 인건비와 고정적인 기계비용 그리고 기계라인 준비비용, 그리고 전기 · 수도 등 간접비용까지 광범위하고 복잡한 활동이 이루어지는 데 이 과정에서 원가가 발생한다. 따라서 원가를 어떻게 절감할 것인가에 대해 활동별로 원가절감 요인을 살펴볼 필요가 있다.

그러나 무리한 원가절감으로 제품의 성능이나 품질이 떨어진다면 이익은 커녕 소비자로부터 반감을 사게되어 매출이 줄어들 수도 있다. 무리한 자동차 제조원가 절감을 위해 동일 부품만을 사용하려던 도요타의 가속페달 결함으로 인한 대규모 리콜조치와 혼다의 창문스위치 누수로 인한 리콜조치는 해당 모델의 판매중단 뿐만 아니라 회사전체의 신뢰성에 먹칠을 하게 되는 결과를 낳았다. 따라서 고객과 자사 모두에게 이익이 될 수 있는 합리적인 원가절감계획을 수립하여 이를 실행해야 한다.

3. 출하 및 배송

출하 및 배송에는 두 가지 목적이 있다. 하나는 고객과 약속한 납기를 정확하게 지키는 것이고, 다른 하나는 공장에서 제조하는 데 걸리는 시간을 될 수 있는 한 단축하는 것이다. 최근과 같은 치열한 경쟁에서 승패의 여부는 바로 비즈니스 스피드에 달려 있다. 많은 기업이 정보시스템을 구축하고 경영의 디지털화를 추진하는 이유는 바로 이를 통해 의사결정이나 정보처리의 속도를 높이기 위함이다.

그러나 신속한 정보처리만으로는 충분치 않다. 가장 중요한 것은 제품을 고객이 있는 곳으로 정확하게 도착시키는 데 있다. 이처럼 현물을 움직이는 입장에서 납기를 지키도록 관리하는 것도 생산운영관리의 중요한 목적 중의 하나이다.

지금까지 고객만족과 경쟁우위 요소인 QCD를 살펴보면서 적정범위의 해답을 찾는 것이 중요하다는 것을 알았다. 여기서 동양철학에 나오는 중용(中庸)의 정의를 생각해 보자. 중용이란 '어느 한쪽으로 치우침이 없으며, 평범속에 들어있는 天下의 定理로서 잠시라도 잃어버리지 않게 잘 유지해 나가는 것'으로 정의할 수가 있다.

또한 미국의 유명한 경영컨설턴트인 톰 피터스(Tom Peters)는 그의 저서 「혼돈속의 번영(Thriving on Chaos)」의 첫 줄에 "우수성은 존재하지 않는다(There is no excellence)"라고 기술한 바 있다. 이 의미는 워낙 경영환경이 급변하고 이에 맞는 의사결정을 지속적으로 내려야 하기 때문에 한때의 우수성이 얼마 지나지 않아 우수성이 사라지고, 또 다른 우수성을

그림 3-1 생산운영관리에 따른 균형의 조정

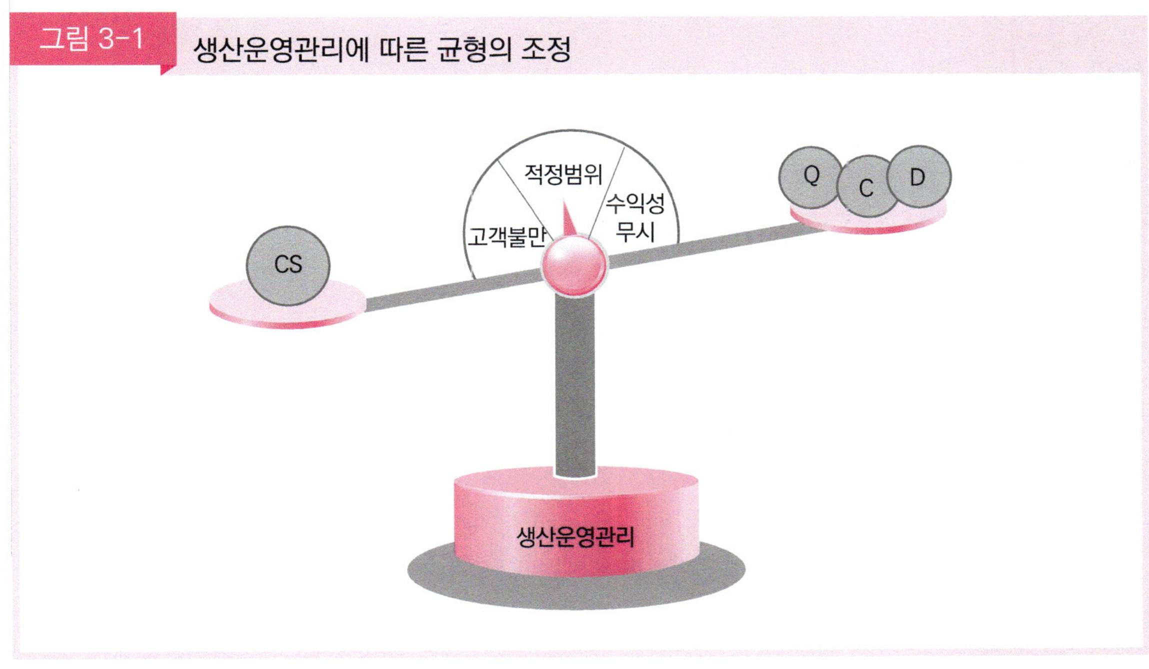

찾아야 한다는 의미이다. [그림 3-1]과 같이 고객만족과 경쟁우위 요소인 QCD 사이에 끊임없이 균형을 찾아가며 잠시라도 잃어버리지 않게 잘 유지해 나가야 할 것이다.

02 종합 물류관리의 이해

2.1 물류관리와 공급사슬관리

과거 수십년간 생산운영관리 측면에서 축적된 납기관리, 재고관리, 외주관리 등의 노하우는 유통과정에서의 제품의 흐름인 로지스틱스(Logistics)라고도 불리우는 물류관리 분야에서도 응용할 수 있다.

그동안 생산운영관리의 주된 관심범위는 공장을 중심으로 한 생산영역에 한정되었다. 다시 말해 제조공정이 끝나 제품을 완성품 창고에 입고시키면 그것으로 생산운영관리의 모든 절차는 끝난 것으로 간주되었다.

완성된 제품은 공장에서 출하되어 각지의 유통창고로 운송되고 그 후 배송과정을 통해 고객의 수중으로 들어간다. 그러나 이러한 유통영역은 모두 유통부문의 책임으로 생산운영부문과는 전혀 관계가 없었다. 더욱이 유통부문과 생산운영 부문간의 벽이 높아 양 부문 간의 커뮤니케이션은 그다지 원활하지 못했다.

이 때문에 제품의 납기가 늦어져 고객의 불만을 사거나 또는 소비자가 필요로 하는 제품은 없는데 잘 팔리지도 않는 제품만 창고에 가득 쌓이는 현상이 빈번하게 나타났다. 이러한 문제를 해결하기 위해 최근에는 조달 · 생산 · 유통을 일괄적인 흐름선상에서 일원적으로 관리하는데, 이것이 바로 종합 물류관리의 사고방식이다.

또한 공급사슬관리는 정보통신기술을 활용해 공급업체부터 제조와 물류, 유통업체의 상품의 흐름과 자금의 흐름을 한눈에 파악할 수 있도록 하는 소싱과 유통의 총 공급과정에 대한 통합화된 관리를 말한다.

공급사슬관리는 정보기술을 이용하여 고객의 주문에서부터 자재의 조달 · 생산 · 재고 · 배송이라는 전 과정을 종합적으로 관리하고 더불어 자금의 흐름까지도 관리하는 방식이다. 게다가 앞에서 살펴본 바와 같이 제품의 설계와도 관련이 있으며, 공급사슬의 구조변화도 매우 중요한 요소가 된다. 이 과정에는 자사의 설계부문과 생산부서에서부터 원료공급업자, 외주공장, 원료창고, 부품창고, 완성품 창고, 유통창고, 운송업자 등 다수의 부문과 업체가 모두 포함된다. 굳이 종합 물류관리와 공급사슬관리의 차이점은 공급사슬관리는 공급사슬 구조변경이 매우 중요하며 제품 뿐만 아니라 정보와 자금의 흐름까지도 모두 연동시키는 것을 목적으로 하고 성과지표의 중요성이 매우 크다는 점이다.

이 과정은 마치 쇠사슬처럼 밀접하게 연결되어 있기 때문에 공급사슬이라고 하며 이를 매개로 해서 제품과 정보가 하나가 되어 함께 이동한다. 즉, 제품과 정보양자는 마치 흐르는 강물처럼 원료의 조달이라는 상류에서 고객으로의 배송이라는 하류로 흘러간다.

SCM이 효과적으로 운영되려면, 우선 해당 기업의 가치사슬이 밀접히 연계되어 가치를 창출해야 한다. 특히 여러 부문의 연계에 중요한 역할을 하는 생산운영 부문이 최적으로 운영되어야 한다. 해당 기업의 공장이 최적으로 운영되지 않고서는 제휴업체들에게 제대로 정보를 제공 할 수가 없으며, 제조와 물류, 유통업체의 상품흐름을 한 눈에 파악한다는 것이 애시당초 불가능하기 때문이다.

그러므로 SCM에 대해 살펴보기 전에 우선 생산운영관리에 대해 이해하는 것이 필요하다. 우리가 일상생활에서 사용하는 모든 제품은 공장에서 생산공정이라는 변환과정을 거쳐 만들어 진다. SCM 또는 생산운영관리와 관련된 업무를 수행되거나, 이를 배우려는 사람은 재료에서 제품으로의 변환과정을 알아야 한다. 왜냐하면 생산운영관리란 그 변환과정을 대상으로 하고 SCM의 기반이 되기 때문이다.

2.2 경쟁우위의 기본이 되는 생산운영관리

최근의 기업 경쟁력은 이러한 공급사슬의 관리여하에 크게 좌우된다고 할 수 있다. 전체 공급사슬이 제대로 기능을 발휘하지 않는 기업의 경우 재고는 증가하면서 도리어 납기는 길어지게 된다. 또한 품질에도 문제가 생기는 경우가 있다. 따라서 고객만족을 달성할 수 없게 된다.

잘못된 생산운영관리에서 비롯되어 공급사슬 상에서 발생하는 보편적인 문제점을 알아보기 위해 [그림 3-2]를 살펴보자. 우선 밀어내기(Push) 방식으로 생산계획을 수립하고 수요와 일치되지 않는 생산이 이루어진다. 이러한 내용은 앞에서 평준화 생산방식의 필요성에서도 살펴본 바 있다. 두 번째로 설계, 생산, 수배 BOM이 각기 일관성이 없게 창출되고 유지되며 이로 인해 필요없는 자재가 구매되거나, 악성재고가 축적되고 또는 필요한 상황에 필요자재가 존재하지 않는 경우가 발생한다. 또한 부문 간 장벽과 소통의 문제로 인해 공장재고, 영업재고, 물류센터의 거점재고, 현지의 유통업체 재고 등 너무 많은 재고포인트가 존재하고, 수요에 연동된 제품모델과 수량이 생산되거나 공급되지 못해 재고도 필요없이 많이 쌓여있게 된다.

그 이외에도 [그림 3-2]에서 보는 바와 같이 많은 문제점들이 발생하고 있다. 공급사슬을 잘 관리하려면 당연히 전체과정을 통제하는 관리시스템이 필요하다. 그리고 이 과정에서 생산운영관리가 중간에서 중요한 역할을 담당하게 된다. 중심에 있는 생산운영관리의 문제점은 가치사슬의 최적화에 문제를 야기시키고, 여기서 촉발된 문제점들이 공급사슬 전반에 비효율을 초래하게 된다. 다시 말해 생산운영관리의 관점은 공장내의 QCD를 포함하여 공급사슬관리 분야까지 확대할 필요가 있다.

그림 3-2 생산운영관리에서 비롯된 공급사슬 상의 문제점

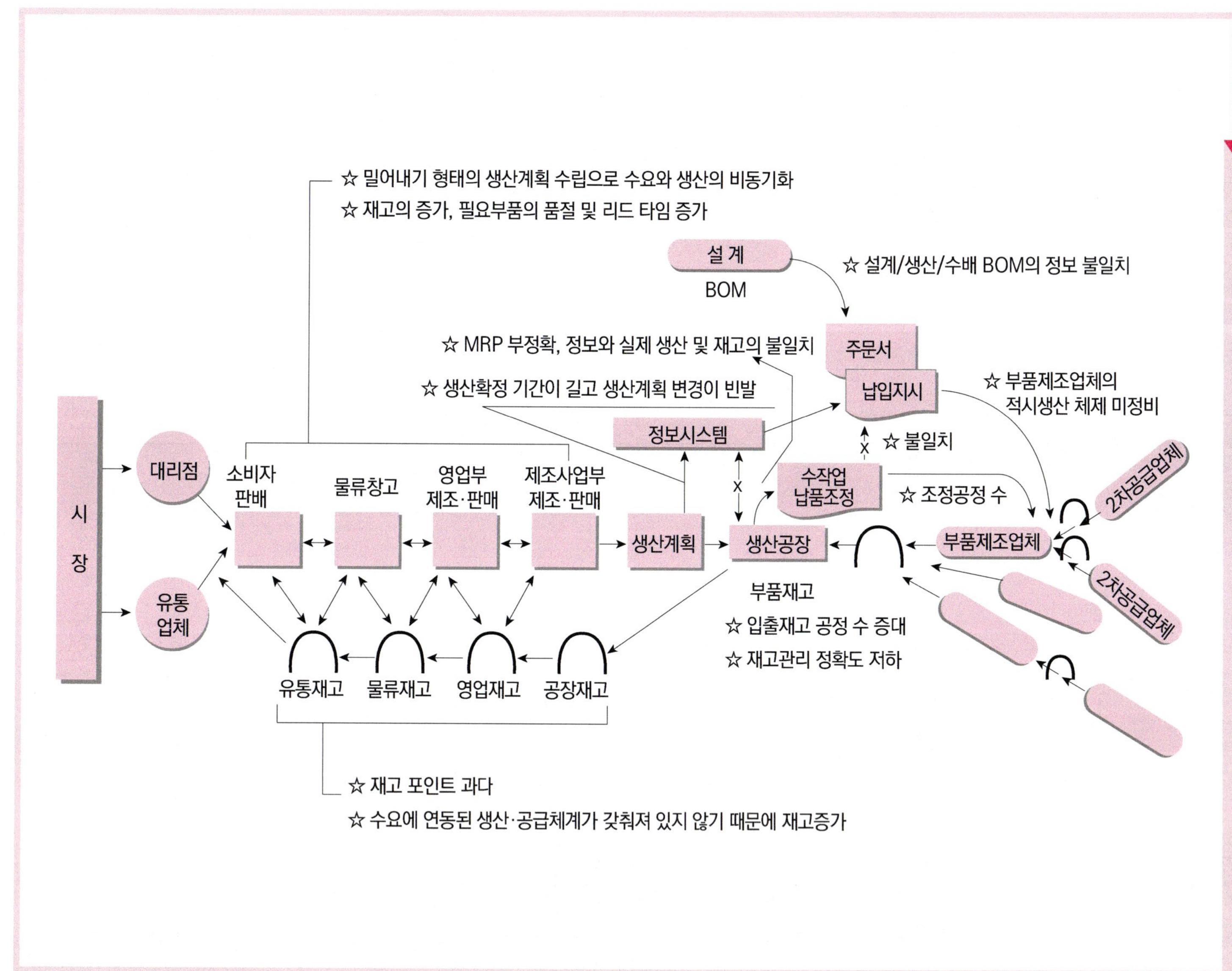

생산운영관리에 있어서 장기간에 걸쳐 축적된 납기관리, 재고관리, 외주관리 등의 노하우는 공급사슬관리 분야에서도 응용할 수 있다.

03 생산현장과 생산운영관리

3.1 직접작업과 간접작업

기업에서 제품의 생산이 이루어지는 곳은 공장이다. 기술변화와 산업특성을 감안하여 아웃소싱을 주지 않고 공장을 보유하기로 결정했다고 가정하자. 이러한 공장을 건설하려면 우선 입지조건을 결정해야 한다. 예를 들어 원료조달의 편리성, 소비지까지의 거리 혹은 노동력의 풍부함 등 모든 조건을 고려하여 공장의 입지를 결정해야 한다. 물론 가장 중요한 판단기준은 투자비용을 빠른 시일내에 회수할 수 있는지 여부이다.

공장의 건물내부는 여러 개의 공정으로 나뉘고, 각각의 공정별로 기계나 설비가 배치된다. 이것으로 일단 공장으로서의 외관은 갖추어지게 된다. 그러나 무엇보다도 공장을 제대로 가동하기 위해서는 인력이 투입되어야 한다. 공장에서의 인력의 역할은 직접적인 생산작업과 간접적인 생산운영관리로 구분할 수 있다. 소규모 공장을 보면 대부분의 인력이 생산작업에만 투입되는 것처럼 보이지만 실제로는 작업자 자신이나 작업조장이 관리도 겸하게 된다.

최근에는 로봇과 3D프린터를 이용한 스마트 공장이 등장하여 제조업의 개념을 바꾸고 있다. 이와 관련된 폴크스 바겐, 아디다스, ABB 등의 스마트공장과 관련된 사례를 살펴보자.

자동화율 95% 폴크스바겐 "생산량 많아지면서 고용도 늘어"

독일 북부 볼프스부르크에 있는 세계 최대 자동차 회사 폴크스바겐의 본사공장. 650만㎡(약 196만 6200평)에 이르는 볼프스부르크 공장은 특이하게도 조립중인 자동차가 컨베이어 벨트 대신 천장에 매달린 형태로 이동했다. 자동차가 위로 지나가면 로봇이 부품조립 작업을 했다. 필요에 따라 차체를 좌우로 기울이기도 하고 로봇 한 대가 문을 잡고 있으면 다른 한 대가 구멍을 내고, 또 다른 로봇이 거기에 나사를 끼우며 사람처럼 협업했다. 공정라인별로 1~2명씩 배치된 사람들은 모니터를 점검하며 로봇이 제대로 작동하는지만 살폈다. 요나스 하인츠 폴크스바겐 자동화 공정 연구 그룹장은 "80년 전 독일 국민차 '비틀'을 생산하기 위해 탄생한 이 공장이 과거와 달라진 것은 더 이상 사람이 자동차를 만들지 않는다는 것"이라고 말했다. 이 공장은 로봇의 작업속도나 부품의 공급정보를 사내 인터넷망을 통해 실시간으로 체크할 수 있다. 한 로봇이 문제를 일으키면 곧바로 다른라인으로 흐름을 변경하는 것도 가능하다.

◇ 독일을 한단계 끌어올린 스마트공장 자동차 부품기업 보쉬는 공장내 로봇과 기계에 센서를 집어넣고 빅데이터 분석으로 개선점을 찾아내면서 2012년 이후 지난해까지 매년 20%씩 생산성을 향상시켰다. 최귀원 한국과학기술연구원 유럽연구소장은 "보쉬는 2020년까지 스마트 공장전환으로만 매년 11억 2000만달러(약 1조 2500억원)의 추가매출을 달성할 것"이라고 말했다.독일 최대의 스포츠용품 업체 아디다스는 로봇과 3D(차원) 프린터를 이용한 스마트공장으로 제조업의 개념을 바꾸고 있다. 아디다스는 현재 바이에른주 안스바흐에 스마트공장을 건설하고 있다. 이 공장들은 로봇과 3차원(D) 프린터를 이용해 연간 100만 켤레의 운동화를 찍어낼 계획이다. 운동화 종류에 따라 생산라인을 교체할 필요없이 3D프린터의 프로그래밍만 새로하면 되기 때문에 고객의 요구에 즉각 대응할 수 있다. 김남훈 울산과학기술원 기계항공 및 원자력공학부 교수는 "3D 프린터는 비행기 동체나 엔진은 물론, 단백질을 소재로 해 사람의 장기까지 제작하는 단계로 발전했다"고 말했다.

◇ 유럽 최대 산업용 로봇기업 ABB의 스위스 취리히 본사연구실. 연구원들이 사람 상체크기의 양팔로봇 '유미(YUMI)'에게 인간의 동작을 가르치고 있었다. 한 연구

원이 유미앞에 앉아서 학습기능을 켜고 동작을 반복하자, 유미는 몇차례 시행착오를 거친 뒤 같은 동작을 따라 하기 시작했다. 앞에 놓인 종이를 접어 비행기를 만들어 날리거나 큐빅퍼즐 맞추기 같이 세밀하고 복잡한 동작도 따라했다. 사스와토 다스 ABB 이사는 "유미는 사람이 양손으로 할 수 있는 동작은 모두 몇 시간이면 완벽하게 배울 수 있다"면서 "비싼 돈을 들여서 공장라인을 바꿀 필요없이 사람이 일하는 라인에 곧바로 투입할 수 있다"고 말했다.

일본 사이타마현 가조시에 있는 계산대 제조업체 글로리 공장에서 양팔로봇이 사람과 협업해 제품을 조립하고 있다. 인간과 비슷한 크기인 양팔로봇은 과거 대형 제조공장의 한 팔 로봇과 달리, 사람이 일하던 자리에 교체투입돼 똑같은 작업을 할 수 있다.

일본에서도 양팔로봇은 이미 실전에 투입되고 있다. 일본 사이타마(埼玉)현 가조시에 있는 계산대 제조업체 글로리 공장에서는 키 150㎝의 양팔로봇 '넥스트에이지(NextAge)'가 한 손으로 기판을 잡고 다른 한 손으로 부품을 집어 끼워넣고 있었다. 조립한 부품은 라인 건너편에 앉은 직원에게 넘겼고, 직원은 추가로 부품을 꽂아 다음 작업자에게 전달했다. 한 생산라인에 5~10명의 사람과 3~5대 로봇이 한 팀을 이뤄 일하는 모습이 물 흐르듯 자연스러웠다. 이 회사의 가토 마사루(加藤優) 공장장은 "로봇은 지치지 않고 정확히 시킨 일을 해내고, 사람은 돌발상황에 민첩하게 대응할 수 있다"면서 "로봇과 사람을 한 팀으로 만들자 장단점이 조화를 이루면서 불량률은 낮아지고 생산성은 높아졌다"고 말했다.문제는 사람과 로봇이 공존할 수 있느냐다. 폴크스바겐 볼프스부르크 공장의 자동화 비율은 95%에 이르지만 아직은 근로자들의 숫자가 매년 꾸준히 늘어나고 있다. 현재 이 공장의 근로자 수는 7만 5000명으로 단일공장으로는 유럽최대 규모다. 토르스텐 크람 폴크스바겐 매니저는 "로봇의 도입과 공정효율화로 생산량이 증가하고 생산량 증대에 따라 지난 5년간 이 공장의 근로자는 1만명 이상 늘었다"고 말했다. 하지만 아디다스의 3D 프린터는 해외에 있는 아디다스 생산라인을 없애버릴 가능성이 크다.

자료원, 조선일보

3.2 오케스트라 지휘자로서의 생산운영관리

공장의 규모가 일정 수준 이상이 되면 보다 효율적인 생산운영관리를 위해 인력의 역할을 전문화할 필요가 있으며, 그 역할도 생산현장과 생산관리로 나누어 담당하게 된다. 생산현장은 인력이나 기계가 재료를 가공하거나 운송하는 등 생산과 직접적으로 연관된 장소로 누가 보아도 즉시 식별할 수 있다. [그림 3-3]은 일반적인 생산현장의 모습을 보여주고 있다.

이러한 생산현장을 일사분란하게 움직이게 하는 생산운영관리는 생산품목이나 수량을 계획하고 재료나 부품의 주문, 작업의 진행정도를 체크하는 등 정보를 처리하는 작업을 말한다. 물론 작업의 성과나 결과를 구체적으로 측정하기는 어렵지만 만약 생산운영관리가 제대로 이루어지지 않는다면 생산현장 또한 효율적으로 운영되지 않는다.

생산현장은 오케스트라에 비유할 수 있다. 즉, 여러 가지 기계나 장치는 악기이고 기계를 조작하는 인력은 악기를 연주하는 연주자에 해당된다. 그리고 생산운영관리는 지휘자라고 할 수 있다. 오케스트라의 지휘자는 한 사람이지만 공장의 경우는 공장장을 포함하여 생산관리과 · 공무과 · 인사과 등 여러 부문이 존재하면서 일체가 되어 지휘를 한다. 이처럼 생

그림 3-3 오케스트라와 유사한 생산현장

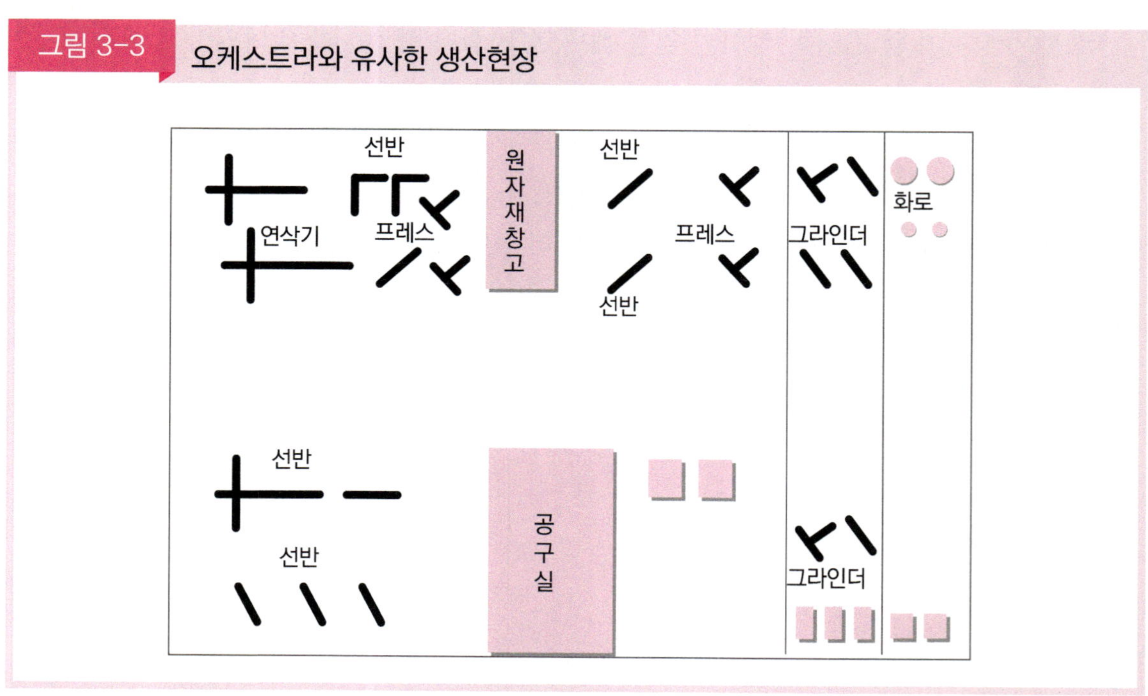

산교향악의 지휘는 복잡하고 범위가 넓은 것이다.

이와 같이 제품을 생산하기 위해서는 공장현장에서 이루어지는 작업 뿐만 아니라 사무실에서 이루어지는 생산운영 업무도 필요하다. 예를 들어 기계설비를 만드는 경우 공장현장에서는 선반가공이나 프레스가공 등의 기계작업 뿐만 아니라 조립작업이나 검사작업을 수행한다. 따라서 각 공정별로 업무로드가 균등하게 배분되도록 로드 밸런싱과 생산스케쥴링 작업이 필요할 것이다.

또한 생산운영관리를 담당하는 공장사무실에서는 현장작업에 필요한 생산계획에 맞추어 재료를 조달하는 구매나 외주 등의 업무를 수행한다. 이외에도 치공구의 설계, 원가계산, 생산계획, 진척관리 등 많은 생산운영 업무가 간접적으로 이루어지게 된다.

이러한 생산운영관리를 위한 작업이나 업무에는 각각의 담당자가 배치되어 수행하게 된다. 다시 말해 일종의 분업형태로 이루어진다. 가장 세분화된 분업단위는 개인별로 부과된 업무이지만 여러 개의 그룹으로 묶을 수 있으며, 여러 개의 그룹이 모이면 과(課)가 되며, 과를 묶으면 부(部)가 된다.

04 아웃소싱의 활용

4.1 전략적 자원조달

하나의 공장내에서 제품을 만드는 데 필요한 모든 공정을 담당하는 것은 거의 불가능하며 또한 효율적이지 못하다. 원료 뿐만 아니라 부자재나 부품가운데 일부는 경제적인 측면에서 볼 때 자체생산보다는 외부에서 구입하는 것이 더 나은 경우가 많다. 만약 모든 원료 · 부자재 · 부품 등을 회사안에서 자급자족한다면 기계장비의 비용과 인력면에서 도리어 막대한 손실을 입을 가능성이 많다. 실제로 미국 포드의 경우 이처럼 모든 원부자재의 자체생산을 시도했다가 결국 실패로 끝난 적이 있다.

[그림 3-4]는 일반적인 소싱(Sourcing)프로세스를 나타내고 있는데 네 개의 단계(Phases)로 구성되어 있다. 요구사항이 파악되고 전달되면 프로세스가 시작된다. 요구사항이란 필요한 부품의 사양과 수량 그리고 품질수준을 모두 의미한다. 그 후에는 공급업체가 선정된다. 일반적인 양산자재는 거래하던 공급업체들이 정해져 있으나, 신규 개발자재는 향후 거래할 신규 공급업체를 모색하고 선정하는 단계가 필요하다. 공급업체가 결정되면 주문이 이루어지고 각각의 거래들이 관리된다. 마지막으로는 성과가 측정되고 해당 자재의 성격과 구입량에 알맞은 공급업체와의 관계가 정립된다.

자체생산할 품목과 타사로부터 구입할 품목을 결정하는 것은 경영전략 분야의 매우 중요한 테마라 할 수 있다. 이전에는 이것을 내재화 생산 또는 외주구매(Make or Buy)라고 하여 자체생산 및 구매여부를 원가측면에서만 판단했었다. 그러나 최근에는 경영자원의 최적배분이라는 전략적 측면에서 결정하며 이러한 전략기법으로 아웃소싱(Outsourcing)이 있다.

인재나 설비와 같이 기업이 보유 · 활용할 수 있는 경영자원은 한정되어 있다. 그런데 이

그림 3-4 소싱 프로세스의 내용과 단계

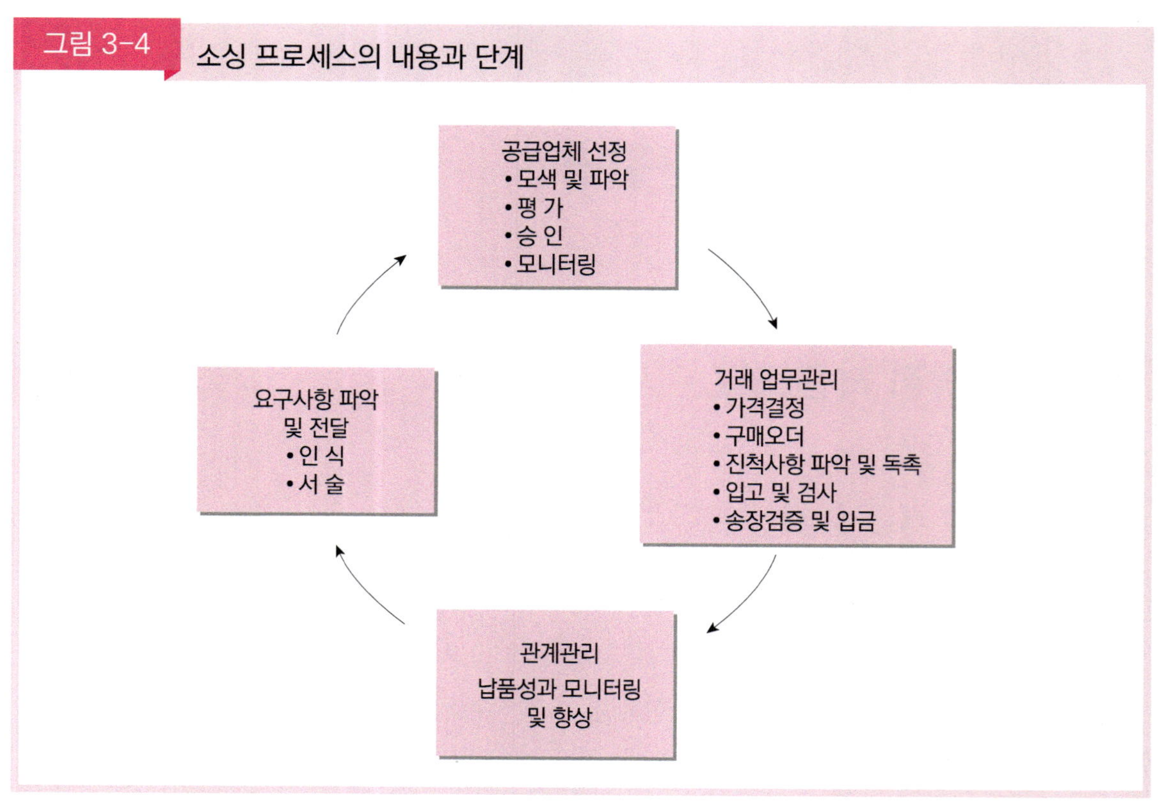

러한 자원을 회사 전체적인 차원에서 효율적으로 활용하지 않고 여러 분야로 분산시켜 활용하면, 효과는 커녕 쉽게 고갈되고 말 것이다. 따라서 회사의 경영자원은 가장 핵심적인 부분에 집중적으로 사용해야 큰 효과를 볼 수 있으며, 주된 기능 이외의 부분에 대해서는 가능한 한 외부에서 조달하는 것이 필요하다. 즉, 자원의 배분과 전략적 측면에서 고유한 핵심역량에 집중하고 나머지는 아웃소싱하는 것이 바람직하다. 기업의 핵심역량이 아니면서 산업에서 중요도가 낮은 경우가 아웃소싱에 가장 적합할 것이다. 그리고 핵심역량은 아니지만 산업에서 중요한 위치를 차지하고 있는 부분은 공급업체와의 전략적 제휴를 통한 관계유지가 바람직하다.

나이키의 핵심역량은 홍보 및 마케팅과 특허기술을 기반으로 한 설계기술이다. 나이키의 숨겨진 또 다른 핵심역량은 아웃소싱 업체에 대한 관리기법이다. 나이키는 전략적 제휴 아웃소싱 업체들을 보유하고 있다. 이 공급업체들은 수년간의 장기적인 관계를 유지하며 나이키의 개발부서와 협력하여 나이키의 신제품 출시를 맡는 고품질, 고성능 신발제조업체들이다. 이러한 핵심업체들은 나이키의 신제품을 신속하게 시장에 출시하여 고객들에게 나이키 신발의 새로움을 알리고 시장에서 주도적인 제품개발과 출시를 맡아서 아웃소싱을 수행한다. 이러한 공급업체들은 주로 신발제조에 오랜 경험이 있는 한국, 일본, 이태리 등에 있다.

반면 나이키의 또 다른 아웃소싱 업체들은 특정 품목에 대하여 규모의 경제를 기반으로 원가경쟁력을 확보하는 대량생산 아웃소싱 업체들이다. 전략적 제휴 아웃소싱 업체가 신제품을 제조하여 시장에 출시하면 어느 정도 시간이 지나면서 신제품이 도입기에서 성장기로 이전할 때 대량생산 아웃소싱 업체에게 기술을 이전한다. 대량생산 아웃소싱 업체는 받은 기술을 기반으로 규모의 경제하에서 대량생산을 하여 원가를 낮추고 이익을 창출한다.

오케스트라를 공급사슬을 포함해서 넓은 범위로 생각해 보면 좋은 교향악단은 하나의 방향으로 이끄는 지휘자(브랜드보유 완성품 업체) 뿐만 아니라 뛰어난 연주기량을 가진 연주자(공급업체)가 모두 필요하다는 것을 잊지 말아야 할 것이다.

4.2 구매와 외주의 차이점

여하튼 생산활동 측면에서 볼 때 사내와 사외의 협력관계는 불가피하다. 그 대표적인 영역이 바로 구매관계와 외주관계이다. 지금까지는 외주구매라고 포괄적으로 표현하였으나 외부의 협력업체라는 측면에서 구매와 외주는 비슷한 개념으로 볼 수도 있지만, 다음과 같은 차이점이 있다.

구매는 제품의 사양(Specification)을 공급업체가 결정하여 제조한 제품을 구입하는 것이다. 다시 말해 타사가 스스로의 책임하에 개발 · 설계 · 제조한 제품에 대해 대가를 지불하고 사는 것을 말한다.

반면 외주는 구입하는 제품의 사양이 공급업체의 책임에 포함되지 않는다. 즉, 개발과 설계는 발주업체의 책임하에 이루어지고 외주업체는 그 사양에 따라 생산만을 담당하는 것으로, 한 마디로 사외의 제조업자에게 설계도면을 건네주고 이에 따라 제품의 생산을 의뢰하는 것을 말한다.

실제로 하나의 단위공장에서 완성한 제품을 분해해 보면 내장되어 있는 구성품의 대부분은 구매품이나 외주품이고 사내에서 제조된 것은 일부분이라는 것을 알 수 있다. 예를 들어 전기제품이나 자동차 등과 같은 가공조립형 제품의 경우 대부분 공장 내부에서의 제작비율은 20~30%에 지나지 않으며, 나머지 70~80%는 외부에서 조달된 품목이다. 따라서 좋은 제품을 보다 저렴하게 만들기 위해서는 수준 높은 외주거래처 및 구매거래처를 선택하는 것이 중요하다.

현재 많은 기업들이 이 점에 착안하여 외부기업과 긴밀한 제휴관계를 맺고 있다. 전문화된 아웃소싱을 적절하게 활용하는 것이 바로 제조업이 어려운 환경속에서도 살아남을 수 있는 원동력이라고 할 수 있다. 고객의 요구사항이 점점 더 다양해지는 현실에서 기업내부의 역량이 모든 것을 만족시키기는 어렵다. 결국 어떤 부품과 제품을 자체생산하고, 어떤 원자재와 부품을 구매하거나 외주를 줄 것인지를 결정한 후에 어떤 공급업체와 협력할 것인지를 결정하는 것이 기업의 가장 중요한 역량 중 하나가 되었다.

4.3 통합적 생산운영관리

지금까지 설명한 것처럼 공장에서 생산을 하기 위해서는 사내 · 사외를 포함한 광범위한 영역에서 적절한 분업이 필요하다. 하지만 분업으로 이루어지는 업무 하나하나가 독립되어 있다 하더라도 회사 전체적으로는 반드시 통합되어야 한다. 왜냐하면 업무가 독립적으로 흩어져 있으면 고효율을 달성할 수 없기 때문이다.

이처럼 광범위하게 분업화된 생산업무를 전체적으로 통합하는 것은 현실적으로 그리 간단한 일이 아니며, 이를 위해서는 수많은 지혜를 짜내야 한다.

기계 및 장비의 배치(Layout)와 수행되는 활동들이 산업에 따라 상이하더라도, 세계수준의 결과를 내려면 핵심 의사결정 사항들이 포함된 생산운영 프로세스들이 관리되어야 한다. [그림 3-5]와 같이 이러한 핵심 의사결정 사항은 크게 설계(Design) 결정사항과 통제(Control) 결정사항으로 분류될 수 있다. 설계관련 의사결정은 공장시설의 입지를 결정하고, R&D부서와 마케팅부문과 협조하여 제조 가능한 제품설계를 지원하며, 제품에 맞는 공정을 설계하고, 평준화 생산이 가능하도록 기계설비를 배치하는 것이다. 또한 계획 및 통제관련 의사결정은 장기, 중기, 단기의 수요예측과 생산일정 계획을 수립하고 제품의 품질

그림 3-5 세계 수준의 생산운영관리의 분류

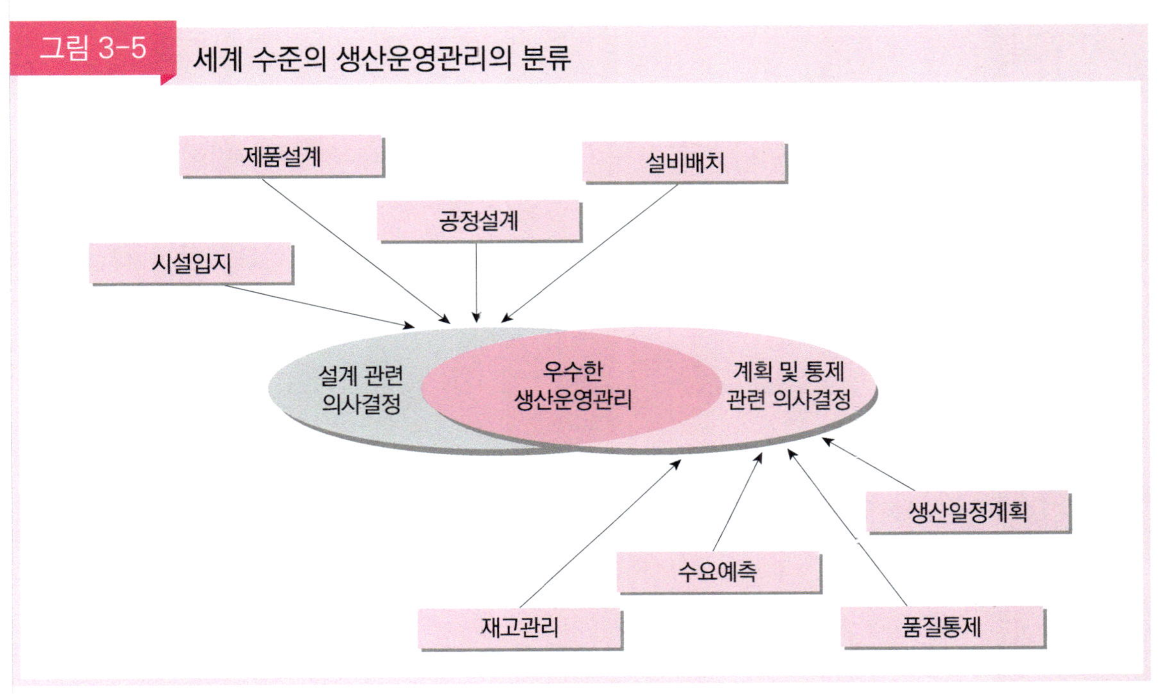

을 결정하고 향상시키며, 적정재고를 보유하면서 예상치 못한 수요에 대응하는 결정을 포함한다.

이러한 설계관련 의사결정과 계획 및 통제관련 의사결정 시에도 모두 구매와 외주 등 아웃소싱을 철저하게 이해하고 필요한 환경에서 적합한 형태를 활용함으로써 핵심역량과 구매역량을 키워나가는 것이 기업의 성공에 도움이 될 것이다.

대부분의 공장에는 생산운영관리를 전문으로 하는 생산관리과, 생산기술과, 공정관리과 등의 부서가 있다. 그러나 [그림 3-5]에서 볼 수 있는 바와 같이 생산운영관리 업무는 분야가 매우 광범위하기 때문에 이러한 부서는 생산운영관리의 핵심 영역만을 담당하고, 그 외의 분야는 여러 부문에서 다양한 형태로 분담하여 지원하고 있다. 다른 말로, 생산운영관리의 업무는 매우 다양하여 거의 모든 부문의 업무와 매우 중첩되어 있으며 상호작용이 많이 필요하다.

05 생산유형의 분류와 결정

공장의 형태는 만드는 제품이나 제조설비 · 생산방법 등에 따라 천차만별이며 동일한 제품을 만드는 공장이라도 약간씩 차이가 있다. 그러나 생산운영관리 측면에서 보면 아무리 다양한 형태라 하더라도 일정한 유형으로 분류할 수 있다. 물론 이를 세분화하면 약간의 차이가 있지만 기본적으로는 다음의 세 가지 유형으로 분류할 수 있다.

5.1 집약형 생산과 전개형 생산

우선 집약형 생산에 대해 자동차의 생산사례를 통해 살펴보기로 하자.

집약형 생산과 전개형 생산

■ 집약형 생산

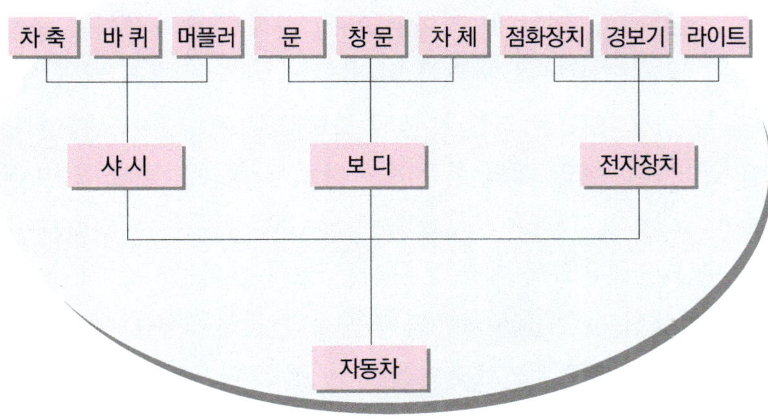

■ 전개형 생산

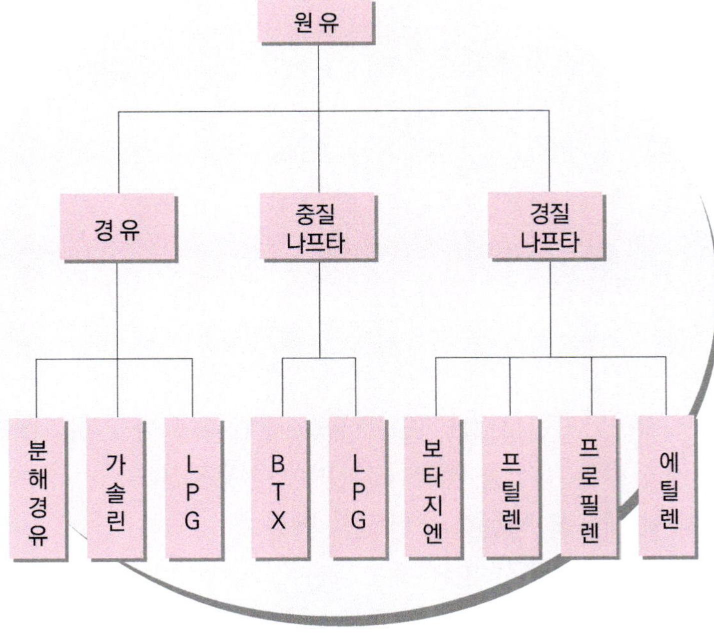

[그림 3-6]의 집약형 생산그림은 자동차의 조립공정을 나타낸 것이다. 완성품으로서의 자동차는 몇 개의 부품으로 구성되어 있으며, 부품은 각각 여러 개의 유니트(Unit)나 세부부품으로 구성되어 있다.

[그림 3-6]을 보면 차축, 바퀴, 머플러에 의해서 샤시가 조립되고, 문, 창문, 차체를 조립해서 보디를 만들며 점화장치, 경보기, 라이트 등에 의해서 전자장치가 조립된다. 그리고 샤시, 보디, 전자장치 등을 조립하면 제품이 완성된다. 이처럼 여러 개의 유니트나 세부부품을 조립하여 부품을 생산하고, 이러한 부품의 조립으로 완성품이 생산되는 일련의 공정을 집약형 생산이라고 한다. 여러 개의 부품이 하나의 완성품으로 조립되면서 집약된다는 의미이다.

다음으로 전개형 생산을 석유화학 제품의 사례를 통해 살펴보기로 하자.

[그림 3-6]의 전개형 생산의 그림은 석유화학 공장의 생산공정을 나타낸 것이다. 완성품으로서의 에틸렌, 프로필렌, 프틸렌, 브타지엔 등은 경질 나프타를 가공하여 정제된다. 마찬가지로 LPG와 BTX는 중질 나프타로부터, 또 가솔린이나 분해경유 등은 경유로부터 정제된다. 다시 말해 자동차와는 역으로 원유라는 단일의 재료가 복수의 중간품인 나프타가 되고 나프타가 분해되어 수많은 최종품이 완성된다. 이와 같이 단일의 재료로부터 중간품을 거쳐서 다수의 완성품에 이르는 일련의 공정을 전개형 생산이라고 한다.

5.2 계획생산과 주문생산

계획생산(Make to Stock)이란 시장의 수요 등을 감안하여 생산계획을 수립한 뒤 이에 따라 사전에 제품을 생산하는 방식을 말한다. 반면에 주문생산(Make to Order)이란 고객으로부터 주문을 받고나서 제품을 생산하는 방식을 말한다.

계획생산은 다른 말로 예측생산 또는 재고생산이라고 하며, 주문생산은 수주생산이라고도 부른다.

냉장고 · 텔레비전 · 화장품 등 일반적인 대량 소비재는 계획생산의 대표적인 예이며, 전용공작기계 · 주택 · 맞춤복 등은 주문생산의 대표적인 예이다. 다시 말해 대량생산되는 제품을 만드는 것이 계획생산이고, 한 개 또는 아주 소량을 만들어 내는것이 주문생산이라고 할 수 있다.

그러나 이러한 구분방법이 아주 정확한 것은 아니다. 대량생산품 중에서도 주문을 받아 생산하는 것이 있고, 수량이 얼마되지 않아도 예측해서 만드는 것이 있기 때문이다. 결국 계획생산을 할 것인가 주문생산을 할 것인가는 정책적으로 결정해야 한다. 가령 과거 퍼스널 컴퓨터는 판매예측을 통한 계획생산을 했었다. 그러나 최근에는 여러 기업들이 주문생산 방식으로 전환하고 있다.

일반적으로 대부분의 기업은 계획생산이 아닌 주문생산을 선호한다. 왜냐하면 계획생산을 하게 되면 반드시 제품의 과부족이 생기기 때문이다. 수요가 적어 제품이 남으면 재고로 쌓여 가치가 떨어지며, 수요가 예측보다 많아 판매할 제품이 부족하면 판매기회를 상실하고, 고객의 불만을 야기시킬 수 있다. 그럼에도 불구하고 계획생산을 하는 이유는 고객이 희망하는 납기를 제때에 맞추기 위해서이다.

예를 들어 텔레비전을 구입하고자 하는 고객은 늦어도 수일내에 납품받기를 원할 것이다. 그런데 만약 주문을 받고나서 만들기 시작한다면 많은 시간이 걸려 고객이 사용하기를 원하는 납기를 맞추지 못하게 된다. 이처럼 납기가 길어지면 시장에서의 경쟁력을 상실하게 된다.

반대로 제품의 사양이 복잡하거나 예측이 매우 어려운 경우나, 부품이나 완성품의 재고비용이 너무 높은 경우, 또는 생산하는 데 소요되는 기간이 짧고 주문을 받아 생산을 시작해도 납기를 맞출 수 있는 경우에는 주문생산 방식을 취해야 한다.

5.3 반복형 생산과 주문설계형 생산

반복형 생산이란 말 그대로 제품을 반복해서 만드는 것이다. 다시 말해 설계데이터나 제조데이터가 동일하여 기존의 설계나 생산 데이터베이스를 반복해서 사용하는 방식이다. 따라서 반복형 생산은 생산을 마쳤을 때 방대한 데이터를 신속하고 효율적으로 처리할 수 있다는 장점이 있다.

반면에 주문설계형 생산은 반복형 생산과 달리 참조할 수 있는 설계나 생산 데이터베이스가 없기 때문에 제품을 생산할 때마다 일일이 설계도를 만드는 방식으로, 이러한 업무는 대부분 기술부문에서 담당한다. 즉, 주문설계형 생산에는 설계나 생산기술 등의 엔지니어링 공정이 포함되는데, 이처럼 설계나 생산기술을 생산운영관리 범주에 포함시키는 점이 반복형 생산과의 차이점이라고 할 수 있다.

맥주나 껌은 대표적인 반복형 생산으로 생산되는 제품이고, 엘리베이터나 선박은 수주 후 설계부터 시작된다는 측면에서 대표적인 주문설계형 생산에 속한다. 특히 선박의 경우에는 설계가 모두 끝난 후에 생산을 시작하면 너무 오래걸리므로, 설계가 선행하면서 동시에 생산이 진행되는 독특한 생산공정을 지니고 있다.

생산의 유형을 나타내는 분류방법으로 다품종 소량생산과 소품종 대량생산이 있는데, 이는 상당히 애매한 표현이다. 왜냐하면 점차 추세가 모든 제품이 다품종 소량생산으로 옮겨가고 있으며, 또한 몇 종류 이상이면 다품종이고, 또 몇 개 이하이면 소량인지에 대한 확실한 기준이 없기 때문이다. 따라서 이러한 분류는 생산운영관리 측면에서 볼 때 그리 명확하지 않다.

공장이나 생산의 성격을 파악하는 목적은 가장 적절한 생산운영의 유형을 선택하기 위한 것이다.

5.4 최적 생산유형의 결정

이러한 생산유형에 따라 기업전반의 업무 프로세스가 결정되고 바뀌므로, 매우 신중하게 생산유형을 선정하여야 한다. 이러한 생산유형은 더욱 세분화시킬 수도 있다. 미국 생산재고관리협회(APICS)에서는 기업 업무프로세스의 각 단계(제품설계, 자재구매, 부품생산, 최종조립, 운송배달) 별로 재고를 얼마큼 활용하고, 생산용량을 얼마큼 활용하느냐에 따라 [그림 3-7]과 같이 세분하여 생산유형을 구분한 바 있다.

그리고 각 생산유형의 특성을 비교하면 〈표 3-1〉과 같다. 표에서는 수주에 근거하여 생산하는 정도, 고객대응 시간, 각 판매주문별 생산량, 수요의 불확실성에 대응하는 방법, 생산계획을 수립하는 근거, 완제품 재고, 원자재 재고, 사용하는 자재명세서(BOM)의 유형,

그림 3-7 미국 생산재고관리협회(APICS)에 의한 생산유형 분류

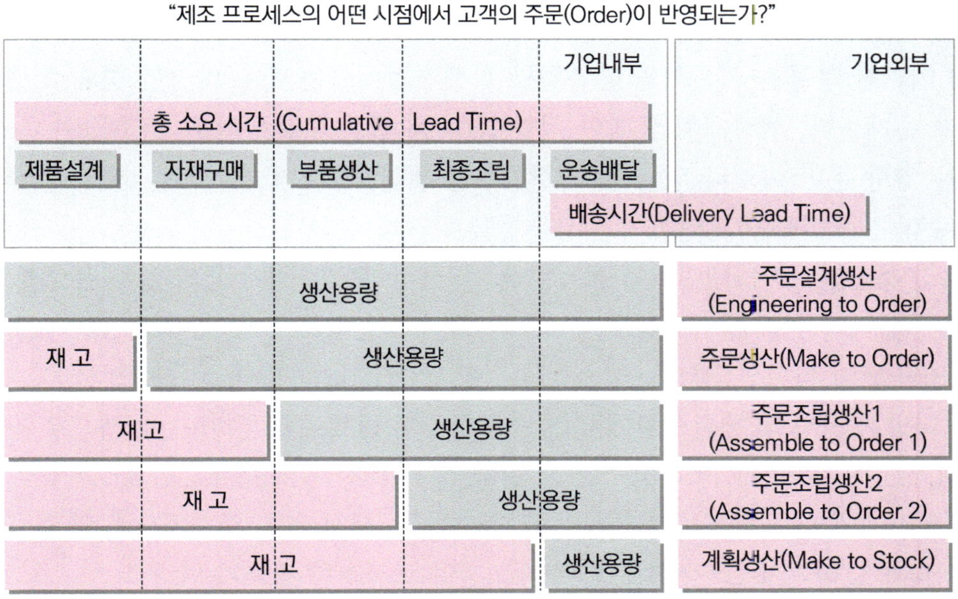

표 3-1 생산유형별 특성

특 성	계획생산 (Make-to-Stock)	주문조립생산 (Assemble-to-Order)	주문생산 (Make-to-Order)
수주와 생산과의 관계	낮 음	중 간	높 음
고객대응 시간	짧 음	중 간	길 다
각 판매주문 별 생산량	많 음	중 간	적 음
수요의 불확실성에 대한 대응	안전재고 이용	반제품 또는 원자재의 과다생산 및 재고 이용	불확실성이 적음
생산계획의 근거	수요예측	반제품 또는 수요예측 모두 가능	주 문
완제품 재고	판매주문에 의해 출하	(MTO, MTS 모두 가능)	특정재고에 한정되어 출하
원자재 재고	많 음	중 간	적 음
자재명세서 (BOM)	제품별로 동일한 BOM 사용	계획 BOM 사용	오더 별 BOM 사용
고객납기 약속 (가용성의 근거)	완제품	반제품 또는 원자재	생산용량 및 설계능력

가용성을 점검하여 고객과 납기를 약속하는 근거에 대한 특성을 각각 나열하였다. 앞에서 설명한 내용을 근간으로 하여 생산유형에 대한 특성을 이해하는데 도움이 될 것이라고 생각된다.

그런데 이러한 분류는 이론적인 분류일뿐 실제기업에서는 매우 다양한 형태로 생산운영의 유형이 존재한다. 생산계획에 대한 책임, 반제품 생산의 수행여부, 현 재고수준이 생산에 미치는 영향 뿐만 아니라 생산 및 자재발주를 위한 BOM의 계획레벨, 제조원가의 계산기준 등 수많은 요인들을 고려하여 생산유형을 확정해야 한다.

이에 따라 통합정보시스템인 ERP에서는 영업, 생산, 자재, 원가 등의 업무 프로세스를 통합적으로 운영하기 위해 생산유형을 더욱 세분화하여 운영하고 있다. 특히 SAP ERP에서는 [그림 3-8]과 같이 계획생산(Make to Stock), 주문생산(Make to Order), 조립생산(Assemble to Order)을 다양한 산업 및 제품상황에 맞게 세분화하여 번호로 구분하고, 각 생산유형을 생산계획전략(Planning Strategy)이라고 부르고 있다. 각 계획전략(Planning Strategy) 별로 영업부문에서의 판매주문과 생산부문의 생산계획, 자재발주, 생산지시, 원가계산 등의 업무프로세스가 판이하게 달라지므로 심사숙고하여 계획전략을 선정할 필요가 있다.

그림 3-8 다양한 생산유형 구현을 위한 SAP ERP의 계획전략 종류

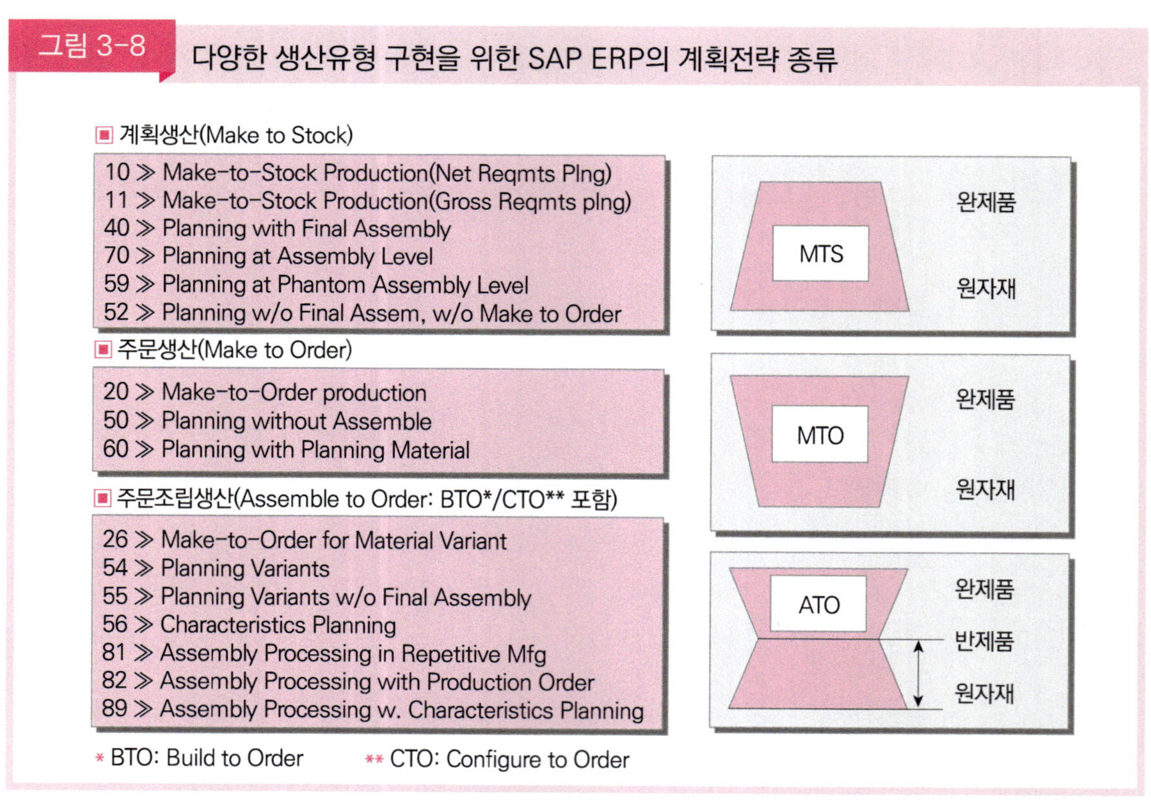

그림 3-9 SAP ERP의 자재 마스터 데이터에서 계획전략 세팅화면

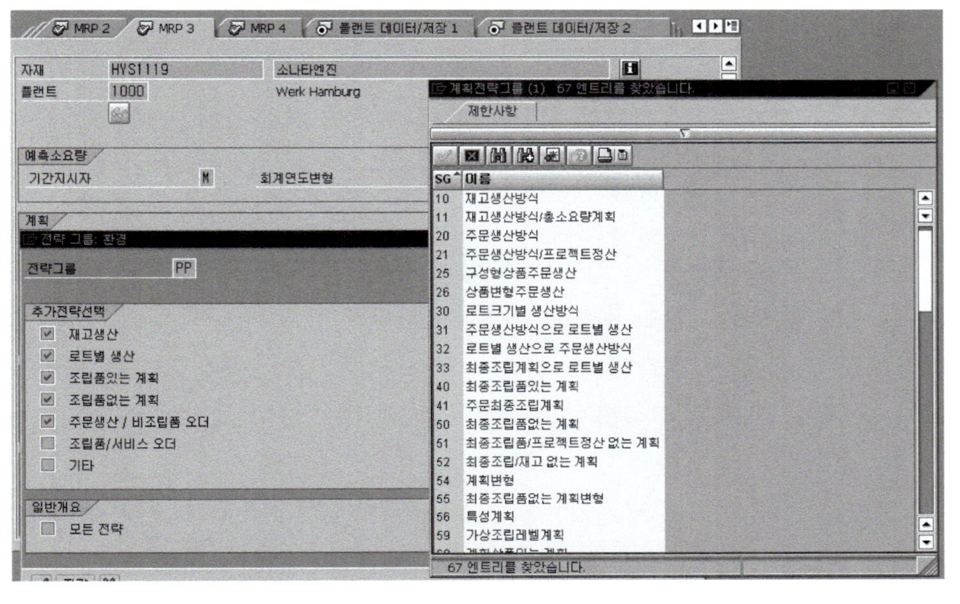

그림 3-10 SAP ERP의 계획전략 결정화면

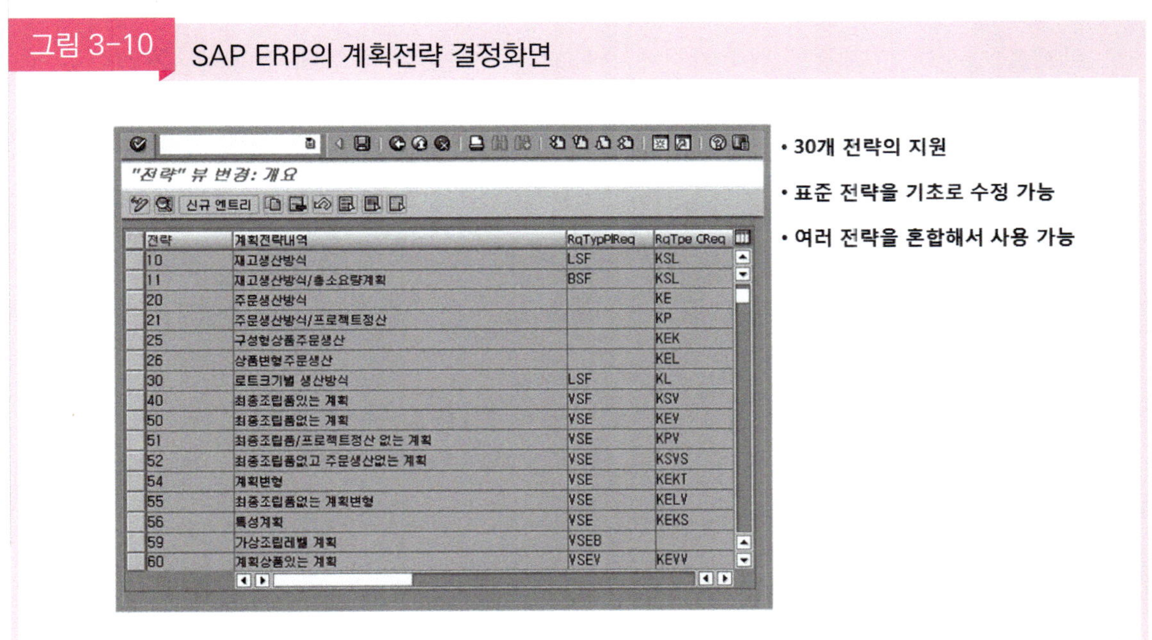

전략	계획전략내역	RqTypPlReq	RqTpe CReq
10	재고생산방식	LSF	KSL
11	재고생산방식/총소요량계획	BSF	KSL
20	주문생산방식		KE
21	주문생산방식/프로젝트정산		KP
25	구성형상품주문생산		KEK
26	상품변형주문생산		KEL
30	로트크기별 생산방식	LSF	KL
40	최종조립품있는 계획	VSF	KSV
50	최종조립품없는 계획	VSE	KEV
51	최종조립품/프로젝트정산 없는 계획	VSE	KPV
52	최종조립품없고 주문생산없는 계획	VSE	KSVS
54	계획변형	VSE	KEKT
55	최종조립품없는 계획변형	VSE	KELV
56	특성계획	VSE	KEKS
59	가상조립레벨 계획	VSEB	
60	계획상품있는 계획	VSEV	KEVV

- **30개 전략의 지원**
- **표준 전략을 기초로 수정 가능**
- **여러 전략을 혼합해서 사용 가능**

또한 기업에서는 사업부 또는 공장별로 상이한 생산유형을 갖는 것이 더욱 효과적일 수

있다 따라서 공장내의 상이한 자재별로 다른 계획전략(Planning Strategy)을 활용할 수도 있을 것이다. 이를 위해 SAP ERP에서는 자재 마스터데이터에서 자재별로 이를 세팅할 수 있게 해놓고 있다. 이러한 자재 마스터데이터의 화면이 [그림 3-9]에 나타나 있다.

SAP ERP에서는 30여개의 계획전략이 있는데 이러한 표준전략들을 혼합해서 사용할 수 있다. 그리고 각 전략내용을 수정하여 사용할 수 있도록 컨피규레이션 화면을 제공하고 있다. [그림 3-10]은 SAP ERP의 계획전략(Planning Strategy)을 결정하는 컨피규레이션 화면이 나타나 있다.

이러한 계획전략을 잘 활용하면 기업의 특성에 맞는 생산유형을 구현하는데 매우 큰 도움이 되며, 전체 프로세스를 통합적으로 구축함으로써 판매주문에 맞는 가용성, 재고절감, 정확한 원가결정 등 수많은 효과를 볼 수 있다는 장점이 있다. SAP ERP의 계획전략의 자세한 소개는 본 서의 범위를 벗어나므로 〈표 3-2〉에 대표적인 계획전략만을 요약하도록 하겠다.

이러한 계획전략 결정을 위한 사전질문은 다음과 같다. 즉, 기업의 계획전략을 결정할 때, 다음과 같은 체크리스트를 가지고 대답해보면 좋은 방법이 될 것이다.

① 생산계획의 확정수립에 대한 책임이 어디에 있는가?(영업부문에 책임이 있나, 생산부문에 있나)
② 반제품 생산이 고객주문 접수이전에 수행되는가 아니면 이후에 수행되는가?
③ 현 재고수준이 생산에 어떻게 영향을 미치는가?
④ 고객주문이 있기 전에 재고로 생산하겠는가?
⑤ 생산 및 자재발주를 위한 계획레벨은 BOM 구조상 완제품인가? 아니면 반제품인가?
⑥ 제조원가의 계산의 기준을 어떻게 할 것인가?
⑦ 완제품 및 반제품을 생산하는데 드는 제조원가는 얼마인가?

SAP ERP에서 각 기준별로 추천하는 내용은 다음과 같다.

각 기준에 신중히 답한 후에 각기 특성에 맞는 계획전략을 선택해야 할 것이다. 각 계획전략에 대한 자세한 설명은 분량이 너무 많아 본 서에서는 생략하도록 한다.

① 생산에 대한 책임

“생산완료한 실적수량에 대한 책임이 어디에 있는가?”를 질문한다.

생산부문이 생산한 수량과 재고레벨에 대한 책임이 있다면, 즉 생산부문이 완제품에 대

표 3-2 SAP ERP의 대표적 계획전략 내용

계획생산(Make to Stock)		주문생산(Make to Order)	
전 략	정 의	전 략	정 의
10	계획생산 (순 소요량계획) • 제품을 재고로부터 판매, 수요예측 수량만 생산 • 창고재고 및 입, 출고 정보감안	20	주문생산 • 고객오더에 의해 자재조달 및 생산공정이 이루어짐 • 제품원가를 주문별로 관리함 • 완제품 재고 없음
11	계획생산 (총 소요량계획) • 제품을 재고로부터 판매, 수요예측 수량만 생산 • 창고재고 감안하지 않음		
40	최종 조립품 있는 계획(Planning With Final Assembly) • 제품을 계획으로부터 판매 • 수요예측 및 주문수량을 비교하여 많은 수량생산, 고객요구의 바른 대처가능 • 계획량 변경으로 생산의 효율성이 떨어질 수 있음	50	최종 조립품 없는 계획(Planning Without Final Assembly) • 조립품(Assembly)을 이용하여 생산계획을 작성하지만 실제 생산은 판매주문에 의해 실행됨 • 제품을 확정판매 주문에 의해 판매 • 완제품 조립에 비용이 많이 들 때 효과적임
70	조립레벨에서 계획(Planning At Assembly Level) • 완제품 보다는 반제품의 수요예측이 정확도가 높을 경우에 사용 • 완제품은 MTS 전략을 사용함		

한 영업부문의 판매예측에 의존적이고 싶지 않다면, 생산부문은 영업부문과는 별도로 부품레벨의 계획을 사용할 수 있다.

② 부품의 조달(생산 또는 구매)

"고객주문 이전에 부품을 조달(생산 또는 구매)할 것인가?"를 질문한다.

고객주문이 있기전에 완제품을 재고로 조달해야 한다면 계획생산 전략을 써야 한다. 주로 완제품 레벨에서 계획하면서 하부 조립품(Sub Assembly) 만을 구매 또는 생산하기 위해서는 최종 조립품 없는 계획(Planning without Final Assembly)을 활용해야 한다. 또한 완제품과 독립적인 하부조립품(Sub Assembly)을 계획에 따라 구매 또는 생산하기 위해서는 조립레벨에서의 계획(Planning at Assembly Level)전략을 써야 한다.

③ 재고에 대한 영향

"재고레벨이 생산할 수량에 영향을 미치는가?"를 질문한다. 총 소요량 계획방식의 계획생산(11)은 오로지 주 일정계획에서 계획한 수량만 생산할 수 있도록 한다. 즉, 재고를 고려하지 않고 정해진 생산계획대로 생산한다.

④ 고객주문과 생산지점

"고객주문이 있기전에 재고로 생산하겠는가?"

고객주문이 있기전에 재고로 생산한다면 계획생산 전략을 사용한다. 그렇지 않을 경우 주문생산 또는 최종 조립품 없는 계획전략(Strategy without Final Assembly)을 사용한다.

⑤ 보충 리드타임을 감소시킬 수 있는 방법

"계획을 수행하는 BOM 레벨은 어느 레벨인가?"

완제품 레벨에서 계획할 경우 최종 조립품 없는 계획(Planning without Final Assembly: 50) 또는 계획상품 있는 계획(Planning with a Planning Material: 60)전략을 사용하고, 부품레벨에서 계획할 경우 계획구성 부품을 위한 전략(Strategies for Planning Components)을 사용한다.

⑥ 제조원가

"제조원가의 계산의 단위와 기준을 어떻게 할 것인가?"

판매주문별로 원가를 계산하기 원한다면 주문생산(Make to Order)의 생산전략을 사용하여야 한다. 또한 생산오더(Production Order)를 이용하여 자재별 정산(Settlement)을 수행하고자 한다면 계획생산(Make to Stock)을 사용하여야 한다.

⑦ 조립품(Assembly)과 완제품의 제조원가 구성

"완제품 및 반제품을 생산하는데 드는 제조원가는 얼마인가?"

상대적으로 완제품의 원가비율이 많다면 예측에 의해 완제품 생산을 수행하는 것 보다는 확정 판매주문을 접수한 후에 완제품 생산을 시작할 수 있는 계획전략이 효과적일 수 있다. 예를 들면 최종 조립품 없는 계획(Planning without Final Assembly: 50)을 사용한다. 반면, 반제품의 원가비율이 높다면 반제품의 생산에 신중을 기할 필요가 있으면 이는 조립품(Assembly)별 별도전략에 의해 계획을 편성하는 방법이 효과적이다.

06 생산운영관리의 기본 축

생산운영관리는 제품이나 서비스를 생산하는 기업에 있어서 가치사슬의 연결을 도모하는데 가장 중요한 경영활동으로서, 그 내용을 살펴보면 크게 계획 · 준비 · 진척이라는 세 개의 기본축으로 이루어져 있다.

6.1 계 획

계획의 세 가지 특징을 언급하면 다음과 같다.

첫째, 계획은 영업부문과 설계부문을 모두 고려하여 계획수립자의 의사를 소통하는 것이다. 이것을 생산운영관리에 적용하면 공장의 책임자는 생산계획에 따라 각 부문에 생산과 관련된 구체적인 내용을 표명한다고 할 수 있다. 다시 말해 생산과 관련된 의사를 생산과 관련이 있는 전 부문에 표명한다.

둘째, 계획은 현재와 미래를 연결하는 타임캡슐이다. 납기에 맞춰 생산을 하기 위해서는 현 시점부터 납기라는 미래까지의 시간대에 관계자가 해야 할 일을 모두 배정해야 한다. 즉, 바로 시작하여 해야 할 작업, 내일해야 할 작업, 다음 주부터 시작할 작업 그리고 그 다음 달의 작업 등 확실한 스케줄이 필요하다. 이러한 계획에 따라 사전작업이 준비되어야 생산을 효율적으로 진행할 수 있다.

셋째, 계획은 그 자체가 정합성인 체계이다. 제품을 만들기 위해서는 여러 관점을 고려하여 접근해야 한다. 예를 들어 재료에 대해서는 어떤 종류의 것을, 언제까지, 몇 개 조달한

그림 3-11 생산운영관리의 세 가지 기본축

것인지 그리고 사용할 설비에 대해서는 어느 기계를 몇 시간 가동해야 하며, 또 배치인원은 몇명으로 하여 어떤 직종으로 할 것인가 등을 생각해야 한다.

이러한 과정은 지극히 복잡하기 때문에 개별적으로 판단하기보다는 목적에 맞도록 모두 정확해야 한다. 즉, 생산계획에는 수준 높은 정합성이 필요하다.

수요예측에 의하여 미래의 수요가 파악되면 대상 계획기간에 대한 수요를 만족시킬 수 있도록 생산계획이 수립되어야 한다. 그런데 생산활동에 필요한 설비, 노동력, 자재 등의 많은 자원들이 한정되어 있으므로 수요예측에 맞추어 생산량을 조정하는 것이 쉬운 일이 아니다. 또한 목적에 따라 생산계획의 몇가지 유형이 존재한다.

먼저 총괄 생산계획(Aggregate Production Planning)은 동적인 수요의 변화에 대해 수요와 생산능력 간의 불균형을 조정하여 수요에 부응하면서 생산량을 어느 정도 유지하기 위한 계획기능이다. 이는 보통 1년을 대상계획 기간으로 하고, 1개월 단위로 제품군 등의 총괄 생산단위(Aggregate Production Unit)에 대한 전반적인 계획을 수립하는 중기계획이다. 총괄 생산계획에서 총괄 생산단위에 대한 생산율, 생산능력, 재고수준 등에 대한 의사결정이 이루어지게 된다.

총괄 생산단위에 대해 수립된 총괄 생산계획은 기준 생산계획(Master Production Schedule)을 통하여 구체적인 제품모델 단위의 생산계획으로 구체화된다. 기준 생산계획은 보통 주를 단위기간으로 하여 몇 개월을 대상계획 기간으로 수립하는 단기계획이다. 기준 생산계획에서는 총괄 생산단위로 수립된 총괄 생산계획을 제품별 단기 수요예측에 기초하여 구체적인 제품별로 분해하게 된다. 제품별, 기간별로 수립하는 세부생산계획으로서의 주 일정계획은 자재소요량 계산 및 작업자 관리, 부품 및 구매관리의 기본지침이 된다. 기준 생산계획은 장·단기 수요예측을 기반으로 수립하지만, 생산과 관련된 용량 및 자원을 고려하여 최종 생산할 제품과 양을 확정하는 계획이므로 영업과 생산부문을 조정하는 가교역할을 담당한다고 말할 수 있다.

다음 단계로서는 기준 생산계획을 달성하기 위해 실제 수행되어야 할 작업내용을 구체화하는 단계가 필요할 것이다. 이는 총괄 생산계획에서 결정되고 획득된 기계설비, 인력, 자재 등의 생산자원을 수행되어야 할 작업 및 활동에 효율적으로 배분하고 활용함으로써, 기준 생산계획을 달성하고 나아가 수요량을 맞출 수 있도록 인력과 자재, 기계설비를 최적으로 사용할 수 있는 상세 일정계획(Detailed Production Schedule)을 수립하는 것이다. 이러한 상세 일정계획에서는 작업장과 인력의 부하를 균등하게 할당하고, 생산지시에 의해 작업순서를 결정하고 작업시작 시점과 완료시점을 결정하는 업무가 수행된다. 산업과 회사에 따라서는 기준 생산계획을 주 일정계획, 그리고 상세 일정계획을 실행 생산계획이라고 부르기도 한다.

그림 3-12 자재소요량 계획구조

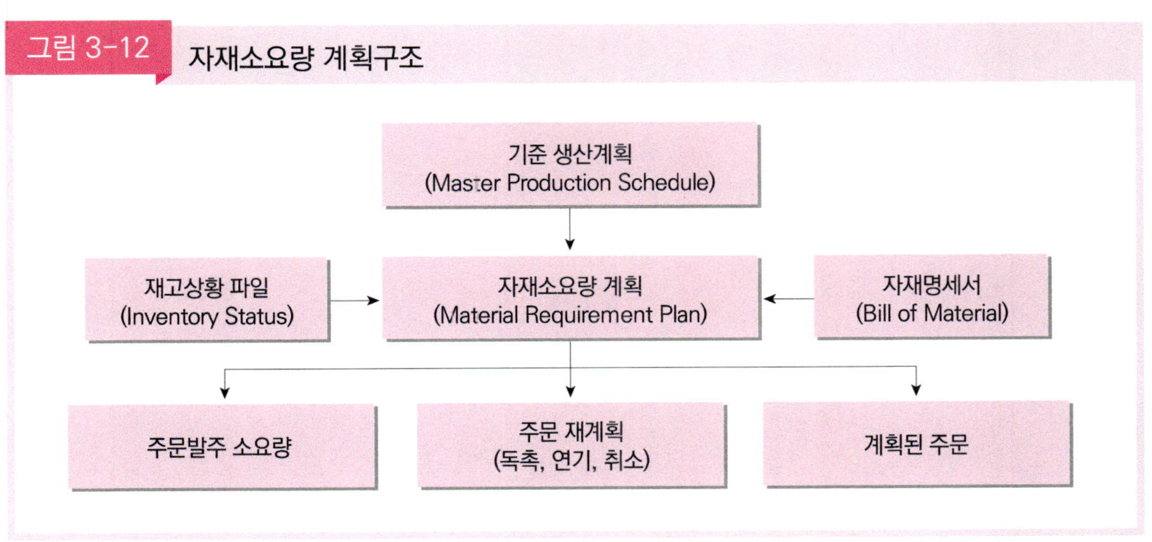

생산계획에 맞추어 생산을 진척시키려면 생산을 위한 원자재와 부품, 반제품 등의 구매와 생산이 필요하다. 이를 위해 기준 생산계획을 바탕으로 필요자재와 부품의 소요량과 시점을 결정해야 한다. 자재와 부품이 있어야 소비자에게 가는 최종 제품이 제조될 수 있으므로 어떠한 자재와 부품이, 언제, 얼마만큼 필요한 지를 결정하는 작업은 매우 중요하다. 이러한 작업을 위한 자재소요량 계획(MRP; Materials Requirement Planning)에 필요한 3대 요소는 기준 생산계획과 자재명세서(BOM; Bill of Material) 그리고 자재에 대한 정확한 재고정보이다. [그림 3-12]는 자재소요량 계획의 3대 요소와 구조를 표현하고 있다.

일반적으로는 기준 생산계획에서 최종 완제품에 대한 수량확정이 이루어지고, 이를 바탕으로 자재명세서(BOM)의 부품에 대한 종속수요량이 계산되는데, 이때 최종 완제품과 부품의 재고현황을 체크하여 적정규모의 재고를 가져갈 수 있는 부품의 수량이 계산되어 나오게 된다. 관련부품의 발주량 뿐만 아니라 부품조달 기간(Lead Time)을 고려하여 어느 시점에 발주가 나가야, 납품이 되어 생산에 차질을 빚지 않는지를 고려하여 발주시기도 계산된다.

다시 말해, 자재소요량 계획에서는 창고에 있는 재고 뿐만 아니라 공정중에 있는 재공재

그림 3-13 자재소요량 계획의 요소와 계산순서

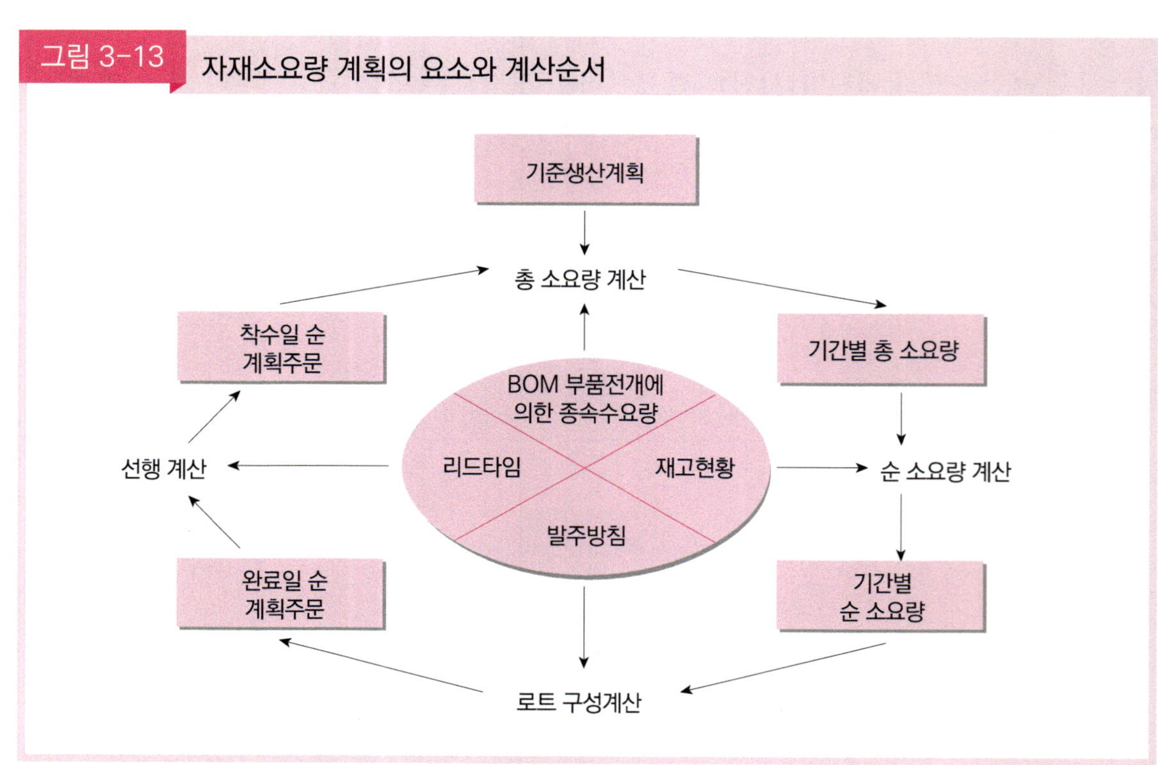

고를 실시간으로 파악하고, 영업의 수요와 생산현황을 고려한 주 일정계획에 있는 제품과 수요량을 맞출 수 있는 자재 및 부품의 소요량을 계산하는데, 이를 위해 종속관계 및 종속 소요량이 명시되어 있는 자재명세서(BOM)를 활용하여 최소의 재고로 수요를 맞출 수 있는 자재 및 부품소요량과 발주량 그리고 발주시점을 계산하게 된다.

발주량과 발주시점이 계산되는 요소와 계산순서를 구체적으로 다시 살펴보자. [그림 3-13]에서 볼 수 있는 바와 같이 완제품의 기준생산계획에 따라 생산량이 결정된 상태에서 BOM 부품전개가 되면 각 품목에 대한 총 소요량이 계산된다. 이 단계에서 창고에 있는 기존의 재고현황이 입력되면 순수하게 필요한 순 소요량이 산정된다. 순 소요량이 계산된 상태에서 각 공급업체와의 계약상황이나 회사의 발주방침에 입각하여 한 번에 생산되거나 발주 나가는 로트크기가 결정되며 계산되어진 소요량 만큼 그대로 결정되는 Lot for Lot방식과 공급업체와 사전에 결정된 수량대로 발주나가는 고정주문수량(Fixed Order Quantity) 방식 등이 있다. 이후에 이 제품 또는 부품이 언제까지 필요한 지에 대한 완료일이 계산된다. 이때 각 공급업체로부터 요구되는 리드타임이 고려되어 발주가 나가야 하는 날짜인 착수일이 산정된다.

완제품에 필요한 반제품이나 부품 그리고 원재료가 BOM 계층별로 매우 많기 때문에 생산계획에 맞추어 구매담당자가 수많은 부품의 순소요량과 발주착수일을 수기로 계산하는

그림 3-14 두개 제품모델의 자재명세서 전개 이미지

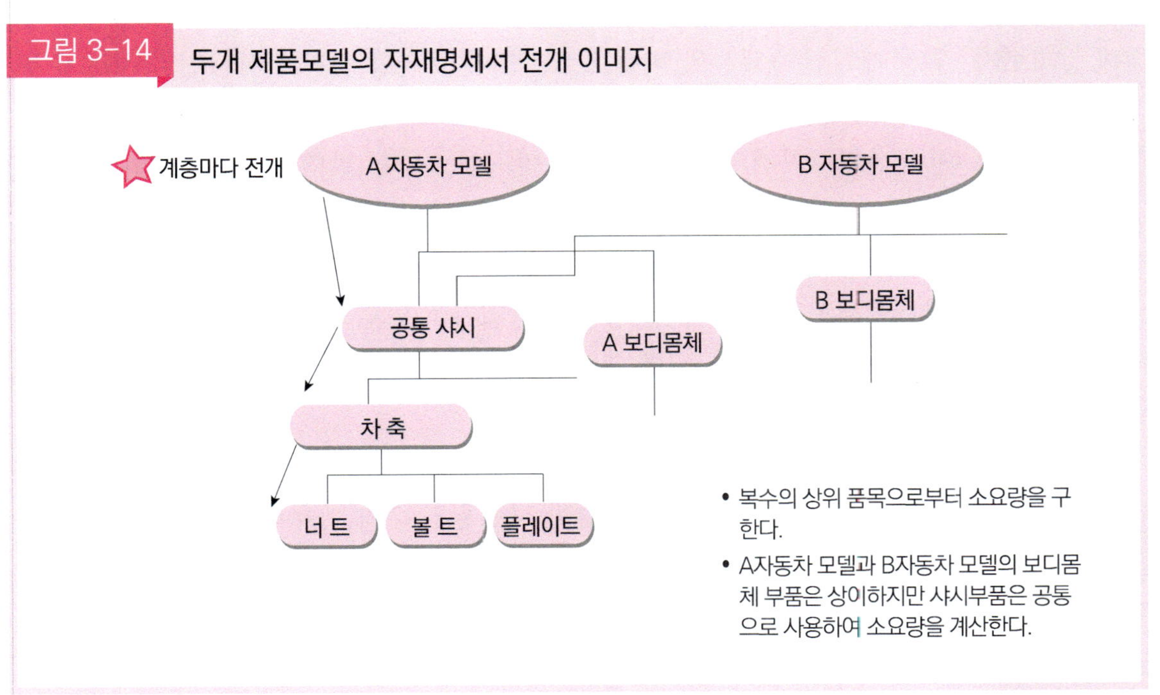

것은 매우 어려울 것이다. [그림 3-14]에서는 두 개 자동차 모델의 자재명세서의 모습과 자재명세서의 각 계층별 전개이미지를 볼 수 있다. 두 개의 자동차 모델은 공통의 샤시를 똑같이 사용하고, 보디몸체만 서로 상이하다고 가정하자. 그러면 A자동차와 B자동차 모델의 기준 생산계획량을 합한 수량만큼의 샤시가 총 소요량으로 필요하며, A자동차의 기준 생산계획량 만큼의 보디몸체와 B자동차의 보디몸체 수량만큼의 총 소요량이 각기 산정되어, 그 다음의 BOM 계층이 계속 전개되며 총 소요량과 순 소요량이 계산되어질 것이다.

6.2 준 비

생산계획에 포함되는 내용은 생산을 담당하는 전원, 즉 계획입안자 주변에 있는 모든 사람들에게 그 의도하는 바를 빠짐없이 전달해야 한다. 다시 말해 계획된 내용은 회사내의 모든 정보매체를 이용하여 관련자에게 알려서 실제생산을 진행하는데 문제가 없도록 만들어야 하는데, 이것을 '생산준비'라고 한다.

준비를 위한 정보는 그 종류나 수량이 매우 방대하다. 예를 들어 재료를 준비하는 업무에 대해 살펴보자. 우선 계획된 재료는 상비품으로 창고에 보관할 것인지 아니면 수시로 주문해서 조달할 것인지를 결정해야 하며, 처음 사용하는 재료라면 공급업체를 어디로 할 것인지도 결정해야 한다. 만약 A거래처로 결정되었다면 구매오더를 발행하여 제시해야 하는데, 구매오더에는 거래처 · 품명 · 수량 · 단가 · 금액 · 납기 · 납품장소 · 지불조건 등의 정보가 기재된다. 마찬가지로 외주공장에 작업을 의뢰할 때에도 주문서가 필요하다.

생산준비는 공장내에서도 필요하다. 공정이나 작업자의 작업계획을 전달하기 위해서는 작업지시서를 발행해야 하며, 재료창고에 대해서는 계획에 따라 원료나 부품을 출고시키기 위한 출고지시서를 발행해야 한다.

생산계획을 수립했다고 하더라도 그 내용이 생산에 관계된 전원에게 전달되지 않는다면 업무를 진행할 수가 없다. 따라서 생산을 분담할 구성원의 수가 아무리 많다해도 그 한 사람 한 사람에게 품명 · 수량 · 납기 · 제조방법 등을 구체적으로 전달해야 한다. 이때 생산계획 내용이 구체적이고 이해하기 쉽게 전달되어야 하는 것은 물론 모두가 상호 융화될 수 있도록 해야 한다.

앞에서 설명한 자재소요량 계획(MRP)결과로 나온 원재료, 부품, 조립품 및 완제품의 필요시기와 필요량에 대해 구매를 할 지 또는 직접 생산을 할지를 결정하여야 한다. 이에 따라 구매할 품목은 수량과 일자가 명기된 구매오더로 전환하고, 직접 생산할 품목은 생산지시로 전환하여 공정으로 알려준다.

구매관리란 생산계획에 따른 부품의 필요수량을 기초로 하여 제품의 사양을 만족시킬 자재와 부품을 적절한 가격에, 필요한 양을, 필요한 시기에, 최소비용으로 구입하는 것이 목적이다. 이 때 구입하는 자재와 부품의 품질요건을 충족시키는 것은 당연히 전제되어야 한다. 업종에 따라서는 부품을 자사의 공장에서 직접 생산하는 경우도 있고, 직접 생산과 구매를 적절히 나누어 병행하기도 한다.

구매시에는 구매부서에서 집중구매할 것인가, 자재와 부품을 필요로 하는 필요부서에서 분산구매할 것인지를 결정해야 한다. 중앙 일괄구매는 구매영향력을 증대시킬 수 있는 장점이 있다. 그 절감액은 상당하며 종종 구매액의 10% 이상을 절감시켜 주기도 한다. 구매영향력의 증가는 서비스개선, 장기수급안정, 납품업체의 능력개발을 유도한다. 해외의 납품업체를 활용하는 기업은 중앙 일괄구매를 선호하는데, 해외구매 시 외국언어와 문화를 이해하는 특별한 능력을 필요로 하기 때문이다. 중앙 일괄구매의 가장 큰 단점은 아마도 현지차원에서 통제의 상실일 것이다. 공장이나 사업부가 이익이나 원가로 평가될 때, 특정 공장에서만 사용되는 품목을 중앙 일괄구매하는 것은 바람직하지 못하다. 이 같은 품목은 가능할 때마다 현지에서 직접 구매할 수 있어야 한다. 마찬가지로 생산일정과 밀접하게 연결된 구매의 경우에도 분산구매가 바람직하다. MRP 결과로 시급하게 원재료나 부품을 구매해야 하는데, 중앙구매부서를 거치면 그 만큼 지연의 소지가 커지기 때문이다. 또한 중앙 일괄구매는 결제과정이 길어서 구매의 리드타임이 길다. 기업에 따라 다르겠지만 대체로 최적안은 현지의 자율구매와 중앙 일괄구매가 적절히 결합된 혼합구매 전략일 것이다. 예를 들어 IBM에서 회사의 중앙구매부서는 현지공장들의 요청이 있을 때에만 중앙 일괄구매를 하고, 그 중 한 공장의 경영자가 모든 참여공장의 계약상황을 점검한다.

또한 품질, 가격, 수요의 변동에 대한 대처능력 등을 종합적으로 고려하여 단일 공급자를 택할것인지, 복수공급자를 택할 것인지를 결정해야 한다.

새로운 공급업체를 선정할 때 가장 흔히 고려하는 요소는 가격, 품질, 납기이다. 기업의 총비용중에서 구매가 차지하는 비중이 가장 크므로 낮은 가격을 제시하는 공급업체를 찾는 것이 중요한 목적이다. 하지만 공급품목의 품질 또한 중요하다. 품질문제로 인해 드러나지 않는 비용은 매우 크며, 특히 후속 생산공정이 상당히 진행된 후에 결함이 발견될 경우에는 특히 그 비용이 심각하다.

일반적으로 직접 생산할 부품과 구매할 부품은 사전에 정의해 놓고 MRP 결과가 나오면 바로 구매와 생산이 결정되도록 하는 경우가 많다. 그러나 신제품을 위한 자재나 부품의 경우에는 사전에 충분한 시간을 갖고 구매와 생산을 결정해야 하며, 이를 위해 공급업체에서 준비할 사항과 자사의 생산현장에서 갖추어야 할 능력 등을 사전에 인지시켜야 혼란이 없이 원활하게 수요를 맞출 수 있을 것이다.

이처럼 준비정보의 처리는 양이나 종류가 다양할 뿐만 아니라 정밀함이 요구되기 때문에 최근에는 거의 컴퓨터로 처리하고 있다. 특히 ERP와 같은 정보시스템에서는 작업지시서와 출고지시서 등이 모두 연결되어 추적(Tracking)이 되며, 어느 고객의 주문을 위한 생산인지도 추적이 가능하다.

6.3 진 척

아무리 좋은 계획을 세웠다 하더라도 실행하지 않으면 아무 소용이 없다. 즉, 모든 계획은 구체적으로 실행되어야 비로소 그 효과를 볼 수 있다. 생산계획의 경우도 그대로 실행될 지 여부를 수시로 확인하고 만약 지연된다면 이에 대한 만회수단으로 재일정계획(Rescheduling)이나 독촉(Expediting)을 강구해야 하는데, 이러한 활동을 생산운영관리에서는 진척관리라고 한다.

한편 상대진척이란 계획과 실적을 비교했을 때의 차이를 말한다. 예를 들어 납기가 4월 10일로 되어있는데 4월 12일에 완성했다면 계획과 실적의 차이는 2일이 된다. 다시 말해서 상대진척은 2일이 늦어진 것이다.

절대 진척정보, 즉 생산진행 관리는 진척관리에 있어 가장 기초적인 것으로서 정확성과 신속성이 요구된다. 그러나 이것만으로는 현품의 실태만 이해할 수 있을 뿐 지연상태나 진행상태는 파악하기 어렵다. 따라서 진척관리를 위해서는 절대 진척정보 외에도 계획정보를 대비한 상대 진척정보가 필요하다.

진척관리에서 항상 고려해야 하는 것은 재고관리이다. 재고(Inventory)란 고객의 수요를 충족시키거나 제품 혹은 서비스의 생산을 지원하기 위한 물품의 저장을 의미한다. 재고는 크게

그림 3-15 생산운영관리의 관리사이클

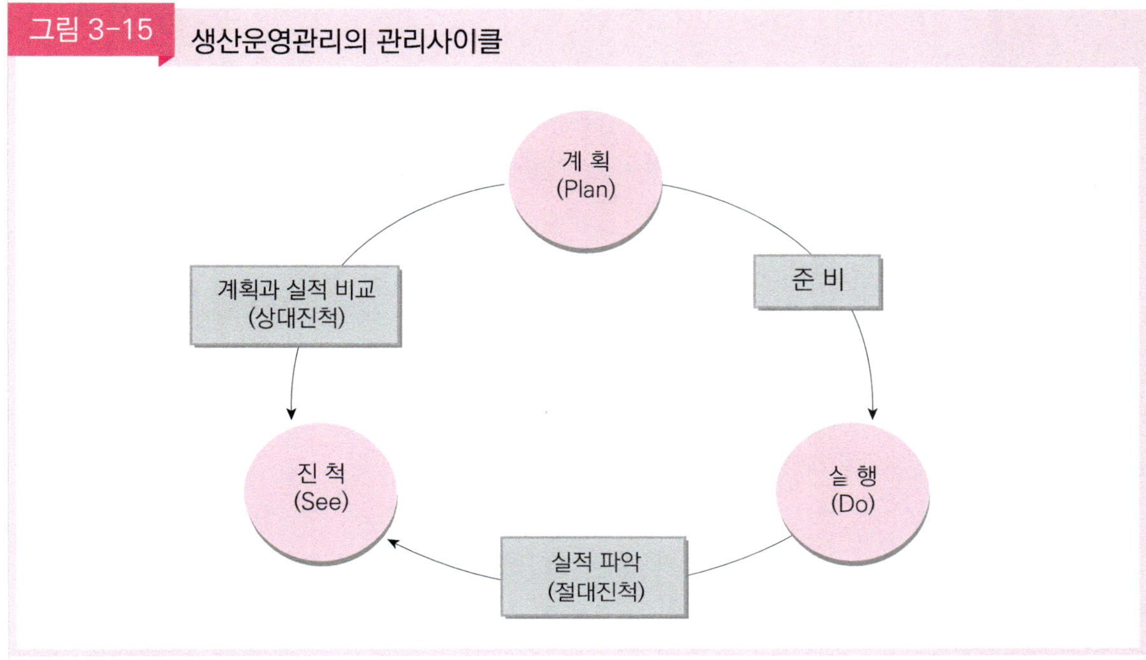

세 가지 유형으로 존재하는데, 이 분류는 회계의 측면에서 유용하다. 원자재(Raw Materials)는 제품 혹은 서비스의 생산에 필요한 재고이며, 제품을 생산하든 서비스를 생산하든 변환과정에의 투입물을 말한다. 재공품(Work In Process)은 완제품에 필요한 부품 혹은 중간 조립품으로 이루어진다. 제조공장, 유통창고, 소매점에서의 완제품(Finished Goods)은 고객에게 판매되는 품목이며, 한 기업의 완제품은 다른 기업의 원자재가 될 수도 있다.

원자재 및 부품, 재공품 혹은 완제품의 입고가 출고를 초과할 때 재고가 발생한다. 재고관리의 핵심은 원가를 절감하기 위해 재고를 없애는 것도 아니고, 도든 수요를 충족할 수 있도록 많은 재고를 보유하는 것도 아니라, 기업의 경쟁우위 요소를 가장 효율적으로 달성할 수 있는 적정의 재고를 보유하는 것이다.

재고를 적게 유지해야 하는 이유는 상품의 변질 및 훼손, 신제품 등장으로 인한 제품가치의 감소 그리고 이자, 보관비, 취급비용, 세금, 보험료 등의 재고유지 비용이 들기 때문이다. 재고의 규모에 따라 재고유지 비용도 변한다. 재고 한 단위를 1년간 유지하는데 드는 비용은 보통 제품가치의 20~40% 정도의 범위로 나타나있다. 장기불용 재고가 많을 경우에는 그 손실이 기업에 매우 큰 타격을 입힐 수 있다.

만약 재고유지 비용이 그 제품가치의 30%라고 가정해보자. 이러한 상황에서 평균 재고수준이 매출액의 20%라면 연평균 재고유지 비용은 매출액의 6%(0.3×0.2)일 것이다. 경상이익이 보통 매출액의 10% 미만임을 감안하면, 이 비용은 매우 큰 금액이다. 따라서 재고유지비용을 구성하는 비용요소 때문에 불필요한 재고는 감축되어야 한다.

석위수 볼보그룹코리아 사장은 경영목표를 '재고(在庫)는 죄고(罪庫)다'라고 천명한 바 있다. 경제위기를 극복하려면 재고로 낭비되는 비용을 반드시 줄여야 한다는 절박감을 엿볼 수 있다.

물론 재고를 비축해야 하는 이유도 당연히 있다. 크게 재고고갈(Stockout)이나 미납주문(Backorder)으로 인한 고객서비스의 저하, 납품업체 선정이나 협상 및 주문사항 추적으로 인해 소요되는 주문비용(Ordering Cost), 작업종류를 변경할 때 드는 가동준비 비용(Setup Cost), 그밖에 노동력과 장비의 이용률, 수송비용, 수량할인과 연관된 구입비용 등으로 인해 기업은 재고를 준비해야만 한다.

재고시스템이 정상적으로 운영되기 위해서는 물품의 입출고와 각 거래의 정확성이 유지되어야 한다. 또한 무단 혹은 보고되지 않은 출고를 예방하기 위해 재고창고에 안전장치를 하는 것이 필요하다. 그리고 주기별로 재고조사를 하여, 전체 물품중의 일부 품목에 대해 실제로 재고수량을 조사하고 오류가 있으면 수정하는 방법을 병행해야 한다. 재고관리에서 많이 사용하는 ABC분석에서는 품목수가 20%이지만 금전적인 가치는 80%에 해당하는 품목을 A그룹으로 분류하며, A그룹의 품목에 대하여는 보다 자주 재고실사가 이루어진다. 정확한 재고기록은 재고의 감소를 어느 정도 이룰 수 있게 해 줄 뿐만 아니라 고객서비스의 향상도 기할 수 있다.

특히 앞에서 설명한 자재소요량 계획(MRP)에서는 특정 품목의 재고수량을 고려하여 발주가 나가므로, 재고의 부정확한 기록상태는 MRP의 정상적인 운영을 가로막는 커다란 요인 중 하나이다. 그러므로 재고관리자들은 그 메커니즘을 이해하고, 재고를 정확하게 관리해야 하는 중요성을 인식하고 실천해야만 한다.

최근에는 인터넷상으로 물품을 판매하는 기업들이 늘어나고 있는데, 재고현황을 정확히 파악하여 고객의 납기문의에 신속하게 납기회신을 해주는 역할도 매우 중요하다. 브랜드를 보유하며 물품의 공급을 아웃소싱하는 기업들은 아웃소싱 업체와 정보가 공유되어야 진척 정보를 파악하고 이러한 납기회신이 가능할 것이다.

CHAPTER 4

경영혁신의 성공 접근방식

01. 경영혁신의 의미
02. 경영혁신의 성공과 실패사례
03. 경영혁신의 기업문화
04. 경영혁신을 위한 생산운영 부문의 역할

01 경영혁신의 의미

1.1 경영혁신에 대한 개요

경영혁신은 새로운 제품이나 서비스, 새로운 생산공정기술, 새로운 구조와 관리시스템, 조직구성원을 변화시키는 새로운 계획이나 프로그램을 의도적으로 실행함으로써, 기업의 중요한 부분을 본질적으로 변화시키는 것을 의미한다.

존 케이(John Kay)는 "혁신은 경쟁우위를 보유하는 성공을 달성하는데 필요한 주요 요인 중 하나"라고 언급했고, 심지어 톰 피터스(Tom Peters)는 혁신에 대해 "혁신하라 아니면 생존하지 못한다(Get innovative or get dead)"라고 말하였다. 또한 슘페터(Schumpeter)는 경제학에서의 혁신을 강조했고 피터 드러커(Peter Druker)는 경영학에서의 핵심개념을 혁신으로 보았다. 드러커는 끊임없이 경영혁신을 하는 기업만이 존속할 수 있다고 하며, 기업조직이 쇠퇴하는 이유는 혁신을 하지 않기 때문이라고 설명한 바 있다.

혁신의 비율과 속도는 기술발달과 국제화의 영향으로 더욱 향상되고 있다. 반면에 1985년 이후 Fortune500 대상기업의 50% 이상이 사라졌다. 그 이유는 기업이 관리를 소홀히 했거나 멍청한 결정을 해서가 아니라, 혁신적인 생각과 디자인을 지속적인 경쟁우위로 전환시키는 능력이 부족했기 때문이다.

혁신은 넓은 의미에서 제품(Product)과 업무 프로세스(Process)를 동시에 향상시켜야 나타나는 결과이다. 즉, 혁신을 위해서는 고객을 위한 최종제품으로 전환하도록 모든 구성원들이 창조적인 능력을 발휘하게 만들어야 한다.

특허권은 남들이 모방할 수 없는 전유성(專有性)을 갖게 해준다. 돈을 많이들여 기술을 개발했으면 그것을 자사의 자산으로 가져야 한다. 특허를 받으면 기술의 전유성이 법적으로 보장된다. 남들이 모방하지 못하는 암묵적 지식을 갖출 수도 있다.

이와 같이 특허권이 기술개발의 돌파구인 것은 확실하지만 특허권과 제품개발 그리고 제품출시 사이에는 갭이 존재한다. 일본의 성공은 신제품설계에 특허권 자체보다는 이를 활용하는 능력이 우수했기에 가능하였다. 최초의 특허를 발판으로 시장에서 인정받는 최종제품으로의 전환이 가장 중요한 것이다. 즉, 드러커가 이야기했듯이 아무리 좋은 제품이나 훌륭한 기술이라 해도 그것을 구입해 줄 고객이나 시장을 찾지 못하면 의미가 없기 때문이다.

1.2 경영혁신에 의한 시장공략

일반적으로 경영혁신을 수행함으로써 시장에서 앞서 가게되는 이유는 다음과 같다.

- 산업내에서 기업이미지가 향상된다.
- 시장의 성격에 따라서 프리미엄 가격을 매길 수도 있다.
- 여타 기업들이 혁신을 따라할 수 없다면 지속적인 이윤을 향유할 수 있으며 이로 인해 R&D와 제품혁신이 연달아 가능해 진다.
- 진입장벽으로서의 특허권이 사용될 수 있다. 예를 들어 폴라로이드(Polaroid)는 성공적으로 코닥(Kodak)을 즉석 사진시장에서 몰아낼 수 있었다. 1991년에 코닥은 특허권 침해로 폴라로이드에 9억달러 이상을 지불해야만 했다.

포드(Ford)는 월드 카(World Cars)를 도입하면서 세계화의 압력에 대처했다. 월드카는 혁신적으로 단일 또는 극소수의 플랫폼(Platform) 상에서 설계되어 전 세계의 다양한 지역에 판매되었다.

「포드 혁신 프로젝트」의 핵심은 다음과 같다.

① 포드 본사, 유럽포드, 일본의 마쓰다 등에서 제각기 진행되고 있는 자동차 개발의 중복을 정리하고 분야마다 집약한다.

② 이러한 월드카를 전제로 플랫폼(Platform) 수를 25개에서 16개로 줄여 공통화 한다. 그와 반대로 지역의 다양한 요구에 부응하기 위해 각 플랫폼마다 차모델을 5종류에서 8종류로 늘린다.

③ 플랫폼의 공통화와 각 지역마다의 고객화를 성공적으로 이끌기 위해, 세계 7개 거점에

서 동시에 설계를 할 수 있는 CAD 네트워크를 구축한다.

④ 앞의 세 가지를 전제로 '전 세계 최적구매'를 달성하기 위해 국제적인 정보네트워크를 구축한다.

포드에서 에스코트(Escort) 월드카는 월드카 개념에 맞지 않게 부품공유가 취약하여 적자가 났다. 반면, 몬데오(Mondeo), 콘투어(Contour), 미스티크(Mystique)는 70% 정도의 부품을 공유했으나 그래도 적자를 면치 못했다. 그 이유는 공장이나 사업본부 간에 차이가 존재하는데, 베스트 프랙티스가 공유된다는 보장이 없기 때문이다. 즉, 한 회사내에도 혁신적인 공장과 전통적인 공장이 공존한다는 증거이기도 하다.

또한 초점 세분시장(Focused Market Segment)에 제품을 정조준시킴으로써 경쟁우위를 얻을 수 있는 다음과 같은 방법들이 있다.

- 경쟁업체가 거의 없는 지역시장으로의 진입
- 마케팅투자가 약한 세분시장(Segment)의 공략
- 인지된 부가적 품질특색을 제공하는 공략
- 브랜드 충성도 (Brand Loyalty)가 적은 시장공략
- 제품라인에 갭(Gap)이 있는 시장공략

특정 세분시장(Segment)에 초점을 맞추지 못해 실패한 사례와 세분시장에 초점을 맞출 수 있도록 조직문화를 변화시켜 성공한 사례를 생각해보자.

GM이 유럽차 시장에서 특정 세분시장에 집중하지 못하여 실패한 사례가 있다. 이때 GM은 자랑하던 전통적인 오펠(Opel)과 복스홀(Vauxhaul)을 계속 유럽시장에서 밀어붙이고 있었다. 그러나 이미 고객들은 고급차 시장으로는 폴크스바겐으로, 그리고 저가시장으로는 새로운 초경량 자동차로 움직이고 있었는데, GM은 기존의 모델만 고집함으로써 처참한 결과를 낳았다.

반면 치열한 라이벌이었던 포드는 기업문화를 자율적으로 변혁시키고 있었다. 포드의 CEO였던 트롯만(Trotman)은 유럽의 자회사였던 법인들에게 과감하게 새로운 설계와 디자인에 의한 차를 도입할 수 있는 자유권한을 부여하였다. 단, 월드카 개념에 입각하여 공통의 플랫폼을 가급적 활용할 것을 요청했다. 이때 생산, 판매된 카(Ka)모델, 퓨마(Puma)모델, 코가(Cougar)모델이 크게 성공하면서 유럽에서 두 기업의 성패를 크게 갈라 놓았다.

또한 당시의 혼다(Honda)의 성공도 마찬가지로 특정 제품의 개발에 의한 것이 아니라 전사 조직적인 변화에 의한 성공으로 보아야 한다.

가치사슬 최적화 관점에서 신제품개발이 혁신을 일으키고 제품개발에 열중하는 급진적인 문화적 변화가 발생하리라고 생각되지만, 실제는 혁신문화와 같은 조직적인 요인이 선행되어야 한다. 조직적인 요인은 아이디어에 대한 보상이나 보수 등에 의해 후원되어 전체적인 혁신이 동시에 발생하도록 하는 것이 중요하다.

신속하고 지속적인 혁신과 더불어 학습(Learning)의 수반이 필요하다. 이러한 학습은 위기(Crisis)로부터 발생하는 경우가 많다. 한 예로 과거 후지(Fuji)사의 Quick Snap 35mm single use카메라 출시로 인해 위기를 맞은 코닥(Kodak)사의 대응을 들 수 있다. 코닥의 성공은 공통적인 플랫폼(Common Base Platform)에서 여러 상이한 모델의 제품을 개발하는 전략에서 비롯되었다. 기본모델을 재설계하고, 세 개의 추가모델을 출시하였다. 합해서 네 개의 모델은 모두 공통된 생산공정에서 공통의 부품을 가지고 생산됨으로써 저원가로 다양한 신제품을, 더욱 신속하게 생산할 수 있었다. 이러한 코닥의 사례는 위기속에서도 제품을 빠르고 저비용으로 개발할 수 있는 능력을 학습하고 향상시킨 사례이며 그 결과로 코닥은 후지보다 두배나 많은 제품을 보유할 수 있게 되었다.

그림 4-1 코닥의 부품공용화 도시

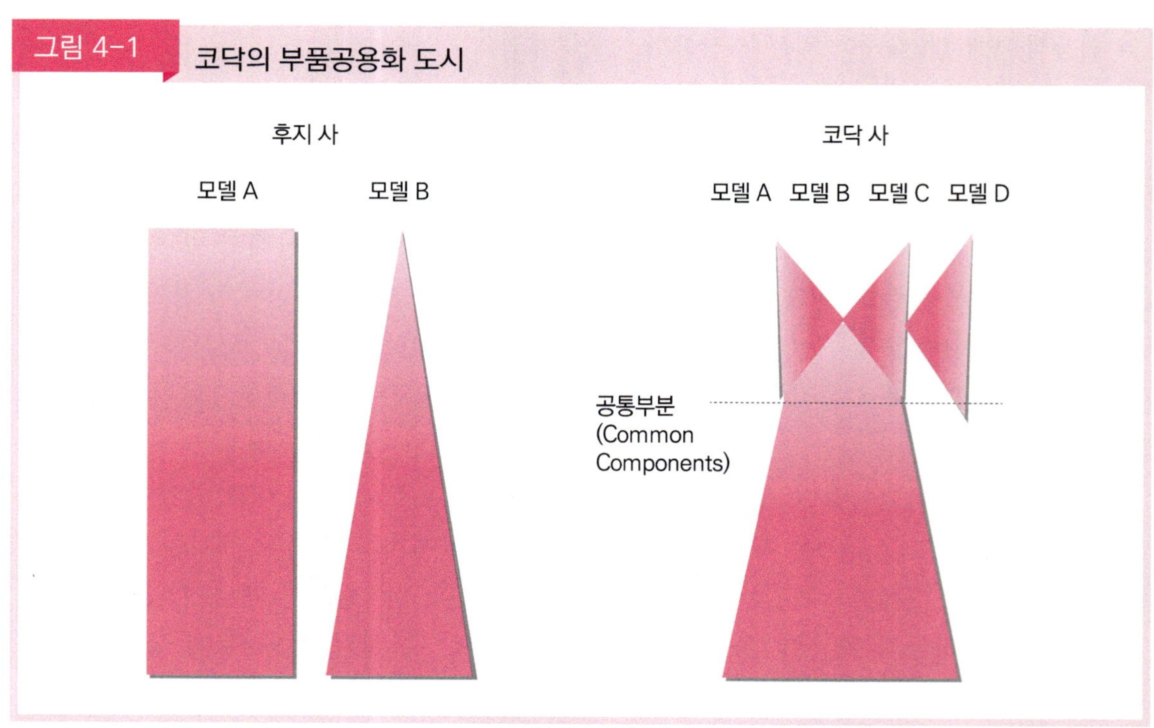

02 경영혁신의 성공과 실패사례

2.1 신제품개발 혁신의 실패이유와 실패사례

신제품개발 혁신은 성공을 하기도 하지만 실패하는 경우도 많다. 특히 신제품혁신이 실패하는 이유는 다음 세 가지 중 하나이다.

- 시장의 니즈(Needs)가 존재하지 않으며, 그리하여 시장이 형성되지 않은 상태이다.
- 시장의 니즈가 존재하지만, 개발된 제품이 그 니즈를 충족시키지 못하고 있다.
- 제품이 시장의 요구사항을 충족하지만, 시장에서 제대로 인식되지 않고 있다. 그리하여 경쟁업체에서 보다 활발한 마케팅노력으로 제품에 대한 인식을 빼앗아 가버린다.

그런데 다음의 실패사례를 보면 신제품혁신도 가치사슬 최적화와 연관이 있음을 알 수 있다.

1. 오스본(Osbome) 컴퓨터와 삼성 스마트폰 갤러시노트 7의 실패사례

과거 Osborne 컴퓨터는 야심찬 신제품출시를 준비하고 있었다. 이때 비교적 잘 팔리고 있던 Osborne1 컴퓨터의 판매계획에 따라 재고가 많이 쌓여 있었다. 그런데 창시자였던 아담 오스본(Adam Osborne)은 재고적체 상황을 제대로 모른 상태에서 너무일찍 신제품 Osborne2의 출시를 발표하여 Osborn1의 판매가 부진해졌다. 더군다나 생산일정 계획 상에 문제가 생겨 Osborne2의 출시가 늦어지자 기술적인 우위에도 불구하고, 모든 제품의 판매가 중단되면서 심각한 현금흐름(Cash Flow) 문제가 발생하였다.

이와 유사한 사례를 삼성전자에서도 찾을 수 있다. 삼성전자는 2016년에 스마트폰 갤럭시 노트 7의 배터리 발화로 인해 대대적인 리콜을 실시하여 커다란 손해를 감수하였다. 생산기술 차원에서 충분히 검증하지 못하고 출시하여 전 세계적으로 리콜을 실시하고 막대한 손해를 입은 것도 공급사슬관리 차원에서 문제를 찾아볼 수 있다.

2. IBM PC Junior의 실패사례

IBM은 신제품 도입으로 인한 수요에 대응하기 위해 출시일 전에 IBM PC Junior 제품에 대해 상당량의 재고를 보유했으나 기술적인 결함이 발생하는 문제와 응용 소프트웨어(Software Application)의 부족으로 인해 IBM PC Junior는 판매가 부진해져서 사장되었다.

위의 두 사례는 마케팅의 실패로 잡지에 소개되어 있으나 실제로는 마케팅과 생산의 결합과 조정이라는 가치사슬 최적화에 실패한 것이 실제 문제였다.

2.2 실패 후 혁신의 성공으로 나타난 사례

1. HP와 Apple의 실패 후 성공한 사례

HP3000모델은 처음 출시되었을 때 실패하여 시장에서 철수할 때까지 2천만달러의 개발비용이 들었다. 즉, 엄청난 개발비용만 들이고 실패로 끝이 났었다. 그러나 이듬해 개선 후 다시 출시하여 점차 성공적으로 시장에 진입하여 65,000~70,000개 기업에 설치가 되었다.

또한 Apple에서는 리자(Lisa)가 출시된 후 1년만에 철수하였다. 2천만 달러와 연 200명의 공수를 들여 개발하였으나 10,000달러의 높은 가격으로 인해 판매가 부진하였던 것이다. Lisa 출시 전에 Apple2 제품이 월 30,000대 가량 판매되는 것에 비해 첫해 Lisa는 6,000대 판매된 후 포기하였다. 그러나 그래픽 유저 인터페이스를 사용한 첫 번째 상품화된 컴퓨터로서 의미를 가지며 풀 다운 메뉴(Pull-Down Menu)와 마우스를 사용하였다. 그 후 애플은 Lisa와 같은 사양의 매킨토시(Macintosh)를 출시하여 2,500달러의 가격에 판매하여 상당한 성공을 거두었다.

위 두 사례는 실패를 하였더라도 이러한 실패가 바탕이 되어 학습(Learning)이 일어나고, 신제품으로의 아이디어를 개발하여 성공을 거둘 수 있다는 것을 보여준다.

2. 제록스(Xerox)의 컴퓨터개발 실패사례

제록스는 과거에 마우스와 레이저 프린터 그리고 그래픽 유저 인터페이스를 포함한 컴퓨터를 개발하고자 진행하였다. 그러나 최종 상품화된 PC로 제조되지 못하였다. 단발성 설계를 양산으로 전환시킬 생산능력이 부족한 것이 주 실패원인이었다.

2.3 경영혁신에 대한 처방의 어려움

앞에서 혁신의 성공사례와 실패사례를 모두 살펴보았다. 혁신을 성공시키기 위한 Industry Week와 Fortune의 혁신처방은 상호 대치되는 측면이 있다.

Industry Week는 '고객의 소리를 경청하라. 그리고 디자인하라(Listen, then design)'라고 처방을 내린 반면 Fortune은 '고객을 무시하라(Ignore your customer)'라는 처방을 내린 바 있다.

고객의 목소리를 귀담아 듣지말고 무시하라는 주장은 기존 고객의 말만 듣다보면 기업이 기존 제품을 조금씩 개선하는 '존속적 혁신'에만 매달리게 되고 '파괴적 혁신'의 아이디어를 구할 수 없다는 것이다. 어떤 경우에는 성공한 기업을 따라하는 벤치마킹도 스스로 몰락을 부르는 위험한 행위가 될 수 있다. 경영학 교과서의 일반적 가르침을 뒤엎는 '역발상 경영학'이다.

이렇게 두 유명한 비즈니스 잡지의 대치되는 혁신의 처방을 보면 혁신을 위해서는 학습이 매우 중요하지만 〈학습되어지기 어려운 실체〉가 또한 혁신이다.

California Management Review에 찰란 네메스(Charlan Nemeth)에 의해 게재된 3M의 포스트 잇 노트(Post-it notes)가 개발된 사례를 살펴보자. 스펜서 실버(Spencer Silver)의 초강력 접착제는 시장에서 접착제로서는 실패하였었다. 그러나 교회에서 찬송가 책을 종이로 마크하던 불편함을 해소하기 위해 이 접착제를 활용한 북 마크(Bookmark)를 고안하여 성공하였다. 초강력 접착제로서 실패한 이후에 북 마크로 성공하기까지 오랜 시간이 걸렸던 이유는 시장에서 성공하기전에 내부직원들이 이미 사용하던 포스트 잇 노트였음에도 불구하고 이러한 제품으로 사용되면 시장에서 잘 팔릴 수 있을 것이라는 학습의 전파가 되지 않았던 것이다.

위의 사례에서 무엇을 배울것인가? 성공의 원동력을 파악하는 것도 어렵지만 일부 힌트를 얻는다고 해도 그 사례로부터 학습의 전파(Transfer of Learning)를 이루기는 더욱 어렵다는 것을 알 수 있다.

03 경영혁신의 기업문화

3.1 경영혁신의 문화조성

혁신적인 기업문화를 조성하고 강화해 나가기 위하여 몇 가지 유의할 사항을 정리하면 다음과 같다.

첫째, 혁신은 단지 미디어에 공표하고 마는 문제가 아니라 실제로 조직의 역량(Capability)을 끌어올려야 하는 것이 문제이다. CEO의 혁신에 관한 공표는 단순 수식어가 아닌 조직의 방향성을 나타내야 한다.

예를 들어, 존슨앤존슨(Johnson & Johnson)의 CEO인 랄프 라슨(Ralph Larsen)은 '신제품은 우리의 생명력이다'라고 조직의 방향성을 제시하였으며, 과거 5년간 도입된 신제품이 매출의 36%를 차지하였다. 1988년에는 26%를 차지한 것에 비하면 크게 신장한 수치이다. ROE 지표를 보아도 Johnson & Johnson은 32%인 반면, Proctor & Gamble은 19.5%이며 Kimberly-Clark은 20.6% 정도밖에 되지 않는다.

둘째, Fortune지에 게재된 바와 같이 143개 기업에 대한 서베이(Survey) 결과에 의하면 R&D 에 지출된 비용과 혁신선도 기업과는 상관관계가 거의 없다. 즉, R&D에 많은 투자를 한다고 해서 반드시 혁신적인 기업이 되는 것이 아니라는 것을 알 수 있다.

셋째, 신제품출시를 강화할 수 있는 조직적 능력 또는 전사조직의 재편이 관건이다. 애플(Apple) 컴퓨터와 컴팩(Compaq)의 사례를 비교해보자. 1997년에 당해가던 회사를 살리기 위해, 스티브 잡스가 CEO로 복귀하면서 애플은 수익성을 강화하기 위한 구조조정(Restructuring) 프로그램의 일환으로 제품의 모델 수를 반으로 감축시킨 반면 컴팩은 다양한 포터블(Portable) PC를 개발하여 출시하였다. 그러나 애플은 회사가 안정되면서 스마트 폰인 아이폰(iPhone)과 태블릿 PC인 아이패드(iPad)를 공개하며, 전 세계에 선풍적인 인기를 끌고 있다. 그러면서 애플은 "삼성전자, 노키아 등과 경쟁하는 모바일 회사"라고 조직의 방향성을 제시하며, 혁신적인 제품으로 시장을 선도하고 있다. 이제 기존의 PC업체와 모바일 업체가 서로 경쟁하는 구도가 되었다.

또한 조직의 능력을 향상시킨 IBM사례를 보아도 시장에서의 치열한 경쟁이 IBM이 전사조직을 개편하도록 만들었다. 1990년대 초에 두 명의 CEO인 존 에이커스(John Akers)와 루거스너(Lou Gerstner)를 거치며 4년에 두 번의 조직개편이 발생하였다.

3.2 프로세스관리 지원방안과 기법

구체적인 학습의 전파(Transfer of Learning)는 어렵다고 할지라도 혁신 프로세스(Innovation Process)를 지원할 수 있는 몇 가지 접근방식(Approach)이 있다.

앞서가는 공장(Enlightened Plants)이 채택하는 접근방식으로는 품질기능 전개(Quality Function Deployment), 다쿠지 방법(Taguchi Methods)으로서의 강건설계(Robust Design), FMEA(Failure Mode & Effect Analysis), CAD/CAM의 효과적인 사용 등이 있다.

FMEA는 사전에 실패를 제품과 공정관점에서 모두 나열하고, 시뮬레이션해 보면서 설계함으로써 실패를 예방하는 방법론이다. 설계, 공정, 품질보증 등 각 부문에 산재해 있는 각종 문제점을 정량적으로 관리하기 위한 기법으로서 점점 복잡해지는 문제발생 형태를 제품개발 초기단계에서 사전에 제거하기 위한 목적으로 활용하는 기법이다. 이 기법은 제품이 설계된 후에 생산운영 부문에서 대응하기 보다는 처음부터 생산운영 부문을 포함시키는 설계과정이므로 모듈러 설계(Modular Design)와 조립가능 설계(Design For Assembly)와도 연관되어 있다.

CAD는 요즘 널리 사용되기 때문에 중요성이 간과되기 쉬우나, 실제로 유연성(flexibility)과 신제품개발의 속도 및 비용에 영향을 미치는데 이는 모두 다음과 같은 경쟁우위에 영향을 미치는 전략요소이다.

- 제품품질(Product Quality)
- 단축된 설계시간(Shorter Design Time)
- 제조원가 감소(Manufacturing Cost Reductions)

실제로 포드(Ford)에서는 자동차 모형을 만드는데 12명이 12주 소요되던 것을 CAD를 사용하여 3주내에 자동화된 비디오로 전환시켰다. 또한 코닥(Kodak) 사례는 앞에서 설명한 여러 방법을 동시에 사용한 사례로써 강건설계(Robust Design)와 QFD를 포함한 베스트 프랙티스에 근거하여 프로세스를 재설계하였다. 최근의 도요타의 자동차 리콜사태의 원인은 엔진에서 발생한 열이 가속페달의 회전축에 있는 스프링에 이상을 일으키면서 가속페달이 환원되지 않는 현상인데, 강건설계로 예방했어야 하는 문제로 판단된다.

이와 같이 혁신을 가속화시키고 보다 효과적으로 혁신을 진행하는 다음과 같은 접근방식을 실행하는 것이 필요하다.

- 동시설계(Concurrent Engineering)
- CAD/CAE를 사용한 테스트 감소
- 다기능팀들(Cross Functional Teams)이 지속적으로 제품과 프로세스를 조금씩 개선해 나감
- 모의제작(Prototyping)을 효과적으로 활용하여 대량으로 생산할 때의 문제점을 사전에 명확히 앎

최근에는 신제품설계부터 제품생산, 구매, 영업 등의 단계를 모두 포괄하면서 제품수명주기 전반을 모니터링하는 정보시스템으로서 PLM(Product Lifecycle Management)이 등장하여 위에서 언급한 개념들을 모두 통합하고 있다. 제품정보관리(Product Data Management)에서 PLM으로 발전하여 혁신 프로세스를 지원하고 있다.

혁신 프로세스의 하나인 설계효율성(Design Efficiency)을 나타내주는 구체적인 성과지표(Indicators)는 다음과 같다.

- 사용부품의 수 감소
- 표준부품의 비율증대
- 기존의 생산자원 사용정도
- 신제품의 첫번째 생산활동(Production Run)의 비용을 얼마나 감소시키는가 하는 것이 설계가 얼마만큼 현실적으로 이루어 졌는지를 나타낸다.
- 처음 6개월의 설계변경 비용을 주시(Monitoring)
- 총 제품원가(Total Product Cost)는 목표원가(Target Cost)를 나타내며 지나치게 과도한 설계(Over-Design)요인들이 무엇인지를 알려준다.

총 제품원가란 자재 또는 제품을 구매하거나 생산하는 경우 그 제품수명주기 동안에 발생하는 모든 원가를 말한다. 즉, 파손비용, 부품재고 유지비용, 생산지연 비용, 불량처리 비용 등의 모든 비용을 더한 총 제품원가가 높다는 것은 제품설계가 비효율적으로 되었다는 것을 나타낸다.

3.3 혁신에 있어서의 인적요소와 문화적인 이슈

앞에서 설명된 기술이나 절차 자체보다 더 중요한 것은 이러한 기술이나 절차가 활용되면서 서로 다른 부문에서 팀웍을 조장한다는 것이다.

신제품개발에 있어서 전통적 접근방식과 혁신적 동시설계 접근방식의 차이가 존재한다. 혁신적 동시설계 접근방식의 의미는 단순히 여러 부문의 조직원들을 한 자리에 모이게 하는 것만을 의미하는 것이 아니다. 이 접근방식이 성공하기 위해서 때로는 전사적인 변화를 수반해야 한다.

혁신적 동시설계 접근방식에서의 조직변화의 한 예로 포드(Ford)가 1991년에 디자인 연구소(Design Institute)를 설립하면서 이 조직에 디자인, 개발, 제조의 방식을 근본적으로 바꾸라는 미션과 권한을 부여하였다.

또한 르노자동차(Renault)는 기술센터(Technocentre)에 7,500명의 엔지니어들, 디자이너들, 그리고 공급업체 직원들을 같이 입주시켜 동시설계 접근방식을 실행함으로써 10억

프랑의 R&D예산을 절감하고 제품개발 기간을 24개월로 단축한 바 있다. 그리고 다임러(Daimler)에서도 18개 연구소에 흩어져 있던 인력을 하나의 디자인센터(Design Center)에 입주시키고 제품개발 시간을 30%이상 감축시킨 바 있다.

다기능팀은 다양한 방법으로 운영할 수 있다. 포드의 타우러스(Taurus) 모델과 같이 특정 제품의 개발에만 집중하여 성공한 경우도 있지만, 도요타(Toyota)와 같이 특정 제품에 국한되지 않고 다기능팀을 융통성 있게 운영하여 결과적으로 린 제조방식(Lean Manufacturing)을 효과적으로 운영하는 프로세스를 갖게 된 경우도 있다.

조직 재설계가 중요하지만 이것만으로는 충분하지 않다. 혁신을 위한 문화가 정착되어야 하는데 이는 창조적인 아이디어에 대한 금전적인 인센티브에 의해 강화되어야 한다. 3M과 같은 주요 혁신기업에서는 아래와 같은 혁신을 위한 아이디어를 조장하는 문화를 가지고 있다.

- 혁신을 위한 목표들을 설정한다.
- 연구개발에 참여하고 몰입한다.
- 자유로운 사내 벤처정신을 중시하고 조장한다.
- 못하게 막는 문화보다는 도와주고 동기부여시키는 진취적인 문화를 만든다.
- 고객의 관점에서 생각하고 고객에 집중하도록 한다.
- 도전하다가 실패한 행동을 용인하며, 실패에 관대하여 직원들이 복지부동하지 않도록 한다.

혁신을 조장하는 긍정적인 문화를 지원하는 혁신기업으로 우선 앞에서 이야기한 3M을 들 수 있다. 3M의 15% 룰은 R&D분야 직원들이 근무시간의 15%를 자신만의 아이디어 개발에 자유롭게 활용하게 하는 것이다. 최근에는 구글에서도 일주일에 하루는 현재 수행하는 프로젝트와 관련없는 연구개발(R&D)에 쓰도록 허용한다. 시간압박을 받지말고 창의적 사고를 하라는 배려이다.

3M이나 구글의 사례는 아이디어들이 조직전체에 돌아다니도록 직원들에게 자유시간을 주는 것이다. 또한 텍사스 인스트루먼트(Texas Instrument)의 아이디어 체계(Scheme)는 모든 계층에서의 혁신을 장려하여 5억불의 이익과 23년 간의 원가절감에 기여한 일등공신이다.

반면 하버드대학의 로즈버스 칸터(Rosbeth Kanter)가 주창하는 혁신을 방해하는 문화적

요소는 다음과 같이 정리할 수 있다.

- 하위직으로부터의 새로운 아이디어에 대해서는 모두 일단 회의적이다. 결과적으로 최고 경영층이 모든 아이디어를 생각한다.
- 최종승인을 얻으려면 다단계 조직계층의 승인을 거친다
- 모든 기회에 대해서는 일단 비평을 하고 본다.
- 조직에서 일어나고 있는 일에 대해 모르게 한다.
- 매사에 철저하게 관리하고 통제한다.
- 최고경영층은 알아야 할 것은 모두 알고있다는 태도를 취한다.

혁신을 방해하는 문화와 관련하여 한국경제신문에 "경쟁 회사의 대박상품은 1년 전 우리 회사 이 대리가 냈던 아이디어를 그대로 사용했다. 누가 우리 아이디어를 죽였는가"라는 다음과 같은 기사가 실렸다.

삼성그룹이 최근 전체 계열사에 내보낸 방송내용이다.

1년 전 삼성계열사의 한 회의실. 이 대리는 "A 제품에 움직임을 감지하는 기능을 넣으면 어떨까요"라고 제안한다. 말이 끝나기 무섭게 강 팀장은 "예전에 나왔던 아이디어야. 현실적으로 불가능해. 개발비용도 많이 들고…"라며 일축한다. 그래도 이 대리는 "아무도 하지 않았던 시도이니 한번 해보시지요"라고 맞선다. 강 팀장은 불쾌한 표정을 지으며 "개발할 시간은 있나? 상무님은 그런 기능은 별로 안 좋아해"라고 못을 박아버린다. 그걸로 끝이었다. 강 팀장의 '미리 안 될 것이라고 판단한 고정관념'이 아이디어 살해의 첫 번째 용의자로 지목된 것이다.

또한 이 대리는 제안을 담은 메일을 보낸 뒤 정 과장에게 가 "메일 보셨죠? 그렇게 한번 해보시죠"라고 말했다. 정 과장은 잠시 고민한 뒤 "지금은 때가 아니야. 옆팀은 실적이 안 나와 공중분해 됐어. 당장 눈에 보이는 실적이 안 나오면 곤란해"라며 접으라고 조언했다.

대화가 오가는 도중, 옆팀에서는 노 수석이 짐을 싸고 있었다. 이 대리가 다가가 "수석님 뭐하세요?"라고 묻자 노 수석은 "나 MIT로 돌아갈래"라며 고개를 떨군다. '실패를 용인하지 않는 회사 분위기'가 아이디어를 살해한 용의자이자 인재를 내쫓는 요인이었던 것이다.

엄격한 관료주의가 존재하거나 칸터(Kanter)가 지적한 것과 같은 기업문화에서는 혁신이 일어난다고 해도 속도가 느리고, 어려운 작업일 것이다. 과거 IBM이 매우 관료적이었을 때

에는 무엇이든 새로운 것을 하기 힘들었다. 앞에서 소개한 삼성계열사의 방송내용처럼 새로운 것은 중도에 좌초되기 쉽고, 최소한 마케팅 부서나 다른 제품 관련자들의 반대에 부딪혀 힘들게 논쟁만 벌이다 끝나고 말았다.

04 경영혁신을 위한 생산운영 부문의 역할

4.1 부문 간 잠재되어 있는 갈등

경영혁신은 가치활동들이 여러 부문을 관통하는 프로세스 지향적으로 바뀌었을 때 이루어진다. 그런데 실제로 기업들이 프로세스 지향적으로 업무를 수행하지 못하는 이유는 무엇인가 생각해보자.

[그림 4-2]는 기업의 구매, 생산, 물류, 마케팅부문의 네 개의 대표적인 부문들이 가지고 있는 전형적인 목표, 의사결정 사항들 그리고 성과척도를 나타내주고 있다. 목표 및 성과척도를 살펴보면 부서들 간에 내재되어 있는 갈등들을 파악할 수 있다. 그 예로 [그림 4-2]에서 구매부문과 생산부문, 생산부문과 마케팅부문 그리고 마케팅부문과 물류부문 간에 근본적으로 내재되어 있는 잠재갈등들을 파악해 볼 수 있다.

부문간의 갈등을 해소하고 프로세스 혁신을 도모하기 위한 BPR은 많은 기업에게 프로세스 중심의 업무체질을 정착시키는 것이 필요하다고 알려주었으나 실제로는 [그림 4-2]에서 볼 수 있는 부문 간 목표의 차이에 의한 잠재갈등, 의사결정의 차이, 성과를 평가받는 척도의 차이 등으로 인해 부문간을 횡단하는 프로세스의 혁신은 쉬운 일이 아니다. [그림 4-3]과 같이 프로세스 관점에서는 부문간의 상호작용이 매우 활발하게 이루어진다는 점에 주목할 필요가 있다. 이러한 부문간의 장벽을 허물고 협업과 연계가 이루어지도록 하는 것이 BPR이며, 부문간의 협업과 연계가 이루어진 상황에서 혁신이 이루어지고 가치가 창출

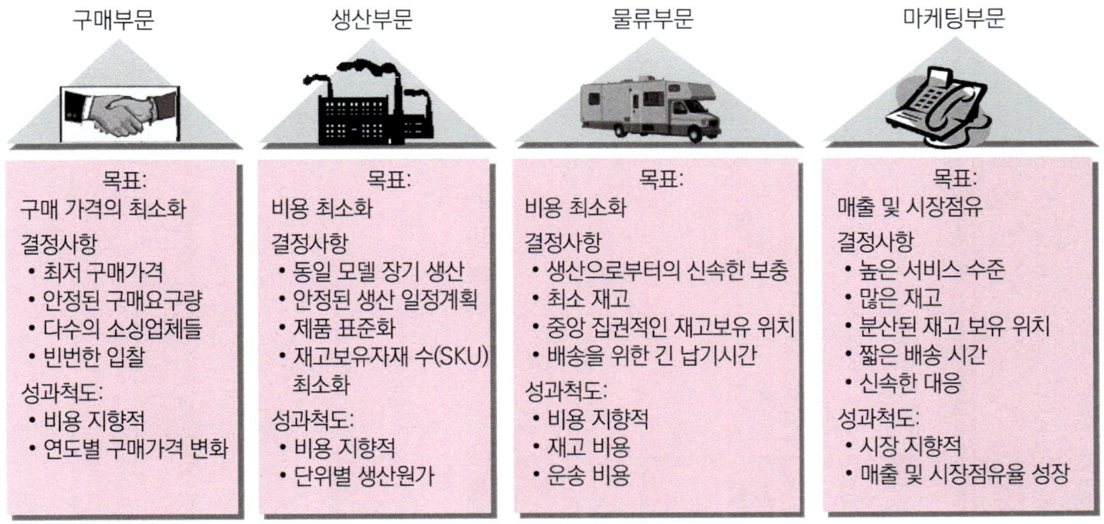

그림 4-2 상충되는 부문별 목표들에 의해 발생되는 현상

구매부문	생산부문	물류부문	마케팅부문
목표: 구매 가격의 최소화 결정사항 • 최저 구매가격 • 안정된 구매요구량 • 다수의 소싱업체들 • 빈번한 입찰 성과척도: • 비용 지향적 • 연도별 구매가격 변화	목표: 비용 최소화 결정사항 • 동일 모델 장기 생산 • 안정된 생산 일정계획 • 제품 표준화 • 재고보유자재 수(SKU) 최소화 성과척도: • 비용 지향적 • 단위별 생산원가	목표: 비용 최소화 결정사항 • 생산으로부터의 신속한 보충 • 최소 재고 • 중앙 집권적인 재고보유 위치 • 배송을 위한 긴 납기시간 성과척도: • 비용 지향적 • 재고 비용 • 운송 비용	목표: 매출 및 시장점유 결정사항 • 높은 서비스 수준 • 많은 재고 • 분산된 재고 보유 위치 • 짧은 배송 시간 • 신속한 대응 성과척도: • 시장 지향적 • 매출 및 시장점유율 성장

될 것이다.

4.2 평준화 생산프로세스 적용사례

우리나라에서는 BPR의 본질을 충분히 이해하지 못하고 일종의 비효율적인 업무를 약간 개선하는 정도로 받아들이는 경우가 많다. 대부분의 기업은 공급사슬관리는 커녕 기업내부의 혁신도 해야 할 일이 많이 남아 있는 것 같다.

예를 들어 특정 회사에서 대형설비를 만들고 있는 생산본부가 다음과 같은 상황에 부딪혀 있다고 가정하자. 이 회사에서도 생산본부는 [그림 5-4]에서 볼 수 있는 바와 같이 생산위주의 의사결정에만 책임이 있기 때문에 완제품의 유통·재고관리 책임은 영업본부에 있다. 또한 영업과 생산을 잇는 물류는 자회사가 담당하고 있으며, 생산본부나 영업본부의 의향은 전혀 반영되지 않고 있다.

생산본부 측은 나름대로의 혁신적인 의사결정을 통해 재고를 최소화하기 위해 평준화 생

그림 4-3 여러 부문을 횡단하는 전사 프로세스의 예시

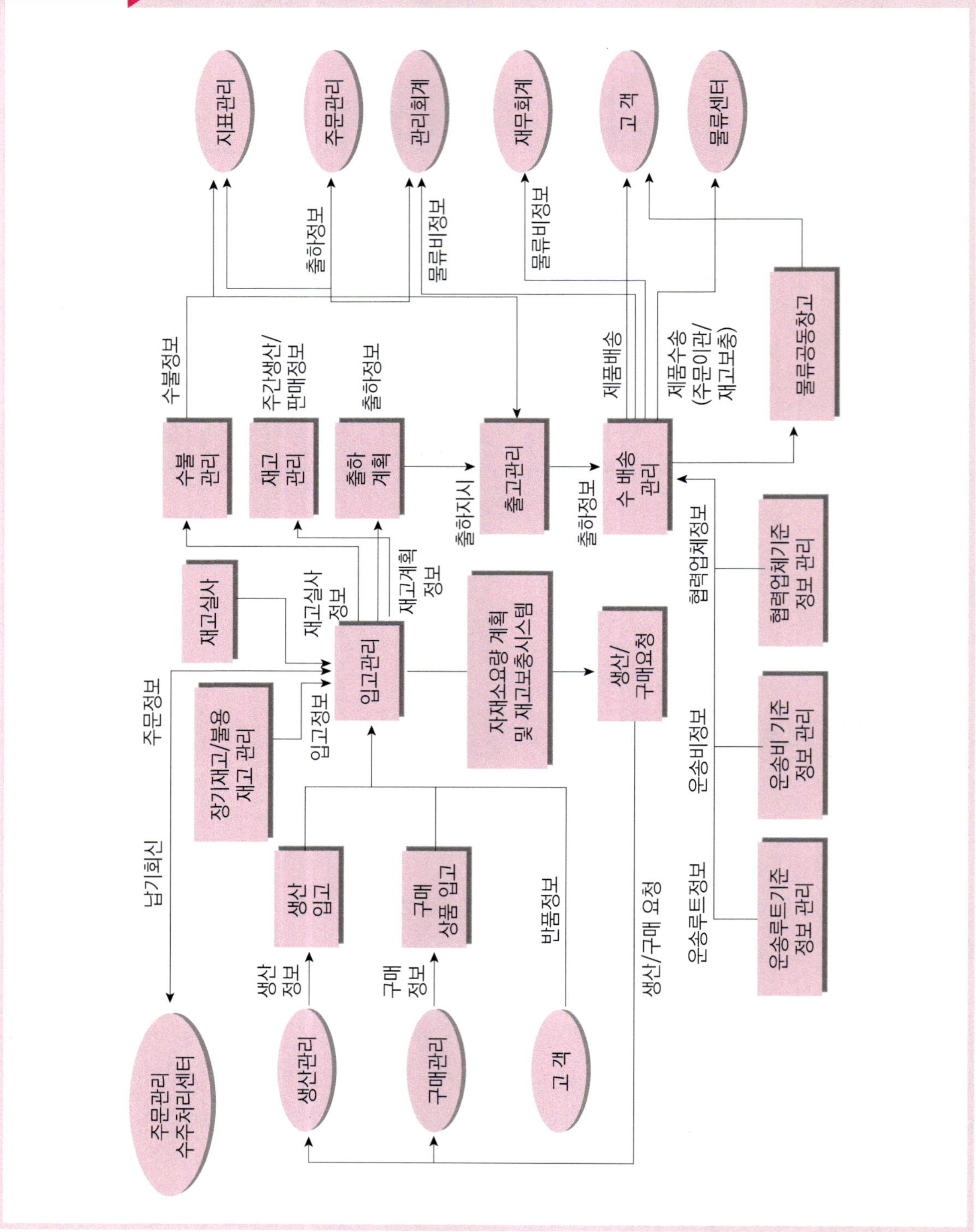

지표관리
주문관리
관리회계
재무회계
고 객
물류센터
수불정보
출하정보
물류비정보
물류비정보
제품배송
제품수송 (주문이관/재고보충)
수불 관리
재고 관리
주간생산/판매정보
출하 계획
출하정보
출고관리
출하지시
수 배송 관리
출하정보
물류공동창고
협력업체정보
협력업체기준 정보 관리
운송비정보
운송비 기준 정보 관리
운송루트정보
운송루트기준 정보 관리
재고실사
재고실사 정보
재고계획 정보
입고관리
자재소요량 계획 및 재고보충시스템
생산/ 구매요청
주문정보
장기재고/불용 재고 관리
입고정보
납기회신
생산 입고
구매 상품 입고
반품정보
생산/구매 요청
생산 정보
구매 정보
주문관리 수주처리센터
생산관리
구매관리
고 객

산방식을 도입하여 '한 개 만들기(재고가 쌓이지 않도록 로트로 만들지 않고, 영업의 수요에 맞추어 한 개씩 만드는 방법)'를 하고 있다. 그러나 영업본부 측은 수요변동으로 인해 결품이 생기는 것을 우려하여 유통단계에서 A, B, C 제품모델에 대해 각기 2, 3개월분의 재고를 비축해두고 있다. 이렇게 부문별로 일관성 없는 정책을 수립하고 실행하면 가치사슬이 최적화 되지 못하고, 가치가 창출되기 어려울 것이다.

또한 물류부문은 보관하기 쉽고 운반하기 쉬운 형태위주로만 생각하고 있기 때문에, 공장에서 '한 개 만들기'로 제작한 상품을 일부러 멀리있는 창고까지 운반하여 한꺼번에 모아두는 형태를 취하고 있다.

각 부문은 담당부문의 역할과 목표를 위해서 열심히 노력하고 있긴하지만 그 방향의 초점이 제각기 다르다.

이러한 업무형태를 가치활동 연계형태로 혁신한다면 다음과 같이 의사결정이 되어야 할 것이다.

① 산업의 특성에 맞게 재고는 수요변동을 흡수할 수 있을 만큼(15일~1개월)만 가지고 생산본부, 영업본부, 물류부문이 일원화 시킨다.
② 생산은 리드타임을 대폭적으로 단축하고, 한달에 여러 모델을 여러번 생산하는 평준화 생산방식으로 한다. 이렇게 함으로써 일반적인 직접 주문이는 수주생산으로 고객과 직접 접촉하여 대응할 수 있도록 한다. 영업부문에서 각 제품모델 별로 2, 3개월분의 재고를 비축해 두고있는 상황에서 '한 개 만들기' 혼류생산은 수요에 연동되지도

그림 4-4 대량생산과 평준화 생산의 차이

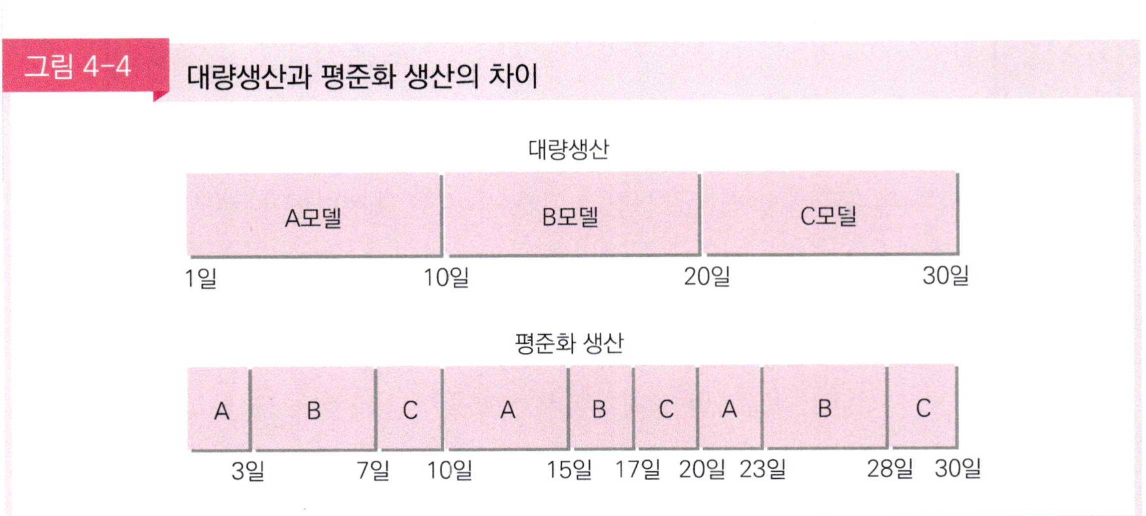

않을 뿐만 아니라 너무 빈번한 생산라인 변경으로 인해 오히려 생산성이 저하될 우려가 높다.

③ 물류는 보관과 운반만 생각하여 멀리 있는 창고에 운반하여 한꺼번에 쌓아두는 형태를 취하지 않고, '공장→판매점(더 나아가서는 고객에게 직접 배송)'을 기본으로 하면서 비효율적인 이동을 최소화하고 수요에 맞추어 직접 연결한다.

④ 이러한 판매 · 물류 · 생산계획을 일관성 있게 일원화하여 전체 가치창출에 가장 적합한 가치사슬 최적화를 추구한다.

그러나 생산본부와 영업본부는 각각 관리라인이 다르기 때문에 프로세스형으로 하는 것이 지극히 어려운 문제다. 또한 물류부문은 관련회사로 독립되어 있으며, 별도의 사장의 관할하에 움직이고 있다. 따라서 전체관점에서 최적화된 의사결정을 모으고 공감대를 형성하며 수렴하기 어렵다. 이와 같은 애매모호한 체제속에서 가치사슬 혁신을 통해 프로세스형으로 구축해 가려면 부문별 성과지표의 변경이나 심지어 조직변경 등의 노력도 필요할 것이다.

수요에 연동하여 최대효율을 추구하는 생산형태인 적시 생산방식(Just In Time)은 [그림 4-5]와 같이 여러 가지의 제품모델을 수요에 맞추어 생산하는 '평준화 생산'이며, 그 목적은 생산부하의 평준화에 있다.

대량생산 체제에서 한 가지 모델과 사양의 자동차를 한꺼번에 백대이상 생산한다면 재고공간이 엄청나게 필요하다. 또한 고객으로부터 다른 사양의 주문이 들어와도 백대생산이 마무리될 때까지는 대응할 수 없다. 어떤 경우에는 긴급대응을 하면서 긴급발주나 생산오더의 변경이 일어나기도 한다. 결국 부품회사는 확실한 지표를 설정할 수 없게 된다. 게다가 부하(負荷) 변동이 격심해지기 때문에 대응도 어려워진다. 그러므로 평준화 생산이 필요한 것이다.

이러한 평준화를 실현하는 방법은 [그림 4-5]와 같이 한 대형라인에서 모델변경을 하면서 생산하는 경우가 있고, 여러 개의 소형라인에서 생산하여 조립하는 방법도 있을 것이다. 이와 같이 생산운영 부문에서는 공장의 생산성만을 목표로 해서는 안되고, 영업부문의 수요에 연동하여, 이에 맞는 생산라인을 배치하고 평준화 생산을 해야 한다.

우리나라에서도 삼성르노자동차와 현대자동차가 혁신적인 평준화 생산시스템을 통해 다양한 모델을 적은 로트의 생산량으로 고객의 수요에 맞추어 생산하고 있다. 평준화 생산의 자세한 내용과 효과를 다음의 기사를 통해 살펴보도록 하자. 이로 인해 생산성 뿐만 아니

그림 4-5 평준화 실현을 위한 다양한 방법

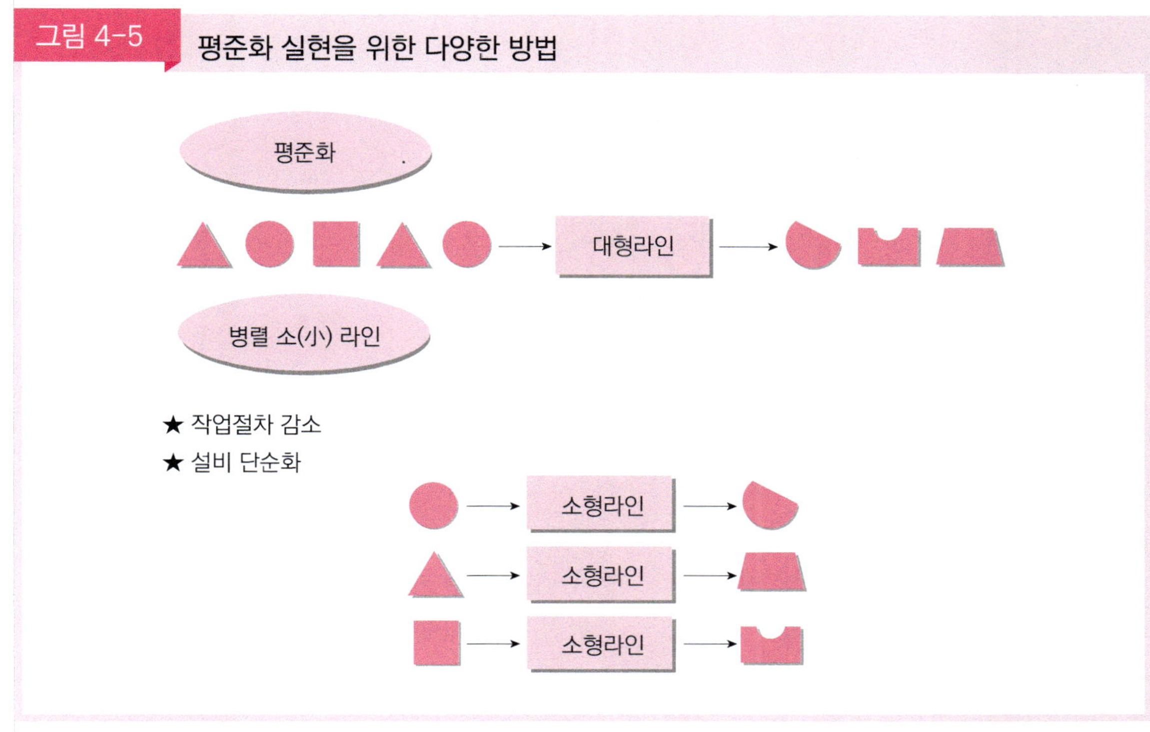

라 품질도 향상되고 있는데, 회사전체에 이익이 되도록 생산부문만 변화해서 되는 것이 아니고, 영업부문과 제대로 공조가 되어야 최적화된 가치사슬 효과를 거둘 수 있을 것이다.

▶ 사례 : 유연한 평준화 생산시스템

2009년 3월 9일 오후 부산 신호공단 내 르노삼성자동차 공장조립 라인중간에 붙은 현황판에는 '계획 213, 실적 220'이라고 적혀 있었다. 2km에 이르는 조립라인을 따라 이동하는 여러 종류의 차량양쪽 발판에는 파란색, 녹색, 노란색 고무플레이트가 각각 붙어 있었다. 한 라인에서 여러 종류의 차를 평준화 생산하는 과정에서 착오가 생기지 않도록 하기 위해서다. 스포츠유틸리티 차량인 QM5 뒤를 이어 세단인 SM5와 SM3 등이 라인을 따라 이동하고 있었다.

자동차 수요감소로 세계 자동차 회사들이 앞다퉈 공장가동을 중단하고 있지만 르노삼성 부산공장에선 위기를 느낄 수 없었다. 시장변화에 발 빠르게 대응할 수 있는 유연한 생산시스템과 노사 간 두터운 신뢰는 회사의 경영실적 개선에 큰 버팀목이 되고 있다.

2009년 2월 국내 5개 자동차 회사의 총 생산량은 2008년 2월 보다 15.2% 줄었다. 하지만 르노삼성차는 예외였다. 지난달 내수와 수출량은 각각 9.4%, 18.7% 늘었다. 2008년에는 수출한 자동차가 전년 대비 72.9%나 증가하면서 2000년 회사출범 이후 최대의 실적을 올렸다.

이기인 생산1 담당상무는 "수요가 줄면 국내 다른 회사들은 가동중단밖에 방법이 없지만 우리는 1개 라인에서 4개 차종을 만드는 유연한 생산시스템 때문에 시장상황에 능동적으로 대응하고 있다"고 말했다.

현장 근로자들의 노동강도는 1개 라인에서 1개 차종만 생산하는 것에 비해 훨씬 크다. 이 때문에 현대, 기아자동차 등 국내 다른 자동차 회사에서는 노조의 반대로 혼류생산이 활성화되지 못하고 있다. 신희철사원 대표위원장은 "혼류생산 때문에 초기엔 직원들이 많이 힘들어 했지만 생산성을 높이고 최고의 품질을 갖춰야 살아남을 수 있다는 생각으로 잘 소화해 냈다"고 말했다.

자료원, 동아일보

2009년 5월 6일 울산 양정동 현대자동차 울산 2공장 1라인 출고장. '투싼'과 '싼타페' 등 스포츠유틸리티(SUV)만을 생산해온 이 곳에 검은색 '아반떼'가 최종 품질검사를 마친 뒤 모습을 드러냈다. 이를 바라보는 2공장 근로자들의 얼굴에는 기쁨이 가득했다. 회사와 근로자들이 동시에 만족하는 상생이었다.

SUV 수요급감으로 최근 조업중단이 잦았던 2공장은 이날부터 주야 10시간씩 교대근무에 들어갔다. 일감부족으로 6개월 가까이 급여가 30~40% 줄었던 2공장 직원들의 얼굴에는 오랜만에 활기가 넘쳤다.

1개 라인에서 여러 차종을 생산하며 시장변화에 따라 생산량을 유연하게 조절할 수 있는 평준화 생산이 현대차에서도 시작됐다. 그동안 현대차에서는 노조의 반대, 공장간 '밥그릇'싸움 등이 겹쳐 수백억원을 들여 생산설비를 갖추어 놓고도 혼류생산을 하지 못했다.

2공장 의장2부 조반장인 박민웅씨는 "막상 겪어 보지 않은 사람은 잘 모를 것'이라며 '생산유연화가 왜 필요한지 뼈저리게 느꼈다"고 말했다. 또한 송천권 2공장장은 "평준화 생산과 자유로운 물량이동 등을 통한 유연한 생산은 생산성을 높이면서 비용을 낮추는 큰 효과를 낸다"며 "자동차 회사간의 경쟁이 한층 치열해지면서 두 가지 조건을 갖추지 못한 회사는 생존하기 힘들어졌다"고 말했다.

자료원, 동아일보

4.3 신제품개발 프로세스 혁신

순차적인(Sequential) 신제품개발은 엄격한 부문 간 바운더리(Boundary)가 존재하는 전통적인 접근방식이다. [그림 4-6]에 나타나 있는 바와 같이 각 기능부문들은 각기 맡은 업무를 하고, 다음 기능부문으로 일을 넘겨 신제품개발 업무를 수행한다. 그런데 신제품이 개발되는 과정에서 문제가 발생하지 않고, [그림 4-6]처럼 순차적으로 진행되는 경우는 거의 없다. 마케팅 개념이 R&D의 설계를 거치면서 수정되고, 또한 R&D의 설계가 제조 및 생산운영에서 시제품을 만들면서 설계변경이 일어나서 계속 이전부문으로 수정검토를 요구하게 된다 이에 따라 앞에서 살펴본 바와 같이 부문간 목표의 차이와 잠재갈등으로 인해 업무가 신속하게 이루어지지 않고 신제품개발에 걸리는 기간이 늘어날 것이다. 그러면서 가치사슬이 연계되지 않아 가치창출이 지연되게 되며, 심지어 시장에 제품이 출시되는 시점이 늦어져 제품개발과 판매에 실패하는 경우도 발생한다.

동시(Concurrent) 신제품개발은 가치사슬을 혁신시키는데 점차 선호되는 접근방식이다. 동시 신제품개발은 목표단위 원가에 기초하여 신제품을 개발하는 다기능팀(Cross-Functional Team)에서 활용한다. 팀의 구성은 기업의 자원과 프로젝트의 복잡성에 따라 크게 달라진다. 일반적으로는 마케팅부문, R&D부문, 기술부문, 생산부문, 구매부문의 관리자들로 팀이 구성된다. 다기능팀에서는 신제품개발 팀의 귀중한 구성원으로 공급사슬 내의 외부구성원을 참여시키고 있다. 이러한 외부구성원으로는 고객, 공급업체, 서비스 제공자 등

그림 4-6 순차적인 신제품 개발절차

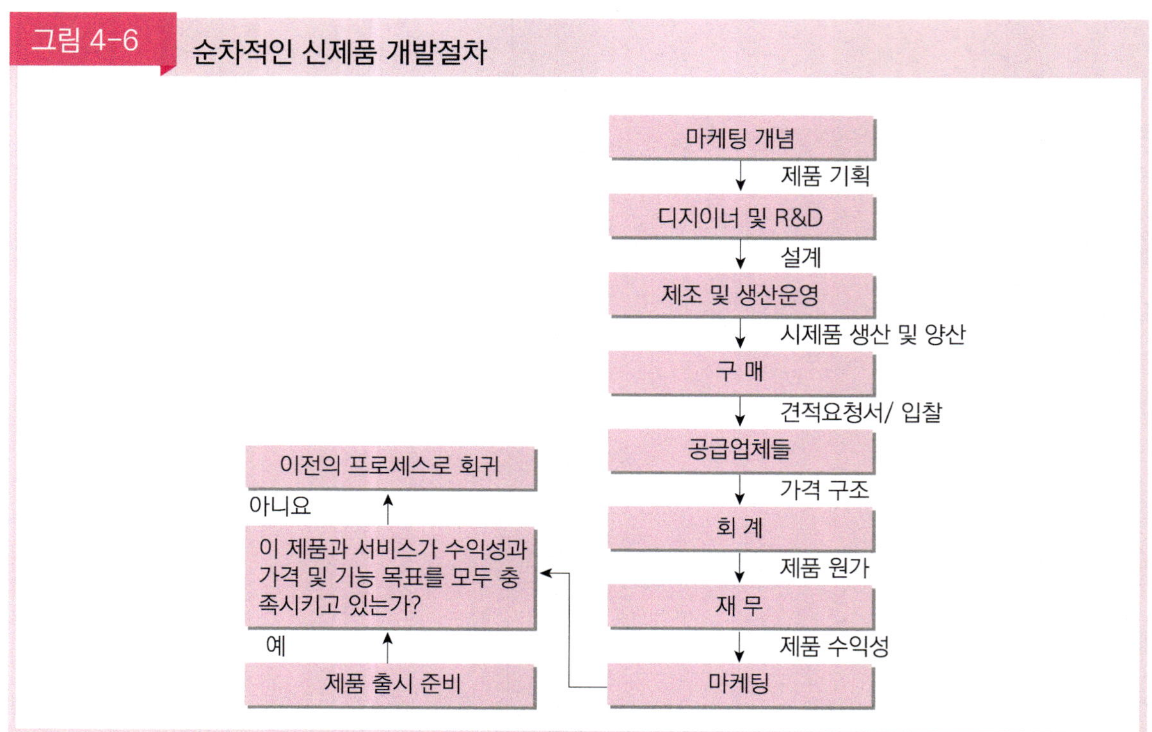

그림 4-7 순차적 신제품개발과 동시개발의 개발기간 비교

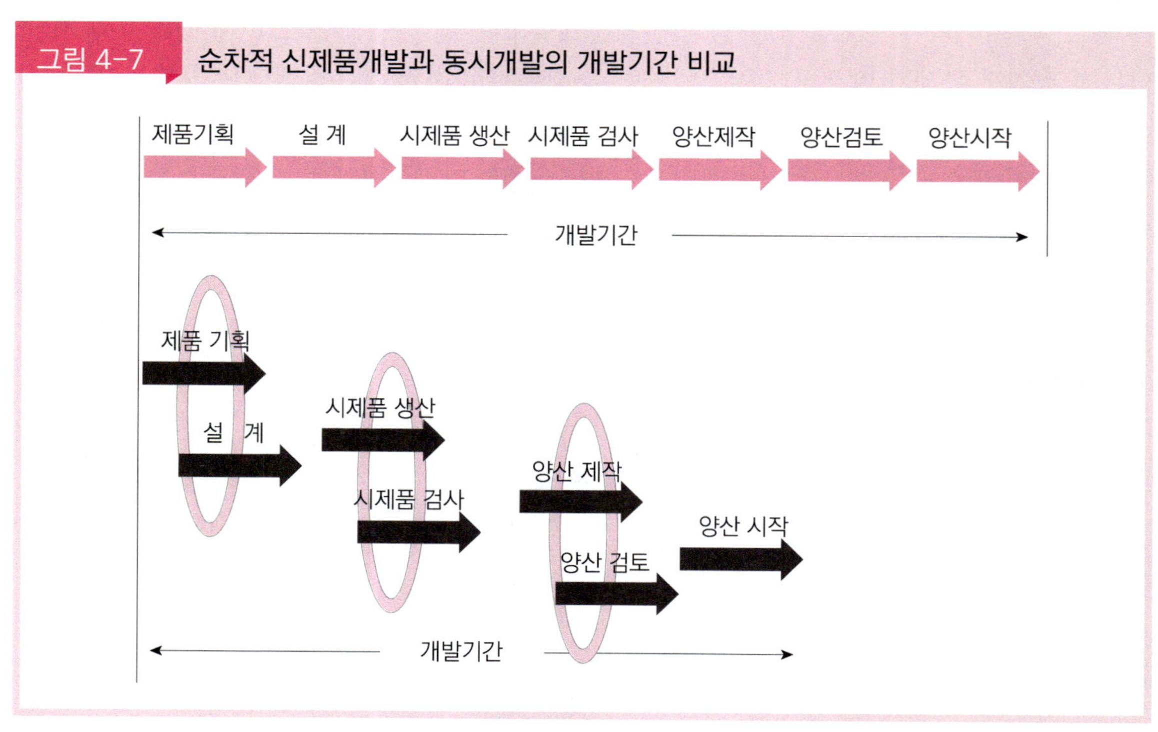

이 포함된다.

다기능팀이 활약하여 동시개발을 성공적으로 수행하면 [그림 4-7]에서 볼 수 있는 바와 같이 순차적 개발에 비해 혁신적인 프로세스로 개발기간을 단축하고 시장에 출시되는 시기를 앞당길수 있다. 이것은 여러 부문이 개입하여 이루는 또 다른 혁신의 사례로 볼 수 있다.

4.4 혁신적인 공장의 역할

생산운영 부문의 역할에 대한 전통적인 관점은 마케팅부문에서 요구하고, 전문 디자이너에 의해 디자인된 것을 대량으로 만들어 내는 것이었다. 그러나 혁신을 이루려면 생산운영부문은 여타 부문들을 내부적으로 연결하는 역할 뿐만 아니라 외부의 공급업체 및 제휴기업과의 연결고리 역할을 해야 한다.

즉, 제조가능한 설계(Design for Manufacturing)와 모듈러 설계(Modular Design)의 중요성이 점차 중요해지면서 공급업체로부터 공급되는 모듈이나 하부 조립품(Sub-Assembly)의 품질과 필요 수량공급의 중요성이 더욱 부각되고 있다. 모듈러 설계방식과 모듈위주로 공급하는 방식이 중시되면서 [그림 4-8]에서 볼 수 있는 바와 같이 공급사슬이 변화하고 있다. 예전에는 공급자 1부터 공급자 11까지 모두 A사에게 납품하였으나, 모듈러 설계방식과 모듈위주로 공급하는 방식이 중시되면서 공급자 1, 공급자 5, 공급자 10만 A사에 직접 납

그림 4-8 모듈러 설계에 따른 혁신적 공장의 모습

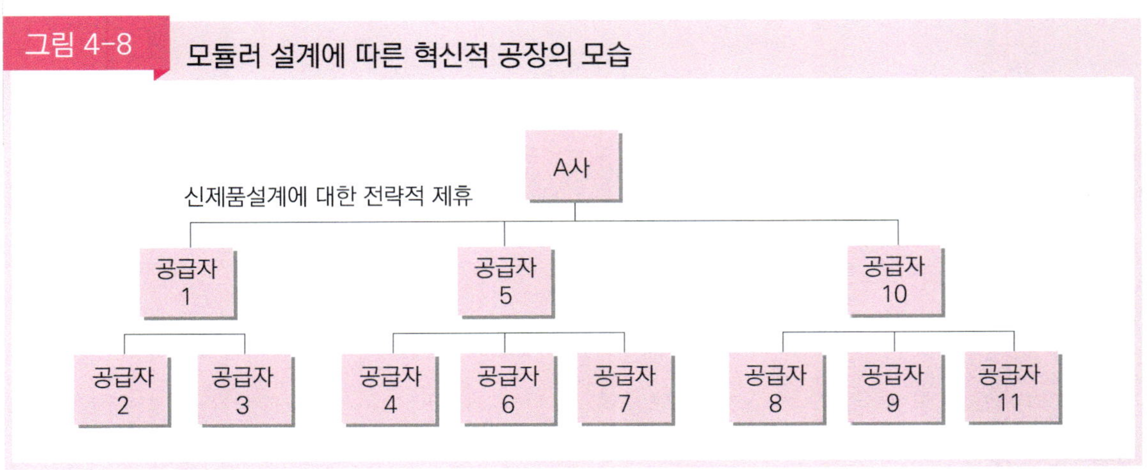

품을 하게 된 것이다. 그러면서 이러한 공급자들은 신제품개발에도 직접 참여하고 있다. 또한 생산운영 부문은 신제품개발에 있어서 전략적 파트너십을 형성한 제휴업체나 공급업체와 연결하는 역할을 수행해야 한다.

전통적인 공장에 비해서 혁신적 공장은 다음과 같은 차이가 있다.

첫째, 시장의 급격한 변화로 인해 수량, 다양성, 유연성에 대한 대응능력이 점점 더 강조되고 있다. 혁신적인 공장에게는 기회를 제공하지만, 대응능력을 갖추지 못한 전통적인 공장에게는 자신의 기술이 시장의 요구를 맞출 수 없다는 위협이 된다.

둘째, 혁신적인 공장과 전통적인 공장을 구별하는 중요한 기준이 되는 것이 신제품개발 초기단계에서 생산운영 부문인력의 역할이다. 혁신적인 공장에서는 생산운영 부문을 초기의 개념화 단계부터 모든 단계에 걸쳐 지속적으로 참여시킨다.

셋째, 혁신적인 공장과 전통적인 공장을 구별하기 위한 질문에 특히 2년을 기준으로 한 경우 혁신적인 기업의 최근 출시제품 그리고 향후 출시예정 제품의 매출액 비중이 명확하게 높다는 것을 알 수 있었다.

즉, 최근 5년간과 2년간 출시품의 매출액 비중과 향후 5년간과 2년간 출시품의 예상매출액 비중이 5년보다 2년을 기준으로 한 경우 혁신적인 기업의 최근 및 향후 출시품의 매출액 비중이 분명하게 높았는데 이는 혁신의 속도차이를 의미한다.

혁신적인 공장이 전통적인 공장에 비해 신제품개발 속도가 빠르다는 면에서는 같으나, 컴퓨터 산업과 자동차 산업의 산업간 신제품개발 속도를 비교할 때 컴퓨터 산업이 더욱 빠르다. 이는 산업 간의 차이도 분명하게 존재하고 있다는 것을 나타낸다.

4.5 제품개발에서 생산운영 부문의 역할

1. 생산운영 활동의 역할

생산운영 부문의 역할은 기술적인 부분에 국한되지 않는다. 제품개발 초기단계와 기존제품의 사양변경에서 생산운영 부문의 의견개진이 필요하다. 또한 생산운영 부문에서 제조가능한 설계(Design for Manufacturing)와 모듈러 조립(Modular Assembly)과 같은 접근방식이 필요하고, 이러한 활동들이 가치사슬을 최적화시키고 시장의 요구사항을 충족시키는 수단으로 활용된다.

또한 생산운영 부문에서 고객을 위한 가치를 증대시키지 못하는 요소를 제거시켜 나가야 한다. 예를 들면

- 고객의 만족도에 영향을 미치지 못하는 부품의 수를 매 출시품이 나올때마다 30%씩 감축한다.
- 20개의 서로 다른 시스널 스위치(Signal Switch) 유형을 7개로 줄임. 지나치게 선택사양이 다양화된 사례가 많다. 한 가지 자동차 모델에 대해 90가지의 다양한 옵션사양이 존재하는 경우가 있는데, 이중 절반이 안되는 옵션사양이 모델 전체매출의 95% 이상을 차지한다면 어떻게 해야 할 것인가? 가치창출에 도움이 되지 않는 옵션사양들은 점차 감축시켜 나가야 할 것이다.

혁신적인 공장의 마케팅 임원의 이야기를 들어보면 "마케팅 부문에서는 생산운영 부문이 단지 검사와 조립시에만 참여하기 보다는 제품개발 초기부터 참여토록 한다. 마케팅 부문은 생산운영 부문이 고객으로부터 직접적인 피드백(Feedback)을 받을 수 있도록 노력한다."

그밖의 혁신적인 공장과 전통적인 공장의 차이에 무엇이 있을까? 혁신적인 공장에서는 다른 부문에서 생산운영 부문이 무엇을 생산할 수 있고 무엇을 생산할 수 없는지를 정확히 알고 있는 반면에, 전통적인 공장에서는 생산운영 부문 사람들이 마케팅에 대해서 모르고, 무엇이 문제이고 무엇을 개발해야 하는지 알지 못한다.

또한 마케팅 및 여타 부문에서도 생산운영 부문이 무엇을 생산할 수 있고, 무엇을 생산할 수 없는지를 정확히 알지 못한다. 생산운영 부문직원과 여타 부문직원들이 모두 좀 더 넓은 시야와 사업적인 감각을 가질 때 혁신이 이루어질 수 있다.

2. 생산전략의 역할

직원의 역할에 덧붙여 생산전략의 역할이 혁신적인 공장에서의 중요한 특색이다. 생산전략의 범위안에 신제품개발이 포함되었다. 공정관련 기술은 기존 제품을 제대로 생산하는

것 이외에도 신제품도입을 지원하는 관점에서 중시된다. 다른 말로 공정기술에 관련된 생산전략 의사결정시에 신제품도입을 지원하는 데 도움이 되는지 여부가 중요한 결정기준이 된다는 뜻이다. 생산운영 부문이 신제품도입에 일찍 참여하는 것이 단지 기대되는 것에 그치지 않고, 실제 전사적으로 여타 부문에서 생산운영 부문을 적극적으로 참여시킨다.

전통적인 공장에서 생산운영 부문의 역할은 디자인 전문가에 의해 고안된 새로운 디자인을 따라 단순히 따르기만 하고, 마케팅부서에서 결정한 판매수요(Volume Requirements)만을 충족시키는데 급급하다. 이 경우 생산운영 부문에서는 아무런 가치창출을 하지 못하고, 때로는 기술적인 한계만을 고집하면서 오히려 혁신의 속도를 늦추는 역할을 하게 된다.

다시 한번 강조하면 생산운영 부문이 개발초기단계부터 참여함으로써(Early Involvement) 사용부품이 최소화되어 생산원가가 절감될 수 있고, 표준화가 촉진되며, 각 기능부서의 순차적인 제품개발 과정대신 기능부서를 초월한 동시적인 개발이 가능하게 된다. 이에 따라 생산운영 부문이 개발과정의 주요 역할을 담당하게 된다.

3. 제휴(Alliances)의 역할

전통적인 공장에서는 특정 프로젝트가 완료되고나면 제휴가 종료되고 학습으로부터 얻을 수 있는 별다른 혜택이 없을 것이라는 전제가 깔리기 때문에 제휴의 영향이 특정 제품이나 과업에 국한된다. 그러나 혁신적인 공장에서는 제휴가 조직적 학습을 위한 핵심적인 수단이 되어 신제품개발 등의 혁신에 도움이 된다.

혁신적인 공장에서는 제휴업체 선정에 있어서 생산운영 부문의 고참직원이 핵심적인 역할을 수행하는데, 이것은 제휴가 맺어지기 전부터 생산운영 부문이 밀착 조정역할을 하기 때문에 어떠한 제휴업체가 필요할 지를 잘 알게된다는 것을 의미한다.

혁신적인 공장이나 전통적인 공장이나 모두 신제품개발에 실패할 수 있지만 차이점은 실패에 대한 태도에서 나타난다. 즉, 전통적인 기업에서는 실패에 대한 두려움에 사로잡혀 혁신을 시도하기 어려운 반면, 혁신적인 기업에서는 실패는 피할 수 없는 것인 동시에 교훈을 얻을 수 있는 학습의 기회로 인식하게 된다.

지금까지 설명한 경영혁신을 요약해서 정리해 보자.

가치사슬 혁신을 이루는 기업의 세 가지 모델은 [그림 4-9]에 나타나 있는 전략적 혁신, 초점화된 혁신, 전체적인 혁신을 모색하고 실행하는 것이다.

그림 4-9 경영혁신을 위한 접근방식

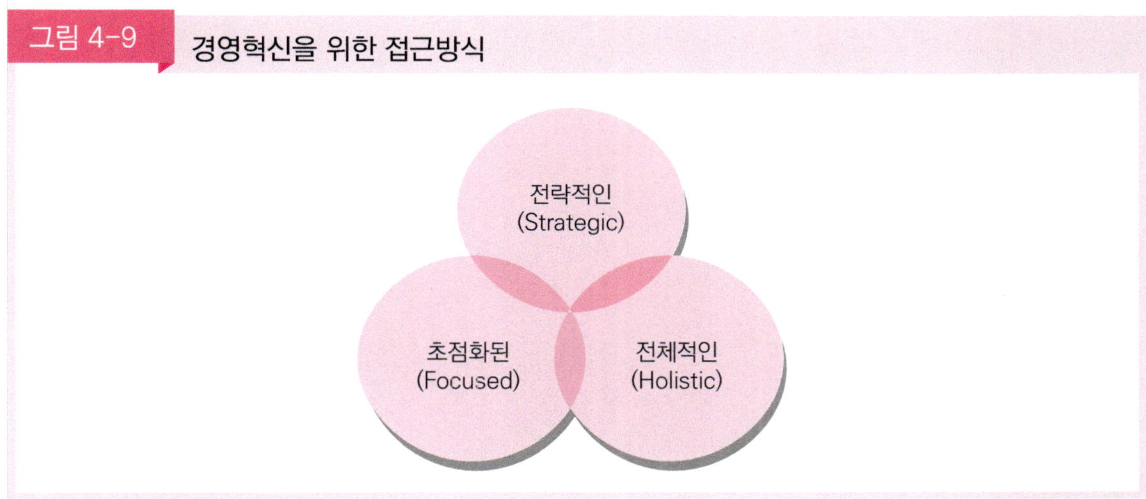

전략적인(Strategic) 혁신이란 혁신을 지속적인 경쟁요소(Ongoing Competitive Factor)로 인식하는 것이다. 혁신의 대상은 신제품에만 국한하는 것이 아니라 프로세스, 노하우, 학습과 경험도 모두 포함한다. 경영자는 혁신문화가 정착되도록 해야 한다. 또한 경영자는 기업이 가치사슬 혁신에 지속적으로 몰입이 되도록 제품, 시장 그리고 전략적 파트너 관점에서 새로운 가치사슬 혁신기회들을 계속 모색해야 한다.

초점화된(Focused) 혁신은 특정한 세분시장(Segment)에 집중하고 기술적인 개발로 새로운 아이디어를 시장에 밀어 넣거나(Push) 다기능팀을 통해 시장에서 끌어 당기는(Pull) 요구사항들에 대응하는데 집중하는 것이다. 이러한 노력은 한 가지 제품에만 국한시킬 필요는 없다.

전체적인(Holistic) 혁신은 새로운 시장기회에 전체가 공조해서 생각하는 것을 의미한다. 공정과 제품의 개발에 회사내 모든 부서의 통합은 물론 공급업체와의 장기적인 관계 그리고 다른 제휴업체까지 함께 참여하는 것이 필요하다.

제휴업체로부터의 학습의 중요성도 다시 한번 강조하고자 한다. 공급사슬 상에 위치한 전략적인 핵심 제휴업체로부터의 학습은 어떤 특정 제품개발 뿐만 아니라 프로세스 학습(Process Learning)에도 중요한 역할을 한다.

공급사슬관리 관점에서 경영혁신의 속도를 갖추기 위한 또 다른 핵심적인 요인은 경험 많은 생산직원이 신제품개발 과정에 참여하고, 또한 시장에 출시되는 신제품개발을 촉진시킬 수 있는 공장의 역할을 강화하기 위한 생산전략이 수반되어야 한다는 점이다.

CHAPTER 5

공급사슬관리모형 및 기법

01 SCOR 모형의 이해

1.1 SCOR 모형의 개요

구매부문과 생산부문 그리고 물류부문이 기업전반의 전략에 발맞추어, 일관성 있게 활동하면, 고객에게 우수한 제품과 서비스를 전달하는데 큰 도움이 된다. 이러한 기능부문들은 성공적인 공급사슬 전략의 초석(Building Block)이다. [그림 5-1]에 있는 공급사슬협회(Supply Chain Council) (www.supply-chain.org)의 공급사슬 운영참조(Supply-Chain Operations Reference: SCOR)모형은 이러한 사실을 강조하고 있다.

그림 5-1 공급사슬협회(Supply Chain Council)의 SCOR 모형

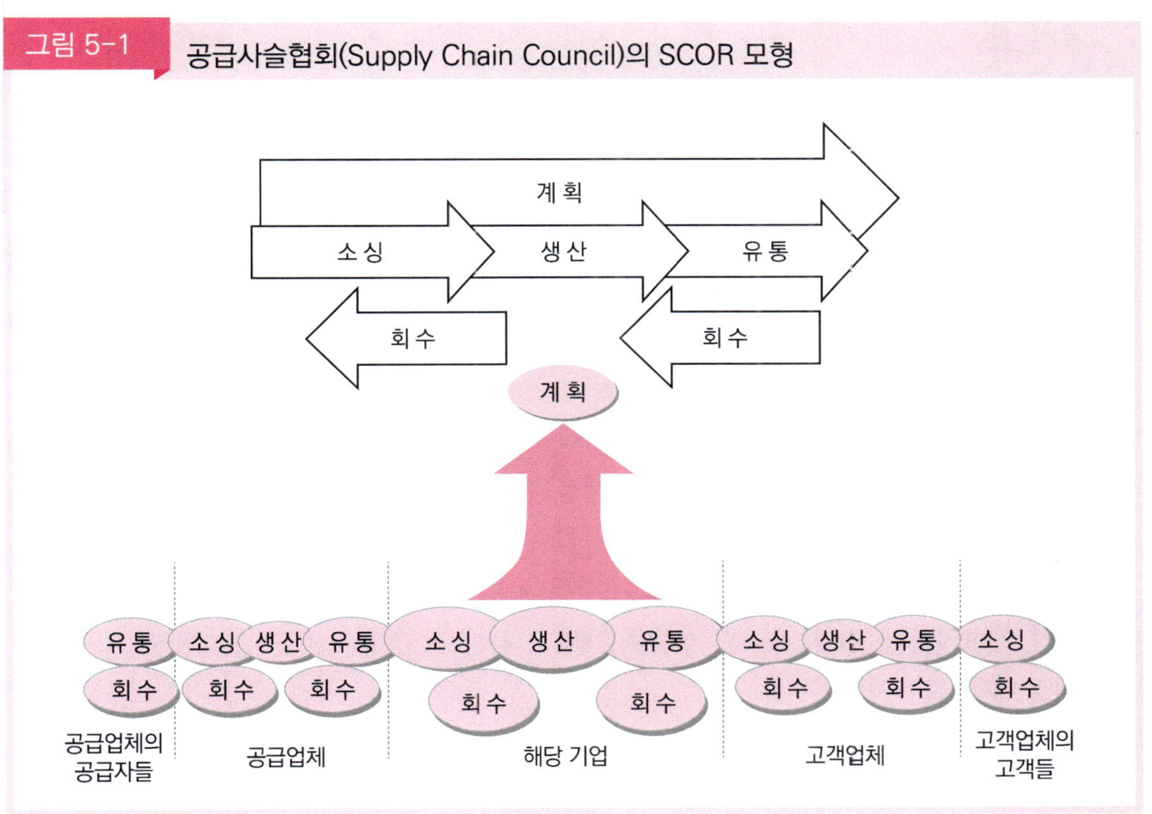

공급사슬협의회(Supply-Chain Council)는 1996년 설립된 독립적 비영리단체로서 공급사슬 적용모델을 개발하기 위하여 많은 시도를 하고 있다. 총 69개의 세계적 선도기업들이 이의 창립에 참여하였다. 오늘날 이 협의회의 사명은 기술개발, 연구, 교육, 그리고 컨퍼런스 등을 통하여 SCOR 모델의 사용을 계속적으로 확산시키는데 있다. 2001년 말까지 협의회의 기술공동체는 SCOR의 다섯 가지의 연속된 버전을 발표함으로써 프로세스 요소, 성과측정(metrics), 실행 그리고 기술 등을 최신의 것으로 만들었다.

SCOR 모형은 다섯 개의 기본적인 공급사슬 프로세스를 관리하고 조정하는 공통비전을 창출할 수 있도록 도와준다.

① 계획(Plan): 공급업체 개발 및 조달(Sourcing), 생산, 그리고 배송의 요구사항을 충족시킬 수 있는 일련의 행위를 개발하기 위하여 수요와 공급을 균형있게 만드는 프로세스이다.
② 공급업체 개발 및 조달 (Sourcing): 계획된 수요 또는 실제 수요를 충족시킬 수 있도록 부품 및 서비스를 구매하는 프로세스이다. 공급업체를 선정하고, 정책을 수립하며 납품일정을 수립하고 납품성과를 평가하는 것 등이 주요활동이다.
③ 생산(Make): 수요를 충족시킬 수 있도록 재료를 완성품으로 변형시키는 프로세스이다. 생산일정 계획을 수립하고, 생산진척 성과를 측정하며, 재고를 관리하고, 생산 네트워크를 조합하는 등의 활동들이 필요하다.
④ 유통(Delivery): 고객들에게 완성된 상품과 서비스를 제공하는 프로세스이다. 주문관리(Order Management), 창고관리(Warehouse Management), 그리고 수송관리(Transportation Management)가 강조되는 활동들이다. 또한 유통채널의 구조는 각 기능의 성과, 배송속도와 의사소통, 운영비용 등에 영향을 미친다.
⑤ 회수(Return): 여러 가지 이유로 인한 제품의 반송과 연관된 프로세스이며 배송 후 고객만족 활동들이 여기에 포함된다. 반송물류(Reverse Logistics)와 장기 고객만족 활동이 강조되는 활동들이다. 효과적으로 제품을 회수함으로써 고객을 만족시킬 수 있을 뿐만 아니라 오히려 획기적인 제품의 개발 가능성을 증대시킬 수 있기 때문에 경쟁력상의 이득을 가져다 준다.

SCOR 모형은 공급사슬협회(Supply Chain Council)에서 개발하여 보급하고 있는 표준적인 공급사슬 프로세스 참조모형(Process Reference Model)이다. 프로세스 참조모형은 BPR(Business Process Reengineering), 벤치마킹(Benchmarking), 프로세스 측정(Process Measurement)을 기능 간 프레임워크로 통합시킨 모델이라고 할 수 있다.

그리고 SCOR 범위는 주문입고부터 송장발송까지의 모든 고객의 상호작용, 공급자의 공급자로부터 고객의 고객까지 모든 물리적 거래활동, 그리고 통합된 수요의 이해로부터 각 오더의 수행까지의 시장 상호작용을 포함한다.

SCOR 모형은 해당 기업의 공급업체로부터 고객에 이르기까지 계획, 구매, 생산, 판매 및 인도가 이루어지는 공급사슬을 통합적으로 분석한다는데 그 기초를 두고 있다. 공급사슬의 통합운영은 정보와 상품의 흐름을 개선하며 공급사슬 내의 모든 연결부분에서 발생하는 과잉재고와 낭비요인을 절감시킬 수 있다.

1.2 SCOR 모형의 발전과 특징

앞에서 언급한 온 SCC(Supply Chain Council)에 대해서 간략하게 정리하여 소개하도록 하겠다.

SCM의 중요성을 일찍이 깨닫고 적극적으로 실천에 옮기고 있는 컨설팅 회사로는 PRTM 사가 대표적이다. PRTM사와 CGR사는 20년 전부터 하이테크 업계를 중심으로 공급사슬 관리 구축과 더불어 비즈니스 프로세스 벤치마킹을 철저히 전개해 옴으로써 많은 고객을 확보하고 있다.

SCC의 노하우는 PRTM사와 고객기업의 공동 노하우가 기본이다. SCC는 PRTM사와 AMR사(Advanced Manufacturing Research)를 중심으로 1996년에 설립되었다. AMR사는 ERP, SCM 관련 정보리서치 분야에서 업계 최고로 일컬어지는 기업이다. 대학이나 정부주도가 아닌, 산업계에서 비즈니스로서 SCM을 실천하고 있는 컨설팅 회사가 리서치 분야를 주도하고 있다는 점이 특히 흥미롭다.

SCC에서는 업계평균, 업계최고 등의 벤치마킹 데이터를 공표하고 있다. 그 데이터의 대부분은 PRTM 등 컨설팅 회사가 보유하고 있는 실제기업에서 측정한 데이터에 기반을 두고 있다. 1997년 8월에는 컴팩, P&G, IBM 등 약 70개사가 중심이 되어 독립된 비영리단체

그림 5-2 SCOR 2.0 버전의 구성

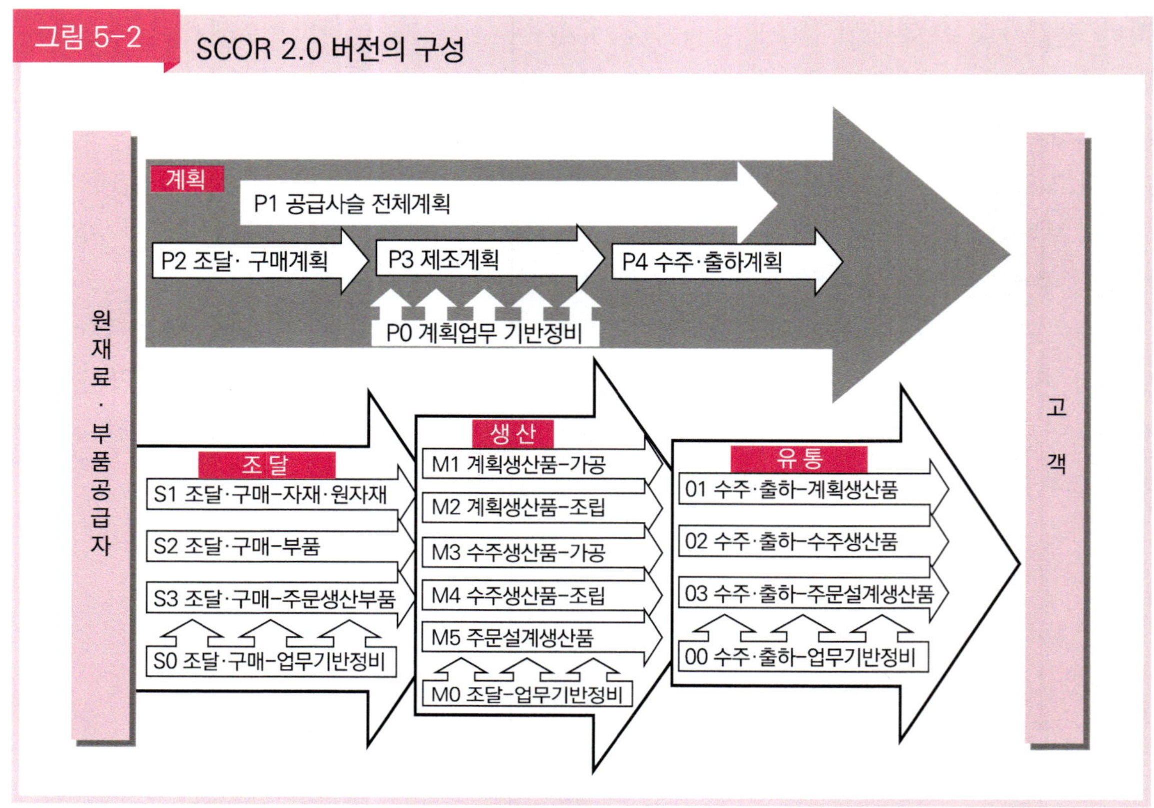

(S.C.C, INC.)로서 재편성되었다.

SCC에서는 [그림 5-2]와 같이 SCOR 2.0버전을 발표하면서 공급사슬을 계획(Plan), 조달(Source), 생산(Make), 유통(Deliver), 회수(Return)로 분류하여 모델화하고 있으며, 19개의 프로세스 카테고리로 구분하고 있다.

SCOR 모형(Supply Chain Operations Reference Model)은 명칭 그대로 공급사슬을 효율적으로 기술하기 위한 참조(Reference)모형을 제공한다.

먼저 SCOR 모형은 용어의 통일과 그 용어의 정의에서부터 시작되었다. 그러나 초창기에는 어느 정도 표준화되어 있던 미국에서도 공급사슬 내의 기업 간에 사용하는 용어가 서로 다른 경우가 많았다. 뿐만 아니라 용어가 같더라도 각 기업이 받아들이는 의미가 제각기 달랐던 것이다. 이런 상태에서 기업은 글로벌 공급사슬 구축을 실현하기 어렵다.

그래서 해결책을 찾기위해 SCOR 모형은 우선 프로세스의 단위설정과 용어통일 및 내용 표준화를 핵심내용으로 다루었다. 그 후 SCOR 모형은 공급사슬관리 관점에서 중요한 내용으로 인정받고 있다.

SCOR 모형의 특징을 요약하면 다음과 같다.

① 각 부문별 데이터 흐름이 아닌 계획 및 실행의 '업무 및 프로세스 흐름'을 표시한다.

② 프로세스 중심지향적이며, 단위부서 조직에 얽매이지 않고 업무를 전개해 나가는 횡적 경영비즈니스 모델이다. [그림 5-3]에서 볼 수 있는 바와 같이 'PLAN-DO-SEE'라고 하는 조직내에서 종적관계로만 행동하는 조직경영이 아니라, 계획(PLAN)'과 '실행과 피드백(DO-SEE)'이 명확하게 분리되어 있으면서도 추후에 반영이 되는 프로세스 지향경영이다. 궁극적으로는 실행한 내용이 KPI로 측정되면서 계획에 다시 반영은 되기 때문이다.

그림 5-3 SCOR 모형의 프로세스 모델전환

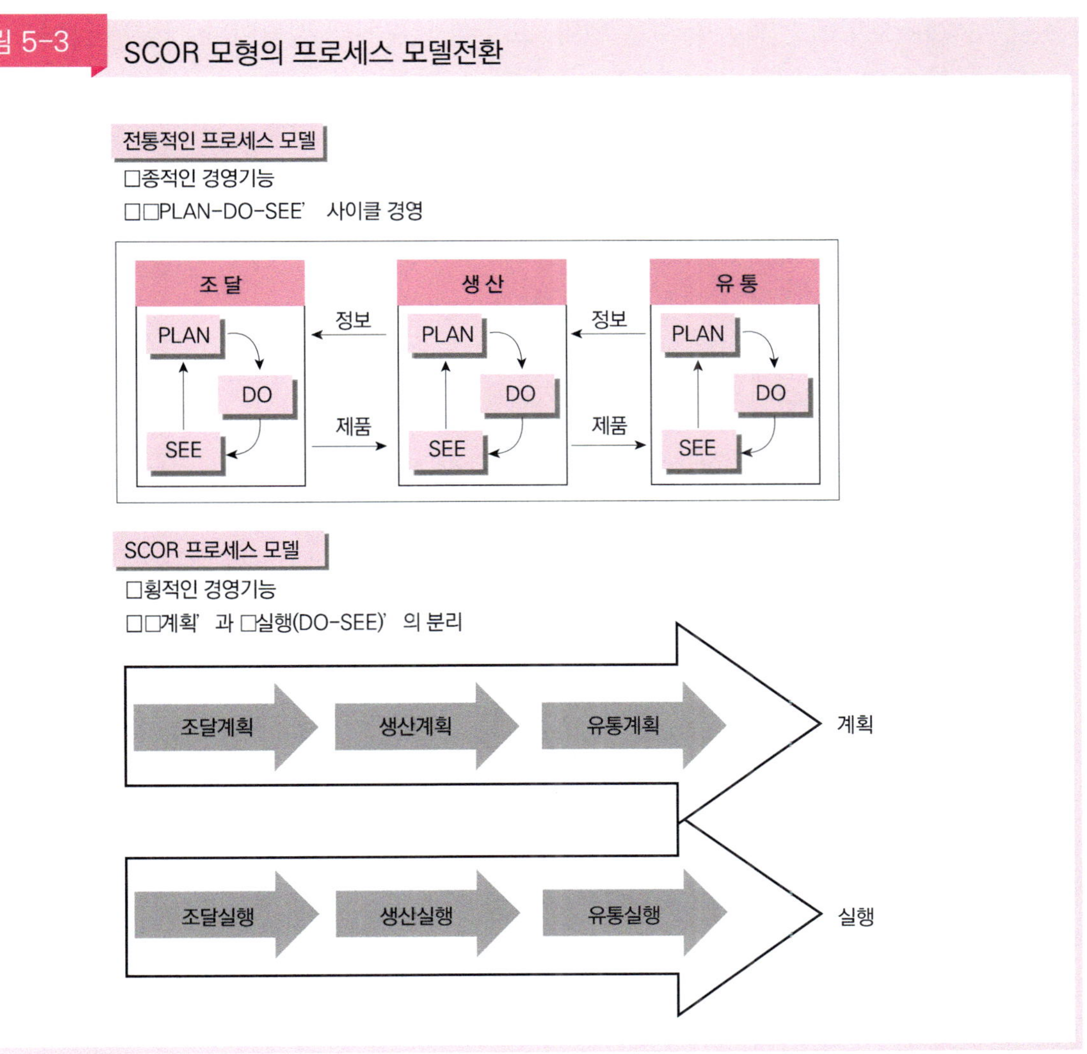

③ 비즈니스 프로세스는 1단계로 최상위 프로세스 수준, 2단계로 [그림 5-2]에서 볼 수 있는 19개 프로세스 카테고리(Category) 수준, 3단계로 각 프로세스 카테고리를 세부 하위프로세스 요소로 구분하는 프로세스 요소(Element) 수준, 그리고 4단계로 각 프로세스 요소를 실행하는 세부실행(Execution)수준의 총 4단계 수준으로 구성되어 있지만 각 세부실행 수준을 제외한 3단계 수준까지만 모형화의 대상으로 되어 있다. 그 이유는 세부실행하는 내용까지 모두 모형화하거나 베스트 프랙티스를 도출하는 것은 현실적으로 불가능하고, 프로세스 요소수준에서 이미 실행전략까지도 정밀하게 조정하기 때문이다. 이러한 각 단계의 내용은 [그림 5-4]에 자세히 나타나 있다.

④ SCOR 모형은 어디까지나 참조모형이기 때문에, 프로세스 자체의 정립이나 기술을 모두 SCOR 모형에만 의존할 수는 없다. 프로세스 자체의 정립이나 기술은 앞에서 소개된 각종 경영기법이나 다른 도구를 활용할 수 있다.

⑤ SCOR 모형은 각 프로세스의 단위설정이나 정의 이외에도 다음과 같은 내용을 포함하고 있다.

- 성과척도(Performance Indicator) 항목
- 각 성과지표에 대한 구체적 측정기준(Criterion)
- 베스트 프랙티스
- 필요한 소프트웨어나 정보시스템의 특성

⑥ SCOR 모형은 세분시장별 전략을 전제로 하여 주로 다음과 같은 단계를 거치면서 이용된다.

- 세분시장 별로 공급사슬의 현재 성과를 평가하고 목표성과를 설정한다.
- 참조모형을 참조하여 공급사슬의 기본모습과 각 프로세스를 설계한다.
- 각 개별 프로세스마다, 그리고 주요 성공요인별로 성과지표의 목표치를 설정한다.
- 베스트 프랙티스를 선택하거나 필요한 소프트웨어와 정보시스템의 요건정의를 내린다.

이와 같이 SCOR 모형에 의해 표준화가 진행된다는 것은 다음과 같은 이점을 얻을 수 있을 것이다.

① 개별기업이 공급사슬을 구축하는데 있어서 용이하게 참조모형을 얻을 수 있다.

② 공급사슬관리와 관련된 용어와 비즈니스 프로세스가 표준화되기 때문에, 다음과 같은 구성원들의 커뮤니케이션이 용이해진다.

- 개별부서나 부문을 넘나드는 사용자끼리의 커뮤니케이션
- 컨설턴트, 시스템 통합(System Integration) 협력업체, 사용자(User)
- 각기 다른 산업에 속한 기업 간의 커뮤니케이션

③ 용어와 비즈니스 프로세스가 표준화되어 있는 상태에서 ERP와 같은 정보시스템 패키지의 도입시에 도움이 되고, 각 사용자들의 패키지에 대한 이해와 활용능력이 향상되며, 패키지를 활용한 추가 업무개선도 용이해진다.

④ SCOR 모형이 계속 발전되면 이러한 참조모형에 기반하여 해당 기업에 대한 철저한 분석을 통해서, 프로세스의 문제점이나 장점 그리고 개선안 등을 도출시킬 수 있기 때문에 그에 대한 대책이 용이해진다.

⑤ 표준 비즈니스 프로세스마다 제각기 지향해야 할 자세나 개선안을 기반으로 하여 개별기업을 뛰어넘어 전체 공급사슬에 걸쳐 논의될 수 있다. 이러한 활동에 의해서 베스트 프랙티스가 축적됨과 동시에 공유된다.

⑥ 이와 같은 표준 비즈니스 프로세스별 개선안이나 노하우를 축적함으로써 비즈니스 프로세스에 대한 체계적인 교육이 가능해진다.

SCOR(Supply Chain Operations Reference) 모델은 회사의 프로세스와 목표의 현재 상태를 분석하고 운영적 성과를 정량화하여 이를 벤치마크 데이터와 비교하는 것을 포함하는 프로세스 참조모델(process reference model)을 사용한다. 이러한 목적을 위해 SCOR은 공급사슬 평가의 측정치 세트를 개발하였다.

어느 특정 회사의 측정치가 계산되면 이것들은 평균치나 그 산업에서 베스트인 산업의 벤치마크와 비교되게 된다. 이것은 공급사슬 개선의 기회뿐만 아니라 회사의 장점을 알 수 있게 하여 준다. PRTM에 의해 수행된 전체 비즈니스 성과(Overall Business Performance)로는 뒤에 나오는 측정치들의 예가 있다.

이러한 이점들을 바탕으로 방법론의 표준화 그리고 공급사슬관리와 관련된 베스트 프랙티스의 축적 그리고 프로세스 개선이나 공급사슬 구조개선 사례들의 증가되어 가며 SCOR 모형의 표준화 효과는 점차 확산되어 가고 있다.

1.3 SCOR 모형의 구조

SCOR 모형의 구조는 3계층으로 이루어져 있다.

계층1은 전략적 성과계층이다. 공급사슬(계획, 조달, 생산, 유통프로세스) 전반의 효과성을 측정하며 개선목표가 설정된다. 기업이 모든 계층1 성과지표에 대해 최우수를 추구할 필요는 없다. 대개 기업은 하나내지 두 가지의 핵심 공급사슬 프로세스에 대해 최우수 수준의 성과를 추구하며, 나머지는 평균내지 우수수준 정도의 성과를 유지하는 것이 일반적이다.

계층2는 공급사슬의 구성계층이다. 이 계층에서는 기업이 계획, 조달, 생산, 유통하는 제품의 유형을 고려하여 공급사슬을 구성하게 된다. 공급사슬은 계층1에서 설정된 전략적인 목표를 지원할 수 있도록 구성되어야 한다. 공급사슬의 구성을 위해 3장에서 소개된 생산유형을 재점검하고, 필요시 최적의 생산유형을 구현할 계획을 수립하고, 생산유형별로 정의된 프로세스 카테고리를 활용하게 된다. 그리고 공급망과 유통망을 포함하는 전체 공급사슬의 구조를 포함하여 To-Be 프로세스 카테고리를 작성한다.

그림 5-4 SCOR 모형의 구조 및 공급사슬관리 수행절차

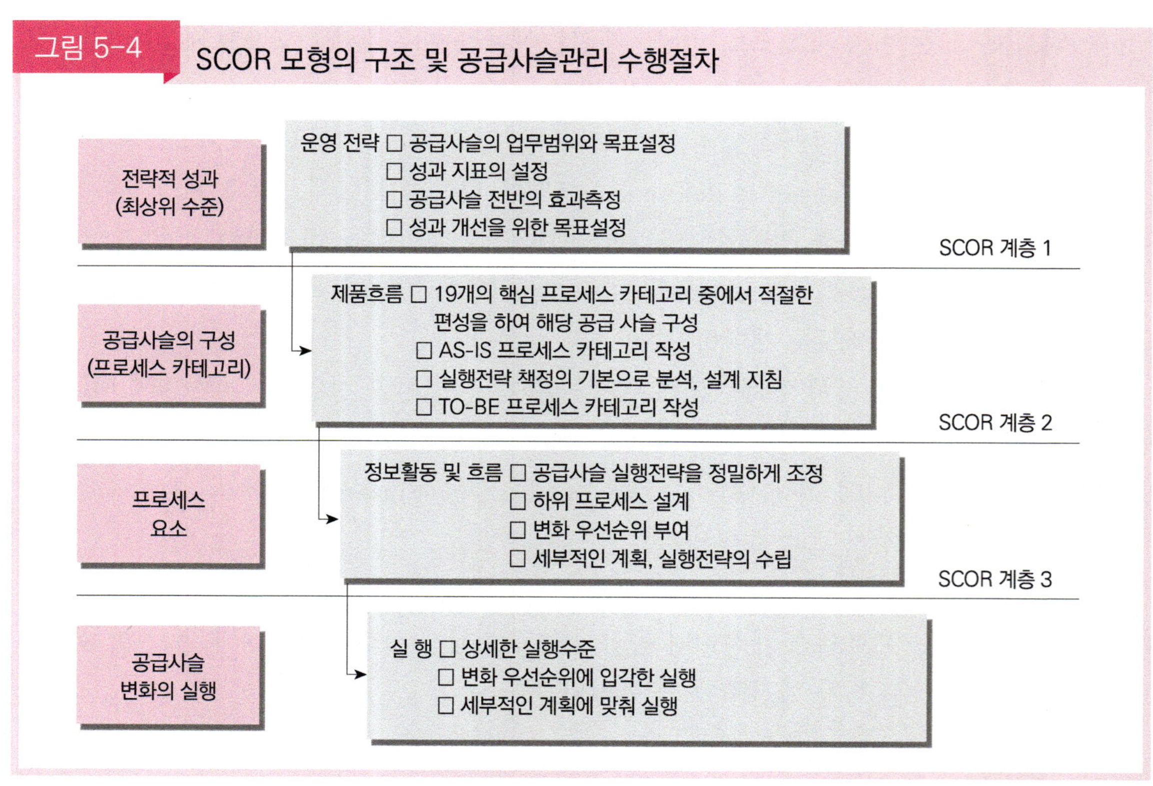

계층3은 프로세스 요소(Element) 계층이다. 이 계층에서는 계층2에서 구성된 공급사슬의 프로세스 카테고리별로 하위 프로세스 절차와 요소를 정의한다. 그리고 생산/구매방식, 세부적인 조달계획의 수립, 공급자에 대한 계약관리, 검품, 제품의 생산/테스트 방법, 기술관리, 예측, 고객주문관리 등 세부적인 실행전략을 구성하게 된다.

네 번째 계층은 공급사슬변화의 실행단계인데 SCOR 모형에는 포함되지 않고, 세 개의 계층에서 수립한 실행전략에 맞추어 실행을 하는 행동이다.

1.4 프로세스 참조모형과 생산유형

SCOR 모형은 프로세스 참조모형(Process Reference Model)이다. 프로세스 참조모형이란 기존의 기업경영 혁신(Business Process Reengineering), 벤치마킹(Benchmarking), 그리고 우수한 기업의 업무관행(Best Practices) 분석의 개념을 하나로 통합한 모형을 의미한다.

기업경영 혁신(BPR)은 1990년에 마이클 해머(Michael Hammer)가 Harvard Business Review에서 주장한 기법인데, 업무수행 전 과정을 백지에서 생각하여 고객에게 제품과 서비스를 제공하는데 중요한 핵심 프로세스를 파악하고 근본적(Fundamental)이면서도 급진적(Radical)으로 재설계하는 기법이다. 이것은 공급사슬의 AS-IS 프로세스를 분석하고 문제점을 파악하여 TO-BE 프로세스를 도출하는데 활용하는 방법으로 사용된다.

벤치마킹(Benchmarking)은 특정 산업내에서 우수한 기업을 찾아 해당 기업과의 성과차이를 확인하고 그 내용을 분석하여, 해당 기업의 성과를 향상시키는 기법이다. 즉, 유사기업의 운영성과를 계량화하고 산업내 최우수(Best-in-Class) 기업을 기준으로 자사의 목표를 설정하는데 활용하는 방법이다. 본래 벤치마크(Benchmark)는 기업이 목표달성을 위해 설정하는 측정기준을 의미한다.

그리고 우수한 기업의 업무관행(Best Practices) 분석은 산업내 최우수(Best-in-class)성과를 가져온 경영전략, 업무프로세스, 경영기법, 정보시스템 등의 솔루션에 대한 특징을 분석하는 방법이다.

프로세스 참조모형은 이러한 세 가지 방법을 하나로 통합하고 프로세스 요소, 성과지표,

그림 5-5 프로세스 참조모형의 개념

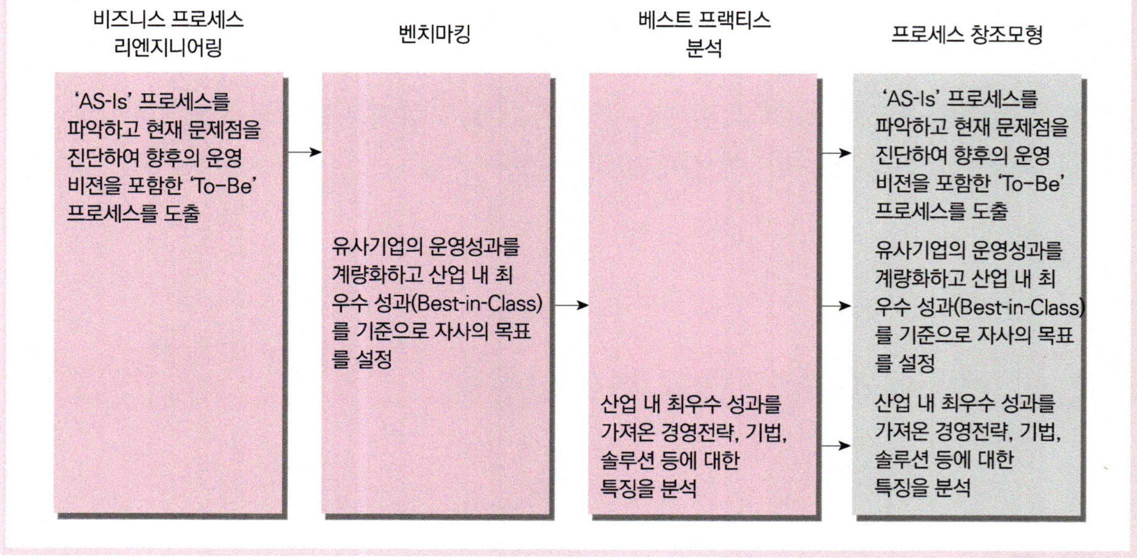

비즈니스 프로세스 리엔지니어링	벤치마킹	베스트 프랙티스 분석	프로세스 참조모형
'AS-Is' 프로세스를 파악하고 현재 문제점을 진단하여 향후의 운영 비전을 포함한 'To-Be' 프로세스를 도출	→		→ 'AS-Is' 프로세스를 파악하고 현재 문제점을 진단하여 향후의 운영 비전을 포함한 'To-Be' 프로세스를 도출
	유사기업의 운영성과를 계량화하고 산업 내 최우수 성과(Best-in-Class)를 기준으로 자사의 목표를 설정	→	→ 유사기업의 운영성과를 계량화하고 산업 내 최우수 성과(Best-in-Class)를 기준으로 자사의 목표를 설정
		산업 내 최우수 성과를 가져온 경영전략, 기법, 솔루션 등에 대한 특징을 분석	→ 산업 내 최우수 성과를 가져온 경영전략, 기법, 솔루션 등에 대한 특징을 분석

우수한 기업의 업무관행(Best Practice) 등을 함께 제시함으로써 모형의 적용성을 높인 것이 가장 큰 장점이라 할 수 있다.

또한 SCOR 모형을 적용하기 위해서는 계층2의 프로세스 카테고리와 계층3의 프로세스 요소를 활용하여 현재와 장래의 공급사슬을 구성하는 과정이 필요하다.

3장에서 살펴본 바와 같이 기업의 생산전략에 따라 생산유형은 일반적으로 계획생산

표 5-1 생산유형과 특징

유 형	특 징
계획생산형 (Make-to-Stock)	주로 수요예측(실제 고객주문이 아닌)에 따라 생산하며, 즉각적인 조달이 필수적이므로 완제품 형태로 재고를 유지
주문생산형 (Make-to-Order)	완제품 재고를 거의 보유하지 않고 고객의 주문을 받은 후에 제품을 생산하는 방식
주문조립형 (Assemble-to-Order)	재고생산과 주문생산 방식의 중간형태로 중간제품이나 주요 부품의 형태로 재고를 보유하고 있다가 고객의 주문이 구체화되면 중간제품이나 주요 부품을 완제품으로 조립하는 방식
주문설계형 (Engineer-to-Order)	고객이 주문하는 사양에 근거하여 새롭게 제품을 설계한 후에 생산하는 방식

형(MTS: Make-to-Stock), 주문생산형(MTO: Make-to-Order), 주문조립형(ATO: Assemble-to-Order), 주문설계형(ETO: Engineer-to-Order) 등으로 구분된다. 각 생산유형별로 간단히 특징을 요약하면 〈표 5-1〉과 같다.

이들 생산유형에 따라 조달, 생산, 유통 등 공급사슬 프로세스가 다르게 나타나기 때문에, SCOR 모형에서는 이들 생산유형별로 프로세스 카테고리를 정의하고 있다. 또한 카테고리별로 표준적인 프로세스 절차와 요소를 제시하고 있다.

1.5 공급사슬의 성과측정 및 프로세스 카테고리별 성과지표

공급사슬 성과는 고객가치를 제공하는 능력에 영향을 미친다. 그러므로 공급사슬 성과를 측정하기 위한 독립적 기준을 개발할 필요가 있다. 공급사슬과 같은 조직간 시스템에 있어서 전체 시스템과 개별적 시스템구성에 있어서 적시의 정확한 평가는 매우 중요하다. 효과적인 평가측정 시스템은 ① 시스템을 이해하는 기초를 제공하며, ② 시스템전체를 통해서 행위에 대해 영향을 미치며, ③ 공급사슬 구성원들과 외부 주주들에게 시스템 노력의 결과에 관한 정보를 제공한다. 실제로 평가측정은 복잡한 가치창출 시스템을 함께 묶어주며, 전략의 수행을 모니터링하는 주요한 역할을 수행할 뿐만 아니라 전략적 구축에 관한 방향을 제시한다. 거기에 덧붙여서 많은 연구결과들은 공급사슬의 성과를 측정하는 것은 전체적 성과의 개선을 가지고 온다고 주장하고 있다. 또한 공급사슬에 있어 명확하게 정의된 측정치가 필요한 이유는 프로세스 내에 많은 파트너가 존재함으로 인한 공통언어의 요구때문이다.

이것은 SCOR 모델과 같은 표준화 작업시도의 동기부여가 되고 있다. SCOR 모형에서 제시하는 프로세스 카테고리별로 성과지표를 살펴보면 다음과 같다.

(1) 계획 프로세스

표 5-2 공급사슬계획 성과지표

성과측정	측정지표
유연성 및 대응성	·누적 조달/생산 사이클 타임 ·재계획 사이클타임 ·현금화 사이클타임
비 용	·총 주문관리비용 ·수요/공급계획비용 ·재고비용 ·부가가치 생산성 ·재고 진부화
신뢰성	·예측정확도 ·고객요청 기일에 대한 인도성과 ·주문 충족률 ·제품, 프로세스 데이터의 정확도
자 산	·자산수익률 ·용량활용도 ·총 공급재고일수

표 5-3 조달계획 성과지표

성과측정	측정지표
유연성 및 대응성	·누적조달 사이클타임 ·조달 유연성 ·공급자 사이클타임
비 용	·원자재 재고비용 ·공급자 수 ·원자재 진부화 ·제품관리 프로파일
신뢰성	·고객요청 기일에 대응한 공급자 인도성과 ·공급자 충족률
자 산	·총 원자재 공급재고일수

표 5-4 생산계획 성과지표

성과측정	측정지표
유연성 및 대응성	·누적생산 사이클타임 ·생산유연성 ·최종제품/SKU수
비 용	·재공품(WIP)재고비용 ·재공품 진부화 ·자재구매 간접비
신뢰성	·생산계획 준수율 ·이론대비 실제 사이클타임
자 산	·총 재공품 공급재고일수 ·재고 진부화

표 5-5 판매 및 배송계획 성과지표

성과측정	측정지표
유연성 및 대응성	·주문관리 사이클타임
비 용	·완제품 재고비용 ·완제품 진부화 ·주문관리 비용 ·총 물류비용
신뢰성	·주문충족률 ·예측정확도 ·고객요청기일에 대응한 배송성과
자 산	·총 완제품 공급재고일수

(2) 실행 프로세스

판매 및 배송 이후의 회수(Return)를 위한 성과지표도 존재한다. 회수 소요시간(Return to

표 5-6 자재조달 성과지표

성과측정	측정지표
유연성 및 대응성	·총 조달 리드타임, 서비스 완료에 소요되는 시간
비 용	·자재 획득비용
신뢰성	·불량률 ·제공 서비스의 범위
자 산	·공급재고일수, 서비스 제공자 당 부가가치

표 5-7 계획생산을 전제로 한 제품생산 성과지표

성과측정	측정지표
유연성 및 대응성	·재계획 사이클타임 ·아이템/제품/등급 전환 소요시간 ·총 아이템/제품 생산시간
비 용	·부가가치 생산성 ·공장전체 평균임금 ·시간당 공장비용 ·직접비 대비 간접비 비율 ·단위당 비용 ·간접비용
신뢰성	·보증 및 반품처리 비용 ·고객요청 기일에 대한 성과 ·양품률(yield)
자 산	·자산 회전율 ·용량 활용도 ·재고 진부화 ·재공품(WIP) 공급재고일수

표 5-8 판매 및 배송 성과지표

성과측정	측정지표
유연성 및 대응성	·계획 리드타임 ·주문충족 리드타임
비 용	·주문관리 비용
신뢰성	·주문충족률
자 산	·완제품 공급재고일수

Available)은 회수된 자산을 사용가능한 자산으로 변환하는데 소요되는 주기시간을 측정하는 지표이다. 그밖에 회수로 인한 고객만족도 향상 등도 고려할 수 있다.

02 공급사슬관리 추진을 위한 기법

SCM에 관해 간과할 수 없는 것은 공급사슬상의 기업들에 걸쳐 공통적인 구성요소가 있다는 것이다. 공급사슬관리와 비즈니스 프로세스에 관한 문헌들에는 경영자들이 관심을 기울여야 할 구성요소들에 관하여 언급하고 있는 내용들이 매우 많이 있다. 그 중에 두 가지만 살펴보면, 첫 번째로 공급사슬관리의 관점에서 구퍼와 얼람(Gooper & Ellram)은 프로세스구조, 계획 및 통제구조, 제품흐름구조, 정보흐름구조, 위험 및 보상구조, 리더십구조, 기업철학을 구성요소로 언급한 바 있다. 그리고 두 번째로 프로세스 혁신관점에서는 해머와 챔피(Hammer & Champy)가 프로세스구조, 조직구조, 가치 및 태도, 관리 및 평가구조를 경영자들이 관심을 기울여야 하는 구성요소로 보았다.

기존의 SCM 관점의 연구들과 BPR(Business Process Reengineering) 관점의 연구들의 구성요소들은 전략적인 것에서 운영적인 것, 물리적인 흐름에서 정보의 흐름, 그리고 조직구조와 기업문화에 이르기까지 매우 다양하다. 본서에서는 실무적으로 알면 기업에서 유용하게 활용할 수 있는 기법을 e비즈니스 관련 물류기법과 유통관련 기법으로 구분하여 정리를 하였다. 단, 이 구분은 편의상의 구분이며, 실제기업에서 사용할 때에는 중첩되는 개념도 존재한다는 점을 미리 이야기 하고 싶다.

2.1 e비즈니스 관련개념 및 기법

1. 전자상거래 및 e-프로큐어먼트

특히, 인터넷을 이용하여 재화나 용역을 거래하는 것에 한정하여 전자상거래(Electronic Commerce)라고 부르고, 기업의 경영활동 전반에 인터넷과 네트워크를 이용하여 기업의 가치를 창출하고, 효율성을 증대시키며, 고객과 기업 간의 관계를 향상시키는 모든 활동을 e-비즈니스라고 한다. 최근에는 전자상거래를 위하여 전자카탈로그, 전자대금결제 등의 부가적인 애플리케이션이 추가되어 이용범위가 더욱 확대되고 있다.

공급측면에 초점을 맞추어 자재를 구매 · 조달하기 위한 전자상거래를 e-프로큐어먼트(procurement)라고 한다. 최근 한국기업에서는 e-프로큐어먼트를 강화하기 위해 공급파트너 간 솔루션의 연결을 가속화하고 있다. e-프로큐어먼트는 기업에서 원재료 조달을 위한 파트너 선정, e-카탈로그에 의한 원재료의 물품수량 결정 및 주문, 전자대금 지불을 실시간에 가능하게 해줌으로써 기업의 시간과 비용을 절약하게 해준다.

2. e-마켓플레이스

e-마켓플레이스(e-Marketplace)란 기업 간의 네트워크 협력을 통하여 궁극적으로 공급사슬 상의 공통가치의 극대화를 지향하기 위하여 만들어진 인터넷상의 새로운 시장이다.

오늘날 e-마켓플레이스는 인터넷의 상업적 활성화에 힘입어 공급사슬간 거래를 원활하게 해주고 있다. e-마켓플레이스는 기업 간 전자거래를 지원하는 비즈니스 모델인 B2B e-마켓플레이스와 기업과 개인고객 간 거래를 지원하는 비즈니스 모델인 B2C e-마켓플레이스가 있다. B2B e-마켓플레이스는 기업 간 거래를 주로 하는 e-마켓플레이스로 대표적인 형태로는 삼성물산의 캐어캠프 닷컴, 켐크로스 닷컴, 현대상사, LG상사, SK상사 연합의 켐라운드 닷컴 등이 있고, B2C e-마켓플레이스는 기업과 개인고객 간 거래를 지원하는 e-마켓플레이스로 G마켓, 옥션같은 전문쇼핑몰이 있다.

또한 국외의 대표적인 e-마켓플레이스로 GM, 포드, 다임러크라이슬러가 참여한 코비신트(Covisint. com)가 있고, 글로벌 유통업체인 시어즈, 까르푸가 주축이 되어 오라클의 기술지원하에 전세계 생산업체와 유통업체 간의 도매거래를 중개해 주는 B2B e-마켓플레이스인 글로벌 넷 익스체인지(Global Net Exchange)가 있다. 이에 대응하기 위해 테스코, K마트 등이 합작한 e-마켓플레이스인 월드와이드 리테일 엑스체인지(Worldwide Retail Exchange)가 있다.

현재 기업들은 e-마켓플레이스의 성과향상을 위해 투자를 지속적으로 늘리고 있다. 한국의 제조업체와 유통업체 간의 e-마켓플레이스를 살펴보더라도 제조업체의 경우 유통업체를 거치지 않고 고객에게 직접적으로 다가설 수 있는 직판모델을 선보이고 있다. 예를 들면, 소모성 자재인 사무용품과 컴퓨터 자재 등을 소비자에게 직접적으로 판매하는 직판모델로

MRO(Maintenance, Repair, Operating) 마켓플레이스가 있고, 다른 일부의 제조업체에서는 유통업체가 판매를 수행하고, 제조업체는 제품을 고객에게 배송하기 위한 B2C e-마켓플레이스가 활성화되고 있다.

또한 공동구매를 통해 제조업체의 상품을 보다 저렴하게 소비자에게 연결시켜주는 e-마켓플레이스가 활성화되고 있는데, 이는 유통업체와 제조업체 사이의 거래구조 및 사업모델을 다양하게 해주었다. 예를 들면, 경매모형, 역경매모형, 공동구매모형, 공급자 주도모형, 구매자 주도모형 등 다양하게 나타나고 있다.

과거 e-마켓플레이스의 주도자는 솔루션 사업자에 치우쳤으나, 최근들어서 e-마켓플레이스의 주체는 상품을 제조하는 제조업체와 유통업체 중심으로 흐르고 있다. 더불어 기업간 프로세스 통합에 의해 상품의 제조에서 판매에 이르기까지 통합체제를 구축하고 있으며, 국제적인 거래를 활성화하기 위한 전자카탈로그를 구성하고 있다.

3. 전자카탈로그(Electronic Catalog)

기존의 종이에 인쇄된 상품카탈로그를 대체하는 것으로 제품정보관리(Product Data Management)시스템에서 상품사진이나 각종 사양 등을 그대로 전자적으로 기록해 데이트베이스화하여 제공하는 것이다. 제작기간과 비용을 대폭 절감할 수 있으며, 제품정보관리(PDM)에서 버전관리가 되므로 신제품 출시나 제품사양이 변경됐을 경우 전체 카탈로그를 재 제작하던 번거로움을 피할 수 있다. 추가비용 없이 간단한 상품추가 및 수정으로 항상 최신의 상품정보를 제공할 수 있다. 즉, 매번 새로운 내용으로 개정되어 재판을 발행하는 번거로움이 없고 필요한 사람에게 모두 물리적으로 배송해야 하는 비용이 필요없다.

4. 전자 자금결제(Electronic Payment)

거래에서 발생하는 자금흐름을 네트워크를 통해 용이하게 처리하는 것으로, 자재나 제품이 입고되고 검수되면, 사전에 약정한 납품조건과 지급조건(품질, 수량, 납기, 지불기일 등)을 확인한다. 그리고 납품조건과 지급조건 확인 등의 송장검증이 끝나면 거래된 정보에 의해서 자동적으로 은행에 지불요구를 전송하여 공급업체의 은행구좌에 입금되고, 그 내역이 공급자에게 통보되는 시스템이다. 이를 통해서 종래의 서류작업에서 공급자별 분류/집계, 수표 및 어음발행, 우송・직접 전달 등에 소요되는 노력과 인력을 절감할 수 있다.

5. 판매시점 정보관리(Point of Sales)

POS는 판매·회계의 거점에 컴퓨터 단발을 설치하여 판매정보 등을 체계적으로 관리하는 방법이다 이제 매장의 판매자료를 전자적으로 처리할 수 있게 되었다. 바코드를 이용하여 상품의 단품관리가 가능하고 판매상황에 따라 가격변경 등의 매장환경에 유연하게 대응할 수 있다. 바코드 시스템은 상품코드 등 각종 물류코드를 바코드로 표시하여 상품과 포장에 인쇄하거나 부착하면, 필요과정에서 전자적으로 인식하여 그대로 입고 · 출고업무가 전산처리 된다. 이에 따라 자료입력 및 수요전송 등의 작업이 생략되어 업무처리 시간을 단축하면서 작업오류를 예방할 수 있다.

또한 이 바코드는 각 매장에서 ePOS(Electronic Point of Sale)에 의하여 인식되고 판매처리가 자동으로 이루어지므로 하나의 바코드로 전 공급사슬에서 공용되어, 전 과정에 걸친 상품의 추적도 가능하다. 이전의 태그는 특정 상품의 단순한 변별 또는 식별을 위한 것이었지만 디지털 및 정보기술의 발달로 태그 이코노미의 상품꼬리표는 제품에 '차별화된 가치'를 부여한다. 즉, 소비자가 목장에서 재봉과정까지 추적을 하여 양털의류의 신뢰성을 인정받을 수도 있고, 자동차와 건물의 친환경 태그로도 사용될 수 있다. 이 바코드는 ePOS에서는 물론 휴대용 단말기, 무선단말기 등에서도 인식되고 처리되어 그 사용이 점차 확대되고 있다.

일반적으로 바코드로 처리된 판매자료는 매장내에서 여러 가지로 집계되고, 이러한 자료

표 5-9 POS시스템으로 수집되는 데이터

데이터구분	관리목적	데이터의 종류	데이터의 항목
기본 데이터	언제	연, 월, 일 시간대별 데이터	시간별 데이터
	어디서	점포별, 부문별 데이터	점포별, 부문별 데이터
	무엇을	상품코드별 데이터	상품코드
	얼마나	판매실적 데이터	판매수량/매출액
	누가	고객별 데이터	고객속성
	어떻게	거래·지불방법	영수증 분석
원인 데이터	왜	상권속성, 점포속성, 매장연출, 매체연출, 판촉연출, 상품속성	경쟁상황, 입지조건, 매장면적, 취급상품, 광고/POP, 특매행사
	어디서	상품진열대	점포/매대
	누구에게서	담당자별 데이터	매입·판매담당자 및 계산원별 데이터

들은 자동적으로 중앙컴퓨터로 전송되어 별도의 입력작업없이 신속정확하게 매장의 판매관리가 이루어진다. 또한 이 자료는 그대로 해당 상품 공급자에게 전달되어 공급자는 자기의 상품에 대한 판매상황을 매일 파악하게 되고 다음 납품준비를 원활히 할 수 있게 한다. 이와 같은 첨단의 기능으로 ePOS는 SCM구현의 가장 기본적인 내용이면서 중요한 기능으로서, 판매현장과 중앙관리 시스템을 연결하여 상품 공급자에게까지 소비자의 니즈를 전달

POS시스템을 활용하여 소비자 니즈를 빠르게 파악할 수 있었던 Zara

스페인 Inditex의 Zara 패션 브랜드는 과거 패션업계에서 1년 이상 걸리던 신제품출시 사이클을 4주로 단축시킨 패스트 패션(Fast Fashion)을 선보인 비즈니스 모델 혁신사례이다. 통상적으로 패션업계에서는 미리 내년에 유행할 것 같은 디자인을 패션쇼 등을 통해 세상에 공개하고 차기년도 의류 라인업을 출시해왔다. 이것은 하나의 업계관행이었고 해가 지나면서 소비되지 못한 의류제품들은 2차, 3차 할인 등을 통해 소비자에게 다가갔다. 이러다 보니 초기 의류상품에 미판매 제품의 처리비용까지 첨가되면서 의류제품은 으레 원가대비 높은 소비자 가격을 달고 시장에 출시되는 경우가 많았다.

그러나 Zara의 경우 업계의 관행을 과감하게 깨고 저비용의 신속한 시장출시를 지향하는 패스트 패션을 선보였다. Zara의 가장 큰 강점은 시장니즈를 빠르게 파악하여 이를 의류제품 제작에 실시간으로 반영할 수 있는 시스템을 갖추었다는 것이다. 매장에 있는 POS시스템을 통해 고객이 선호하는 디자인의 옷이 어떠한 것인지 파악할 수 있도록 하였다. Zara의 디자이너들은 세계 각국 매장에서 들어온 고객정보와 시장조사 정보를 바탕으로 2주만에 패션을 재창조해 내면서 2주 후에는 매장의 새로운 의류 컬렉션을 선보인다.

시장조사, 디자인, 생산, 운송, 매장진열 등의 기본적인 과정은 타 의류업체들과 동일하지만 각 단계별로 소요되는 시간이 매우 짧다는 점에 주목할 필요가 있다. Zara는 고객니즈 조사과정이 채 몇 시간도 걸리지 않는다. 기존의 시장조사 방식과 비교했을 때 이는 매우 혁신적인 것이다.

자료원, LG Business Insight

하는 역할을 충실히 하게 된다.

6. CAO(Computer Assistant Ordering)

CAO란 POS(Point of Sale)데이터를 통해 얻어지는 상품정보를 분석해 자동으로 생산 및 판매를 위한 발주정보를 제공해주는 시스템을 말한다. CAO는 자동발주를 위해 상품의 재고수준, 판매날짜. 요일, 시간, 상품 판매시간 등 다양한 정보분석을 통해 발주정보를 제시해 준다. CAO는 유통업체와 제조업체의 정보공유가 기반이 되기 때문에 성공을 위해서 파트너십은 매우 중요하다. 예를 들면 제조업체는 유통업체의 구매관리, 상품정보를 참조하여 상품의 보충계획 수립을 파악하고 있어야 하고, 유통업체는 제품의 생산과 관련된 정보, 물류관리, 판매 및 재고관리 수준을 파악하고 있어야 한다.

CAO는 EDI(Electronic Data Interchange)기반 정보시스템이기 때문에 유통업체와 제조업체가 규격화된 표준정보를 사용해야 하고, 유통업체와 제조업체간 데이터베이스가 다를 때도 동기화가 요구되므로 EDI와 같은 통합 소프트웨어를 통한 데이터베이스의 변환이 필요하다.

7. 사전 선적통보(Advanced Shipping Notice)

구매자가 구매주문서(Purchase Order)를 보내면 공급업체는 이 구매주문서에 의하여 상품을 생산 또는 조달하여 납품하게 된다. 납품하기 전에 납품에 대한 구체적인 정보를 네트워크를 통해 미리 구매자에게 통보하여 구매자가 입고계획(필요인원 및 장비, 배치, 운송 등)을 마련하도록 하면 납품에 소요되는 시간을 단축하고 효율이 올라가게 된다. 이때 통보되는 사전 선적통보(ASN) 정보는 주문번호, 납품일시/시간, 상품종류, 수량, 포장단위, 운송차량 등 구체적인 정보이므로 구매자는 사전에 통보받는 정보를 바탕으로 입고 절차를 효과적으로 수행할 수 있다. 이러한 ASN은 뒤에 나오는 크로스도킹(Cross-Docking)이 효과적으로 운영되는데 활용이 된다.

2.2 물류 및 유통관련기법

1. 카테고리 관리

카테고리 관리란 유사상품의 품목집단을 카테고리로 분류, 이를 중심으로 각종 마케팅 활동을 수행하는 것이다. 각 카테고리를 하나의 사업단위로 관리하는 한편, 매장별 이용고객의 요구에 맞춰 카테고리를 기준으로 전략을 수립, 실행하는 프로세스를 말한다.

카테고리 관리는 프록터앤갬블(P&G)에서 상품의 특성에 따라 브랜드별 관리를 하면서 시작되었다. 카테고리의 의미는 최종 소비자들이 사용하는 상품그룹인 가정용품, 냉동식품, 문구류 및 건강기구, 음료와 같이 상품을 그룹화 한 것을 의미한다. 카테고리 관리는 카테고리 관리자가 POS데이터 분석, 인구통계학적 특성파악 등 최적의 상품믹스를 하는데 도움을 주고 있다. 오늘날 유통업체에서는 효과적인 카테고리 관리를 위하여 바코드 시스템, 전자문서 교환 등을 활용하고 있다.

국내에서는 대형할인점인 홈플러스를 운영하는 삼성테스코가 발 바르게 카테고리 관리를 도입해 실제로 매장에 적용하고 있다. 홈플러스는 SCM 사업부문의 주도로 CM팀을 새롭게 발족, 본격적인 카테고리 관리체제에 돌입했다. 홈플러스 매장의 고객정보와 제조업체가 축적한 시장정보를 서로 공유함으로써 상품의 구색(Assortment), 진열(Space Management), 가격(Pricing), 판촉행사(Promotion)에 대한 전략을 새롭게 수립하는 것이다.

또한 홈플러스는 CM을 적용하기 위해 우선 3개 품목집단을 카테고리로 선정했다. CM을 함께 수행할 파트너로 3개 회사를 선정하였다. 샴푸, 린스 카테고리에 프록터앤갬블(P&G)을 선정하고, 로션, 오일, 파우더 등 위생용품 카테고리에는 존슨앤존슨사 그리고 시리얼 카테고리에 켈로그사 등 3개 제조업체를 선정, 각사와 업무제휴를 맺었다.

홈플러스 CM팀과 제조 3사의 CM팀은 카테고리 별로 서로의 매출객단가, 인기상품 등 그동안 노출을 꺼려왔던 정보에 대한 비교분석을 진행했다. 이를 바탕으로 삼성테스코의 홈플러스와 제조 3사는 서울지역 일부매장내 상품의 구색과 진열 등을 새롭게 정비한 바 있다.

2. CRP(Continuous Replenishment Programs)

CRP(지속적 보충프로그램)는 상품이 실시간으로 소비되는 수요에 기초하여 획득한 정보를 기반으로 제조업체가 상품을 자동으로 보충하는 방식을 말한다.

이는 기존의 푸쉬(Push)방식 즉, 유통소매점에 재고가 있음에도 불구하고 상품을 공급하거나, 팔아야 하는 시점에서 결품이 생기는 문제점을 극복하기 위해 시행되었다. 유통점의 수요를 실시간으로 파악하여 팔리는 속도에 맞추어 풀(Pull)방식으로 제조업체가 자동으로 상품의 보충을 지원해 주는 프로그램을 의미한다. 오늘날 많은 기업에서 CRP를 추진하는 이유는 CRP를 통해 유통업체와 제조업체 간에 상품공급망의 유지비용감소, 상품의 적시공급을 통한 재고비용절감, 상품의 결품예방, 상품의 흐름의 원활화, 고객서비스 수준향상 등과 같은 효율성을 제공해 주기 때문이다.

CRP는 초기에 유통업체의 출고데이터를 일별 또는 주별로 받아 이에 근거하여 상품보충이 이루어졌으나, 오늘날은 유통업체의 POS 데이터에 근거해 실시간으로 수요정보를 판단하고 상품보충이 이루어지고 있다. 이러한 적시 판매정보는 제조업체의 생산량 예측에도 많은 도움을 주고 있으며, 또한 공급업체는 이를 통해 효과적인 원재료 관리를 수행함으로써 원재료 비용을 절감하고 있다. 상품의 보충과 관련해 CRP 재고관리와 운영비를 절감하기 위하여 공급업체와 공동으로 재고관리(CMI)를 하거나 또는 공급업체 직접 재고관리(VMI)를 하기도 한다.

3. VMI(Vendor Managed Inventory)

공급업체가 직접 유통업체의 재고관리를 수행하는 VMI는 유통업체의 상품매출 정보에 근거해 생산운영관리, 재고관리, 물류관리 등을 수행함으로써 비용을 절약한다. 유통업체(소매업체)에 주는 장점으로는 상품의 판매정보에 근거한 상품보충 방식으로 지속적으로 제조업체에서 상품을 공급하고 재고를 관리해주므로 상품의 품절을 막아준다. 그리고 유통업체는 판매되는 수량만큼만 공급업체에게 대금을 지불하면 된다. 이를 통해 유통업체는 품절없이 매출액을 높일 수 있고, 또한 고객만족도를 높일 수도 있다.

VMI를 효과적으로 활용한 사례로는 호주의 스타킹 제조업체인 Hilton Hosiery사를 들 수 있다. Hilton Hosiery사는 3000여종의 여성용 양말을 생산하고 있었다. 이 회사의 고민은 생산품목 종류가 많은 상태에서 변동이 심한 백화점 매장의 주문에 맞추어 재고보충이 적시에 이루어지지 못하고 있다는 점이었다. 이에 따라 한때 호황기 판매기간 중에 다른 업체의 판매증가율이 200% 증가할 때, 이 회사는 판매증가율이 35%만 증가하였었다. 이 생산품목 수가 많은 Hilton Hosiery사의 가장 큰 고민거리는 재고관리였다. 이에 따라 이 회사는 효과적인 수요예측 및 유통업체 매장의 판매정보에 의한 공급량 예측에 맞추어 재고보충 계획을 수행하는 VMI를 도입함으로써 한때 650%의 판매증가를 실현한 바 있다.

4. CPFR(Collaborative Planning, Forecasting & Replenishment)

CPFR는 제조업체가 유통업체와 협업을 하여 어떠한 신제품을 생산할 지에 대해 공동으로 계획하고, 기존 제품의 판촉여부 등을 포함하여 광범위하게 수요를 예측하여 생산량을 결정하고, 적시에 필요한 상품을 보충해주는 방안이다. CPFR은 판대손실을 회복하는 서비스는 증대시키고, 카테고리 매니지먼트를 향상시켜서 수요를 촉진시키면서 상품보충을 실현한다는 특징이 있다.

예를 들면, 판촉협의, 판매기회와 영향에 대한 상호 인지도의 증대 등을 지원한다. 또한 예산을 고려한 운영시스템 간의 통합을 가능케 하고, 효율적인 자원의 배분, 인건비 절감, 시간절감, 장비의 효율성 증가 등에 최적화 조건을 제공한다. CPFR을 시행하면 매출증가, 이익증대, 판매예측, 발주예측, 업무효율화, 발주와 배송의 정확도 향상, 고객서비스 향상, 현금흐름 및 자산회전율의 개선 등을 기대할 수 있다.

QR분야의 개척역할을 한 글로벌 공급사슬관리 추진협회인 VICS(Voluntary Interindustry Commerce Solutions Association)가 중심이 되어 CPFR 파일럿 프로젝트를 추진하며 CPFR의 전략적 확산을 지원하였다.

그 중 4개 사례를 간략히 소개하면 다음과 같다.

첫번째는 지난 98년부터 99년까지 실시된 웨이먼(Weidman)과 나비스코(Nabisco)의 사례다. 웨이먼은 뉴욕, 펜실바니아, 뉴저지주 등에 58개 점포를 보유하고 있는 소매업체이며 나비스코는 비스켓과 스낵류 등을 생산하는 세계적인 브랜드를 보유하고 있는 제조업체이다. 시범적으로 땅콩관련 제품 22개 품목과 애완동물 상품을 대상으로 실시한 결과, 대상 카테고리 제품판매가 타 소매업체에서는 관련제품들이 8% 감소한 수요상황에서 양사의 매출은 13%정도 늘어났다. 이후 양사는 공동화 프로젝트를 더욱 확대하고 있다.

두 번째로 K마트와 킴벌리 클라크(Kimberly-Clark)의 사례가 있다. K마트는 유명한 할인

양판점이며 킴벌리 클라크는 전 세계에 지사를 갖고 있는 일용품 제조업체이다. K마트의 경우 2천 1백 개 점포와 연관된 14곳의 물류센터, 16개의 품목을 대상으로 파일럿 프로젝트를 실시했다. 프로젝트결과, 매출이 14% 증가했을 뿐만 아니라 계절판매 예측향상과 재고감소라는 성과를 얻었다. 킴벌리 클라크도 일일 판매량예측 정확성의 향상 등 상당한 성과를 거뒀다.

세 번째로 세계 최대의 유통업체인 월마트(Wal Mart)와 월마트에 의류를 납품하는 사라리 어패럴(SARA Lee Apparel)도 성공 케이스로 분류된다. 파일럿 프로젝트 대상은 부인용 스커트, 바지 등의 23개 품목으로 선정하여 실시됐다. 프로젝트 개시 24주 후 양사의 매출은 33% 증가되고, 점포재고는 14%가 감소되었다.

마지막으로 세계 1백 40여 개국에 화장품, 일용품, 식품, 건강용품, 위생용지 등을 제공하는 종합 제조업체인 프락터앤갬블(Proctor & Gamble)과 다국적 유통업체인 테스코(Tesco)도 확실한 효과를 봤다. 테스코 소매점의 POS데이터와 연동해 재고보충량을 자동으로 계산해 상품을 보충하는 방식인 CRP(Continuous Replenishment Program)을 앞세워 프락터앤갬블 물류센터의 재고를 50% 감소시키는데 성공하였다. 이 방식을 활용하여 미국외 지역에서도 발주예측 향상과 함께 프락터앤갬블의 물류센터와 테스코 소매점의 재고가 줄어들고 예측의 정확도는 높아졌다.

유통업체의 경우 CRP와 카테고리 관리를 포함하는 포괄적인 개념인 CPFR 도입을 통해 총공급망 통합과 개선으로 결품이 감소되고, 판촉효과가 증대될 수 있다. CRP는 기존 제품의 상품보충과 VMI를 포함하는 재고관리에 집중하는 개념이다. 반면에 CPFR은 기존 제품뿐만 아니라 신제품의 출시계획도 포함하고, 카테고리 관리를 포함한 판촉에 의한 수요확장을 고려하면서 신제품 및 기존 제품의 생산량 예측(Forecasting)을 협업하고 상품을 보충하는 개념이다. 즉, 상호판촉 내용도 협의하고 마케팅을 지원하며, 효율적인 자원의 배분과 인건비도 절감한다.

CPFR은 공동예측으로 인해 예측에러가 감소되며 수요를 충족시키기 위한 판촉 등의 장기계획이 가능하게 된다. 유통업체의 경우에는 CPFR를 통한 파트너가 확대되고, 파트너 관계와 협업수준이 향상되어 안정적인 판매기반을 확보하여 결품감소와 다양한 제품구색으로 소비자를 만족시키는데 도움을 받을 수 있다. 또한 제조업체의 경우 CPFR 도입을 통해 고객서비스 향상으로 인한 투자수익률(ROI)의 증대, 판매상품에 대한 원가절감과 판매 및 일반관리비 절감 그리고 회전율 증가, 재고감축, 현금흐름 개선효과 등의 선순환이 나타나는 효과를 거둘 수 있다.

5. JIT(Just-in-Time)

JIT는 주로 생산공장에서 많이 활용하는 기법으로 고객의 수요에 맞춰 생산에 필요한 원재료나 부품을 필요한 시간에, 필요한 공정에, 필요한 수량만큼 공급하여 생산공정 상의 재고를 최소화하는 것이다. 이러한 노력은 더욱 발전해 공정상의 재고 제로화 또는 무재고 생산을 지향하고 있다. 점차 생산기법에서 낭비요소를 제거하는 기업철학으로 발전하였으며, 재고와 같은 낭비를 제거함으로써 비용을 절감시킨다. 더불어 다품종을 소량으로 평준화 생산하여 생산의 문제점이 드러남으로써 문제점을 제거하고 품질이 향상되는 부수효과도 얻을 수 있다.

최근에는 JIT의 개념을 더욱 확장하여 원재료 수요를 계획하는 단계부터 공동으로 협력하여 더욱 효율을 높이려는 JIT Ⅱ가 소개되어 시도되고 있다. JIT Ⅱ에서 공급자는 인플랜트(In-Plant)라고 불리는 공급자의 직원을 구매공장의 사무실에 배치시키고, 구매자, 계획수립자, 영업사원의 역할을 수행하도록 한다. 보스(Bose Corporation)가 동시설계와 JIT개념을 혼합하여 JIT Ⅱ라는 공급자 관계개념을 만들었다.

6. 크로스도킹

종래의 창고는 상품을 체계적으로 저장/보관하고 입·출하를 용이하게 하는 것이 주된 업무였으나, 물류센터는 이와는 달리 무재고 또는 최소 재고를 유지하면서 고객의 주문을 충족하는 것이 그 기본목적이다. 심지어 물류센터에서 직접 고객에서 판매하는 매장을 갖추는 경우까지 발생하고 있는 실정이다.

특히 다수의 매장을 운영하는 소매업의 경우, 상품 회전을 빨리해서 고객이 원하는 상품을 매장에 항시 구비하고 있으면서 재고를 줄이는 것은 판매를 늘리고 비용을 줄이는 데 필수적이다. 이를 위해 물류센터를 상품이동의 중개기지로서의 역할을 효과적으로 수행하도록 하는 것이 크로스도킹(Cross-Docking)으로, 대량의 여러 상품이 물류센터에 도착하면 보관하지 않고 바로 각 매장이나 고객의 주문에 맞게 소량으로 나누어 해당 매장이나 고객에게 배달하는 것이다. 이것을 효과적으로 하려면 정확한 고객의 주문 내역과 더불어 구매요청한 상품의 정확한 선적내역과 도착시간이 사전에 물류센터에 통보되어야 한다.

크로스도킹이란 유통업체의 제품보충을 위한 물류지원 정보시스템이다. 즉, 오늘날 크로스도킹은 기업 간 정보시스템으로 제조업체와 유통업체가 공유한다. 크로스도킹은 유통업체와 도매업체 간에 발생하는 물류비용을 감소시켜주고, 재고의 효율적 통제를 통한 창고비용을 절감시켜주며, 원활한 상품공급을 통해 유통업체의 결품률을 감소시켜 주는 효과를 보여준다.

크로스도킹은 기포장 크로스도킹과 중간처리 크로스도킹으로 구분된다. 기포장 크로스도킹은 제조업체에서 유통업체에 이르는 물류체계에서 납품패키지(물류단위, 거래단위) 중간의 분류과정을 단축시킨 것이다. 기포장 크로스도킹은 주로 중소형 슈퍼마켓에 위생용품이나 잡화 등을 공급하는데 사용된다.

반면 중간처리 크로스도킹은 통합 주문서에 의해 중간단계에서 납품패키지를 유통업체별로 재분류하고 세분화하여 최종 유통업체에 납품패키지를 조달해 주는 체계이다.

또한 크로스도킹은 파렛트 크로스도킹, 케이스 크로스도킹, 공급업체 분류 크로스도킹으로 구분된다. 파렛트 크로스도킹은 한 종류의 상품으로 적재된 파렛트 별로 입고되고 입고된 상태가 별로 변화하지 않고 소매점포로 직접 배송되는 가장 단순한 형태로, 다량의 상품에 적합한 특징을 가지고 있다.

케이스 크로스도킹은 파렛트 크로스도킹과 유사한 형태로 파렛트 단위로 입고되지만, 소매 점포별로 주문수량에 따라 피킹되어 소매점포로 배송되는 형태를 갖는다.

반면, 공급업체 분류 크로스도킹은 공급업체가 사전에 상품을 각각의 점포별로 피킹, 분류하여 크로스도킹을 거치면서 여러 공급업체의 상품들을 합하여 소매점포로 배송하는 형태로 공급업체에게 추가적인 비용을 발생시킬 수도 있다. 공급업체 분류 크로스도킹은 화장품, 위생용품 등 상품종류가 많은 경우에 적합하다.

미국 시애틀에서 차로 한 시간 거리에 있는 '아마존 듀폰트시(市) 창고'. 축구장 46개 크기(37만2300㎡)로 북미 최대 규모의 이 물류 창고에는 미국 최대 전자상거래 업체 아마존의 핵심 경쟁력이 모두 집약돼 있다. 창고 안에서는 '아마존로봇(AR)' 1000여대가 곳곳을 누비고 있었다. 대형 로봇청소기처럼 생긴 아마존로봇은 2000만 종의 물품이 쌓인 복잡한 재고더미에서 주문받은 상품을 정확하게 찾아내 컨베이어 벨트위에 올려놓았다. 창고 안에 이어진 컨베이어 벨트의 길이는 무려 9㎞에

달하고 롤러코스터처럼 복잡한 경로로 움직였다. 마치 고가도로 한가운데에 서 있는 느낌이었다.이 창고 안의 로봇들은 아마존 서버(대형 컴퓨터)에 있는 인공지능의 명령에 따라 움직인다. 아마존의 인공지능은 홈페이지와 창고 내의 모든 것을 파악해 로봇을 조종한다.

무게 6t까지 한꺼번에 들어 올리는 노란색 기중기 로봇 '로보스토'가 물류창고로 들어오는 각종 제품을 1층에서 2층 재고 구역으로 옮기고 있다(사진). 오렌지색 '아마존 로봇(AR)'(사진)은 2층에 도열해 있다가 로보스토로부터 짐을 받아 지정된 선반 위치로 상품을 옮긴다. 축구장 46개 크기의 물류센터에는 로봇 1000여대가 있다.

아마존이 공식적으로 밝히지는 않았지만, 아마존의 주문처리량은 초당 50건 하루 300만개 이상에 이른다. 고객이 아마존 쇼핑몰에서 상품을 결제하는 순간부터 이 창고에서 트럭에 물품이 실려 배송준비가 끝나기까지 10분이면 충분하다. 아마존로봇 한 대가 사람 4명분의 일을 할 수 있다. 직원 1000여 명이 이곳에서 하는 일은 포장직전에 물품을 확인하는 것뿐이다.애슐리 로빈슨 아마존 매니저는 "이곳은 인공지능과 로봇기술을 총동원해 만든 아마존의 8세대 창고"라고 말했다. 하지만 9세대나 10세대는 창고형태 자체가 없어질 수도 있다. 아마존은 물품을 싣고 떠다니는 거대한 열기구형 공중창고 '항공수송 센터'를 개발하고 있다. 고객의 주문이 들어오면 가까운 공중창고에서 드론(무인기)이 상품을 집까지 배송한다는 것이다. 23년 전 온라인 서점으로 출발한 아마존은 온라인 유통, 클라우드컴퓨팅(서버 임대서비스)에 이어 오프라인 식료품 판매에 뛰어들면서 거대한 제국으로 성장하고 있다. 아마존은 전 세계 5억명의 고객들에게서 모은 방대한 데이터를 AI(인공지능)로 분석해 경쟁자를 초토화시키고 있다. 투자은행 크레디트스위스는 "아마존은 향후 10년간 연평균 16%씩 성장할 것"이라며 "아마존 같이 매출 100조원이 넘는 기업이 연간 15% 이상 성장하는 것은 산업사에 유례가 없는 일"이라고 극찬했지만, 아마존에 형편없이 밀리고 있는 오프라인 유통시장에서는 '아마존 포비아(공포증)'라는 신조어까지 등장했다.

자료원, 조선일보

7. 표준 상품코드(Standard Numbering)

우리가 대화를 할 때 같은 언어와 같은 형식으로 말을 주고받아야 가장 이해하기 쉽고 효과적인 의사소통이 이루어지는 것처럼, 상거래도 같은 코드와 같은 양식을 사용하는 것이 업무의 효율을 높이는 데 무엇보다도 중요하다. 이를 위하여 상거래의 가장 기본이 되는 정보인 상품코드를 표준화해 사용하는 것이 가장 우선적인 과제이다. 이렇게 하면 거래업체 간에 상품코드의 변경이나 재입력 같은 작업을 제거할 수 있고 또한 그런 작업으로 인한 오류도 방지 할 수 있다. 이와 같이 업계의 표준코드를 사용하고 또 산업표준 양식인 EDI형태로 거래를 하게 되면, 하나의 상품코드와 하나의 양식으로 어떤 업체와도 전자상거래를 손쉽게 할 수 있다.

널리 사용되는 EAN 표준코드는 상품자체의 코드 뿐만 아니라 그 포장단위, 생산자, 생산일자, 생산로트, 납품일자 등도 표시할 수 있도록 개발되어 바코드 시스템과 함께 사용함으로써 물류의 효율을 더욱 높여 준다.

[CHAPTER 6]

공급사슬관리를 지원하는 정보시스템

01 전사적 자원관리(ERP)

1.1 ERP의 개념 및 정의

현재 국·내외의 선진기업들은 부문 간의 통합을 지원하고 경영혁신을 도모함으로써 경쟁력을 확보하기 위한 노력의 일환으로 ERP(Enterprise Resource Planning) 솔루션의 도입에 많은 관심을 기울이고 있다.

ERP는 직역하면 기업자원 계획이라고 할 수 있겠지만, 정보의 통합을 통하여 기업의 모든 경영자원을 최적으로 관리하자는 개념에 근거한 IT 솔루션이기 때문에, 그 의미로는 전사적 자원관리라고 번역하는 것이 더 타당하다. 말 그대로 기업활동을 위해 쓰여지고 있는 기업내의 모든 인적·물적 자원을 효율적으로 관리하여 가치사슬 혁신을 지원함으로써 궁극적으로 기업의 경쟁력을 강화시켜 주는 역할을 하는 통합정보 시스템이라고 할 수 있다.

ERP를 경영관리 시스템의 새로운 개념으로 파악하고 이러한 관점에서 개념을 정리하면 다음과 같이 세 가지로 나누어 볼 수 있다.

- ERP란 경영자원의 효과적 이용이란 관점에서 기업전체를 통합적으로 관리하고 경영의 효율화를 기하기 위하여, 경영이론과 실무를 사전에 프로그래밍하여 놓고, 기업에 맞도록 조합시킬 수 있도록 패키지화한 수단이다.
- ERP시스템이란 최신의 IT(Information Technology) 기술을 활용해 수주에서 출하까지에 이르는 일련의 가치사슬(Value Chain)과 관리회계, 재무회계, 인사관리를 포함한 기업의 기간업무를 지원하는 통합정보 시스템이다.
- ERP란 제조업을 비롯한 공급사슬 상에 있는 기업(Enterprise)의 모든 경영자원(Resource)을 효율적으로 계획하고 관리하는 매니지먼트 시스템이다.

이상으로 ERP시스템에 대한 개념을 몇가지 소개했는데 중요한 것은 'ERP란 기업의 이익을 최대화하기 위해 영업, 생산, 자재, 물류, 회계, 원가 그리고 인사 등의 기업 기간업무를 조직횡단적으로 파악하고 전사적으로 경영자원의 활용을 최적화하는 계획과 관리를 위한 경영개념'이라는 것을 명확히 이해하는 것이다. ERP패키지는 통합 데이터베이스를 중심으로 많은 우량기업의 비즈니스를 담고 있는 베스트 프랙티스(Best Practices)를 갖고 있고, 비교적 단기간에 가치사슬 혁신을 실현하기 위한 솔루션 모델을 제공한다.

점차 IT가 발전하여 이러한 시스템을 관계형 또는 객체지향형 DBMS, GUI, 개방형시스템, 4GL, Web 기술, 워크플로, 빅 데이터 분석의 최신기술이 뒷받침해 주고 있다. 위의 개념적, 기술적 특성을 바탕으로 ERP는 '기업이나 조직의 업무다각화 전략에 따른 분야별 기능의 지역적 분리상황에 맞추어 물리적으로 떨어져 있는 조직체 간의 업무기능과 지역적인 한계를 넘어 기능의 연계, 더 나아가 통합적인 관리를 할 수 있도록 지원하는 종합적 자원 관리시스템'이라고 정의할 수 있다.

통합적인 관리를 한다는 말이 쉽게 이해되지 않을 수 있다. 이를 위해 기업에서 수주를 하면서 수행하는 활동을 예로 들어 간단히 통합성에 대해 이해하여 보자. 기업이 속해있는 시장이 매우 다양하여 주문형 생산 및 영업을 하는 경우와 계획생산하여 불특정 다수에게 소비재를 재고영업하는 경우 등에 따라 영업 업무프로세스가 매우 달라진다. 일반적으로 주문형 생산 및 영업을 하는 경우라고 가정해보자.

[그림 6-1]은 ERP의 통합성을 보여주는 하나의 주문프로세스 사례이다. 일반적으로 고

그림 6-1 주문 프로세스의 실시간 통합성 개념

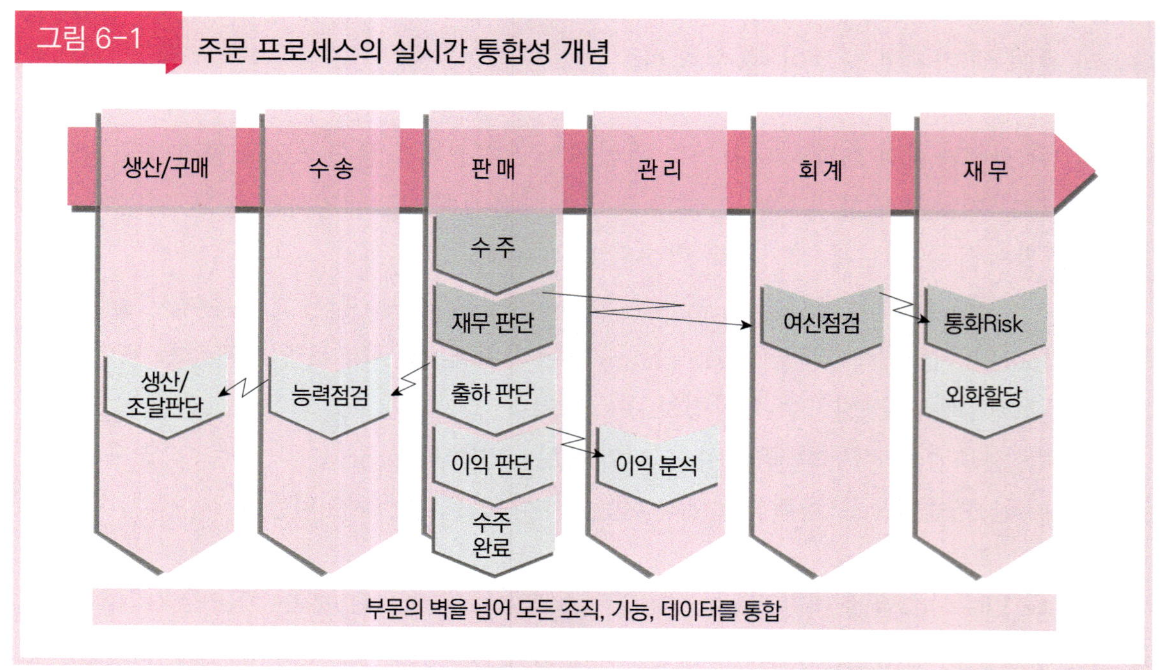

객의 문의나 견적요청을 바탕으로 고객의 주문을 받게 된다. 주문을 받으면서(수주) 가격결정을 한 후 재무적인 판단을 하게 되는데, 이 때 여신점검(고객의 신용도점검)을 한다. 즉, 고객이 과거에 구입한 불량외상 매출금이 신용한도 이상으로 많이 남아있지 않은 지를 점검해야 한다. 그리고 자재의 가용성 및 생산용량의 적정성 등과 같은 능력점검을 한 후 생산해서 조달할 수 있는 지 여부를 판단하고, 출하판단을 한다. 그리고 이익분석을 하기위해 원가가 얼마인지, 원가 대비 판매가가 적정한 이윤을 남기는 지를 계산하는 이익판단을 하고 수주가 완료된다.

과거의 단위시스템 이었다면 영업시스템에서 수행하다가 여신점검을 위해 회계부서에 문의하고, 능력점검을 위해 구매 및 생산부서에 문의하며, 이익판단을 위해 관리/원가부서에 문의하여야 할 상황에서 ERP라는 통합시스템에서는 바로 즉시 실시간으로 조회가 가능한 것이다. 또한 수출의 경우 해외통화로 대금청구를 해야 하는 상황이라면 재무부서에서 통화위험을 판단해야 하는 경우도 있을 것이다. 통화위험이란 환율의 변동 또는 물가상승(Inflation)이나 하락(Deflation)에 따른 위험을 말한다.

이와 같이 ERP는 실시간 처리시스템이고, 모든 모듈이 서로 통합되어 있으며, 또한 모든 조직, 기능, 데이터가 통합되어 있는 시스템이다. 이상의 개념과 정의를 바탕으로 ERP를 하나의 정의로 보기 어려우므로 관점에 따라 전사적 자원관리 이외에 실시간 기업 최적화 시스템, 기업성과 극대화시스템, 매개 통제방식의 통합경영 시스템, 업무내장 기업 최적화 시스템이라고 생각하면 될 것 같다.

1.2 ERP의 특징

1. 다양한 산업에 대한 복합적 지원

기존의 MRP II까지는 그 중심이 제조업이 많이 치우쳐 있었다. 그러나 빠른 속도로 변하는 기업환경 변화에 적응하기 위해 하나의 기업이 여러 업종으로 발전하여 수직적, 수평적, 방계적 구조를 가지게 되면서, 다업종을 지원할 수 있는 시스템이 필요로 하게 되었다.

이러한 인식의 전환에 맞추어 발생한 ERP는 다양한 산업에 대한 최적의 업무관행인 베스트 프랙티스(Best Practices)를 담고 있다. 즉, 제조업만을 지원하는 것이 아닌, 회계, 인사, 물류, 유통, 그리고 각 분야별로 특화되어 있는 기능을 조합하여, 다양한 산업 그리고 그러한 산업들이 복합적으로 얽혀있는 현대의 기업에 맞는 새로운 기능을 꾸준히 추가하며, ERP는 그 시스템의 구축범위를 계속 확대하고 있다.

2. 분산 · 통합적 지원을 통한 전체 업무최적화

ERP시스템이 지원하는 분산, 통합적 지원기능의 3대 요인은 다음과 같다.

첫째, 업무적 분산 · 통합지원이 있다. 이 개념은 회계기능, 인사기능, 물류관리, 고객관리와 영업기능, 생산지원 기능 등의 모든 기업의 업무 프로세스를 개별 부서원들이 분산처리하면서도 동시에 중앙에서 개별기능들이 통합적으로 관리되어야 함을 의미한다.

둘째, 조직적 자율 · 통합관리 지원이 있다. 이 개념은 단위조직의 독립적 경영을 지원하면서 동시에 전체를 결합하는 통합적 관리도 해야 함을 의미한다. 각기 다른 조직의 생산 및 재고를 보며 통합적으로 최적화된 생산물량 및 시점을 조정하거나, 각 조직의 재무제표를 모아 통합 재무제표 발행 등의 업무필요성이 두 번째 요인에 속한다고 볼 수 있다.

셋째, 지역적 분산 · 통합지원이 있다. 이 개념은 현대기업이 메머드처럼 규모가 커지면서 점차 한 곳에서 집중하여 근무를 할 수 있는 여건이 사라지는 기업환경 변화에서 시작한다. 기업환경이 국제화되고 국내에서도 지역적으로 분리가 되는 본사와 지사의 관계, 그리고 거래처, 공급자, 협력업체 등의 관계를 통합적으로 관리하는 것을 의미한다.

3. 파라미터 변경방식의 시스템 설정

ERP는 경영학적인 업무지식에 입각하여 각 기업들의 고유한 프로세스를 구현할 수 있도록 파라미터(Parameter)를 변경하여 고객화(Customization)시킬 수 있게 구성되어 있다. 즉, 이미 경영학적인 이론과 실무가 ERP내에 내장되어 있고, 이러한 이론과 실무 프로세스가 수많은 산업의 생산 및 서비스형태를 지원할 수 있도록, 그리고 특정 기업의 고유한 영업과 생산, 생산과 자재, 그리고 회계와 원가관리를 통합 관리할 수 있도록 파라미터를 설정하는 방식을 취함으로써 신속하게 업무 프로세스를 e-business화 할 수 있는 패키지인 것이다.

SAP ERP에서는 파라미터를 변경하는 방식을 컨피규레이션(Configuration)이라고 일컫고 있으며, 용이한 컨피규레이션을 자원하도록 이행가이드(IMG:Implementation Guide)와 참조모델(Reference Model)을 제공하고 있다. 따라서 파라미터 설정에 의한 시스템구현 기간의 단축과 업무 및 기능의 업그레이드(Upgrade) 시에 버전의 변경이 용이하다는 것이 ERP 시스템의 특징이다.

기업의 환경여건이 빠르게 변하면서 기업의 업무나 조직이 변경될 수 있는 상황은 점점 더 많아진다고 할 수 있는데, 이러한 파라미터 설정을 통해 기업 스스로 변경사항에 대한 재설정 등 시스템 설정이 용이하다는 것이 ERP시스템의 큰 특징 중에 하나이다.

4. 패키지 수정과 변경

원칙적으로 ERP 패키지는 ERP시스템의 핵심적인 기능에 대해서는 프로그램의 수정을 금지하고 있다. 그러나 현대기업의 업종과 구조가 다양해지면서 필요한 데이터는 삽입하고, 불필요한 데이터는 삭제할 필요성이 대두되었다. 동시에 프로그램에 대해서도 사용자의 요구에 맞추어 추가나 삭제가 가능해야 했다. 따라서 ERP시스템은 시스템 자체의 유연성이 절대적으로 필요하게 되었으며, 현재 ERP시스템은 메뉴, 화면, 보고서 등을 추가 또는 변경할 수 있게 하고 있다.

또 기업의 규모와 업무, 기업에서 요구하는 ERP 패키지의 범위에 다라 기존의 ERP시스템에서 지원하지 못할 추가업무가 생기기도 한다. 이러한 추가업무 발생에 대비하여 기본적인 ERP시스템과 추가적인 요구사항이 통합 가능하도록 설계, 개발되어야 한다.

리스크관리나 자금관리, CAD, EDI, JIT 등 ERP 패키지에서 지원이 되지 않거나 지원이 되더라도 전체적인 지원이 되지 못하는 부분에 있어서는 전문적인 상용화 패키지를 구입하여 ERP시스템과 연계시킬 수 있어야 한다. 이러한 면에서 우수한 ERP시스템은 이미 다른 전문분야의 프로그램과 연계하여 사용할 수 있는 API(Application Program Interface:인터페이스 프로그램)를 많이 확보하고 있으며, 이에 따라 별도의 인터페이스 프로그램이 없더라도 다른 전문적인 애플리케이션과의 인터페이스가 용이하다.

5. BPR지원

일반적으로 ERP시스템이 구축되기 전에 기업 BPR(Business Process Reengineering:업무재설계)이 선행되는 것이 바람직한 방법이다. 즉, 업무 재설계가 선행되고 ERP가 도입되어야 구축성과가 커질 수 있다. 이 때에는 상위 프로세스 관점의 BPR이 이루어지며, ERP가 도입되는 과정중에 매핑(Mapping: 단위업무를 분석하고 요구사항을 받아들여 ERP와 연계하는 작업을 뜻함)단계에서 하위 프로세스 수준의 BPR이 실시된다. 이때 ERP에 내재되어 있는 경영이론 및 베스트 프랙티스들에 의해 가시적인 업무 재설계가 지원된다.

ERP가 도입되는 과정중의 BPR과정은 새로 도입되는 ERP 프로세스가 기업의 조직, 제도, 업무와 잘 조화될 수 있도록 하는 단계이다. 성공적인 ERP구축을 위해서는 가장 슬기롭게 넘어야 할 단계라고 할 수 있다.

6. 시뮬레이션

ERP시스템을 통하여 얻을 수 있는 시뮬레이션의 효과는 수작업과는 비교도 안 될 정도로 향상된 시간과 비용의 단축이다. ERP시스템에서는 MPS나 MRP에 의해 최적의 계획을 도출할 수 있으며, 경영분석, 원가계산 등으로 최적의 대안을 만들어 낼 수 있다.

시간과 비용의 부담이라는 짐을 벗게 된 기업은 반복적인 시뮬레이션을 통하여 가장 효과적인 의사결정을 기대할 수 있다. 그리고 부족한 시뮬레이션의 기능에 대해서는 다른 전문적인 시뮬레이션 프로그램과 인터페이스하여 사용할 수 있도록 하고 있다.

7. GUI 및 멀티미디어 지원

기존의 여타 프로그램에 비해 ERP시스템이 각광을 받고있는 이유 중의 하나는 그래픽사용자 인터페이스(Graphic User Interface) 환경이다. ERP가 GUI 환경을 도입함으로써 기업의 관리자나 경영자 관점에서도 쉽게 접근할 수 있다는 장점을 가지게 되었다. 그리고 문자, 그래픽, 음성, 동영상 등의 정보를 이용할 수 있어 시스템의 활용가치도 높아졌으며, 시스템에 대한 친숙감이 더욱 강해졌다는 평가를 내릴 수 있다.

8. 최신 컴퓨터 및 정보기술

앞에서 언급한 것처럼 ERP시스템은 일반적으로 클라이언트/서버구조로 구현되고 있으며, 현재 ERP는 점차 ERP의 모든 모듈이 웹에서 접속할 수 있게 되고 있다. 그리고 최근 들어 객체지향적 구조와 언어를 이용한 ERP시스템이 등장하고 있다. 또한 빅 데이터 분석기술로 과거에 비해 경영의 중요한 자료의 산출이 용이해지고 전략적인 의사결정을 하는데 의미있는 데이터를 얻는 것이 가능해졌다.

이와 같이 변화하는 IT기술을 ERP가 계속적으로 수용하고 있기 때문에 기업은 별도의 IT 환경을 고민하는데 소요되는 시간과 비용을 줄이고 ERP를 업그레이드시켜 나가면 최신 IT 환경을 접목한 시스템을 지속적으로 유지해 나갈 수 있다는 장점이 있다.

1.3 ERP의 통합성 예

SAP ERP는 모듈간의 통합성이 가장 큰 특징이다. 통합성은 직접 경험하지 않으면 이해하기 어렵지만, 다음과 같이 세 가지 정도의 주요 예로 통합성을 설명하고자 한다.

1. FI모듈의 물류관련 모듈과의 실시간 통합에 의한 자동 회계계정 전기

전통적 시스템에서는 모든 회계프로세스가 회계모듈에서 전표를 등록해야만 이루어졌다. 전표등록만이 회계데이터를 생성하는 유일한 통로였다. 예를 들어 상품을 판매하였으면 판매부서에서 판매한 사실을 자신이 필요로 하는 양식에 따라 등록하고 이를 회계부서로 넘기면 회계부서에서 다시 회계전표 등록을 통해 다시 입력하면 비로소 판매사실에 대한 회계데이터가 생성된 것이다. 그러나 ERP시스템 하에서는 현장회계가 이루어지기 때문에 회계모듈의 전표등록을 직접 통하지 않고도 현장에서 곧바로 회계처리가 되어 회계데이터를 생성하게 된다.

매출채권 회계와 매입채무 회계는 대표적인 현장회계라고 할 수 있다. 매출채권 회계는 영업/유통모듈(SD Module)과 연계되어 있고 매입채무 회계는 자재관리 모듈(MM Module)과 연계되어 있다. 판매활동의 결과는 매출처에 대한 매출채권의 발생이고 매입활동의 결과는 매입처에 대한 매입채무의 발생이다. 매출채권과 매입채무의 발생은 각각 영업/유통 모듈과 자재관리 모듈의 활동에 따라 발생하나 이에 대한 회수 및 상환은 회계모듈의 매출채권 회계와 매입채무 회계에서 이루어진다.

[그림 6-2]에 나타나 있는 바와 같이 회계/재무관리(FI) 모듈에서 MM 모듈과의 통합성

그림 6-2 구매업무 처리시의 회계원장으로의 자동분개

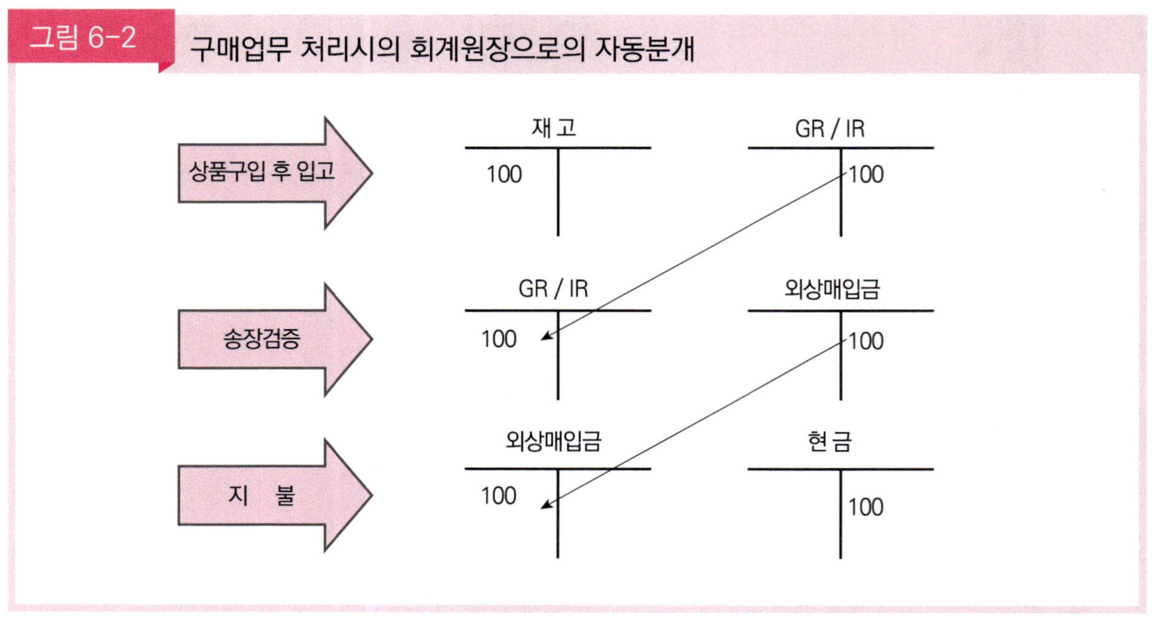

과정은 다음과 같이 설명할 수 있다. 예를 들어 (주)동양에서 기계 한 대에 100달러를 지불하기로 하고 구매오더를 냈다고 하자. 구매업체로부터 기계가 납품되어 (주)동양에서 창고에 입고시키게 되면 SAP ERP시스템에 입력함과 동시에 두 개의 계정이 생기는데, 차변의 재고계정에 100달러 가치의 기계가 생기고, 동시에 임시보조 원장(GR/IR)에도 100달러가 생기게 된다. 그 후에 송장검증을 하게 되면, 임시보조 원장에 있던 값이 상쇄되어 사라지고, (주)동양에서 구매업체에 주어야 할 기계가격이 외상매입금 계상으로 처리된다. 끝으로, (주)동양에서 업체로 기계값을 지불하면 차변에 외상매입금이 계상되어 외상매입금이 사라지고 현금 100달러가 나가는 것으로 처리된다. 이 과정이 위에서 이야기한 매입채권과 연관된 현장회계의 대표적인 메카니즘이라고 할 수 있다.

- 물류/인사시스템과 재무시스템과의 통합으로 물류시스템에서 발생하는 거래가 실시간으로 재무시스템에 반영되면서 관련된 회계전표들이 자동으로 생성된다.
- 물류시스템과의 통합으로 지출전표 및 매출전표에서 드릴다운 기능을 이용하여 실제 원시전표로까지 추적가능하여 업무의 투명성을 제고한다.
- 관리회계 시스템과의 통합으로 인해, 진행중인 자산에 대한 정산처리가 신속하게 이루어지고 완성 고정자산으로의 자동전표가 자동생성된다.

전통적 회계시스템에서는 분개장 혹은 회계전표에 분개내용을 입력하고, 이를 다시 총계정원장과 각종 보조장부에 전기하고, 나아가 시산표와 정산표 등을 작성한 다음 재무보고서를 작성하는 절차를 거쳤다. 그러나 ERP시스템에서는 사실상 회계전표의 저장으로 모든 과정이 종료된다고 볼 수 있다.

2. SD모듈에서의 MM/PP모듈과 통합된 가용성 점검 처리

[그림 6-3]은 판매오더 입력 시 가용성 점검(Availability Check)이 이루어지는 과정을 나타낸 것이다. SD모듈의 가용성 점검은 현재의 재고 뿐만 아니라 MM 모듈의 구매오더와 리드타임을 고려한 입고예정량 그리고 PP모듈의 생산오더와 생산리드 타임을 고려한 생산현황 등을 고려하여 이루어질 수 있다.

현재 가용한 재고만을 고려한 가용성 점검을 할 지, 아니면 구매오더나 생산오더 등을 고려한 가용성 점검을 할 지를 파라미터의 변경을 통해 비교적 용이하게 설정할 수 있으므로 회사의 업무의 특성과 프로세스에 맞도록 가용성 점검규칙을 정할 수 있다.

이와 같이 사용자가 느끼기에는 거의 동시에 수 많은 요소들을 고려한 가용성 점검을 하

그림 6-3 가용성 점검

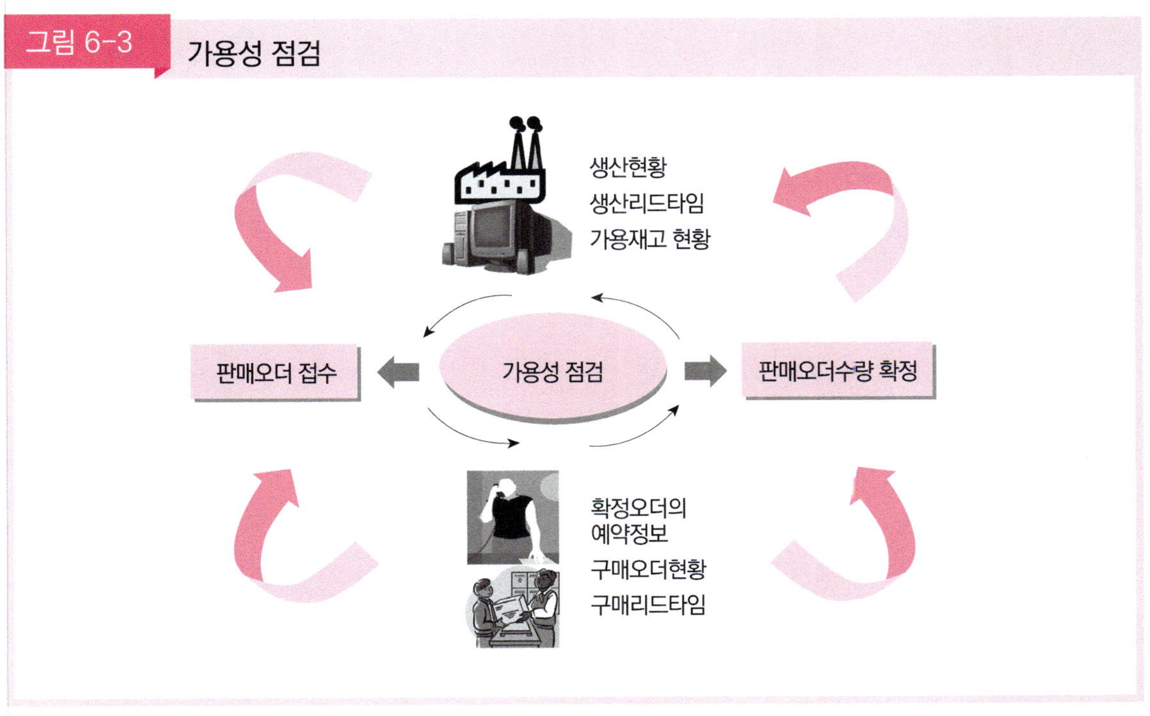

게 되는데, 모듈 간의 통합성이 보장되지 않으면 불가능한 기능일 것이다.

3. 영업오더 처리 후 출하예정 리스트 및 대금청구 예정리스트의 자동생성

SD모듈에서 영업오더를 생성하면 출하예정 리스트(Delivery Due List)에서 실시간으로 조회되므로 출고업무를 수행하는 구성원들이 어떠한 영업오더건이 납품될 차례인지를 용이하게 알 수 있다. 또한 납품이 완료되면 대금청구 예정리스트(Billing Due List)에서 실시간으로 조회되므로 영업관리 사원과 회계부서 사원들이 대금청구건에 대하여 의사소통이 명확해질 수 있다는 장점이 있다.

이러한 업무처리들도 SD모듈에서의 영업오더 기능과 MM모듈에서의 자재출고 기능이 통합되고, 자재출고 기능과 FI모듈의 대금 청구기능이 통합되어 있기 때문에 가능한 것이다. 앞에서 설명한 바와 같이 대금청구 후에는 자동회계처리가 되어 외상매출금이 발생한다는 것을 명심하자.

지금까지 ERP의 통합성의 구체적인 예를 비롯하여 ERP의 특징을 살펴보았다. 이러한 특징을 잘 활용하면 기업의 부문간 통합성을 향상시킴으로써 공급사슬관리에 ERP가 큰 도움이 된다는 것을 이해할 수 있을 것이다.

02 고객관계관리

2.1 CRM의 개념 및 ERP와의 관계

기업은 보유하고 있는 고객데이터를 활용해 마케팅 활동을 활성화하는 고객관계관리 활동을 1990년대 부터 시작했다. 고객관계관리(CRM; Customer Relationship Management)는 기업이 보유하고 있는 데이터를 통합하는 데이터 웨어하우스, 고객데이터의 분석을 통한 고객유지와 이탈방지 등과 같은 다양한 마케팅 활동을 진행하는 것을 뜻한다.

기업의 CRM 활동은 자사고객 데이터 뿐만 아니라 제휴회사의 데이터를 활용한 제휴마케팅도 포함된다. 최근에는 구매이력 정보와 웹 로그(Web-log)분석, 위치기반 서비스(GPS) 결합을 통해 소비자가 원하는 서비스를 적기에 적절한 장소에서 제안할 수 있는 기술 기반 서비스를 갖추었다.

기업은 공급사슬 내의 비즈니스 파트너 및 고객과 창조적으로 협력해서 제품원가와 사이클 타임을 줄이며, 고객에게 보다 정확한 주문추적정보(Order Tracking Information)를 제공함으로써 새로운 가치를 창출하고 부를 창출할 수 있다는 사실을 인식하고 있다.

정보기술(IT)을 효과적으로 활용하는 기업은 영업, 제품구성, 기획, 설계과정을 기존 채널 및 신규채널을 통해 고객과 통합시켜 고객관계를 강화할 수 있다. 1990년대 중반 이후, 기업은 독특한 구매특성이나 추세를 확인한다는 기대를 갖고 고객정보 시스템을 통해 고객에 대한 정보를 획득하는 힘을 갖게 되었고, 대량 생산체제를 기반으로 운영되는 기업이 웹 애플리케이션을 통해 개별화된 고객관리를 할 수 있게 되었다. 고객과 친밀하고 견실한 관계를 구축할 수 있게 되자 기업은 현재 고객에 대한 평생가치를 추구하는 전략을 능동적으로 실행하게 되었다.

CRM을 통해 기업은 이러한 목표를 달성할 수 있게 되었다. CRM 애플리케이션은 영업, 마케팅, 고객서비스에 초점을 맞춰 기업의 프런트 오피스(Front Office) 기능을 강화한다. 그러나 성공적인 구현을 위해서는 CRM이 협소하게 정의된 정보기술 애플리케이션이 아니라 조직과 구성원, 프로세스, 시스템의 결합체라는 점이 강조되어야 한다. 또한 CRM 애플리케이션은 외향적이고 확장된 프로세스에 초점을 두는 확장형 ERP의 하나이며, ERP시스템의 기업내 프로세스와의 연계를 추구하며 가치사슬 혁신을 지원한다.

CRM은 어떻게 정의될 수 있는가? 가트너그룹에서는 CRM은 "기업을 고객세분화에 맞추어 조직하고, 고객을 만족시키는 행위를 촉진하고, 고객으로부터 공급자까지의 프로세스를 연결시킴으로써 수익성, 매출 그리고 고객만족도를 최적화하기 위한 전사차원의 사업전략"이라면서 또한 "신규 고객획득, 기존 고객유지 및 고객수익성 증대를 위하여 고객과 지속적인 커뮤니케이션을 통해 고객의 행동을 이해하고, 영향을 주기위한 광범위한 접근방법"이라고 정의한 바 있다.

CRM은 운영적 CRM과 분석적 CRM 그리고 협업 CRM의 세 가지로 분류할 수 있다.

운영적 CRM은 고객과의 접점에서 영업, 마케팅 및 서비스를 실행하는 CRM으로써 CRM의 구체적인 실행을 지원하는 시스템을 의미한다. 또한 분석적 CRM은 운영적 CRM에 의해 생성된 데이터들을 분석하는 것이다. 고객의 구매행동 및 구매패턴을 분석하고 이해할 수 있도록 지원하는 시스템인 것이다. 그리고 협업 CRM은 기업의 운영시스템과 고객접점을 통합하여 기업내부 및 외부를 연계하여 가치사슬을 향상시키고 각 고객별로 차별화된 서비스를 제공할 수 있도록 하는 시스템을 의미한다.

광의의 CRM은 DBM(Database Management)과 협의의 CRM 그리고 SFA(Sales Force Automation)의 세 가지로 분류될 수 있다.

DBM은 마케팅 분석과 전략을 수립하기 위해 데이터베이스를 이용하는 것이며, 협의의 CRM은 일대일 마케팅을 위하여 개인화(Personalization)을 강조하며 마케팅 프로세스를 정보화하는 것이고, SFA는 영업채널의 경쟁력을 강화하기 위하여 영업자동화 기술을 의미하며 휴대폰, 개인정보단말기(PDA), 콜센타(Call Center) 등을 활용한다.

2.2 프로세스 관점의 CRM

프로세스 관점에서 CRM을 살펴보면 [그림 6-4]에서 볼 수 있는 바와 같이 고객정보를 중심으로 마케팅으로부터 영업 및 서비스까지의 전 과정이 하나의 폐쇄적 순환고리(Closed Loop)를 형성하는 것이다. 먼저 각각의 기능에 대해서 알아보자.

마케팅의 기능은 여러 가지로 정의될 수 있지만, CRM 관점에서 보면 새로운 수요를 창출하는 것이라 할 수 있다. 여기서의 새로운 수요라는 것은 새로운 고객의 흡수를 의미하기도 하지만 기존 고객 중 휴면고객의 활성화도 포함하는 것이다.

영업은 마케팅에 의해서 창출된 영업기회를, 기회가 아닌 실제매출로 연결하는 역할을 한다. 이 과정에서 마케팅에 의해 조성된 호의적 환경이나 구체적 기회를 얼마만큼 효율적이고 효과적으로 관리하느냐가 영업의 평가지표가 된다. 영업이 효과적으로 진행된다면, 즉 매출기회가 매출로 연결된다면 비로서 잠재고객은 실제고객이 된다.

서비스의 역할은 본질적으로 새롭게 들어온 고객에 대한 지속적인 관심과 보살핌을 통해 그 관계를 지속하는 것이다. 그 동안의 고객서비스가 구매 후 고객의 만족을 주된 목적으로 했다면, 현대기업의 서비스는 포괄적 고객서비스를 지향하는 것이다. 과거의 서비스가 소

그림 6-4 CRM의 프로세스

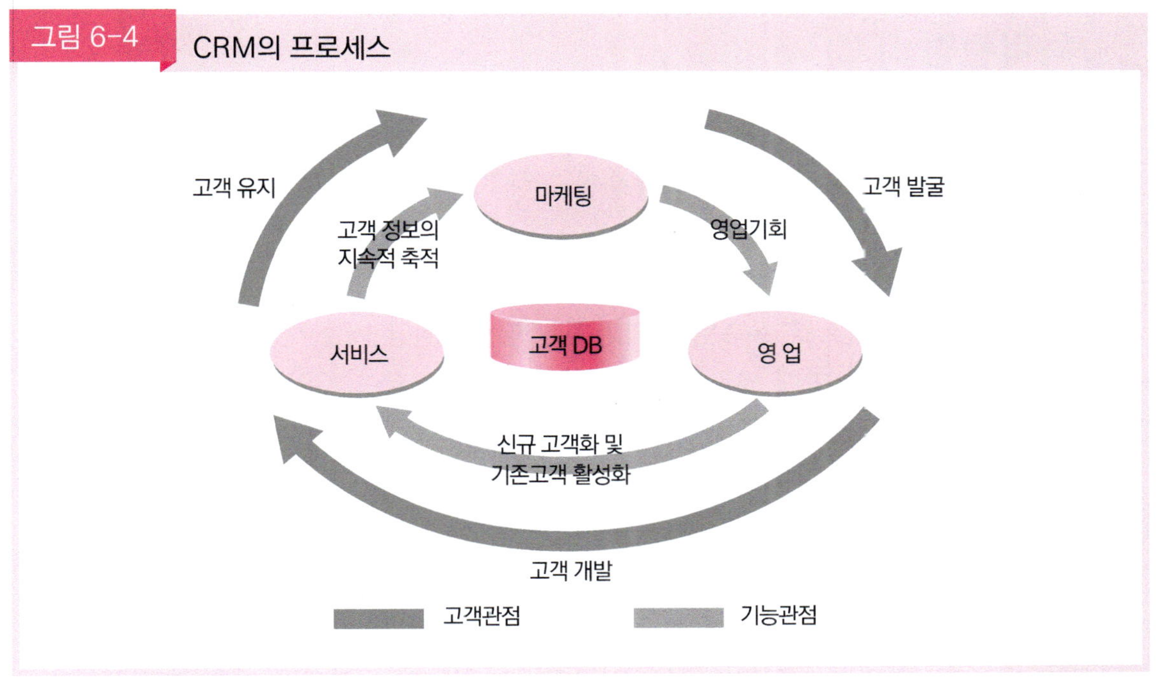

극적인 후발지원을 위한 것이었다면, 새로운 서비스는 적극적 기회창출을 위한 것이다. 과거의 서비스가 극히 예외적인 고객별 프로세스였다면, 이제 서비스는 모든 고객에게 맞춤화된 서비스를 전달하는 것을 목적으로 한다. 이러한 패러다임 변화만이 일단 우리 회사의 고객이 된 고객을 지속적으로 유지할 수 있다.

이러한 각 기능이 통합 고객정보를 중심으로 전개되고, 그 과정에서 발생된 정보가 다시 통합고객 DB로 모아져서 지속적으로 축적되고 재활용되는 과정이 바로 폐쇄적 순환고리(Closed Loop)를 형성하는 모습 이다.

물론 이 세 분야가 고객과의 주요접점이고 따라서 고객정보의 전략적 활용의 중심인 것은 사실이지만, 이 분야만으로 고객정보의 활용이 제한되어 있는 것은 아니다. 조직의 정책입안 부서, 상품/서비스개발 부서라던가 품질분석 부서 역시 고걱정보를 폭넓게 활용하는 부서들이다. 고객의 선호도나 불만사항 등을 모두 반영한 상품, 서비스, 정책개발 등은 고객의 만족도를 향상시킬 뿐만 아니라 내부적으로도 히트상품이나 서비스개발의 확률을 훨씬 높여 준다. 따라서 CRM의 이행은 단순히 전 방위의 고객접점 기능만을 고려하는 것이 아니다.

2.3 목적관점의 CRM

CRM을 목적관점에서 접근하면 ① 고객 수를 늘리고, ② 고객유지율을 높이고, ③ 가장 수익성이 높은 고객을 유지하며, ④ "제품관점"이 아닌 "고객관점"의 전향적 행동을 취하고, ⑤ 친근한 관계를 통해 고객의 충성도를 높이고, ⑥ 고객과 평생관계를 구축하는 것이다.

실제로 CRM을 성공적으로 구축했던 기업들은 영업사원당 매출이 51% 증대되고, 고객만족도가 20% 향상되고, 판매 및 서비스 비용이 21% 감소되며 이익이 2% 향상되는 효과를 보고 하고 있다.

어떠한 경우에도 CRM의 목적은 크게 기존 고객수익성 극대화 및 신규 고객창출로 요약된다. 기존 고객수익성 극대화는 우수고객에 대한 관계의 지속을 통해 평생가치를 극대화하는 것을 의미한다. 여기에 기업의 입장에서도 성장을 위해서는 신규 고객의 지속적 확장이 필요하다. 그리고 CRM을 통해 이 신규 고객확장에 있어서의 효과를 극대화하는 것이 목적이 된다. 즉, 최소한의 비용으로 더 많은 신규고객을 창출하는 것인데 이를 위해서는 기존 고객에 대한 분석을 통해 성공확률이 높은 고객군을 목표로 하는 것이 필요하다.

과연 기존 고객의 기업에 대한 의미는 무엇인가? 많은 통계자료들이 기존 고객이 왜 그렇게 중요한지에 대한 수치적 자료를 제공하고 있다. 이를 테면 고객유지비용 대비 획득비용이 10배 가량 높다든지, 하버드 비즈니스 리뷰에 따르면 미국기업들은 평균적으로 5년 마다 고객의 반 정도를 잃고 있는데 관계관리를 통해 고객상실률을 5% 정도만 줄이더라도 순이익을 두 배나 늘일 수 있다고 한다. 이만큼 한 고객이 거래를 지속하면서 기업에 주는 이익은 기하급수적으로 늘어나는 것이다.

2.4 e-CRM

PC와 인터넷, 모바일 기기 이용이 생활화되면서 사람들이 도처에 남긴 발자취에 의한 데이터는 기하급수적으로 증가하고 있다. 쇼핑의 예를 들어보자. 데이터 관점에서 보면 과거에는 상점에서 물건을 살 때만 데이터가 기록되었다. 반면 인터넷 쇼핑몰의 경우에는 구매를 하지 않더라도 방문자가 돌아다닌 기록이 자동적으로 데이터로 저장된다. 어떤 상품에 관심이 있는지, 얼마동안 쇼핑몰에 머물렀는지를 알 수 있다. 쇼핑 뿐만 아니라 은행, 증권과 같은 금융거래, 교육과 학습, 여가활동, 자료검색 등 하루 대부분의 시간을 PC와 인터넷에 할애한다. 사람과 기계, 기계와 기계가 서로 정보를 주고받는 사물지능통신(Machine to Machine)의 확산도 디지털정보가 폭발적으로 증가하게 되는 이유다.

오프라인과 더불어 온라인, 즉 인터넷의 기업 웹사이트를 통해 양질의 풍부한 고객데이터가 수집됨에 따라 이와 같은 자료를 집중적으로 분석하는 웹 로그분석이 중요분야로 대두되고 있으며, 대표적인 분석도구로는 CC Media사의 Web Nibbler 등이 있다.

e-CRM은 기존의 CRM 개념위에 e-비즈니스 환경에서의 고객과의 관계유지라는 부분이 보강된 개념이다. 웹사이트를 방문하는 인터넷 이용자들의 로그파일을 분석하고 이를 기존의 데이터웨어하우스와 연계하여 고객의 성향에 맞는 제품이나 컨텐츠를 실시간으로 추천해 주는 맞춤형 마케팅 솔루션이라 할 수 있다.

고객분석은 빅 데이터 시대를 맞이해 전환점을 맞고 있다. 분산처리 방식과 같은 빅 데이터 기술을 활용해서 과거와 비교가 안 될 정도의 대규모 고객정보를 빠른 시간안에 분석하는 것이 가능하다. 트위터와 인터넷에서 생성되는 기업관련 검색어와 댓글을 분석해 자사의 제품과 서비스에 대한 고객반응을 실시간으로 파악해 즉각적인 대처를 시행하고 있다.

표 6-1 전통적 CRM 과 e-CRM 비교

구 분	전통적 CRM	e-CRM
주요 이용대상	오프라인 중심기업	e-비즈니스 기업
고객접점	콜센터, 오프라인 중심	인터넷 및 모바일 등 온라인 중심
판매관련 요소	전화판매, 판매자동화	전자상거래(B2B, B2C, M2M)
서비스 관련요소	기술 지원, 필드 서비스	온라인 셀프 서비스, 이메일 관리
마케팅 관련요소	캠페인 관리, 분석도구	e-마케팅, 개인별 서비스
고객요청 처리과정	복잡하고 처리과정상 오류개입 가능성 존재	단순한 처리 및 실시간 처리
비 용	신규 고객유치 및 관리비용이 높음	초기 유치비용은 높은 반면, 유지/ 관리비용은 저렴함
시간/공간적 제약	제한된 영업시간, 지역적 한계	하루 24시간, 전 세계를 대상

소프트웨어나 하드웨어도 오픈소스 형태나 분석용 패키지와 분산병렬 처리기술, 클라우드 컴퓨팅 등을 활용하면 기존의 비싼 스토리지와 데이터베이스에 기반한 고비용의 데이터 웨어하우스를 구축하지 않더라도 효율적인 시스템 운영이 가능하다.

기존 CRM 솔루션들이 고객정보 및 고객거래 정보의 분석과 영업활동 자동화 등에 중점을 둔 반면, e-CRM은 인터넷 환경을 이용하여 e-mail을 통한 고객관리와 인터넷 마케팅을 중심으로 고객별로 차별화 된 맞춤형 서비스를 제공하는 데에 중점을 두고 있다. [표 6-1]은 전통적 CRM과 e-CRM을 비교한 내용을 보여주고 있다.

e-CRM과 전통적 CRM의 근본적인 차이는 고객접점이라고 할 수 있다. e-CRM이 온라인을 통해 고객과 접촉하고 있는 반면, 전통적 CRM은 콜 센터나 오프라인 중심으로 고객과 접촉하고 있다. 결과적으로 고객데이터 수집측면에서 e-CRM은 전통적 CRM에 비해서 정보의 질, 양, 그리고 정보수집 비용의 측면에서 많은 장점을 가지고 있다.

특히, 전통적 CRM이 신규 고객유치 및 관리에 많은 비용이 필요한 것에 반해, e-CRM은 초기 고객유치 비용이 높은 반면 유지 및 관리비용은 상대적으로 저렴하다는 특징을 가지고 있다. 뿐만 아니라, 고객서비스 측면에서도 온라인을 통한 단순한 처리 프로세스와 실시

그림 6-5 e-CRM의 구성 요소

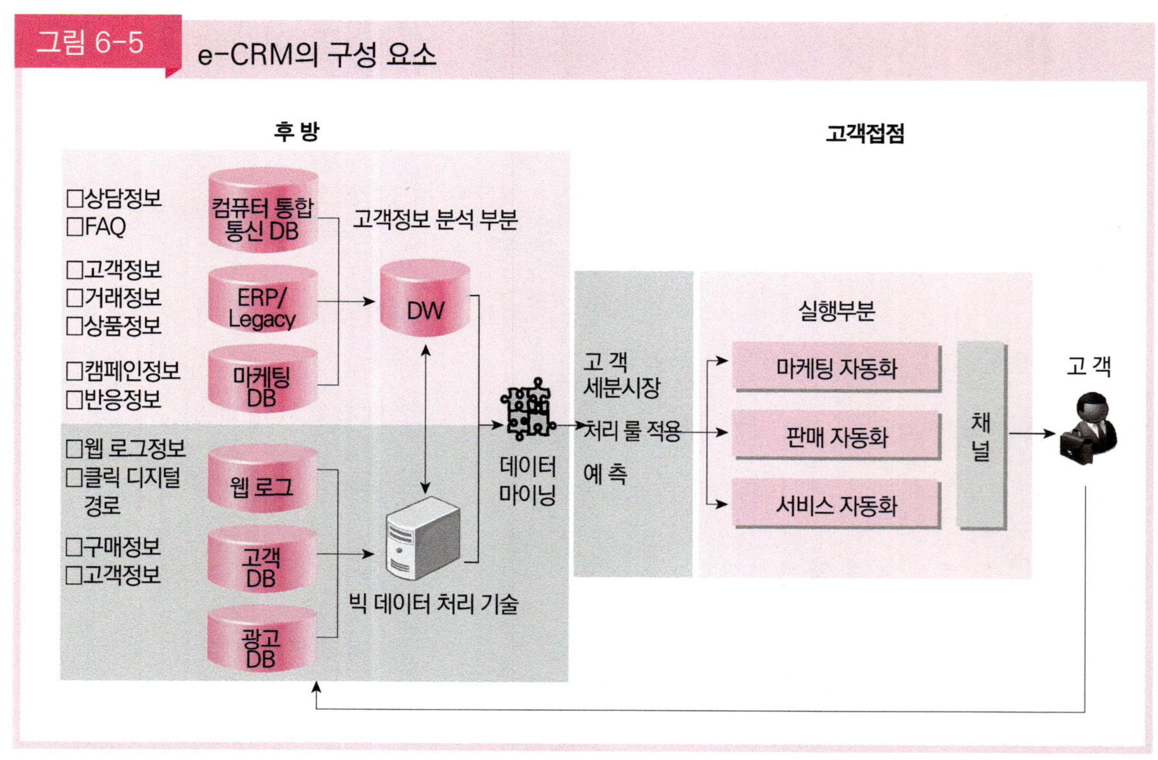

간 처리를 끊임없이 제공할 수 있다.

[그림 6-5]에서 볼 수 있는 바와 같이 e-CRM의 시스템 역시 전통적 CRM의 프레임웍(Framework)과 유사하게 크게 후방의 고객정보 분석부문과 고객접점의 실행부문으로 나누어 진다. 고객정보분석 부문에서는 데이터웨어하우스, 데이터 마이닝 및 통계패키지 등을 이용하여 고객의 세분화, 고객요구 사항파악, 고객별 마케팅 방안에 대한 분석 등을 수행한다. 이와 같은 객관적 데이터를 바탕으로 초점 세분시장(Focused Market Segment)을 대상으로 마케팅, 영업, 서비스를 효과적으로 수행할 수 있다.

실행부문은 실제 고객과의 접촉이 이루어지는 부문으로 고객에게 다양한 정보의 제공, 판매, 서비스 측면에서의 각종 지원이 가능하도록 한다. 고객측면에서 보면 구매 프로세스 전체를 자동적으로 지원하는 것이다. 이를 위해 마케팅, 영업, 서비스 등의 기능이 제공된다.

e-CRM의 실행부분은 고객의 구매 프로세스를 자동적으로 지원해 주고 있다. 즉, e-CRM 시스템은 고객의 구매 프로세스에 대응하기 위해서 온라인 상에서 마케팅, 영업, 서비스를 통해서 고객에 대한 지원활동을 수행한다.

03 공급자관계관리

인터넷을 통해 업체와 교류할 수 있는 통로의 구실을 해왔던 e- Procurement를 구매업무관련 영역전체로 확장하여 기능별로 특화시킨 시스템이 공급자관계관리(SRM: Supplier Relationship Management)이다. e-비즈니스 환경에서는 아웃소싱이 확대되고 기존의 공급사슬이 해체되어, 독립적으로 기능을 수행하는 여러 업체가 전략적 제휴형태로 가치창출과정에 참여하여, 고객에게 가치를 전달하는 네트워크 경제형태로 산업구조가 변해가고 있다. 따라서 e-비즈니스를 수행함에 있어 가치창출 과정에 관련된 파트너들과의 관계를 효과적으로 관리하는 것이 중요한 성공요인으로 부각되고 있다.

그림 6-6 공급사슬 관점에서 본 고객관계관리와 공급자 관계관리

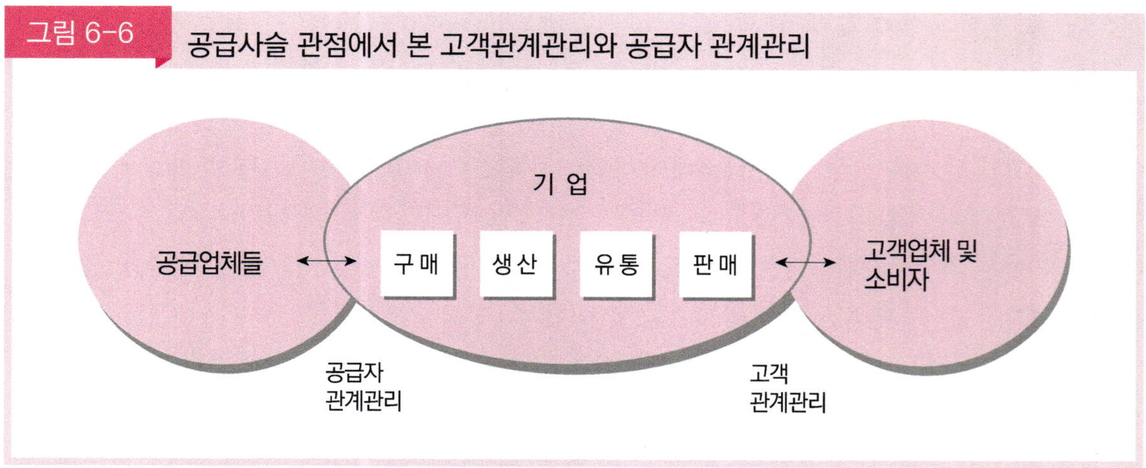

공급자 관계관리는 '보다 나은 제품을 개발, 생산하고 비용을 절감하기 위해 공급업체와의 협업 및 통합을 강화하기 위한 기업간의 업무혁신 방법' 또는 그러한 방법을 구현하기 위한 솔루션이라고 할 수 있다. SRM은 ① 공급 및 구매전략 개발을 통한 전략적 공급업체 선정, ② 공급업체의 역량증진 및 협업, ③ 공급업체 평가 및 공급자 관계의 지속적인 관리 등 세 가지 영역의 기능들로 구성되어 있다.

SRM의 전반적인 프로세스가 [그림 6-7]에 나타나 있다. 구매하는 업체에서는 전략구매와 협업관점에서 ① RFQ요청, ② RFQ생성, ②b 상세조건 및 사양협의, ③ 응찰내역 평가, ④ 낙찰자 선정, ⑤ 구매발주 및 계약, 주문변경, 입고응답, 송장응답 등의 업무가 이루어진다. 그리고 여기에서 이루어진 업무들이 SRM 시스템에 계속 입력되고 축적되면서 ⑩ 계약 활용도와 계약만료 여부, ⑪ 납품지연과 납품수량의 차이 등이 계속 업데이트 되며, ⑫ 납기, 품질, 수량 등의 관점에서 공급업체 평가가 이루어지며, 이 평가내용이 다시 전략구매 활동으로 피드백되는 모습을 볼 수 있다.

또한 공급업체에서는 ②a 입찰초대, ②b 상세조건 및 사양협의, ⑥ 판매주문 입력, ⑦ 주문응답, ⑧ 입고확인 전송, ⑨ 송장전송 등의 업무가 진행되는 것을 알 수 있다.

기업환경이 변화함에 따라 최근의 구매는 비용관리 측면에 있어 전통적인 구매와 차이를 보이고 있다. 전통적인 구매에서는 구매가격에 많은 비중을 두고 있으나 최근 구매에서는 구입재화의 총 소유비용(Total Cost of Ownership)을 중요시 하고 있다. 총 소유비용은 구매가격을 포함하여 구입재화를 사용하는 총 수명주기 동안 발생하는 모든 비용을 포함한다. 이러한 비용 중 조직이 재화를 실제로 사용하기 전에 발생하기도 하고, 조직이 재화를 사용

그림 6-7 SRM의 전반적인 프로세스

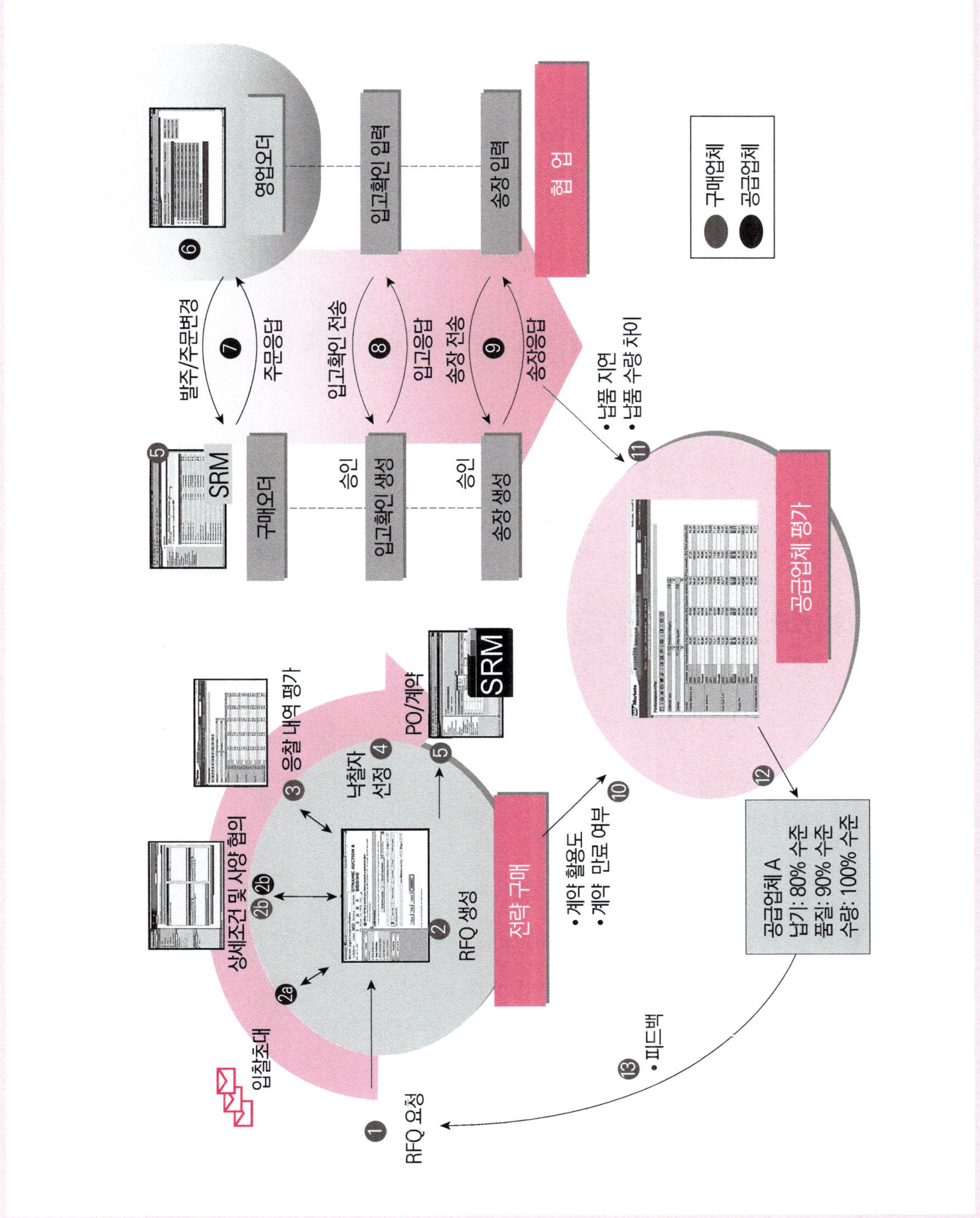

입찰초대
① RFQ 요청
② RFQ 생성
상세조건 및 사양 협의 2a 2b 2b
③ 응찰 내역 평가
낙찰자 선정 ④
⑤ PO/계약
SRM
전략 구매
•계약 활용도
•계약 만료 여부 ⑩
⑤ 구매오더 SRM
발주/주문변경 ⑦ 주문응답
⑥ 영업오더
승인 입고확인 생성
입고확인 전송 ⑧ 입고응답
입고확인 입력
승인 송장 생성
송장 전송 ⑨ 송장응답
송장 입력
협업
구매업체
공급업체
⑪ •납품 지연 •납품 수량 차이
공급업체 평가
⑫
공급업체 A
납기: 80% 수준
품질: 90% 수준
수량: 100% 수준
⑬ •피드백

하고 난 이후에 나타날 수도 있다.

예를 들어, 실제 구매이전에 발생하는 비용은 잠재적 공급자 탐색비용, 협상, 주문준비 비용 등을 포함한다. 또한 구매 이후에 불량부품 사용으로 인하여 발생하는 A/S 비용, 재작업 비용, 반품비용, 그리고 완제품 수명이 다한 후 폐기와 관련된 비용도 총 소유비용에 포함시켜야 한다. 이와 같이 총 수명주기 동안 발생하는 모든 비용을 고려하게됨에 따라 조직간 정보시스템의 도입 등을 통해 공급자와의 긴밀한 관계를 유지하여 총 소유비용을 절감하려는 노력이 이루어지고 있다.

이와 같이 IT기술의 발전은 다양한 기업혁신 형태를 가능케 하였다. 따라서 기업경영에서 내부생산운영 뿐만 아니라 외부공급자 관계관리에 대한 혁신도 고려하여야 하며, 나이키와 같이 부품 뿐만 아니라 완성품에 대해서도 아웃소싱을 활용한 생산경영이 점차 가능케 되었다.

04 최적 공급사슬계획 시스템

4.1 APS의 개념 및 중요성

일반적으로 산업계에서는 공급사슬 전체의 효과적인 계획을 관리하기 위한 솔루션을 최적 공급사슬계획 시스템(APS: Advanced Planning & Scheduling)이라고 명명하고 있다.

APS에서는 [그림 6-8]에서 볼 수 있는 방법으로 수요예측이나 생산계획 결과를 고객이나 공급업체와 서로 공유함으로써 스피드한 조달과 최소 재고를 달성할 수 있다.

자재소요량 계획(MRP)은 기본논리에서 근본적인 문제점이 될수도 있는 비현실성이 내포되어 있다. 원래 MRP 시스템은 독립수요에서 종속수요를 산출하고 그 종속수요를 만족시키기 위해 필요한 리드타임이나 생산용량이 고정되어있다고 가정하여 출발했다. 예를 들어

그림 6-8 고객 및 공급업체와의 수요예측 결과 공유

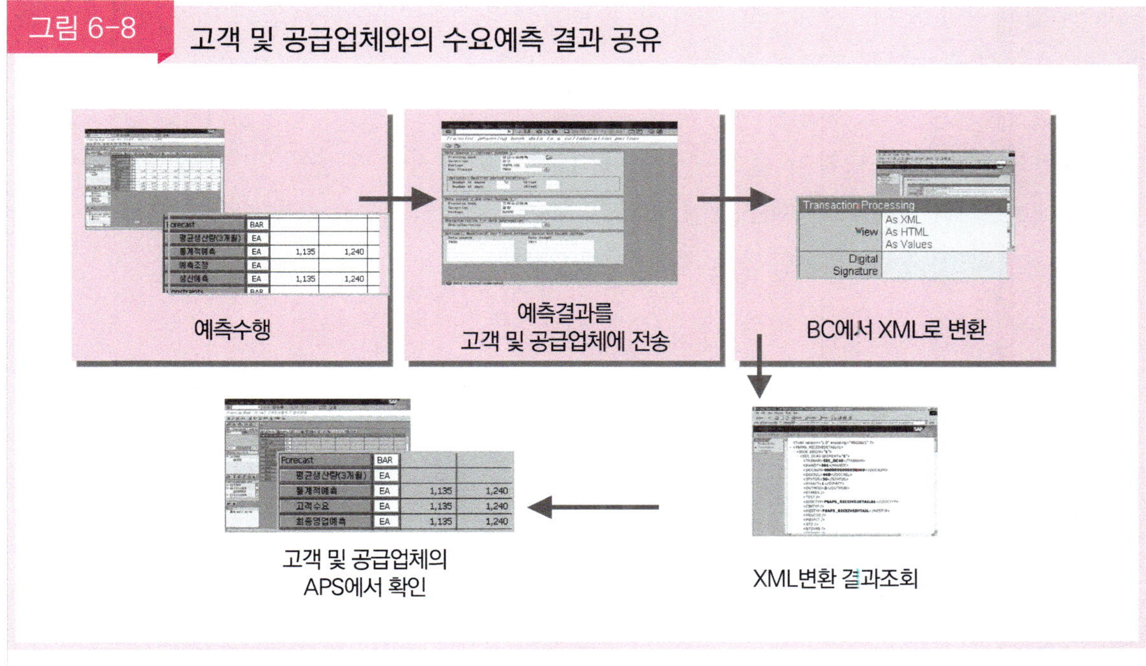

부품전개 과정에서 수준하나를 내려갈 때 사용되는 리드타임은 일반적인 상황을 근거로 1주일 또는 2주일로 고정시키며 주어진 리드타임이 경과하면 반드시 생산, 또는 구매절차에 의해 조달가능한 것으로 가정한다.

그러나 이러한 과정에는 낭비의 요소가 잠재해 있다. 최종 고객으로부터의 주문량의 변동을 미리 감안하여 매우 큰 주문이 발생하더라도 주어진 리드타임 내에 조달이 가능하도록 하려면 리드타임을 길게 설정해 놓아야 한다. 그런데 만약 주문량이 작을 경우에는 긴 리드타임 동안 불필요한 공정재고가 많이 발생하게 된다. 그렇다고 해서 또 리드타임을 너무 짧게 잡아두면 주문량이 많을 경우 주어진 리드타임 내에 조달이 불가능한 경우도 발생한다.

따라서 정확한 생산능력에 대비하여 일정계획을 수립하는 것이 여러 가지 측면에서 바람직하다. APS는 유한생산 능력을 고려한 유연한 생산계획 시스템이다. APS는 다음의 특징을 가지고 있다.

① APS는 자재소요량 계획과 자원능력 계획을 동시에 수립한다.

MRP의 가장 근본적인 단점은 공장과 자원의 능력이 항상 가용한 것으로 가정하고 자재에 대한 계획을 먼저 수립하는 것이다. 따라서 개별자원의 일정계획은 자재계획을 준수하도록 수립되어야 했다. 자재소요량 계획과 자원능력 계획이 순차적으로 이루어지기 때문에, 상호 간섭되는 부분이나 잠재적인 충돌을 무시하게 되었다.

그 결과, 자재소요량 계획은 자원능력 계획에 문제를 야기하고 자원능력 계획의 문제가 해결되면 자재소요량 계획이 실행 불가능해지므로, 반복적인 수정을 할 수 있는 기능이 요구되었다. 그러나 APS는 자재소요량 계획과 자원능력 계획을 동시에 수립함으로써, 불확실성을 제거하고, 유용한 통합생산 계획을 제공한다.

② APS는 리드타임에 대한 비현실적 가정을 배제한다.

전통적인 MRP 계산방식에서는 자원의 능력을 고려하지 않고 자재계획을 수립하기 때문에, 리드타임을 고정된 것으로 가정한다. APS는 변동된 리드타임을 사용하기 때문에 작업량, 생산제품, 자원의 가용성 등 여러 가지 요인에 의한 상황변동에 유연하게 대처할 수 있다.

③ APS는 진보된 로직을 사용한다.

MRP의 계획과정은 매우 단순하며 수학적으로나 논리적으로 사칙연산 정도의 매우 간단한 계산을 한다. APS는 규칙에 따른 로직이나 최적화 이론, 휴리스틱 기법, 인공지능 기법 등 주문과 생산의 제약조건의 문제를 풀기위한 최신의 기법을 사용한다.

사람이 어떤 의사결정을 하기전에 여러 대안을 고려하는 것과 같이, 보다 논리적인 방법을 통해 생산계획의 문제점을 파악하고, 다양한 조건을 이용하여 문제를 해결할 수 있다. 계산된 생산계획은 공장의 현재 상황에 대해 여러 부문에 보다 현실적이고 충실한 정보를 제공하기 때문에 가치사슬 혁신을 달성하기 위한 방법을 제공한다.

4.2 APS 솔루션의 특징

SCM 솔루션인 공급망 계획(Supply Network Planning)에서는 수요에 대한 중장기 공급계획을 세운다. 공급망 계획의 최종 목적은 다양한 수요 즉, 독립수요, 주문, 구매요청 등에 대한 생산, 구매, 물량이동 등의 공급계획을 수립하는 것이다.

여기서 고려되는 요소로는 공급망 전반에 걸친 물동경로, 상품을 필요로 하는 판매법인과 공급공장 위치간의 관계, 생산능력, 생산에 필요한 주요 원부자재에 대한 요구량 등이다. 중요한 점은 공급망 계획이 공급망 전반에 걸쳐 제약사항을 고려한 중기 생산용량 계획(Rough Cut Capacity Planning)의 개념을 실현하고 있다는 것이다. 제약사항에는 생산능력, 원부자재의 가용성, 운송수단의 가용성 등이 포함된다. 중기 생산용량 계획이라는 관점의 생산계획을 세우기 위해서, 자세한 자재명세서(BOM)와 공정경로(Routing)보다는 주요 자재 및 애로공정에 있는 자원(Bottleneck Resource)으로 이루어진 생산모델이 필요하다. 이를 위해 다양한 휴리스틱 기법 및 최적화 기법이 제공된다.

[그림 6-9]에서 볼 수 있는 바와 같이 만족해를 구하는 무한계획(Infinite Planning) 방식인 휴리스틱(Heuristic)을 활용하여 공급망에서 발생한 수요를 만족시키기 위한 여러 공장의 생산오더(Production Order)와 재고이전 오더(Stock Transfer Order)를 계획할 수 있다. 이 때 물류센터를 포함하는 운송경로, 쿼터(Quota) 할당, 자재별 로트크기, 안전재고, 자재명세서(BOM)와 공정경로(Routing) 그리고 각 공장의 작업일(Calendar)과 자재별 스크랩(Scrap) 양 등을 휴리스틱 수행시 고려하는 요인으로 활용할 수 있다.

APS의 두드러진 특징은 무엇인가? APS가 제대로 구현되면 빠른 계산속도와 정확성을 보장하며, 고객에 대한 고품질의 서비스를 제공한다. APS를 통해 고객의 주문이나 잠재적인 요구를 계획할 수 있는 능력을 가질 수 있다. 즉 제조업체는 기계, 작업자, 자재 등과 같은

그림 6-9 공급망 계획(Supply Network Planning)의 휴리스틱 기법수행 예

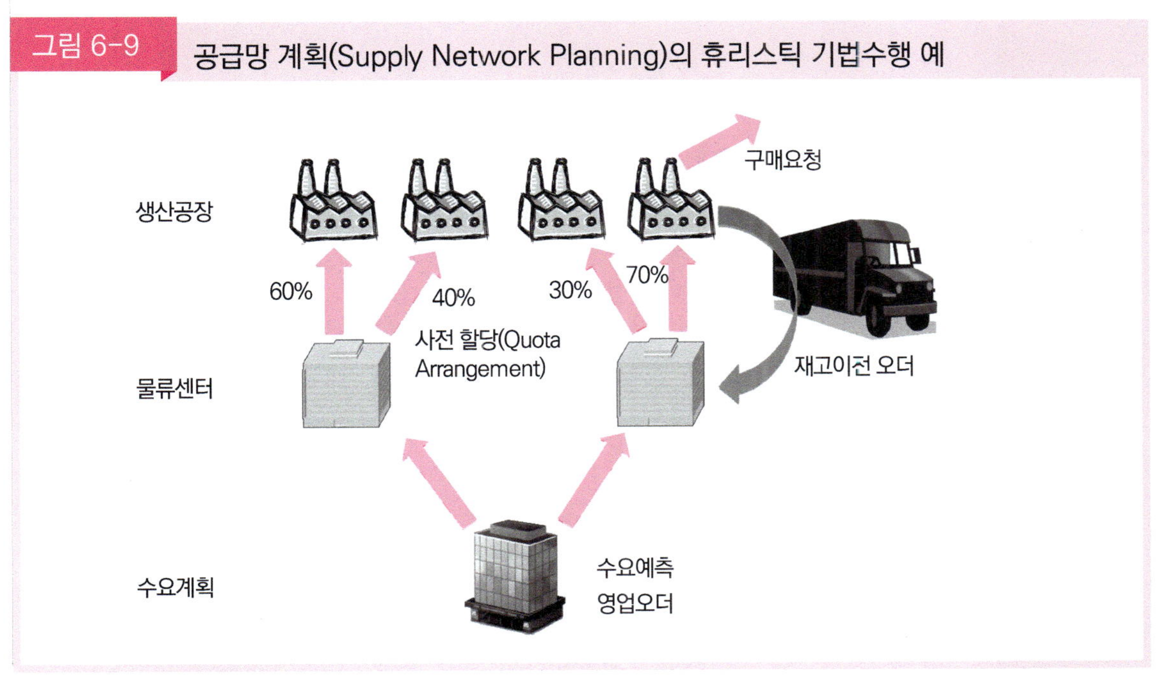

모든 자원들과 다른 고객의 주문 등 현재의 공장상황을 전체적으로 분석하여 신뢰할 수 있는 출하일자를 계산하는 것이 가능해지므로 실시간으로 의사결정을 할 수 있다.

출하일자는 애매한 가정을 이용한 것이 아니라, 공장에 대한 실제적인 모델과 자원 및 주문량을 고려한 것이므로 매우 현실적이다. 근본적인 개념으로, APS를 통해 제조업체는 실시간으로 납기를 통보할 수 있으며, 그 납기는 모든 요인을 고려하여 산정된 것이므로 실제 출하일자는 고객에게 통보한 납기일자와 거의 일치하게 된다.

MRP의 제약은 정보화시대 초기의 컴퓨터기술이 충분히 발전하지 못했던 것에 기인한다. MRP의 계산기법이 단순했음에도 불구하고, 컴퓨터에 의한 계산시간은 20~30시간이나 소요되었다. 그러나 시간이 지남에 따라 기술이 급격히 발전하여, 1975년에 수백만 달러에 팔리던 컴퓨터보다 오늘날의 개인용 컴퓨터가 더 좋은 성능을 가지게 되었다. 요즘의 PC는 10년 전에는 상상도 하지 못했던 수준의 계산속도와 메모리 용량을 보유하고 있다. 이러한 컴퓨터 기술의 발전으로 대량의 계산을 빠르게 수행할 수 있는 기반이 조성되었다.

컴퓨터 기술의 발전과 더불어 논리적인 수학모형과 알고리즘의 개발도 함께 이루어졌다. 새로운 관리이론과 접근방식의 개발과 함께 컴퓨터 기술과 수학모형의 발전으로 인해 SCM과 같은 기업의 새로운 경영개념과 요구가 실제로 구현되게 되었다.

05 제품정보관리

5.1 제품정보관리의 개념

제품개발과 생산에 있어서 제품 데이터의 효율적인 관리 필요성이 꾸준히 증대되어 왔다. 제품을 시장에 보다 빨리 출시하기 위하여 제품개발 주기를 단축시킬 필요가 있으며, 이를 위한 한 가지 해결책은 정보의 흐름을 보다 빠르게 하는 것이다.

한편 제품이 많은 부품과 다양한 버전을 가지면서 점차 더 복잡해지고 있다. 또한 회계, 설계, 공정계획, 제조통제, 구매 등을 위하여 여러 부서에서 운영되는 정보시스템들의 호환성이 적절히 유지되어야 한다.

제품정보관리(PDM; Product Data Management)의 주요 목적은 제품에 관련된 데이터를 관리하고 제품의 설계공정을 관리하는데 있다. 제품관련 데이터의 효율적인 관리를 통하여 ① 제품개발과 생산에 걸쳐 발생하는 비용을 줄이는 원가절감, ② 제품수율 향상 및 설계변경 감소를 위한 품질향상, ③ 시장에서 영업기회를 극대화하기 위한 제품개발 기간의 단축을 도모하는 것이 목적이다.

설계업무에 컴퓨터가 도입되면서 각종 정보는 디지털 데이터의 형태로 작성되고 저장된다. 이는 네트워크와 인터넷 환경에서 협업과 동시작업을 가능하게 한다. 형상정보, 치수/공차, 가공방법, 기타 텍스트 등의 정보는 서로 연관되어 복잡한 형태로 저장되는 것이다. 아울러 최종 도면의 생성까지 발생되는 잦은 설계변경에 의해 원본, 수정본 등이 산출되고 중간도면의 정보저장 등은 설계정보의 체계적, 효율적 관리를 요구한다.

PDM은 제품과 관련된 모든 정보를 제공, 관리, 결재하는 제품중심의 정보체계이며 제품개발에 관련된 모든 구성원(외주업체, 공급업체 포함)이 동시에 병렬적으로 작업을 수행하여 가치를 창출하도록 지원하는 솔루션이다.

1. PDM의 기능

PDM은 다섯 가지 주요한 기능을 가지고 있다. ① 도면이나 3D 형상정보, 조립정보 데이터를 저장하고 관리하는 전자금고 및 문서관리 기능, ② BOM과 같은 제품구성 및 변경관리 기능, ③ 제품 및 부품을 분류하고 부품의 재활용이 용이하도록 검색하는 기능, ④ 제품개발 프로세스와 설계변경 프로세스를 정형화하고 규칙에 따라 자동적으로 진행되도록 하는 작업흐름과 프로세스 관리기능, ⑤ 제품개발의 일정, 비용자원을 관리하는 기능 등이다. [그림 6-10]은 PDM의 다섯 가지 주요 기능을 보여주고 있다. 각각의 기능을 좀 더 구체적으로 설명하면 다음과 같다.

① 전자금고 및 문서관리 기능의 필요성은 도면 데이터와 공구경로를 표현하는 데이터의 양과 부피가 대단히 많다는 점, 보다 많은 업무들이 연결되어야 한다는 점, 도면관리에 심각한 이상이 발생되었을 때 대응해야 한다는 점들로 설명된다. 이들 데이터는 파일이라는 개체로 저장되고 논리적으로 통합되어 하나의 커다란 메타 데이터베이스를

그림 6-10 PDM의 5대 기능

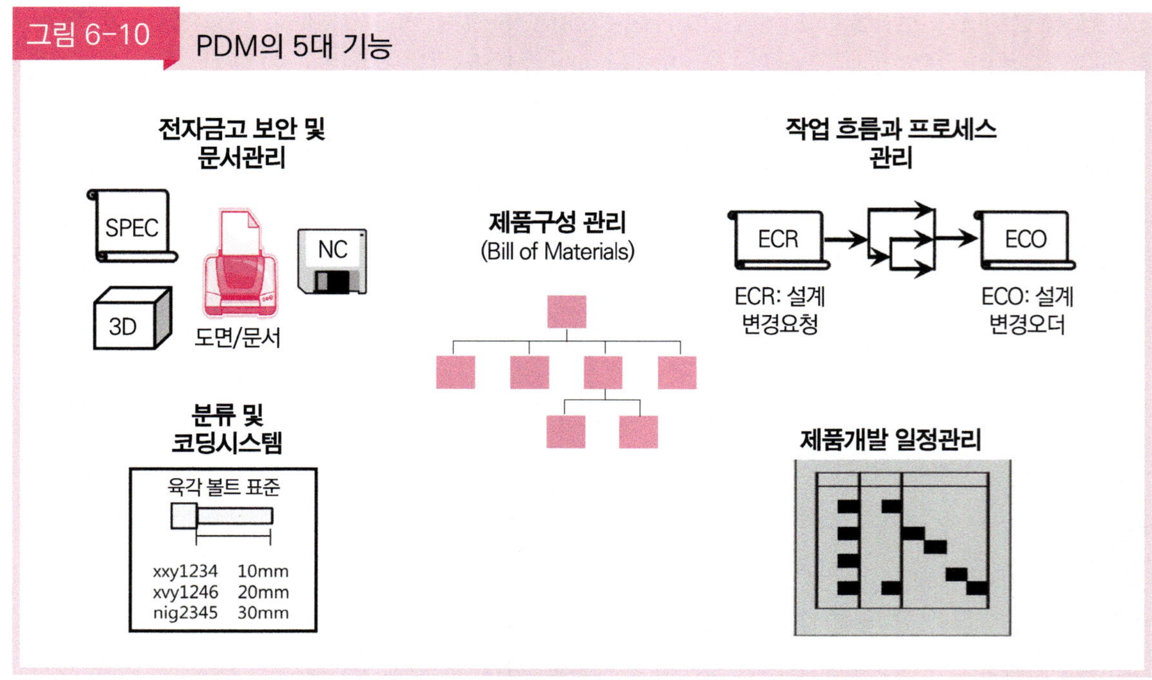

이루게 된다. 또 데이터베이스에 접근할 수 있는 권한, 변경·수정할 수 있는 권한 등이 제한된다.

② 제품구성 관리기능은 PDM의 가장 핵심적인 기능으로서 PDM에서 관리하고자 하는 모든 정보는 부품개체를 중심으로 연관관계를 정의하게 된다. 하나의 부품이 여러 개의 문서(예로서, 3차원 모델, 2차원 도면, NC 프로그램, 기술시방서 등)와 연관을 가지기도 하고, 반대로 하나의 문서(예를 들어, 표준도면)가 여러 개의 부품과 연관을 가질 수 있다. 이러한 연관관계는 모두 논리적 연관관계이므로 설계엔지니어를 비롯한 관련 부서들은 쉽게 제품정보에 접근할 수 있게 된다.

이 기능에서는 최종 조립품, 부분조립품, 단위부품까지의 계층적 구조를 정의하는 BOM(Bill Of Materials) 정보도 가지고 있다. 이를 통하여 제품의 원가, 부품별로 "제조 또는 구매(Make or Buy)"에 관한 의사결정도 용이하게 할 수 있으며, 여러 개의 제품에 사용되는 공용부품에 대한 관리와 이 부품의 변경이 제품에 어떤 영향을 미치는지도 분석할 수 있게 된다. 아울러 BOM은 설계자 중심으로 구성할 수도 있고, 생산 또는 조립라인을 중심으로도 구성할 수 있다. 이러한 BOM은 기존의 MRP I과 II에서도 중요한 역할을 수행하는데 MRP는 주로 생산계획과 더불어 자재조달 계획을 목적으로 BOM을 구성한다고 볼 수 있으며, PDM에서의 BOM은 부품정보의 효율적 관리를 통하여 생산 또는 조립을 위한 정보를 얻기위한 목적으로 구성된다고 볼 수 있다.

③ 분류 및 코딩시스템은 제품, 부품, 또는 도면에 일정한 코드체계에 따라 중복되지 않는 코드를 부여하고 코드의 내용을 기초로 유사성을 평가하여 그룹(Group)으로 분류하는 기능을 가지고 있다. 이것은 그룹분류 기술(Group Technology)을 활용하는 것인데, 각 코드는 일반적으로 제품 또는 부품의 외관형상(회전형상, 각진형상 등), 내부형상(나사선 존재여부, 스텝형상 존재여부 등), 길이, 지름, 재질, 가공조건, 가공방법 등의 내용을 담고 있다.

이들 제품 또는 부품의 유사성을 평가하는 방법은 다양하게 존재하고 있으나 일반적으로 생산흐름(Production Flow), 공통적인 특징 형상 등으로 유사성을 평가하고 있다. 일단 유사성이 평가되면 유사한 제품 또는 부품들은 하나의 그룹으로 편성되고, 이들은 표준제품 또는 부품이 되며 이들에 대한 공정계획과 작업계획이 수립되어 제조현장에 전달되도록 하는 것이다. 물론 공정계획과 작업계획은 추후수정 또는 변경을 위하여 저장되고 분류와 코딩을 위한 저장공간(Library)도 제공된다. 이러한 과정을 통해서 설계시간이 단축될 수 있고 반복적 작업을 줄일 수 있으며, 무엇보다도 일관성 있는 생산계획을 수립하고 관리할 수 있도록 도와준다.

④ 작업흐름과 프로세스 관리는 문서, 정보 또는 업무가 기업의 총체적인 목표에 따라 교환되고 관리되도록 논리적으로 연결된 시스템을 말한다. 이 시스템이 성공적으로 구동되기 위해서는 실제환경을 바탕으로 흐름을 최적화하는 모델링, 정보가 필요한 업무사이를 흘러 다니도록 실행시키는 엔진, 사용자의 응용프로그램과 연동되는 정보기술 도구가 필요하게 된다.

이러한 시스템에 기본적으로 필요한 기능들은 이미지 관리, 문서관리, 전자우편, 그룹웨어, 프로젝트 지원, BPR 등 구조적인 시스템설계, 관계형 또는 객체지향적 데이터베이스 등이다. PDM에서는 사용자가 다양한 특성을 지닌 시스템을 사용할 것이라는 가정하에 표준모델(Reference Model)을 제시하고 있는데 이는 상호 운영성(Interoperability)을 고려한 표준 인터페이스의 구축을 전제로 하고 있다.

⑤ PDM이 갖추어야 할 마지막 기능은 제품개발 일정관리(Program Management)인데 이는 제품개발에 관련된 작업을 세분화하여 WBS(Work Breakdown Structure)로 구성한 다음, 각각에 할당된 자원과 일정을 추적・관리하는 기능을 뜻한다. 고객이 원하는 품질의 제품을 주어진 예산내에서 정확한 납기에 맞추어 공급해야 하므로 전체적인 일정관리

가 필요하게 된다. 계획 대비 진행상황에 따라 비용산출, 예상납기 등이 추정 가능하도록 하며 고객의 요구사항의 변동 등도 시의 적절하게 반영될 수 있는 기능도 필요하다.

이상과 같이 PDM의 기본적이고 필수적인 기능에 대하여 설명하였다. 보다 높은 부가가치를 창출하기 위해서는 설계 엔지니어가 제품에 대한 정보를 상세하게 고찰할 수 있도록 CAD(Computer Aided Design) 시스템과의 통합 · 연동이 무엇보다도 요구된다.

2. PDM과 CAD 시스템의 통합

PDM의 가장 핵심적인 기능 중 하나는 제품구조의 관리이며 CAD 시스템에 의하여 문서화된 제품형상과 구조가 이 관리기능과 통합되면 제품개발 프로세스는 훨씬 더 효율적일 것이다. 하지만 이러한 통합작업은 많은 시간과 비용을 필요로 하게 된다. 즉, 모든 제품정보, 메타 데이터가 CAD시스템과 PDM시스템 사이에서 양방향으로 흐르도록 통제 및 관리를 위한 인터페이스, 표제 등의 문자와 그림정보로 이루어진 제품도면을 적절한 형태로 저장하기 위한 인터페이스 등의 개발이 병행되어야 한다.

아울러 수정 및 완성도면에 대한 전자결제 및 결제상태에 따른 적절한 통제를 위한 응용프로그램과 인터페이스도 필요하며, BOM과 연계되어 조립정보를 추출하는 기능, PDM의 분류 및 코딩기능도 도입되는 것이 필요하다.

이러한 통합이 이루어지더라도 입력양의 과다방지 등 사용자의 노력도 더불어 필요하다. 따라서 통합을 위해서는 되도록 사용자의 편의성을 강조하여야 하며, 아울러 제품개발 업무의 효율성이 강조되도록 통합되어야 한다.

3. PDM의 새로운 흐름

PDM은 점차 제품의 수명주기 전체를 대상으로 정보의 양방향 흐름이 가능토록 하고 능률향상을 획기적으로 달성하여 고객의 만족도를 극대화시키는 시스템으로 발전하고 있다. 이러한 발전된 개념을 표현하는 개념이 제품수명주기 관리(PLM; Product Lifecycle Management)이다. 이 중심에는 "고객이 원하는 제품"의 개발이라는 핵심과제가 있다.

한편 PDM은 CAD 시스템과 통합되어 제품개발 프로세스를 중점적으로 관리하는 시스템이다. 따라서 이 두 시스템은 제품의 개발단계에서 서로 연동된다. PDM은 제품개발 프로세스의 효율을 극대화하기 위해 전술한 다섯 가지 핵심적인 기능으로 이루어져 있으며,

PLM은 제품의 전 수명을 고려하여 기업내의 부문별 영역내의 부분효율성 증대를 전사적으로 확장하는 솔루션인 것이다.

PDM은 소수의 사용자, 특히 제품의 설계와 제조에 관련된 일부 엔지니어들에게 도움을 주는 한계는 있지만 가치사슬 혁신을 지원하며 ERP 등의 솔루션에서도 PDM이 채택되고 있는 추세이다.

5.2 제품수명주기 관리로의 발전

고객에게 보다 큰 만족을 제공하여 시장을 확대하는 과정의 시작은 제품의 탄생단계에서 출발한다. 즉 제품의 기획, 설계, 제조, 조립, 출하하는 과정인 제품개발에서 출발한다. 그러나 제품개발에 관련된 각종 어플리케이션 영역들은 나머지 단계들과 연관성을 가지지 못하여 생산성과 효율성을 높이기 어려웠다. 따라서 제품수명주기의 각 단계들은 제품설계 초기(Early Design)에서 발생하는 각종 개념, 아이디어, 분석결과 등을 공유하기가 어려웠다.

이에 대응하기 위해 동시설계(Concurrent Engineering), BPR에 기초한 팀웍, 협업체계의 구축 등이 가치사슬 혁신의 주요 과제로 대두되었다. 이러한 과제를 채택하여 현실적으로 고립된 영역을 원활하게 연결하기 위해서는 CAD/CAM, MES(Manufacturing Execution Systems), PDM 등의 어플리케이션의 기능이 동시에 필요하게 되었다. 그러한 연결의 효과는 제품개발 단계에 참여하는 모든 전문가 또는 전문성을 가진 팀이 새로운 부가가치를 창출하도록 가치사슬(Value Chain)이 구성되어야 기대이상의 효과를 얻게 된다. 예를 들어 제품의 3D 형상은 고객에게 제품을 이해시키는 영업사원에게도 필요하지만 제품의 보수・유지를 담당하는 서비스 엔지니어에게도 유용한 정보를 제공한다. 이런 예처럼 제품의 수명주기 전반을 통하여 협업이 일어날 수 있도록 하는 것이 PLM 솔루션인 것이다.

이와 같이 PLM은 기본적으로는 제품개발을 위한 업무지원에서 시작하여 제품이 시장에서 퇴출될때까지의 모든 단계를 지원하면서 고객의 요구를 수용하도록 하는 솔루션의 집합이라고 할 수 있다. 다시 말해 "제품설계, 엔지니어링, 생산, 구매, 영업, 마케팅, 애프터서비스, 고객지원 등을 포괄적인 지식 네트워크로 통합하기 위해 인터넷을 사용하는 새로운 소프트웨어 및 서비스영역"이라고 정의할 수 있다. PLM에 관한 정의는 무엇이든 혁신의 성공사례와 실패사례에 나타나 있는 제품수명주기 전체의 모든 과정을 모니터링(Monitoring)하면서 제품관련 여러 부문을 통합적으로 지원하는 개념으로 인식하면 된다.

5.3 제품수명주기 관리의 목표

PLM을 통해서 궁극적으로 이루고자 하는 것은 다음의 세 가지 정도로 요약해 볼 수 있으며, PLM은 이 목적을 달성하기 위한 모든 기능을 충족시키는 방향에서 구성되어야 한다.

① 제품출시 기간의 단축
② 제품출시 비용의 절감
③ 시장의 요구에 정확하게 부합하는 제품의 출시

첫째로, 제품출시 기간의 단축을 위해서는 제품출시까지의 주요한 병목구간 혹은 지연에 대한 동인을 이해하는 것이 중요하다. 산업군 별로 차이는 있겠으나 제품개발단계 초반의 프로세스가 주요 병목구간으로 파악되고 있다. 상품화를 위한 여러 단계 중 가장 유연하면서도 정형화되어 관리하기가 힘든 부분이 바로 초기제품 개발단계이며, 초기계획의 착오나 변경에 의한 비용규모 중 큰 부분을 차지하는 단계가 제품개발 초기단계인 것을 감안하면 그 중요성에 대해 공감하지 않을 수 없다. 이는 이미 동시설계(Concurrent Engineering)에 기반한 PDM 도입시부터 강조되어왔던 것으로 제품개발 분야에 대한 최적지원을 위한 기능을 제공해야 한다는 당위성을 제공하고 있다.

지원되어야 할 주요 기능에는 도면/문서관리를 기본으로 하여, CAD와의 연계, 설계변경관리, 제품구조 관리, 분류관리, 워크 플로우(Workflow) 활용 등을 들 수 있겠다. 이들은 단순히 제품개발 분야에 대한 지원에만 그쳐서는 안되며, 동시설계 개념에 기반하여 전후 공정에서도 제품정보를 적절히 운용될 수 있는 기능구조가 되어야 한다.

또한, 자재선정 이전의 제품개발 초기에서부터 기능구조와 공정, 그리고 공장라인까지를 고려한 설계가 가능하도록 지원할 수 있어야 한다.

둘째로, 제품출시 비용의 절감은 전통적 관리기법의 시스템적 지원을 통한 개선과 중복되는 프로세스에 드는 여러 비용요소의 제거, 그리고 기업 간 협업에 의한 정보교류를 위해 발생되는 제반 물류비용의 축소를 통해 가능할 것이다.

다시 말해서, 제품출시 과정에서 발생하는 관련부서간 혹은 기업 간의 거래비용 발생요인을 시스템적으로 최적화할 수 있어야 한다. 또한 제품개발 프로젝트에 소요되는 각종 인적, 물적 자원과 진척에 대해 관리하고, 소요비용 및 목표원가에 대한 충실한 관리가 지원되어야 하며, 설비의 고장이나 이상으로 인하여 발생할 수 있는 생산성 저하 및 비용증가에 대해서도 지원할 수 있어야 한다.

마지막으로, 시장의 요구에 정확하게 부합하는 제품출시를 위해서는, 앞에서 설명한 CRM과 같은 시스템과의 연계/통합을 통해, 시장요구 정보를 용이하게 얻고 고객의 요구를 쉽게 수용할 수 있는 다양하고 복잡한 제품구조의 수용, 품질에 대한 대내외적인 확신을 지원할 수 있는 시스템기능, 그리고 향후 고객만족을 위한 유지보수 지원까지 고려한 제품구성 이력의 철저한 관리가 필요하다.

이상과 같이, PLM이 궁극적으로 목표하는 세 가지에 대한 충족을 위해서는 제품초기 개발에서부터 유지보수 및 폐기에 이르기까지의 전체 프로세스 지원과 고객 및 협업을 위한 다양한 형태의 파트너에 대한 고려, 그리고 내부적 관점에서의 철저한 비용 및 품질관리가 필수적 구성요건이라 하겠다. 이러한 일련의 기능지원들은 자연적으로 기업의 핵심역량에 대한 지식화로 이어져, 말뿐인 지식관리가 아닌 진정한 기업의 지식화를 유도하는 지식기반으로서도 활용될 것이다.

5.4 제품중심의 경영과 수명주기

기업의 핵심역량은 생산중심에서 제품중심으로 새롭게 이해되어야 하며, 그것을 달성하기 위한 구체적인 방안으로서 PLM은 이해되어야 한다. 경쟁력 있는 제품이 되기 위해서는 품질과 비용 등을 바탕으로 고객의 다양한 요구에 부합되어야 함은 물론이고, 시장적기 출하를 통해 타사제품보다 먼저 고객에게 인지되는 것이 매우 중요하다.

시장적기 출하와 더불어 전반적인 품질 및 비용의 결정이 초기단계에서 이미 결정되며,

이에 대한 최적화 활동이 곧 제품중심 경영의 주요 개선활동이라는 것이다.

혁신의 다양한 성공사례와 실패사례에서 살펴보았듯이 제품중심 경영의 개선기회는 다음의 네 가지 관점에서 요약될 수 있다.

① 조직(Organization) 관점: 전체 프로세스 단계별로 분권화된 조직에서 제품 혹은 이슈를 중심으로 전체 프로세스 동안 협동적이고 통일된 프로젝트 기반이 되도록 조직화
② 프로세스(Process) 관점: 초기단계에 보다 많은 비중을 두어 변경비용 발생을 최소화하며, 동시 병렬적(Concurrent)이고 협업적인(Collaborative) 프로세스로의 전환
③ 제품정보(Product Information) 관점: 제품과 관련한 정보, 즉 제품정의 정보, 프로세스 정보, 지식정보의 체계적인 버전관리 및 전체 프로세스 기간동안 공유
④ 자원(Resource) 관점: 효과적인 인적, 물적 자원의 할당 및 투입비용의 최소화, 원가요인의 투명성 확보

상기 네 가지 관점은 제품의 수명전체주기에서 고찰되어야 하며 각 수명단계에 따라 관점의 적용이 달라져야 한다.

제품의 수명주기는 생성, 성장, 성숙, 쇠퇴 등 네 단계로 나누어진다. 각 단계들은 고유한 속성, 요소기술, 시장전략, 투자전략, 이익산출 면에서 구별된다. PLM에서 중시하는 단계별 특징을 정리하면 다음과 같다.

1. 생성(Introductory)

이 단계에서는 경쟁자에 대해 초점을 맞추기 보다는 신제품개발에 노력이 집중되는 단계로서, 설계과정에서 발생하는 다양한 아이디어 관리, 검증되지 않은 신기술을 채택할 때 대두되는 위험의 관리(Risk Management), 유연성이 높은 범용설비의 사용, 총 제품원가 관점에서의 대략적인 비용평가, 높은 초기 투자비용을 담당할 투자자의 물색, 아직 회수되지 못하는 비용에 대한 의사결정 등이 주요 특징으로 정의된다.

2. 성장(Growth)

이 단계는 시장에서 리더십을 확보하는 중요한 단계로서, 주요 경쟁자가 가시화되며 업

계표준이 되는 기술, 대량생산을 위한 설비투자, 브랜드 이미지의 제고, 차츰 낮아지는 가격, 혁신에 의해 보다 향상된 제품의 출시를 위한 새로운 투자, 이익창출의 가속화 등에 대한 의사결정 등이 주요 특징으로 나타난다.

3. 성숙(Maturity)

이 단계는 고객의 구매력(Buyer's Power)이 극대화된 단계로서 많은 경쟁자들이 이미 시장에서 사라졌거나 경쟁력을 잃은 경우이다. 성숙단계에서는 시장의 성장속도가 느리고 새로운 제품의 진입이 고객들에게 매력적이지 못하다. 제품의 수정여부, 생산자동화에 의한 대량생산 체제의 효율성 검증, 안정된 가격에 대한 검증, 새로운 투자에 대한 물색, 정점에 다다른 이익에 의한 현금화 등에 대한 의사결정 등이 주요 특징이다.

4. 쇠퇴(Decline)

이 단계는 현재 확보된 시장에서의 경쟁력을 유지할 것인가 아니면 포기할 것인가의 의사결정이 중요한 단계로서, 새로운 경쟁자가 나타나지 않으며, 제품의 혁신적 개발도 없으며, 생산체제도 변화가 없으며 그 동안 투자된 금액이 지나치게 높은 경우 시장에서 빠져 나오는 것이 오히려 장벽이 될 수 있으며 가격은 꾸준히 하락된다. 소규모 구매력만을 위한 제품유지여부, 연착륙 방법 등의 의사결정이 주요 특징으로 나타난다.

위와 같은 제품의 수명주기에서 신제품, 신기술의 발빠른 개발을 통하여 시장의 확보 또는 고객의 확보측면에서 가장 민감하게 초점을 맞추어야 하는 단계가 생성단계이며, 이 단계는 제품개발 단계를 의미하며 제품개발의 용이성을 증진시키기 위한 많은 솔루션들이 이미 상품화되어 있고 아울러 PDM, 동시설계, 협업공학 등의 새로운 패러다임들도 활발하게 소개되고 있다.

이러한 경향이 제품개발 단계에서 두드러진 가장 큰 이유는 신제품 또는 신기술개발에 있어서 설계의 변경이 절대적으로 어떤 단계에서 보다 더 용이하고, 여타 부서와의 정보교환 또는 단위업무 간의 연결의 중요성에도 불구하고, 일종의 "정보의 섬(Island of Information)"으로 역할을 하고 있기 때문이다.

설계부서에서 작성된 도면은 단순히 형상만을 표현한 것이 아니고 그 속에는 MRP 구동 등 다음 단계에서 활용되어야 하는 많은 정보(예를 들어 BOM 작성 등)가 기재되어 있다. 따라서 설계부서의 정보들은 성공적인 제품개발을 위하여 반드시 여타 부서의 단위업무들과 연결되고, 공유되고 정확하게 전달되어야 한다. BOM정보는 설계부문, 생산부문, 영업부문의 가치사슬 최적화에 꼭 필요한 중요한 정보이다. 물론 ERP와 CRM 등의 개념과 일부 중복되기도 하지만, 이러한 정보의 흐름을 가능하게 하는 것이 PLM이다.

06 전략적 기업관리

6.1 균형성과지표와 지능형 기업관리

기업에서 지속적인 가치창출이 이루어지려면 모든 계층의 관리자가 통합된 의사결정을 하고 가치에 기반한 의사결정을 하여야 한다.

최근 국내에서 지능형 기업관리(Business Intelligence)의 일환으로 전략적 기업관리(SEM; Strategic Enterprise Management)에 대한 관심이 고조되고 있다. 기업이 ERP를 통해 내부 데이터를 정비하면, 과거 수작업으로 수행하던 프로세스 모니터링 작업을 실시간으로 진단할 수 있도록 핵심 성과지표(Key Performance Indicator)를 자동적으로 시스템에서 볼 수 있는 프로젝트를 하는 기업이 늘어나고 있다.

의미있는 성과지표가 되려면, [그림 6-11]에서 볼수 있는 바와 같이 기업전략을 고려하여 성과지표를 재무, 고객, 프로세스, 학습 및 성장의 네 가지 관점에서 정의하고, 각 성과지표를 측정할 수 있는 구체적인 기준을 마련한 후 각 부서들이 합의를 하는 과정을 거쳐야 한다. 이러한 네 가지 관점의 균형있는 성과지표를 균형성과지표(BSC; Balanced Scorecard)라고 부른다. 즉, BSC는 전통적으로 중시되어 오던 재무적 관점외에 고객, 내부 프로세스, 학습과 성장이라는 비재무적 관점도 함께 고려함으로써 조직의 전략을 입체적으로 관리할

그림 6-11 균형성과지표의 네 가지 관점과 예

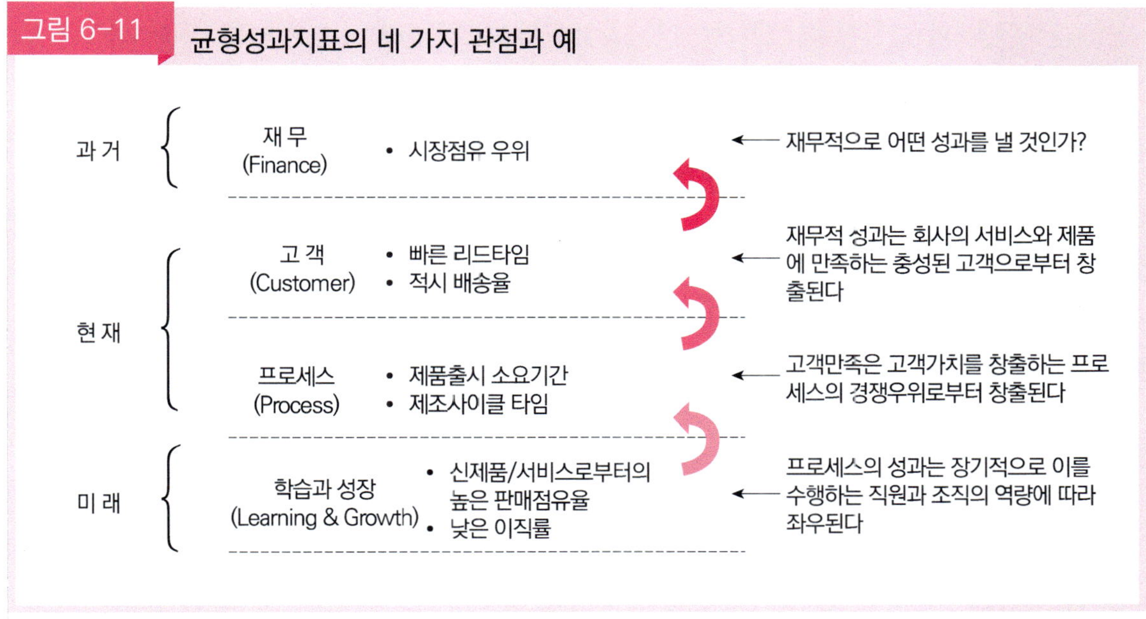

수 있는 효과적인 가치중심의 성과관리 기법이라 할 수 있다. 그 이유는 재무적 관점의 성과지표는 과거의 성과를 나타내므로, 현재 진행중인 업무의 성과와 미래의 잠재성과를 파악하기 힘들기 때문이다. 따라서 현재의 상황을 나타내 주는 고객관점과 내부 프로세스 관점, 그리고 미래의 상황을 보여주는 학습과 성장관점까지 균형있게 측정하고 모니터링해야 가치사슬 혁신을 효과적으로 지원할 수 있다.

또한 여러 부서들의 정보를 통합함으로써 의사결정에 영향을 미치는 리스크들을 사전에 포착하기 위한 활동이 가능해진다. 이를 위해 정보들 간의 관계를 파악하여 사전에 리스크들의 징후를 포착할 수 있는 다양한 규칙들을 정형화하여 시스템에 구현할 수 있다. 예를 들어 위의 BSC 모니터링 시스템을 기반으로 하여 서로 다른 부서들의 모니터링 결과 및 생산계획 시스템의 정보들을 연결함으로써 사전에 문제의 발생 가능성을 어느 정도 예측할 수 있는 시스템을 구현할 수 있다. 문제의 발생을 미리 예측할 수 있다면, 그러한 문제가 발생하기 전에 이를 예방할 수도 있을 것이다.

6.2 공급사슬관리를 위한 핵심 성과지표 예

SCOR모형에서도 공급사슬의 성과측정 및 프로세스 카테고리 별 성과지표를 예를 들은 바 있다.

실제기업에서 관리하는 핵심 성과지표는 어떤 지표들인지 살펴보도록 하자. 삼성전자가 협력업체들과 공급사슬 관점에서 연계하기 위해 각 부문별로 성과지표를 정립한 예를 들어 보면 다음과 같다.

1. 영업관리부문 성과지표

① 수주납기 준수율
월 납기일자 이전 출고된 수주건수 / 월 수주건수 * 100

② 수주대응율
월 출고수량 / 월 수주수량 * 100

③ 제품반입율
반입수량 / 출고수량 * 100

④ 예외 입고처리율
월 예외입고 건수 / 월 총 입고건수 * 100

⑤ 예외 출고처리율
월 예외출고 건수 / 월 총 출고건수 * 100

⑥ 예외 입고처리 비중
월 예외입고 수량 / 월 총 입고수량 * 100

⑦ 예외 출고처리 비중
월 예외출고 수량 / 월 총 출고수량 * 100

2. 생산계획부문 성과지표

① 생산계획 달성율
월 생산지시 수량 / 월 생산실적 수량 * 100

② 생산지시 준수율
SUM(1-납기내 실적수량 / 생산지시 수량) / 생산지시 건수 * 100

3. 품질관리부문 성과지표

① 양품율
월 합격수량 / 월 실적수량 * 100

② 불량률
월 불량수량 / 월 실적수량 * 100

③ 수입검사 LOT 불량률
월 불량 LOT 수 / 월 접수 LOT 수 * 100불량 LOT 판정기준은?

④ 수입검사 불량률
월 불량수량 / 월 접수수량 * 100

4. 구매관리부문 성과지표

① 자동발주율
월 전환된 발주건수 / 월 발주 건수 * 100

② 단가 미등록율
단가 미등록건수 / 원자재 및 외주가공품 수 * 100

③ 구매납기 준수율
입고완료 건수 / 월 발주건수 * 100

④ 장기 미납율
30일 입고 지연된 발주건수 / 월 발주건수 * 100

5. 자재관리부문 성과지표

① 예외 입고율
월 예외 입고건수 / 월 입고건수 * 100

② 예외 출고율
월 예외 출고건수 / 월 출고건수 * 100

③ 예외 입고비중
월 예외 입고수량 / 월 입고수량 * 100

④ 예외 출고비중
월 예외 출고수량 / 월 출고수량 * 100

⑤ 재고조정율
실사조정 출고건수 / 재고 이월건수 * 100(제품+원자재, 제품, 원자재)

6. 기준정보관리부문 성과지표

① BOM 구성율
BOM 미 구성건수 / 월 생성제품, 반제품 수 * 100

② 신규 코드 발생율
월 등록건수 / 총 품목 수 * 100

7. 원가관리부문 성과지표

① 매출신장율
(전월매출 - 당월 매출) / 당월매출 * 100

② 재료비율
총 재료비 / 매출액 * 100

③ 제조원가 비율
제조원가 / 매출액 * 100제조원가

그림 6-12 대우조선의 리드타임 단축을 위한 가치사슬과 주요 성공요인별 성과 지표

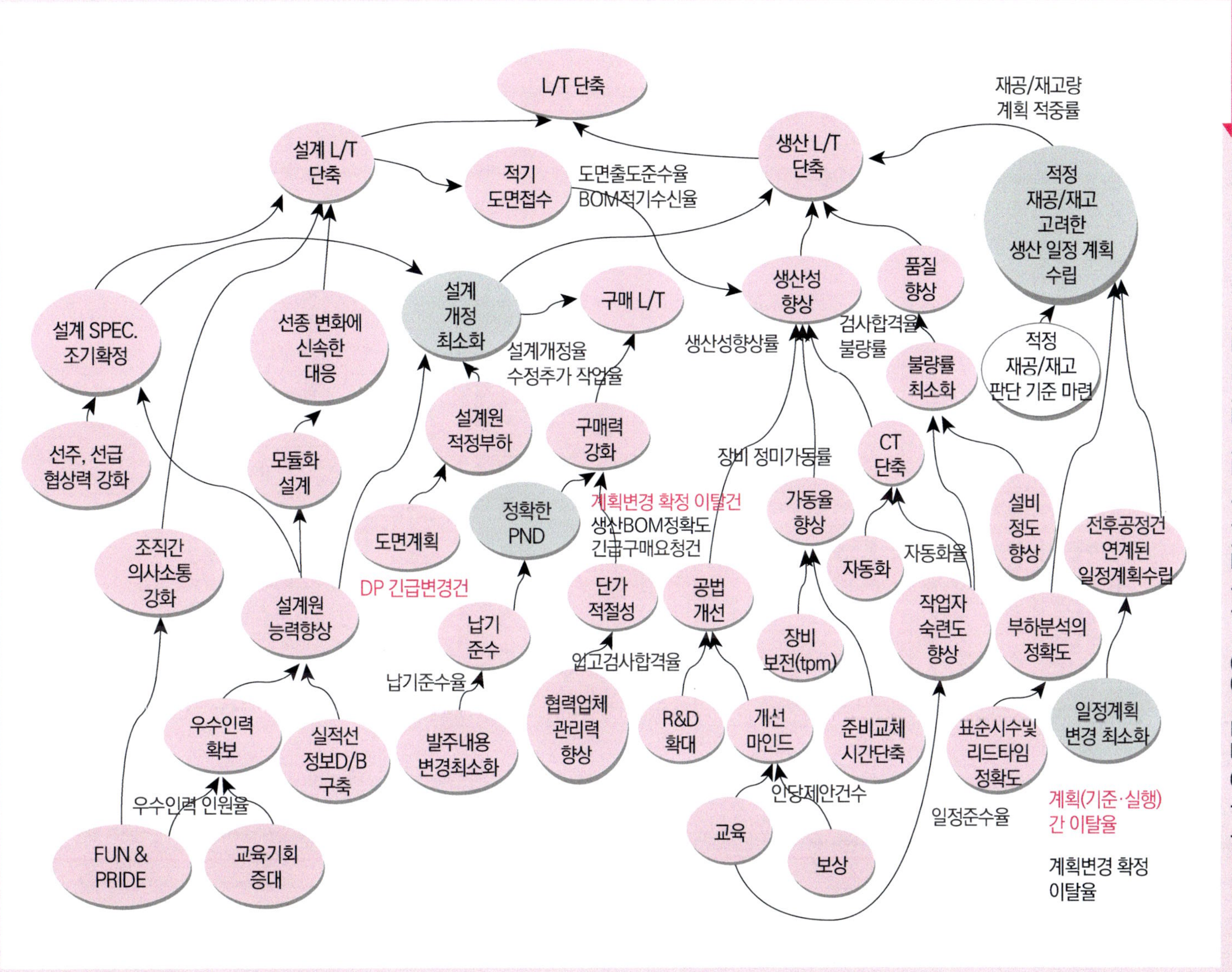

그림 6-13 성과지표 정의서 예시

지표 명 생산 BOM 정확도

1. CSF	정확한 PND	2. 주관부서	생산관리팀
3. 정의 / 측정단위	- 생산 BOM의 정확도를 지표화하여 산출관리 함으로서 신뢰도 및 정확도를 향상함으로써 불필요한 업무 및 수작업 근절 - 의장설치 공종의 BOM확정(착수-3주전)후에 BOM변경에 변경건수를 관리함.		
4. 측정목적	지원생산 및 제작사에 정확한 PND를 제공함으로서 긴급PR(결품) 및 재고증가 방지		
5. 계산식	-확정후 변경(추가/삭제)안된 BOM건수 / 확정된 BOM건수 대상BOM : 기간내 완료된 의장 주생산 오더BOM에 대해		
6. Source System/생성	SAP ERP		
7 .조직 Level	☑ 전사 ☑ 본부 ☑ 사업부 ☑ 팀		
8. 측정주기	월 / 분기 / 반기 / 년	9. 데이터 생성시기	월
10. 표현 방식	☐ Single Bar ☐ Multi Bar ☑ PL Bar ☐ Simulation Tree		
11. 고려요소	변경요인 상세분석관리지원 가능해야하며 책임조직 명확화 필요 시행 시에는 프로세스 KPI로서 공동책임 형태로 개선을 선도하는 역할이 필요		

지표 명 계획변경확정 이탈율

1. CSF	일정계획 변경 최소화	2. 주관부서	생산관리팀
3. 정의 / 측정단위	계획확정기간내에 착수예정인 주생산 ACT.(오더)에 대한 일정변경건수		
4. 측정목적	지원생산 또는 후공정과 연계된 일정계획 합의 후 일방적인 수정을 방지		
5. 계산식	확정후 BUFFER를 이탈한 ACT.(오더)수 / 계획확정기간내에 착수예정인 ACT.(오더)수 * 100 •BUFFER : 계획단위(기준/실행) 공종별로 별도 관리 •계획확정기간 : 기준계획 3개월, 실행계획 2주		
6. Source System/생성	SAP ERP		
7 .조직 Level	☑ 전사 ☑ 본부 ☑ 사업부 ☑ 팀		
8. 측정주기	월 / 분기 / 반기 / 년	9. 데이터 생성시기	월
10. 표현 방식	☐ Single Bar ☐ Multi Bar ☑ PL Bar ☐ Simulation Tree		
11. 고려요소	KPI 는 기준 과 실행계획이 구분 관리 필요함. 생산오더 확정관리 필요 및 BUFFER 일수에 대한 공종별 합의가 필요.		

재료비율 = 재료비 / 제조원가 * 100

제조원가 노무비율 = 노무비 / 제조원가 * 100

제조원가 경비율 = 경비 / 제조원가 * 100

④ 재고일수
= ((기초재고 금액 + 기말재고 금액) / 2) /
월 출고금액 * 30(원자재, 재공품, 제품별 계산)

앞에서 예를 든 삼성전자의 부문별 핵심 성과지표는 균형성과지표(BSC)의 입장에서 보면 프로세스 관점의 지표들이다. 즉, 프로세스의 우수성을 유지하고 향상시키기 위하여 이러한 핵심 성과지표를 모니터링 하면서 문제점을 파악하고 가치사슬을 최적화시킬 수 있도록 프로세스를 개선해 나가야 한다.

또한 저자는 대우조선에서 프로세스 혁신요원들과 웍샵을 통해 각 주요 성공요인(Critical Success Factor)별로 가치사슬을 도시화하고 하부의 주요 성공요인 별로 핵심 성과지표(Key Performance Indicator)를 설정하였다. 조선업은 주문설계형 생산방식으로 선박이 제조된다. 따라서 수주부터 출하까지의 리드타임을 단축시키는 것이 수주경쟁력을 확보하고 제조원가를 낮추는 데 매우 중요한 성공요인이다. 또한 수주부터 출하까지의 리드타임을 단축시키려면 설계 리드타임과 생산 리드타임을 모두 감소시키는 것이 중요한 성공요인이다. 이러한 리드타임 단축을 위한 가치사슬과 성과지표가 [그림 6-12]에 나타나 있다.

또한 가치사슬 연계도에서 도출된 핵심 성과지표에 대한 정의와 측정기준이 [그림 6-13]에 기술되어 있다. 〈정확한 PND〉라는 주요 성공요인을 측정하는 지표 중에서 〈생산 BOM 정확도〉를 선정하고, 〈일정계획변경 최소화〉라는 주요 성공요인에 대한 성과를 측정하는 지표 중에서 〈계획변경 확정이탈율〉을 선정하여 각 KPI에 대한 정의와 측정계산식을 정의한 내용을 볼 수 있다.

[그림 6-12]는 가치사슬의 샘플이므로 실제 기업의 가치사슬과는 많이 다를 수 있다. 이러한 가치사슬 연계도에 의해 어떠한 KPI에 문제가 생기면 차후에 영향을 미치는 CSF를 알 수 있으므로 문제를 미리 파악하는 조기경보의 역할을 할 수 있다. 또한 중요한 KPI들은 [그림 6-13]과 같이 관련 CSF, 정의, 측정목적, 계산식, 측정시스템, 해당 조직, 측정주기 등을 자세히 기술하고, 측정뿐만 아니라 실제로 KPI의 향상과 CSF의 달성을 위해 노력하는 것이 필요할 것이다.

6.3 SEM의 발전

SEM은 BSC와 가치경영(VBM; Value Based Management)의 이론이 활용될 수 있는 정보 시스템의 형태로 구현되고 있다.

SEM은 전략경영(Strategic Management)에 활용가능한 새로운 형태의 애플리케이션으로 90년대 후반부터 다양한 기업용 소프트웨어 공급자에 의해 개발되기 시작하였다. 이러한 SEM 애플리케이션은 일반적으로 BSC와 VBM 등 최근에 개발된 경영이론을 대부분 반영하고 있다.

SEM에 관심이 증가한 이유로는 첫 번째로, BSC와 VBM 등 부분적으로나마 미래 지향적이면서 정량적으로 관리가 가능한 경영이론이 발전되면서 전략적 경영을 지원할 수 있는 소프트웨어 개발이 가능해졌고, 두 번째로, ERP와 데이터웨어하우스(DW) 등이 개발되고 폭넓게 활용되면서 기업의 경영관련 정보가 축적되어 이러한 정보를 전략적 경영에 활용할 수 있는 가능성이 증가한 점 등을 들 수 있다.

SEM은 관리사이클(Management Cycle)인 계획(Plan), 실적(Do), 진척(See)에 기반을 두고 ① 계획을 수립하기 위해 필요한 정보수집단계(BIC: Business Information Collection), ② 계획수립단계(BPS: Business Planning and Simulation), ③ 기업에서 업무를 수행한 결과를 취합(BCS: Business Consolidation), ④ 계획 대비 결과를 평가(CPM: Corporate Performance Monitoring)하고, ⑤ 최종 결과를 모든 이해 관계자에게 배포하고 관리(SRM: Stakeholder Relationship Management) 등으로 구성되어 있다.

이러한 시스템을 통해 경영진을 포함한 기업문화가 획기적으로 바뀌는 결과가 나올 수 있다. 즉, 문제가 발생한 후에 이를 해결하기 위한 경영이 아닌, 문제를 미리 파악하여 이를 방지하는 경영으로 탈바꿈할 수 있다.

또한 각 리스크 관리요인에 대한 관리주기를 일 단위나 주 단위로 단축시키고 이를 시스템화하여 한눈에 파악할 수 있도록 함으로써 경영의 대응력을 강화할 수 있다. 이러한 대응력 향상은 전략과 일관성 있도록 기업의 의사결정을 올바르게 할 수 있게 해주기 때문에 전략적 기업관리(SEM)라고 일컫는다.

한국타이어에서는 ERP를 구축하여 경영혁신을 지원하고 성과에 대한 내용을 신속하게 집계하여 볼 수 있는 조기 결산체제와 조기 경보체제를 이루었으며, 전략적 기업관리(SEM)를 통해 성과를 달성한 내용을 정확하게 모니터링하면서 인센티브에 반영함으로써 책임경영 체제를 달성한 바 있다.

[CHAPTER 7]

공급사슬관리 도입 및 구축

1. 도입을 위한 전제조건
2. SCM 도입과정 및 프로젝트 절차

01 도입을 위한 전제조건

1.1 도입을 위한 사전준비

1. SCM을 위한 공감대 형성 및 교육

공급사슬관리가 유통을 포함한 전체산업의 공통과제라는 측면에서 공급사슬관리에 대한 전반적인 이해가 필요하다. 공급사슬 전체의 최적화가 개별기업의 경쟁력으로 이어지므로 이를 위한 협업의 중요성 및 채찍효과에 의한 불확실성 감소를 위한 정보의 공유 등을 교육하여 변화에 대한 공감대를 형성해야 한다.

2. 정보인프라 개선

SCM도입을 통한 기업운영의 효율화와 성과향상을 달성하기 위해서는 기업내부의 정보인프라와 인터넷 환경구축이 선행되어야 한다.

기본적인 정보인프라와 인터넷 환경구축을 발판으로 기업이 속해있는 산업이나 경영환경에 맞춰 가장 필요한 정보시스템 내용들을 단계적으로 구현할 필요가 있다. 즉, ERP, CRM, SRM, APS, PDM, SEM 등의 시스템을 통해 공급사슬관리에 도움이 되는 가치를 창출할 수 있다.

3. 표준화(Standardization)

거래하는 모든 제조업체와 거래처에서 서로 다른 제품코드 및 양식을 활용하게 되면 연결과 커뮤니케이션에 많은 비용이 들기 때문에 업계전체나 전 국가적으로 표준화 노력을 진행해야 한다. 산업차원에서 정부정책을 통한 표준화가 필요하며 대상업체 간 제품코드 및 프로세스 표준화 노력이 필요하다.

4. 기업간 신뢰형성과 벤치마킹

공급사슬관리가 성공하느냐 실패하느냐를 결정하는 기준은 공급사슬내 참여하는 업체들 간의 신뢰관계를 어떻게 형성하고 유지하는가이다. SCM을 도입, 구축하여 효과적으로 관리하기 위해서는 충분한 사전 준비작업이 필요하다. '현재의 상황을 정확히 파악하고 설정한 목표를 어떻게 이룰 것인가?'에 대한 명확한 답을 할 수 있어야 하며, 파트너 간의 비젼을 공유하며 상호 공존할 수 있는 기반을 마련해야 한다. 그리고 [그림 7-1]에서 볼 수 있는 바와 같이 여러 공급사슬의 공통요소, 효과적 실천사례와 우수한 업무관행(Best Practices)을 참조하여 공급사슬을 설계하고 운영전략을 수립하여야 한다. 또한 공급사슬관리를 실행한 우수한 업체의 성과 등 벤치마킹 자료를 이용하여 유사기업의 운영성과를 계량화하고 동종산업에 속한 기업을 기준으로 목표를 설정하여 산업내 최우수 성과(Best-in-Class)를 올린 경영전략과 기법, 솔루션 등에 대한 특징을 분석하고 상위모델로 삼는다.

그림 7-1 공급사슬관리 추진절차

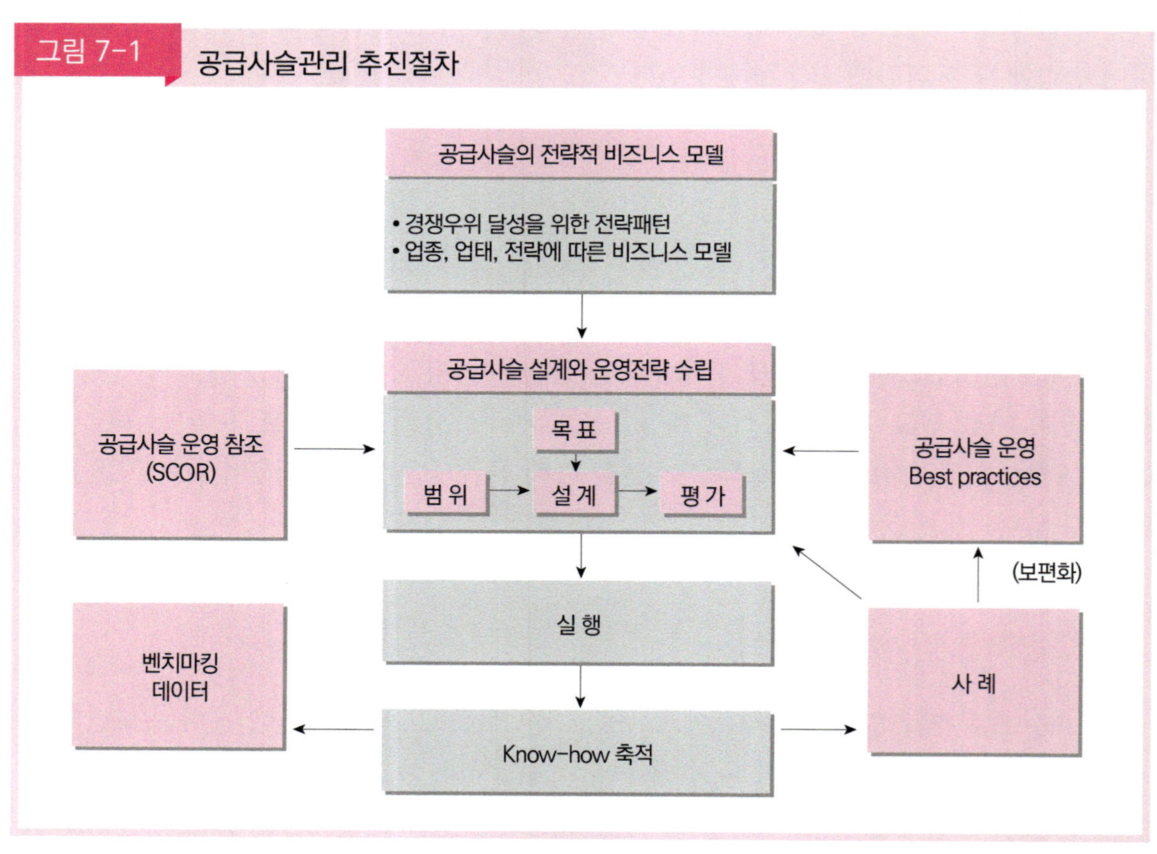

1.2 SCM 추진을 위한 전략의 중요성

공급사슬관리를 강조하는 기업이 점차 늘어나고 있지만, 얼마나 효과적으로 공급사슬관리를 추진하는가에 따라 성과가 매우 다르게 나타난다. 물론, 추진성과가 높은 경우도 있지만, 그렇지 않은 경우도 있다. SCM 추진상의 문제점 중에 하나는 너무 전략적 측면은 고려하지 않고 자재 및 부품조달, 판매, 파트너십, 고객서비스 등과 같은 SCM의 운영적 측면만을 강조하는데 있다.

또한, 공급사슬관리를 추진하는데 있어서 적합한 체계적 추진방법론이 없고, 더불어, 로지스틱스 네트워크 구성에 있어 체계적인 구성전략이 부족한 실정이다. 따라서 향후 기업경영에 있어 SCM 성과를 극대화하기 위해서는 SCM 전략적 측면과 SCM 운영적 측면을 모두 고려하여 조화를 이루는 체계적인 추진관점과 활동이 요구된다.

이를 위해서는 우선 가치사슬 재구축전략이 필요하다. 앞에서 살펴본 바와 같이 과거에는 단일기업 위주의 경영활동으로 기업들이 모든 자원을 보유하고, 스스로 가치를 창출하기 위해 노력했다. 하지만, 최근에는 기업간 협력을 통해 가치사슬을 공유하는 현상이 발생하고 있다. 즉, 공급사슬 최적화를 위해 공급사슬 기업 간의 가치사슬 재구축현상이 나타나게 되었다. 따라서 변화하는 협업 경영환경에 대응하기 위해서 기업들은 SCM 운영측면과 SCM 전략측면을 모두 고려한 대응전략이 필요하다.

〈표 7-1〉에서 볼 수 있는 바와 같이 우선 SCM 운영적 측면은 인바운드 로지스틱스(Inbound Logistics), 아웃바운드 로지스틱스(Outbound Logistics), 프로세싱 활동(Processing Activity), 지원활동(Supporting Activity)으로 구분해 살펴볼 수 있다. 인바운드 로지스틱스는 수요량 예측, 재고관리, 원재료 및 부품의 구매, 원재료와 부품의 운송 및 입고관리 등이 포함된다. 그리고 아웃바운드 로지스틱스는 최종 상품의 재고관리, 고객주문관리, 회사 간의 수송관리 등이 포함된다. 또한 프로세싱 활동은 생산활동, 작업중인 제품과 재공품 재고관리, 내부창고관리 등이 포함되고, 지원활동은 물류계획, 유통창고관리, 물류통제 등이 포함된다.

더불어 SCM 전략적 측면은 공급사슬 파트너 간의 비전공유, 유통채널 운영전략, 상호 수익 및 상호공존을 위한 새로운 기회탐색, 시장혁신을 가능하도록 해주는 가치창출관리 등이 필요하다.

표 7-1 공급사슬관리를 위한 추진관점과 추진활동

SCM 활동		SCM 추진 활동			
		인바운드 로지스틱스	프로세싱 활동	로지스틱스 지원활동	아웃바운드 로지스틱스
공급사슬관리 추진관점	SCM 운영측면	수요량 예측 원재료 구매 입고 및 재고관리	생산운영관리 재고관리 내부창고관리	물류계획 유통창고관리 물류통제	완제품 재고관리 고객주문관리 유통채널관리
	SCM 전략측면	공급사슬 파트너 간의 비전공유, 유통채널 등 공급사슬 구조전략, 상호수익 및 공존을 위한 새로운 기회탐색 및 시장혁신이 가능하도록 가치창출관리			

또한 다음에서 볼 수 있는 통합 프로세스 정비와 변화관리를 추진하며 자재 및 상품특성을 고려한 공급사슬관리 최적화를 수행해야 한다.

1.3 SCM 도입을 위한 통합 프로세스 정비와 변화관리

1. 프로세스의 도시화와 분해

생산/구매요청, 구매관리, 구매상품입고, 입고관리라고 표현되어 있는 자재 및 제품보충 프로세스를 분해하여 세부적으로 살펴보면 [그림 7-2]와 같다. 이와 같이 정보흐름, 자재 및 제품흐름 그리고 재무흐름이 모두 포함되어 있는 세부 프로세스까지 모두 고려해 기업전략에 일관성 있도록 가치를 창출하는 기업의 전체 프로세스를 혁신하는 것이 쉬운 작업은 아닐 것이다.

[그림 7-2]의 자재 및 제품보충 프로세스를 살펴보면 다음과 같은 것들을 알 수 있다.

① 자재 및 제품보충 프로세스는 요구사항이 파악되고 의사전달이 될 때 시작된다. 가장 먼저 정보의 흐름이 발생하는 것이다. 신규자재에 대한 구매인 경우에는 제안요청서(Request For Proposal)를 먼저 잠재 공급업체들에게 보내게 된다. 공급업체들은 자신들의 공급능력(Capabilities)과 가격조건(Pricing)에 대해 알맞은 정보를 보내게 된다.

그림 7-2 자재 및 제품보충 프로세스의 분해

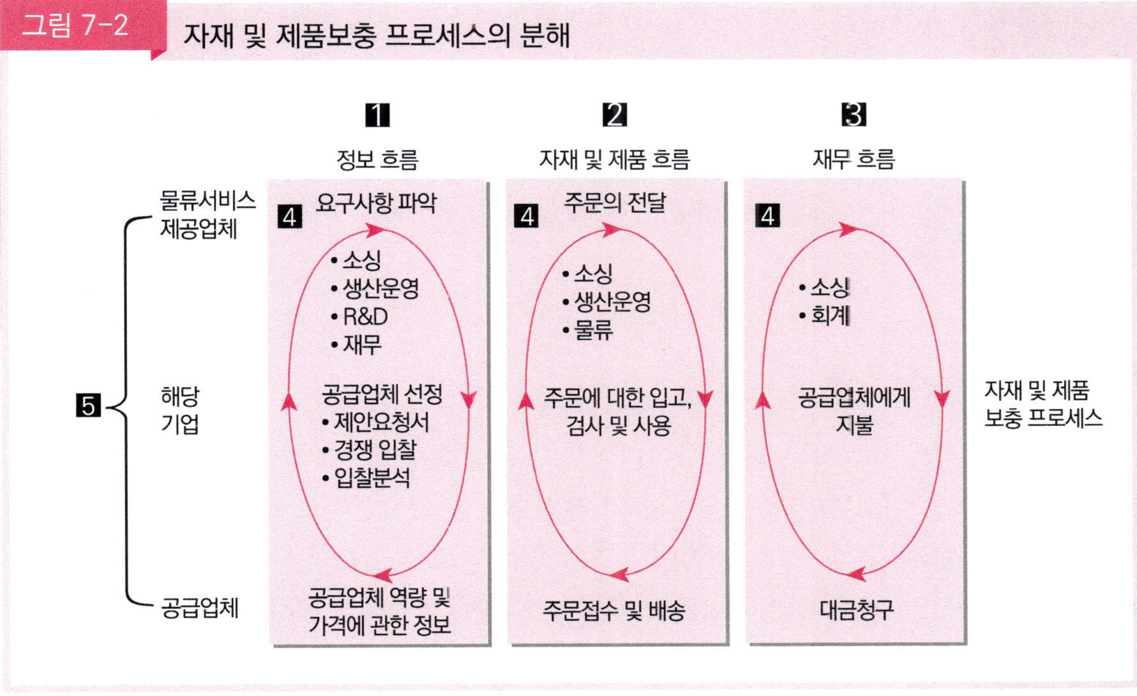

공급업체의 회답인 제안서를 분석한 후 공급업체가 선정된다.

② 제품의 물리적인 흐름은 공급업체가 주문을 접수해서 배송하는 것에서부터 물류서비스 제공업체가 수송을 하며, 구매를 하는 해당 기업에서 제품을 받고 검사를 하는 등의 여러 가지 활동으로 이루어져 있다. 이렇게 구입한 자재는 고객에게 배송할 제품 및 서비스를 창출하는데 사용된다.

③ 재무적인 흐름은 자재획득 프로세스의 종결을 짓는다. 자재의 배송이 이루어지면 수령, 검사, 합격과정을 거쳐서 구입금액의 지불이 이루어진다. 회사에 따라서는 검사가 이루어지지 않은 상태로 금액지불이 될 정도로 지불 프로세스가 용이하게 되기도 한다. 이 경우에는 과거의 거래를 통해 부품에 대한 품질의 신뢰성이 높아져 있기 때문에, 사전에 무검사 품목으로 지정해 놓고 납품내역과 주문이 합치되기만하면 바로 전자은행 결제를 통해 지불이 이루어진다.

④ 관련활동들(공급업체 선정, 제품배송, 지불 등)과 관련된 의사결정들은 생산운영, R&D, 소싱, 물류, 재무, 회계의 영역에 걸쳐서 발생한다. 이런 이유로 요즘은 많은 기업들에서 소싱, 생산운영, R&D, 재무부문의 구성원들로 구성된 하나의 상품팀(Commodity Team)에서 공급업체 선정과 관련된 의사결정을 관리하기도 한다.

⑤ 구매를 하는 해당업체, 공급업체, 그리고 물류서비스 제공업체는 모두 중요한 역할을 수행한다. 전문화된 장비에 대한 전문지식이 학습되면서 구매업체, 공급업체 그리고 물류서비스 제공업체가 모두 가치있는 프로세스 팀 구성원이 되기도 한다.

이렇게 프로세스의 분해를 이해하면 관리자들이 가치창출을 위해 의미있게 협력하는데 도움이 된다.

2. 변화관리의 중요성

SCM을 위해서는 IT나 혁신적인 아이디어도 중요하지만, 무엇보다 가장 중요한 것은 변화관리일 것이다. 변화관리가 SCM 성공의 절반이상을 차지한다고 생각한다. 변화관리란 SCM을 추진하면서 구체적으로 조직이나 프로세스 변화를 이끌어 내는 리더십을 말한다. SCM은 조직내부와 외부의 여러 변화를 요구하는 매우 정치적인 프로젝트다. 조직은 이러한 변화를 거부하거나 기존 모습에 안주하려는 경향이 강하다. 이러한 것들을 극복하기 위해서는 강력한 변화관리가 필요하다. 변화관리의 3대 요소는 최고경영자의 후원(Sponsorship), 원활한 의사소통(Communication), 그리고 교육 및 훈련(Education and Trainning)이라고 할 수 있다.

물론 변화관리는 조직내부의 문제만은 아니다. 물류업체나 유통업체 등 공급사슬 전반에 있는 조직외부의 변화를 이끌어 내는 것도 중요한 부분이다. 따라서 기업내부의 시스템 구축보다 더욱 어렵고, 험난한 과정이 될 수 있다. 공급사슬관리 프로젝트를 추진하면서 크로스도킹(Cross Docking)을 활용할 목적으로 창고수를 줄이고자하면 창고보유 업체는 절대불가 이유를 제시하며 이에 저항할 것이다. 이러한 조직내부, 외부의 여러 변화를 이끌어내는 일은 공급사슬관리와 관련한 IT나 혁신적인 아이디어 개발과는 차원이 다른 문제다. CEO 등 최고경영진의 지원과 관심이 공급사슬관리에 절실히 필요한 것도 바로 이러한 변화관리를 성공적으로 수행하기 위해서이다.

3. 통합 프로세스의 분류와 혁신

성공적으로 공급사슬관리를 수행하기 위해서는 앞에서 살펴본 기존의 개별적 기능차원의 활동을 핵심 공급사슬 프로세스를 위한 활동의 통합으로 변화시켜야 한다. 공급사슬의 가치활동들을 통합 프로세스 관점에서 아래와 같이 분류하여 정리할 수 있다. 아래 소개되는 내용들은 상호 중복되어 있고 밀접하게 연계되어있어 명확한 구분은 어렵다. 그러나 통합적인 공급사슬관리 프로세스 관점에서 접근하는 것이 전체 공급사슬의 가치를 창출하는데 도움이 된다.

① 고객관계관리는 통합적 공급사슬관리의 첫 번째 단계로서 조직이 사업목표로 정한 주요 고객이나 고객세분 시장을 명확히 하는 것이다. 고객서비스 팀은 핵심고객과 프로그램을 연계시키면서 고객관계관리를 발전시킬 것이다. 결국 고객관계관리는 고객 수를 늘리고, 고객유지율을 높이고, 가장 수익성이 높은 고객을 유지하며, "제품관점" 이 아닌 "고객관점"의 선제적 행동을 취하고, 친근한 관계를 통해 고객의 충성도를 높이며 고객과 평생관계를 구축하는 것이다.

고객관계관리 프로세스는 주로 유통업체 또는 직판모델을 갖고있는 제조업체가 고객과 접촉하고 고객과의 관계를 향상시키는 프로세스이다. 이 프로세스는 고객의 상품에 대한 반응을 즉각적으로 파악할 수 있고, 이러한 과정에서 획득된 정보에 근거해 시장상황의 변화에 따른 수요예측에 맞추어 적절하게 대처하는데 도움을 준다.

② 고객서비스란 상품의 유통과정에 참여하는 구매자, 판매자, 물류업자 사이에서 창출하는 부가가치를 의미한다. 이때의 부가가치는 상품의 생산업체에서 소비주체인 고객으로 상품이 이동하게 됨으로써 장소의 이동에 따른 효용, 소유주체의 이동에 따른 효용, 고객에게의 상품의 이동 후 소비를 통한 효용 등을 통해 창출된다. 생산부문과 유통부문과의 접촉을 통해 고객에게 제품도착 날짜와 제품구입 가능여부를 알려주면서 고객서비스가 발생한다.

공급사슬관리 환경에서의 고객서비스 관리는 고객이 요구하는 제품 및 서비스의 정보를 제공하고, 주문일정을 용이하게 하며, 판매서비스를 하기 위해서 실시간의 온라인 시스템을 필요로 할 수 있다. 고객이 상품에 대한 구입계약을 할 경우에 공급사슬에서는 유통업체에서 제조업체, 자재 및 부품공급 업체에 이르기까지 연달아 정보가 제공되면서 각기 고객서비스 프로세스가 발생한다. 그리고 다시 제조업체는 자재 및 부품공급 업체로부터 원재료와 부품을 조달하고, 제품을 생산하며, 유통업체에게 공급하고, 유통업체는 고객이 원하는 시기, 원하는 장소에 제품을 배송하면서 다시 고객서비스가 발생하게 된다.

③ 수요관리 프로세스는 상품이 고객에 인도되어 소비되기까지의 유통되는 모든 수요량을 파악하고 조정하는 프로세스이며, 여기에 제품의 생산, 재고관리, 판매활동이 포함된다. 즉, 수요관리 프로세스는 고객의 수요와 회사의 공급능력을 일치시키는 것이다.

고객이 언제, 무엇을 주문할지 고려하는 것도 포함하고, 본질적 재고와 안전재고를 활용해 고객주문의 다양성에 효과적으로 대응한다. 고객으로부터 획득된 수요정보에 근거해 생산을 하고 이에 기반하여 다양한 판촉활동과 유통매장의 카테고리관리 등을 포함한 마케팅활동이 이루어지므로 재고관리 비용을 최소화하게 된다.

④ 주문충족 관리란 상품이 개별고객에게 배송되기까지 기업의 주문접수, 처리, 제품의 포장, 출하, 인도, 판매대금 회수에 이르는 고객주문처리 사이클 전체를 관리하는 활동을 의미한다. 결국, 효과적인 공급사슬관리 방안은 고객이 요구하는 날짜에 제품이나 서비스를 제공할 수 있도록 일정을 맞추는 것이다. 이를 위해서는 계획생산 제품이나 주문생산 제품 모두 주문충족도가 높아야 한다. 주문충족관리 프로세스는 고객으로부터 받은 주문에 대하여 제조업체에서 유통업체에 이르기까지 제품이 이동하는 물류관리에 관련된 프로세스이다.

주문충족관리 프로세스는 주문에 맞는 유연하고 지속적인 제품보충(Replenishment)을 통해서 유통업체의 상품품절(Stockout)을 막아주고, 상품을 적시에 조달하는 효율적인 재고관리를 통해 재고비용을 절감시켜주는 등 다양한 효과를 가져다준다. 앞에서도 언급된 바와 같이 공급사슬의 주요업체들 간의 연계가 고객요구를 충족하고, 고객의 최종 비용을 줄이기 위해서 필요하다. 여기서 목표로 하는 것은 공급업체부터 해당 업체, 더 나아가 고객군에 이르는 이음새 없이 매끄러운 처리과정을 형성하는 것이다.

⑤ 제품이 고객수요에 맞추어 생산되려면 제조공정은 시장의 변화에 대응할 수 있도록 유연해야 한다. 이는 다양한 고객군으로부터 급변하는 수주에 대처하기 위한 유연성을 요구한다. 제조흐름 관리프로세스는 점차 수주예시 방식 또는 주문에 의한 조립생산 방식을 이용한다. 그리고 제조현장에서는 평준화 생산방식의 이점이 강조되고 있다.

이와 같이 과거의 푸쉬방식에서 수요에 대응하는 풀방식을 활용하기 때문에 변화된 시스템에 적응하는 과정이 필요하지만 이러한 혁신을 통하여 원재료 조달에 따른 비용절감, 생산비용 절감, 재고비용 절감 등의 성과를 거둘 수 있다. 생산흐름에 있어서의 변화는 더 짧은 사이클의 달성을 의미하고, 이로써 고객에게 향상된 반응성을 제공할 수 있다.

⑥ 조달프로세스는 제조업체와 협력업체간 전략적 제휴를 통해 부품과 원자재의 조달 뿐만 아니라 상품의 생산에서 유통, 판매에 이르는 과정에서 제품의 체계적인 보충을 통해 운영비용, 창고비용, 물류비용 등을 절감시켜 준다. 생산흐름의 관리와 신제품개발을 지원할 수 있는 공급업체의 참여가 중요하다는 것은 앞에서 살펴본 바 있다.

글로벌 기업과 같은 경우에, 외주 의사결정은 전 세계를 기반으로 경영층에서 결정되어야 한다. 조달프로세스에 속해있는 재고관리는 미래의 수요를 충족시키기 위한 예비자원인 재고를 일시적으로 관리하는 기능을 의미한다. 재고관리 기능은 수요와 공급 간의 부조화를 해소하고, 불확실성에 대비하여 종합물류 경로에서 완충작용을 하는 역할을 수행한다.

적정재고는 고객서비스 개선에 도움을 제공하지만, 과대재고의 보유는 대규모의 비용을 발생시키므로 기업은 자사의 규모에 적정한 재고수준을 관리하는 것이 요구된다. 또한 유통과정에서 발생하는 유통정보를 바탕으로 공급사슬을 구성하는 제조업체, 물류업체, 유통업체는 상호 유기적인 활동을 수행해야 한다. 그러므로 유통과정에서 발생하는 정보를 상호 보완적으로 공유함으로써 목표달성을 위해 노력해야 한다.

⑦ 제품개발 및 상품화 프로세스는 신제품의 시장출시를 최적화 시킬 수 있어야 한다. 제품의 수명주기가 짧아짐에 따라 회사의 경쟁력 확보를 위해서는 짧은 주기로 적절한 제품이 지속적으로 개발되고 출시되어야 한다. 시장반응 시간을 단축시키기 위해 고객

그림 7-3 공급사슬의 가치활동과 프로세스의 연계

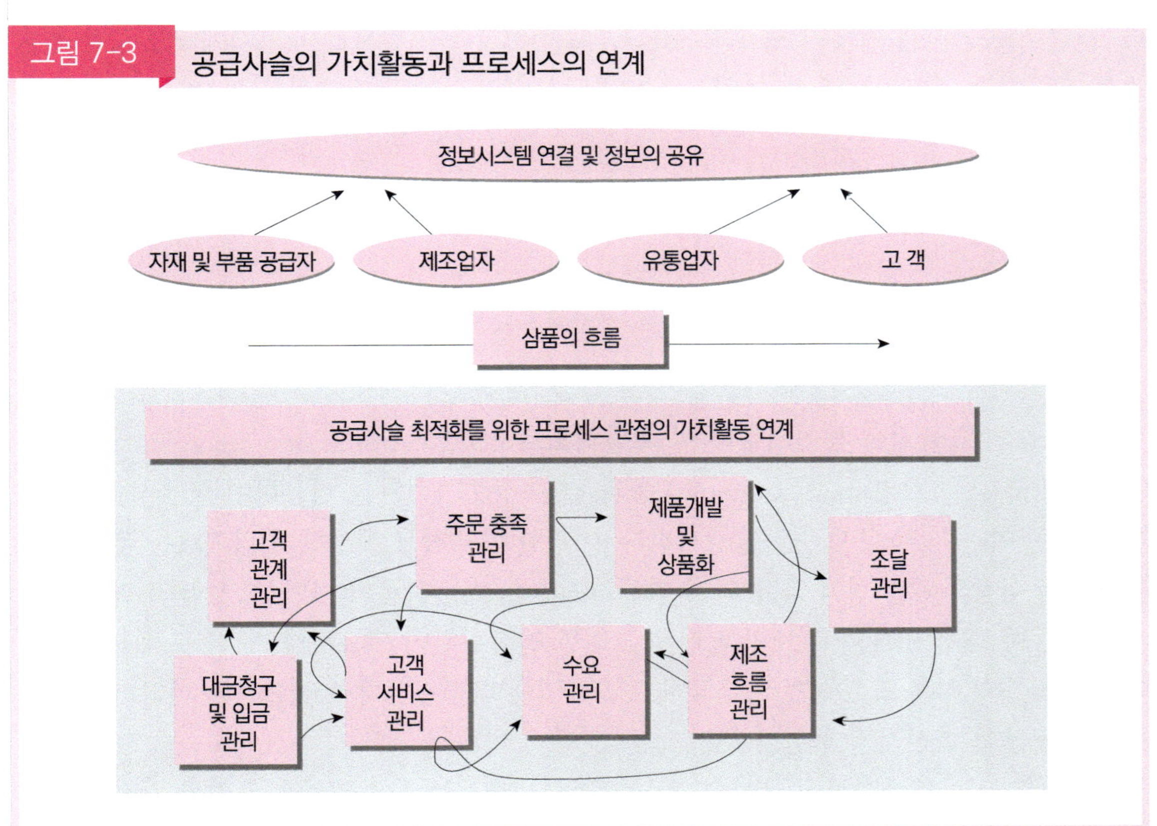

과 공급업체까지도 제품개발 과정에 포함시켜야 한다.

고객의 요구사항에 대한 신속한 파악이 가능하고, 고객에게 최고의 만족을 제공하면서도 제조가능한 제품개발이 되도록 정보를 제공해주며, 제품개발에 있어 최고의 협업환경을 제공하고, 상품화 일정관리 정보를 제공하여 유통업체의 판매촉진을 지원해 줄 수 있어야 경쟁력 있는 제품개발 및 상품화 프로세스이다.

⑧ 대금청구 및 입금관리 프로세스는 수요에 따라 상품의 출고에서부터 판매로 인해 발생하는 수익이 회사로 입금될 때까지의 일련의 프로세스이다. 일반적으로 대금청구를 하면, 해당 기업의 매출이 확정되고, 수익성이 결정된다. 이와 함께 제품별, 고객별, 시기별 판매수량과 수익성 분석이 이루어지고, 차후의 고객관계관리와 고객서비스 관리에 연관된 정책에 영향을 미친다. 또한 수주부터 현금이 회수되기까지의 소요시간을 측정하고, 감소시키는 것이 효율적인 기업의 운영이 이루어지는데 도움을 준다.

공급사슬 내에서 공급사슬 주체 간의 업무 프로세스 관점에서 가치활동 통합은 자재 및 부품공급업체, 제조업체, 유통업체 모두에게 비용을 절감시켜주고 상호수익을 개선해 준다. 더불어 공급사슬 전체의 프로세스를 고객중심으로 가져감으로써 고객에게도 좋은 서비스를 제공하고, 고객만족도를 높임으로써 공급사슬 파트너간 경쟁력을 확보해줄 수 있다.

1.4 상품 및 구매자재 특성을 고려한 공급사슬관리 전략

공급사슬의 효율성을 높이기 위하여 획일적으로 EDI(Electronic Data Interchange), POS (Point of Sales), DW(Data Warehouse) 등과 같은 정보기술만을 이용하여 공급사슬관리를 하는 것은 여러 가지 문제점을 발생시킨다. 이러한 문제점을 해결하기 위해서는 우선 유통 측면에서 상품의 수요성격, 상품의 수명주기(Life Cycle), 상품의 다양성, 상품의 리드타임, 서비스 등에 대한 이해와 수요의 패턴을 고려한 전략수립이 필요하다. 또한 구매조달 측면에서도 자재와 부품을 특성별로 분류하고 공급업체와의 관계별로 장단점을 파악하여 공급사슬의 구조를 혁신시켜야 한다.

피셔(Fisher)는 효과적인 공급사슬 전략수립을 위해서는 상품특성을 고려한 전략이 필요하다고 주장하였다. 피셔는 공급사슬에서 상품을 특성에 따라 기능상품(Functional Product)과 혁신상품(Innovative Product)으로 구분하였다.

- 기능상품이란 대부분의 소매점에서 판매하는 쌀, 과일 등의 식료품이나 생필품 등과 같은 일상품으로 소비자의 기본적인 욕구를 만족시키고, 시간에 따라 수요량이 크게 변화하지 않으며, 수요예측이 비교적 가능하고 마진이 낮은 특징을 갖는 상품이다.
- 혁신상품이란 하이브리드 자동차나 스마트 폰과 같이 혁신가능성이 높은 상품으로 마진이 높으며, 수요가 안정적이지 않고, 수요예측이 어려운 상품을 의미한다.

피셔는 상품의 특성을 반영한 공급사슬 프로세스를 물리적 효율성 위주의 프로세스(Physical Efficient Process)와 시장대응 위주 프로세스(Market Responsive Process)로 구분하여 공급사슬관리 전략을 제시하였다. 상품유통 전략은 공급사슬 프로세스의 목적, 생산유형, 재고전략, 리드타임 전략, 공급자 선택접근 전략, 상품디자인 전략에 따른 특징을 반영해야 한다.

〈표 7-2〉에서 나타나 있는 SCM전략을 살펴보면, 물리적 효율성 위주의 프로세스에 해

표 7-2 공급사슬 프로세스별 방식과 전략

구 분	기능상품에 적합한 효율성 위주의 프로세스	혁신상품에 적합한 시장대응 위주의 프로세스
수요대응 방식	효과적인 수요예측이 용이하여 적은 비용으로 공급이 가능함	수요에 신속하게 대응하기 위해 재고의 통제와 강제 가격인하가 가능함
생산유형	높은 수준의 상품회전율 유지	항상 초과 버퍼재고를 유지
재고전략	높은 수준의 재고회전율과 모든 유통채널에 있어서 재고를 최소화 함	최종 상품 또는 일부분의 상품에 대하여 충분한 재고를 유지하도록 함
리드타임 전략	비용이 증가되지 않는 범위내에서만 리드타임을 짧게 가지고 감	최대한 리드타임을 줄이기 위하여 적극적인 투자를 실시함
공급업체 선택전략	비용과 품질을 우선적으로 고려해서 선택	상품의 보충속도, 상품사양의 유연성, 상품의 품질을 고려하여 선택
상품 디자인 전략	비용을 최소화하고 성과를 최대화하는 제품 디자인 전략을 지향함	가능한 상품의 차별화를 위하여 모듈화된 제품 디자인 전략을 추구함

당하는 상품은 가정에서 사용하는 생필품이며, 여기에 해당하는 상품군은 비교적 저렴한 가격군을 형성하고, 상품 회전율이 높은 특징을 가지고 있다. 그러므로 유통업자는 재고를 최소화하려고 노력하고, 제조업자는 생산 리드타임을 짧게 가지고 가려는 현상이 나타난다.

또한 시장대응 위주의 프로세스에 해당하는 혁신상품은 유행에 민감한 특성을 갖는다. 예를 들면, 스마트 폰 신제품이나 온열기능성 내의 신제품 등과 같은 혁신상품은 시장대응 위주의 프로세스에 해당한다. 이 상품군의 특징은 고객의 요구에 맞춰 충분한 상품보충이 이루어져야 한다. 상품의 원활한 보충을 위해서 제조업체는 수요에 대비한 초과 버퍼를 확보해야하고, 적극인 투자를 통해 생산 리드타임을 단축시켜야 한다. 더불어 유통업자는 제품의 보충과 판매가 원활하게 이루어지도록 적극적인 운영전략, 판매전략, 촉진전략을 수행해야 한다.

그러나 상품에 따른 공급사슬의 특성에도 불구하고, 기업에서 상품에 따른 적절한 공급사슬 전략을 수행하지 못함으로써 경영성과를 개선시킬 수 있는 기회를 잃어버린다. 상품의 특성과 공급사슬의 특성에 기반한 공급사슬 전략의 문제점은 두 가지로, 혁신상품임에도 불구하고 물리적으로 효율적인 공급사슬을 추구하는 경우와 기능상품임에도 불구하고 시장 대응위주의 공급사슬을 추구하는 경우로 구분할 수 있다.

그림 7-4 상품특성에 따른 공급사슬 전략

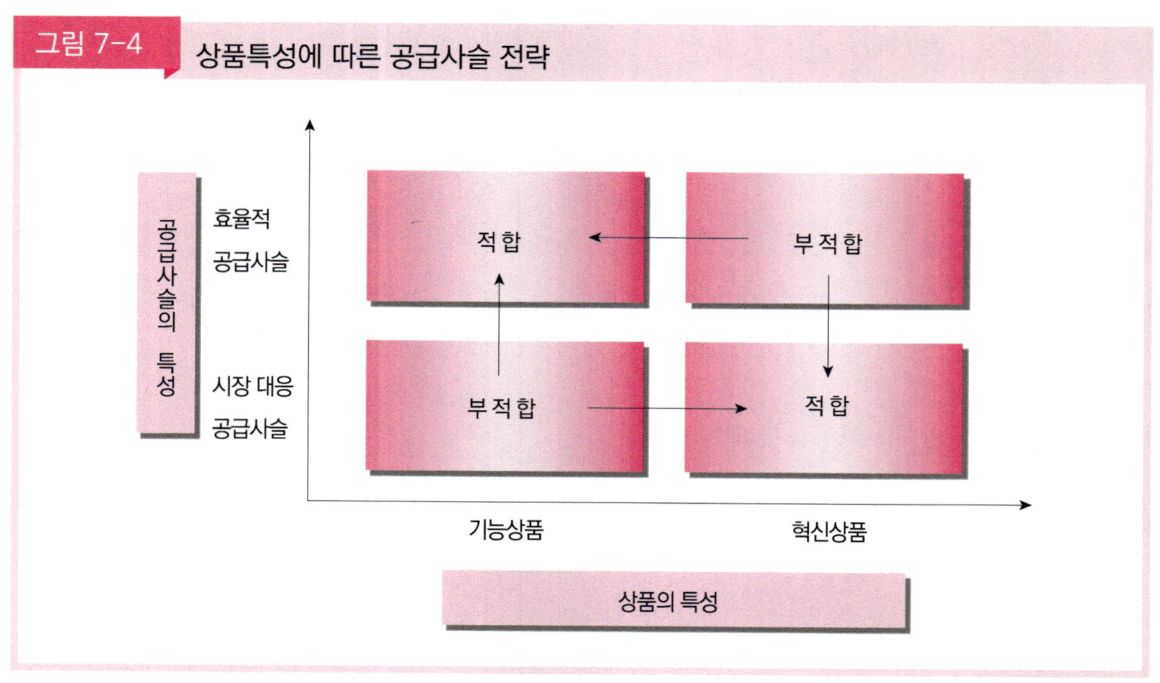

이러한 공급사슬의 문제점은 [그림 7-4]와 같이 공급사슬 전략의 수정을 통해 해결할 수 있다. 예를 들면, 기능상품에 따른 문제가 발생하였을 경우 기능상품을 혁신상품으로 변화시킴으로써 문제를 해결할 수도 있고, 또는 시장대응 위주의 공급사슬 전략에서 효율적인 공급사슬 전략을 취함으로써 문제를 해결할 수도 있다.

지금까지 완제품 위주의 상품특성에 따른 공급사슬 전략을 살펴보았다.

유통제품의 분류에 따라 공급사슬 전략이 달라지는 것과 마찬가지로 구매자재의 유형을 고려하여 아웃소싱 전략을 분류할 수 있다.

앞의 기능상품과 혁신상품이 주로 완제품의 유통관점에서 공급사슬을 살펴본 반면, 구매조달 관점에서도 원자재와 부품을 분류하고 이와 적합한 구매조달 특성들을 살펴볼 수 있을 것이다.

구매조달 부문에서 자재를 구매할 경우 자재의 특성에 따라 분류하여 차별화된 관리를 하는 것이 효율적이다. 자재를 분류할 때 구매위험(Purchasing Risk)과 사업에 미치는 영향(Business Impact)의 두 가지 분류기준에 입각하여 나눌 수 있다.

구매위험(Purchasing Risk)은 구매 시 야기되는 위험도와 복잡성을 의미하는데, 구매위험이 높다는 의미는 구매행위 시 대상이 되는 원자재나 부품을 쉽게 구할 수 없다든지, 구매

그림 7-5 구매자재의 분류

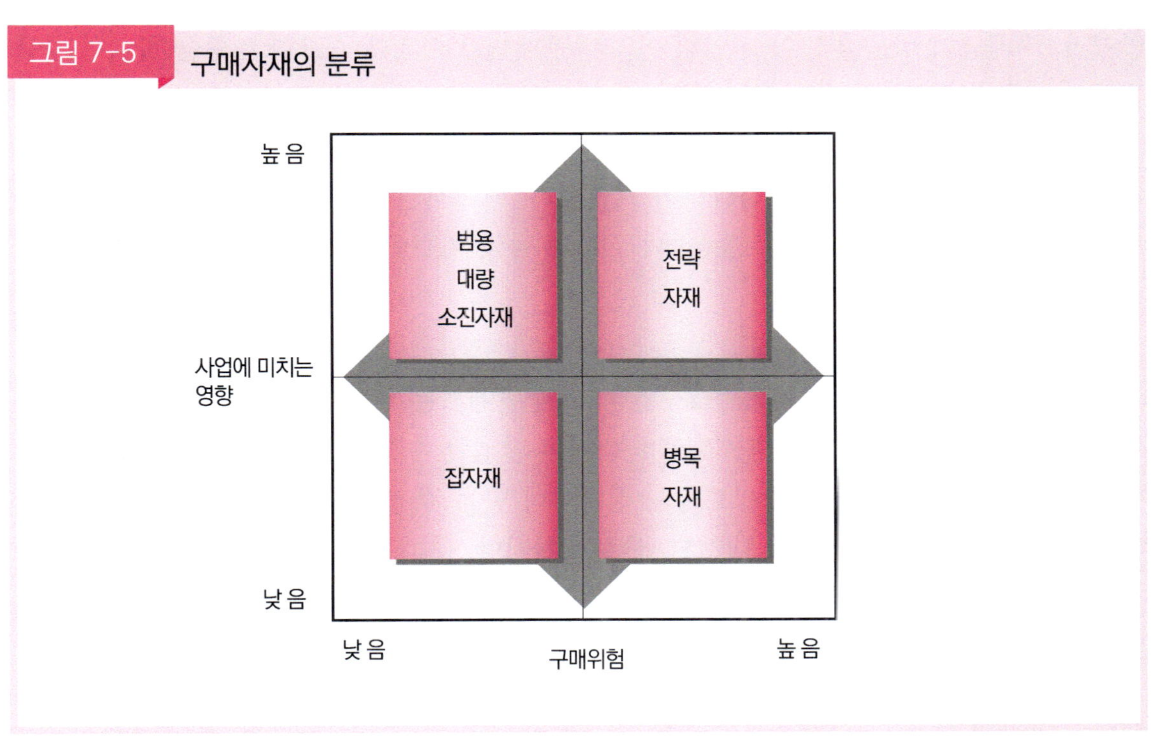

하는데 공급업체를 찾기가 어렵거나 제품인증을 거쳐야 하는 등 복잡하고 힘든 과정을 거치는 경우이다.

사업에 미치는 영향(Business Impact)은 총 구매비용 중에 특정 구매대상 품목에 할당되어진 구매금액의 비율 또는 전략적 중요성을 의미한다. 일반적으로 특정부품에 대한 구매금액 비율이 높다는 것은 중요성이 높다는 뜻이다.

이러한 가로축과 세로축을 바탕으로 [그림 7-5]처럼 네 가지 형태의 자재군을 분류할 수 있다.

첫 번째는 잡자재(Non-Critical Item)인데, 전략적 중요성이 낮고, 구매행위의 위험이나 복잡성도 낮아 구매가 쉬운 제품이 이 분류에 속한다. MRO(Maintenance, Repair and Operating Supplies)라고 불리우는 소모성 잡자재인데 관리포인트는 구매프로세스를 최대한 단순화하고 노력을 최소화시키는 것이다. 이러한 잡자재는 많은 시간과 노력을 투자하여 구매해도 효용과 가치가 적으므로 MRO 전문 대행업체들에게 위탁주거나, 공급자와 일관계약(Blanket Order)을 통해 자재를 공급하는 방식을 선택할 수 있다.

두 번째는 범용대량 소진자재(Leverage Item)인데, 구매행위의 복잡성이나 위험이 높지는 않지만, 구매금액 비율이 많아 기업의 이익과 구매원가 관리에 중요한 비중을 차지하는 품목들이 속한다. 공급자 시장에서 표준화된 상용품으로, 다수의 공급자가 존재하는 경우가 대부분이다. 명칭이 지렛대 효과(Leverage)인 것은 구매물량이 많아 구매가격을 약간만 절감해도 비용절감 효과가 크게 나타나기 때문이다. 따라서 초점은 구매단가를 어떻게 절감하는가에 있으며 다수의 공급자에게 경쟁입찰을 붙여 가격위주의 공급업체를 선택하는 방식이 최선이다.

세 번째는 병목자재(Bottleneck Item)인데, 지출면에서는 비록 크지 않지만, 구매행위가 복잡하거나 위험이 내재되어 생산시점에 품절이 발생할 수도 있는 품목이다. 공급자가 제한된 품목, 특별요청이나 규격이 포함되어 아무나 만들 수 없는 품목, 구매리드 타임이 장기인 부품 등이 이러한 위험이 내재된 품목일 것이다. 구매 시 주안점은 구매단가가 아닌 장기적이고 안정적인 구매원천확보이며, 재고유지 비용이 품절비용보다 상대적으로 작으므로 재고유지 비용을 감수하더라도 안전재고를 유지하는 것이 효율적이다.

그림 7-6 공급업체 특성별 아웃소싱 전략분류

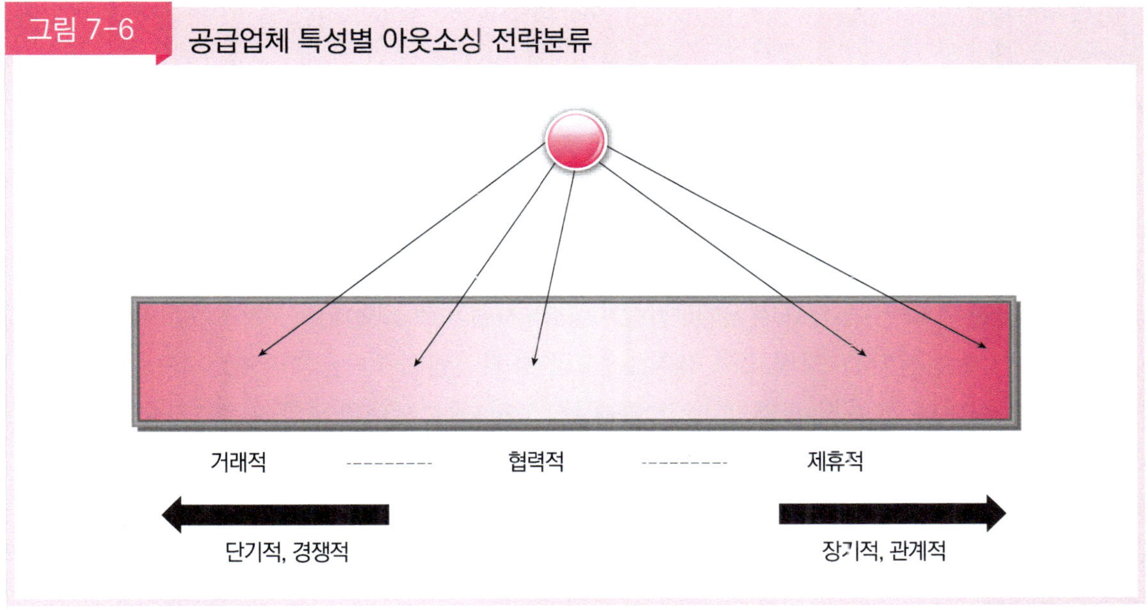

마지막으로 전략자재(Strategic Item)는 구매진행 과정이 쉽지 않고, 구매지출 면에서도 의미가 큰 부품들이다. 이러한 자재들은 기업의 능력에 따라 구매역량의 차이가 뚜렷이 나타나는 영역이며, 구매관심과 철학은 공급자와 상생과 협력을 통한 성장에 있으며, 상호 파트너십을 강조하고 전략적 제휴를 통해 상호이익이면서도 장기적인 관계에서 구매행위를 수행해야 핵심역량을 지속적으로 보유하는데 손상을 입지 않을 것이다.

이러한 자재의 분류를 고려하여 거래적 관계(Transactional Relationship), 협력적 관계(Collaborative Relationship), 그리고 제휴적 관계(Alliance Relationship) 중 하나의 공급업체와의 관계를 설정해야 한다. 단, 이러한 공급업체 관계는 [그림 7-6]에 나타난 바와 같이 명확한 구분이 아니라 공급업체별로 어떠한 관계성격을 더 가지고 있는지를 판단하여야 할 것이다.

거래적 관계(Transactional Relationship)의 특징은 공급업체에 대한 배려가 별로 없고, 계약은 일방적이고 단기적이라는 점과 더불어 정보공유가 거의 없고 가격이 관계설정에 가장 중요하다는 점을 들 수 있다. 거래적 관계의 장점은 단기적인 거래이므로 구매에 최소한의 비용이 소요되며, 고차원의 기술이나 능력이 요구되지 않는다는 점이다. 반면에 단점은 최초 공급업체를 선정하고, 요구사항을 전달하는데 많은 의사소통의 문제가 발생할 수 있으며, 품질확보나 납기를 위해 많은 노력과 시간이 들어가는 경우가 있다. 또한 공급자에게 유연성을 요구하기 힘들며 공급의 단절이 일어날 가능성이 많다.

협력적 관계(Collaborative Relationship)는 상대방과의 협력과 상호의존이 경쟁력 제고에 필요하다는 것을 상호인지한 형태의 관계이며, 한 번의 거래로 끝나는 것이 아니고 장기적인 관계로 지속적으로 유지된다. 따라서 거래적 관계의 장단점이 협력적 관계에서는 역으로 이해될 수 있다. 신뢰가 구축된 구매행위를 하는 데는, 노력과 고도화된 기술이 요구되며, 신제품개발을 할 경우 필요 시 공급업체가 구매자의 개발 프로세스의 초기에 참여하여 공헌하는 경우도 있다. 또한 장기적으로 계속 거래를 함으로 거래적 관계에 비해 품질 대비 최선의 가격인지 확인이 필요치 않고 검증비용이 지출되지 않는다.

예를 들면, 삼성전자는 액정표시 장치(LCD)의 광원역할을 하는 백라이트 유닛 생산업체인 디에스엘시디와 협력적 관계를 맺고 있다. 삼성전자는 설비자금과 인력, 기술지원을 해줘 디에스엘시디의 생산성을 20~30% 높였으며, 물류개선으로 디에스엘시디의 2차 협력업체까지도 도움을 받았다. 삼성전자 입장에서는 디에스엘시디가 10년 이상 삼성전자의 신제품개발을 지원하고, 품질 대비 최선의 가격으로 납품한 제품의 성과가 높아 신뢰할 수 있었으며 장기적인 관계를 맺기를 원했던 것이다.

또한 온라인게임 개발업체인 디지털릭은 2009년 2월 대만에 '느와르'라는 게임을 수출하는데 성공했다. SK텔레컴의 글로벌 네트워크를 활용했고, 또한 디지털릭의 미래가치를 보고 계약금 전액을 일시불로 지불해주었기 때문에 가능했다. 디지털릭이 그 동안 SK텔레컴의 컨텐츠개발에 꾸준히 협력한 성과가 훌륭했기 때문에 SK텔레컴의 신뢰를 얻을 수 있었던 것이다.

제휴적 관계(Alliance Relationship)는 단순히 서로 믿고 협력하는 관계에서 발전하여 한 회사처럼 연계되어 움직이는 관계이다. 제휴적 관계를 맺는 이유는 보완되는 핵심능력을 연계하여 시너지 효과를 낼 수 있는 경우, 또는 공동으로 위험을 대처하고 비용을 분산시킬 수 있는 경우이다. 그리고 시장접근이 용이하고 외관상의 규모가 확대되는 경우에도 전략적 제휴를 맺는다. 전략적으로 특정 공급업체가 고유한 경쟁력을 가지고 있을 경우와 공급업체의 경영에도 구매자가 매우 중요한 의미가 있고 전략적인 업무를 수행하여야 할 필요가 있을 경우에 전략적 제휴가 이루어진다.

예를 들면, LG생활건강이 차병원 그룹의 차바이오앤디오스텍과 전략적 제휴를 통해 배아줄기세포 배양액과 태반핵심 성분을 각기 적용한 '오휘 더 퍼스트'와 '이자녹스 테르비나'를 출시한 경우이다. LG생활건강은 차병원그룹의 연구를 지원하면서, 차병원그룹이 보유한 줄기세포 분화기술과 양수, 태반 등에 대한 연구기술력을 담은 화장품을 출시한 것이다.

또한 LG화학은 2009년에 일본 창호 1위 업체인 토스템사와 알루미늄 합작법인을 설립하는 계약을 체결했다. LG화학은 주거용과 상업용 건축물 고층화토 고급알루미늄 수요가 높아지는 시장상황에 빠르게 대응하기 위해 알루미늄 창호분야에서 독보적인 기술을 확보한 토스템과 전략적으로 제휴하게 된 것이다. 토스템 입장에서는 허외매출을 확대하고 한국내 판매거점을 확보하기 위해 국내 PVC 창호 1위 업체인 LG화학을 사업상대로 선정한 것이다.

그리고 앞에서 살펴본 바 있는 자동차업체 간의 합종연횡도 전략적 제휴의 사례로서 다시 한번 주목할 필요가 있다. 특히 폴크스바겐은 스즈키의 소형차 생산경험을 도입할 수 있고, 스즈키는 폴크스바겐의 친환경 기술력과 자금력을 이용할 수 있다. 또한 폴크스바겐은 중국, 스즈키는 인도시장에서 선두를 지키고 있어, 강력한 아시아판매 네트워크를 구축하고자 서로의 주식을 구매하는 전략적 제휴를 감행한 것이다.

지금까지 살펴본 거래적 관계, 협력적 관계, 제휴적 관계에 따라 〈표 7-3〉에서 볼 수 있는 바와 같이 계약유형, 가격관리, 품질관리, 공급자 선정절차, 의사소통 방식 등에 있어 차이가 있다.

표 7-3 공급업체 특성에 따른 차별화 전략

	거래적 관계	협력적 관계	제휴적 관계
계약유형	단기계약	중기계약	장기계약
가격관리	가격이 중요한 요소 경쟁입찰을 통해 가격절감 추구	구매물량 통합 등으로 협상에서 Win-Win 실현	총 원가(Total Cost) 측면에서 협상계약 원가공유를 실시
품질관리	엄격한 품질관리 모든 품질불량은 공급자가 책임	공급자의 품질관리활동을 도와줌 품질향상을 도와줌	품질향상을 위한 공동의 조직을 만듦 품질을 상호책임짐
공급자 선정 절차	단기적인 가격	공급사 사전평가	동반자 관계추구
의사소통	공급사와 구매 시에만 제한적으로 소통	공급사와 이해증진 주기적인 의사소통	상호상황을 인지함 상시 의사소통

02 SCM 도입방법론

2.1 도입과정과 성공요소

공급사슬관리를 위한 프로젝트를 수행한다면 이를 위한 방법론을 고려해서 시행착오를 감소시킬 필요가 있다. 방법론은 프로젝트 관리자를 위한 일반 프로젝트 관리방법론, 시스템통합을 위한 구축방법론, ERP 구축방법론 등 다양한 방법론이 존재하지만 공급사슬관리도 매우 범위가 넓기 때문에 반드시 방법론을 고려하여 실행하는 것이 필요하다고 생각된다. 이때 다음 네 가지는 공급사슬관리 구현을 위한 과정과 성공요소로 고려해야 한다.

① 공급사슬관리 구현을 위한 체계적 방법론
② 공급사슬관리의 주요 활동별 표준베스트 프랙티스 모델화와 응용
③ 공급사슬관리 성과의 가속화
④ 공급사슬의 성과를 측정하는 체계적인 지표와 벤치마킹

여기에서는 간략하게 성공요소의 개요만을 소개하기로 한다.

1. 공급사슬관리 구현을 위한 체계적 방법론

공급사슬의 대상분야는 대단히 넓다. 따라서 다양한 분야에서 다양한 노하우를 가진 사람들의 적극적인 참여가 요구된다. 또한 사업정의를 기반으로 한 향후 비즈니스 모델의 설계, 공급사슬관리의 각 활동과 공급사슬 프로세스의 기술(記述), 목표설정, 경영혁신 과제 정립, 정보시스템의 요건설정 등 여러 관점에서 검토해야 된다. 이를 위해서는 다음과 같은 요소를 포함하는 체계적인 방법론이 필수적이다.

① 참조를 할 수 있는 공급사슬관리의 개념모델
② 방법론의 항목에 대한 검토(예를 들면 향후 비즈니스 모델의 설계를 추진하는 목적, 방법, 단계, 기본 포맷 등의 가이드)
③ 각 항목(예를 들면 공급사슬 프로세스의 기술) 진행과정에서의 분석 및 계획기법에 대한 검토
④ 공급사슬관리 활동별 사례나 베스트 프랙티스

이와 같은 체계적인 방법론을 갖춤으로써 다음과 같은 장점이 발휘된다.
① 공급사슬관리 활동에 참여하는 구성원들의 공감대가 형성되고, 커뮤니케이션이 원활하게 이루어진다.
② 추진방법에 원칙을 제공하는 기본 프레임워크(Framework)가 있기 때문에 그만큼 시행착오가 감소된다.
③ 공급사슬관리 활동의 결과가 다시 노하우로 축적되며, 학습이 되기 때문에 향후 상황별 재이용이 용이해진다.
④ 추진방법 가이드와 노하우의 결과 축적으로 공급사슬관리를 위한 인재육성에 도움이 된다.

2. 공급사슬관리의 주요 활동별 베스트 프랙티스 모델화와 응용

앞에서 학습한 다양한 공급사슬관리 활동들에 대한 베스트 프랙티스가 축적되고, 참조 비즈니스 프로세스의 보편화, 모델화가 실현되면 공급사슬관리 구현에 유용하게 활용될 것이다.

또한 인재육성, 노하우 축적면에서도 베스트 프랙티스의 축적 및 비즈니스 프로세스를 모델화해 가는 것이 중요하다. 그러나 이와 같은 작업을 진행시켜 나가는 데는 여러 조직들의 참여와 노력이 뒷받침되어야 한다. 또 확고한 연구체제를 구축해 가기 위해서는 여러 공공기관의 협력체제가 필요하다. ERP의 참조 프로세스와 베스트 프랙티스도 공급사슬관리의 한 부분으로서 도움이 되고 있으며 점차 확장형 ERP로 참조 프로세스와 베스트 프랙티스의 범위가 넓어지고 있다.

3. 공급사슬관리 성과의 가속화

대부분의 기업에서는 해당 기업내부의 가치활동 혁신을 통해 우선 공급업체들 및 고객업체들과 연계할 준비가 선행되어 있을 때 공급사슬관리가 성공할 가능성이 높아진다. 해당 기업의 가치활동들이 일관성 있게 연계되지 않고 준비가 되지 않은 상태에서 무리하게 공급사슬상의 여타 기업들과의 연계만을 시도하면, 오히려 여타 기업들에게 제공할 수 있는 정보가 없고, 또한 정보를 제공받더라도 활용할 능력이 부족할 수 있기 때문이다. 물론 산업의 특성마다 차이점은 있겠지만 우선은 기업내부의 경영혁신을 통해 해당 기업의 최적화를 이루고 전체 공급사슬관리를 도모하는 것이 필요하다.

또한 성과를 가속화할 수 있도록 전체 공급사슬의 구조부터 혁신하는 것이 중요하다.

4. 공급사슬의 성과를 측정하는 체계적인 지표와 벤치마킹

SCOR(Supply Chain Operation Reference) 모형에서도 나타난 바와 같이 각 프로세스마다 기업에 맞는 성과지표를 설정하고, 더 나아가서 각 지표의 값을 벤치마킹하여 회사에 맞는 목표값을 정할 필요가 있다. 이러한 지표는 기업이 공급사슬관리를 추진하는데 있어서, 스스로의 문제점을 진단하고 목표를 설정하는 중요한 나침반 역할을 할 것이다. 또한 공급사슬관리 프로젝트의 전과 후를 비교할 수 있는 자극제 역할도 하게 될 것이다.

2.2 공급사슬관리 추진절차

앞에서 언급한 통합적인 공급사슬관리를 위한 체계적 방법론의 일환으로 효율적인 공급사슬관리의 구축절차를 분류하여 정리하면 〈표 7-4〉와 같다.

효과적으로 공급사슬관리를 추진하려면 기업의 특성과 사업영역에 따라서 다양한 방법과 형태로 진행되어야 할 것이다. 앞에서 언급한 공급사슬관리 주요 활동별 베스트 프랙티스를 모델화한 내용을 예시하면 다음과 같다.

표 7-4 SCM의 추진단계 및 추진내용

단 계	추진 프로세스	추진 내용
1단계	공급사슬관리 관련 교육프로그램 작성	· 공급사슬관리에 대한 전사적 이해 · 교육대상자 선발 및 프로그램 개발 · 부서 간 용어 및 관련 개념통일
2단계	벤치마킹 및 공급사슬 비전확립	· 벤치마킹 대상 기업선정 및 사례분석 · 현재의 한계를 벗어날 수 있도록 변화 · 핵심역량 결합에 의한 기회의 확대 · 공급사슬 전체의 시각에서 미래조망
3단계	경쟁전략의 평가	· 현재 전략의 평가프로세스 개발 · 경쟁전략 실현을 위한 보유자원의 능력평가
4단계	공급사슬관리의 가치창출 전략개발	· 공급사슬의 전략적 방향설정 · 인적, 기술적 자원개발 · 공급사슬의 문제점 및 개선안 도출 · 성과측정 및 피드백 메커니즘 정립
5단계	공급사슬내의 최적의 파트너 구성	· 최적 파트너의 선정기준 확보 · 파트너 간의 역할 및 책임정립
6단계	변화관리 및 최고 경영자의 참여	· 파트너 간의 갈등관리 · 최고 경영자의 역할 명확화
7단계	공급사슬관리의 조직구조 개발	· 부서 간, 기업 간 통합구조 구성 · 다기능팀 및 프로세스 혁신 팀 창설
8단계	공급사슬관리 계획수립 및 구축실행	· 구축 프로세스의 지속적 추진
9단계	정보시스템 및 네트워크 구성	· 정보시스템 구축 및 고도화
10단계	성과측정방법 개발	· 핵심성과 측정 프로그램, 세부적인 측정기준 마련, 현재의 성과측정 및 목표치 설정

① 고객요구에 근거한 시장 세분화로 세분화된 고객에게 적합한 서비스를 개발하여야 한다. 이는 고객이 원하는 제품을 원하는 시간에 원하는 장소에 전달하는 것으로 이러한 기능을 수행하기 위해서는 고객의 요구를 정확히 파악하고, 이를 공급사슬 내에서 효과적으로 반영할 수 있도록 세분화하는 것이 바람직하다.

② 수익성을 고려하면서 세분화된 고객요구에 대응할 수 있는 최적의 물류네트워크를 구성하여야 한다. 다시 말해, 공급사슬관리 도입목적에 맞도록 세분화된 고객요구를 만족시킬 수 있는 물류 네트워크가 형성되어야 한다.

③ 고객의 실제수요에 기초한 최적의 수요계획을 수립하도록 한다. 공급사슬 내에서 고

객접점에서 획득한 수요정보를 적기에 공유하고, 공유된 수요정보를 수요예측 및 최적 자원운영 수립에 반영함으로써 고객의 실제수요에 기초한 최적의 수요계획을 수립하는데 도움을 받을 수 있다.

④ 실제 수요정보에 근거한 제품 고객화를 실시하여 공급사슬상의 재고감소 및 리드타임 단축을 실시한다. 이중에 하나가 앞에서 이야기한 바 있는 지연전략(Postponement Strategy)을 활용하는 것인데, 수요에 대한 정보가 확실시 될 때까지 제품의 최종 완성단계를 고객위치에 근접하도록 함으로써 재고를 감소시키고 리드타임을 단축시키는 것을 말한다.

⑤ 공급업체와의 거래적 관계, 협력적 관계, 전략적 제휴관계를 적절히 활용하고, 상황에 맞는 공급업체의 관리를 통하여 신제품개발의 효과를 높이고 부품보충과 재고관리에서 혁신을 이루거나 비용을 절감하도록 한다. 전략적 제휴관계에서는 공급사슬 상의 공급업체와의 이윤배분 및 위험부담을 함께 하는 관계로 발전할 수 있는 토대를 마련해야 한다.

⑥ 공급사슬의 성과를 측정할 수 있는 척도를 개발하도록 한다. 각 프로세스마다 기업에 맞는 성과지표를 정립하고, 각 지표의 값을 벤치마킹하거나 회사내부의 의견을 모아 각 회사에 맞는 목표값을 정할 필요가 있다. 다시 말해서 공급사슬관리 구현성과를 극대화하기 위해서는 지속적인 개선이 요구되는 기존의 공급사슬을 평가한 후 문제점을 찾아내고 새로운 해결책을 공급사슬에 적용함으로써 공급사슬관리 도입의 성과를 최대화 할 수 있다.

⑦ 공급사슬관리에 관련된 의사결정을 효과적으로 지원할 수 있는 체계를 구축하도록 한다. 즉, 성과지표 간의 관계를 정립하고, 기업의 전략적인 의사결정을 반영하면서 공급사슬 상의 제품, 정보, 서비스 흐름에 대한 변화의 결과와 효과의 제시가 가능한 공급사슬전략 지원체계를 구축하여야 한다.

2.3 공급사슬관리를 위한 통합정보시스템 구축일정 예시

앞에서 살펴본 추진절차에 따라 〈표 7-4〉에 나타나 있는 10단계 중 9단계에서 공급사슬관리에 도움이 되도록 통합 ERP시스템을 구축하기로 결정했다고 가정하자. 이 경우에 전체 일정계획과 상세계획의 사례를 살펴보자. 이 일정을 살펴보면 시스템구축 방법론에 맞추어 만들어진 일정계획표임을 알 수 있다.

KMW는 2008년 6월부터 2009년 3월까지 SAP ERP를 기반으로 전사 통합정보시스템을 구축하였다. 2009년 1월에 한국과 미국법인의 시스템의 가동을 시작하였으며, 2009년 4월에 중국 및 일본법인으로 전개(Roll-out) 구축을 한 바 있다. [그림 7-7]에 보면 각 월별 단계적 추진활동 내용을 알 수 있다.

구축단계별 각 추진활동의 세부일정과 추진활동의 최종 산출물은 〈표 7-5〉에 구체적으로 제시되어 있다.

그림 7-7 공급사슬관리 성과향상을 위한 통합 ERP시스템 구축시의 전체 일정계획 예시

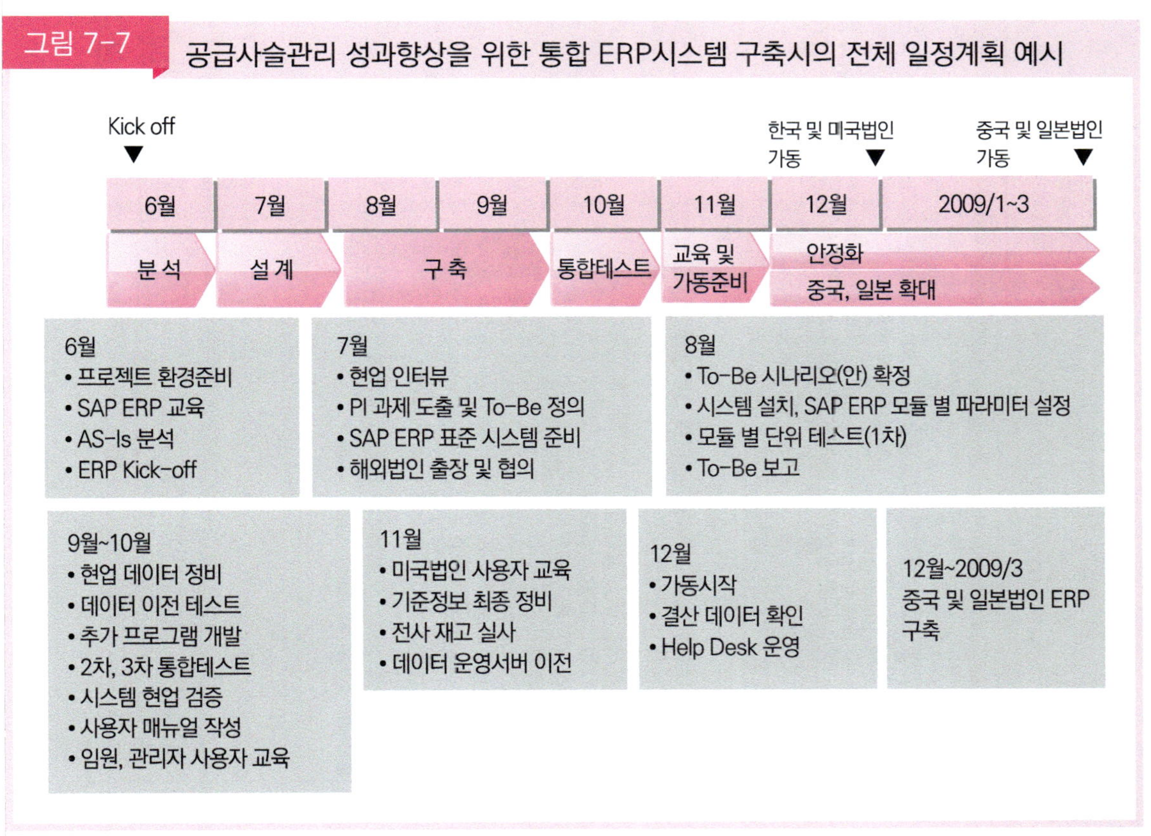

표 7-5 통합 ERP시스템 구축시의 상세일정계획 예시

		작업 이름	기간	시작 날짜	완료 날짜	선행 작업	산출물
1		⊟ **1단계 (한국 및 미국 구현)**	**157 일**	**08-06-02 (월)**	**09-01-02 (금)**		
2		⊟ **Business Blueprint**	**35 일**	**08-06-02 (월)**	**08-07-18 (금)**		
3		⊟ **Global To-Be 확정**	**30 일**	**08-06-09 (월)**	**08-07-18 (금)**		
4		SAP 교육	2 주	08-06-09 (월)	08-06-20 (금)		
5		AS-IS 분석	2 주	08-06-09 (월)	08-06-20 (금)		현업 인터뷰 결과서
6		Global To-Be 설계	2 주	08-06-23 (월)	08-07-04 (금)	5	Global To-Be 설계서(부문별 PI과제, 실행방안, TO-BE Process정의서,
7		To-Be 해외검증	7 일	08-07-07 (월)	08-07-15 (화)	6	Global To-Be 검증결과서
8		Global To-Be 확정	2 일	08-07-16 (수)	08-07-17 (목)	7	Global To-Be 보고서(부문별 PI과제, 실행방안, TO-BE Process정의서,
9		To-Be 보고	1 일	08-07-18 (금)	08-07-18 (금)	8	
10		⊟ **Development**	**10 일**	**08-06-30 (월)**	**08-07-11 (금)**		
11		ABAP 교육	2 주	08-06-30 (월)	08-07-11 (금)		
12		⊟ **System 구축**	**35 일**	**08-06-02 (월)**	**08-07-18 (금)**		
13		OneStop Manager 설치	3 주	08-06-02 (월)	08-06-20 (금)		
14		개발장비 Setup	4 주	08-06-23 (월)	08-07-18 (금)	13	
15		⊟ **Realization**	**75 일**	**08-07-21 (월)**	**08-10-31 (금)**	**2**	
16		⊟ **PI 및 프로세스 구현**	**65 일**	**08-07-21 (월)**	**08-10-17 (금)**		
17		단위업무정의서(BPML)	2 주	08-07-21 (월)	08-08-01 (금)		Business Process Master List
18		Configuration	2 주	08-07-21 (월)	08-08-01 (금)		SAP 기능 환경설정 정의서
19		Pilot Test	3 주	08-08-04 (월)	08-08-22 (금)	18	
20		C1단위 테스트	2 주	08-08-25 (월)	08-09-05 (금)	19	
21		C2단위 테스트	2 주	08-09-08 (월)	08-09-19 (금)	20	
22		통합 테스트	4 주	08-09-22 (월)	08-10-17 (금)	21	통합 테스트결과서
23		솔루션 도출 / Gap 분석	3 주	08-07-21 (월)	08-08-08 (금)		GAP관련 문제점 and Solution
24		기본 설계	3 주	08-08-11 (월)	08-08-29 (금)	23	기본설계서
25		⊟ **Development**	**60 일**	**08-08-11 (월)**	**08-10-31 (금)**		
26		개발 대상 도출	3 주	08-08-11 (월)	08-08-29 (금)		개발요청 List
27		기본 설계	6 주	08-09-01 (월)	08-10-10 (금)	26	기본설계서
28		상세 설계	8 주	08-09-01 (월)	08-10-24 (금)	26	상세설계서
29		CBO 프로그램 개발	9 주	08-09-01 (월)	08-10-31 (금)	26	
30		⊟ **Data Migration**	**70 일**	**08-07-21 (월)**	**08-10-24 (금)**		
31		기준정보 정의	4 주	08-07-21 (월)	08-08-15 (금)		Master Data Structure 정의서
32		조직구조 정의	4 주	08-07-21 (월)	08-08-15 (금)		Master Data Structure 정의서
33		기준정보 1차 정비 및 이?	4 주	08-08-18 (월)	08-09-12 (금)	31,3	Data Migration 전략
34		기준정보 2차 정비 및 Te:	3 주	08-09-15 (월)	08-10-03 (금)	33	
35		Data Cleansing	3 주	08-10-06 (월)	08-10-24 (금)	34	
36		⊟ **System 구축**	**40 일**	**08-08-18 (월)**	**08-10-10 (금)**		
37		Security 전략 수립	4 주	08-08-18 (월)	08-09-12 (금)		
38		운영장비 Setup	4 주	08-09-15 (월)	08-10-10 (금)	37	
39		⊟ **Project Management**	**65 일**	**08-07-21 (월)**	**08-10-17 (금)**	**2**	
73		역할 및 권한 정의	3 주	09-01-19 (월)	09-02-06 (금)		
74		⊟ **Development**	**40 일**	**09-01-05 (월)**	**09-02-27 (금)**		
75		2단계 CBO 프로그램 개발	8 주	09-01-05 (월)	09-02-27 (금)		
76		⊟ **Data Migration**	**40 일**	**09-01-05 (월)**	**09-02-27 (금)**		
77		역할 및 권한 설정	3 주	09-02-09 (월)	09-02-27 (금)	73	
78		기준정보 정의	4 주	09-01-05 (월)	09-01-30 (금)		
79		조직구조 정의	4 주	09-01-05 (월)	09-01-30 (금)		
80		⊟ **Preparation**	**20 일**	**09-03-02 (월)**	**09-03-27 (금)**	**69**	
81		⊟ **Project Management**	**20 일**	**09-03-02 (월)**	**09-03-27 (금)**		
82		매뉴얼 보완	2 주	09-03-02 (월)	09-03-13 (금)		
83		사용자 교육	2 주	09-03-16 (월)	09-03-27 (금)	82	
84		⊟ **Data Migration**	**20 일**	**09-03-02 (월)**	**09-03-27 (금)**		
85		Open Data 이전	4 주	09-03-02 (월)	09-03-27 (금)	77	
86		⊟ **Go-Live 및 안정화**	**24 일**	**09-03-28 (토)**	**09-04-28 (화)**	**80**	
87		⊟ **Go-Live**	**24 일**	**09-03-28 (토)**	**09-04-28 (화)**		
88		Go-Live	4 일	09-03-28 (토)	09-03-31 (화)		
89		ERP 모니터링	4 주	09-04-01 (수)	09-04-28 (화)	88	
90		Project 완료 보고서	4 주	09-04-01 (수)	09-04-28 (화)	88	Project 완료 보고서
91		⊟ **Development**	**20 일**	**09-04-01 (수)**	**09-04-28 (화)**	**88**	
92		개발프로그램 보완	4 주	09-04-01 (수)	09-04-28 (화)		
93		⊟ **System 구축**	**20 일**	**09-04-01 (수)**	**09-04-28 (화)**	**88**	
94		Performance Tuning	4 주	09-04-01 (수)	09-04-28 (화)		

CHAPTER 8

공급사슬관리 추진사례

1. 풀무원
2. 월마트
3. 델 컴퓨터

01 풀무원

1.1 회사소개

풀무원은 1981년 5월 '풀무원 무공해 농산물 직판장'이라는 서울 강남구 압구정동의 한 조그만 야채가게에서 시작되었다. 풀무원은 두부류, 나물류, 면류, 냉동 식품류, 조미 식품류, 김치류 등을 생산하고 판매하는 생식품 사업으로 구성되어 있다.

풀무원은 '내 가족이 안심하고 먹을 수 있는 식품을 전달한다'라는 정신으로 식품을 양의 시대에서 질의 시대로 전환시키는 등 식품에 '질의 개념'을 도입하여 우리나라 식품산업에 새로운 방향을 제시해온 대표적인 기업이다.

풀무원은 자회사로 풀무원 건강생활(주)를 두고 있다. 풀무원 건강생활(주)는 2010년에 '풀무원 베이비밀(Babymeal)' 브랜드로 이유식 사업에 진출하였다. 2010년에 출시한 이유식은 완전조리해 냉장상태로 배송까지 해주는 프리미엄 제품이다. 생후 5개월부터 12개월까지 네 단계로 구성되며 99종의 식단으로 짜여있다. 온라인 주문은 홈페이지(www.babymeal.co.kr)에서 할 수 있으며, 전문가에게 맞춤식 영양관리도 받을 수 있다.

또한 풀무원은 냉동 공급사슬시스템(Cold Chain System)을 통하여 소비자에게 자연과 가장 가까운 안정성과 신선함을 공급하고자 노력하고 있다.

풀무원은 모든 사람이 자연과 조화된 건강한 생활문화를 누릴 수 있도록 최고의 제품과 서비스를 제공하는 자연건강 생활기업으로서 '인간존중'과 '환경보전'에 바탕을 두고 고객이 진정으로 만족하고 마음속에서 기쁨이 우러나오는 경영을 펼치고자 노력하고 있다.

여기서 "고객"이란 소비자 뿐만 아니라 풀무원의 직원, 심지어는 사회와 자연까지도 넓은 뜻의 고객범주에 포함시킨 것으로, 인간과 자연까지 함께 생각하는 책임경영을 하겠다는 뜻이다. 고객기쁨 경영을 실현하기 위해 품질경영과 환경경영, 그리고 이웃사랑을 실천하고자 노력하고 있다.

풀무원의 비젼은 LOHAS(Lifestyles Of Health And Sustainability) 선도기업이다. 로하스란

건강과 지속적인 성장을 추구하는 생활방식이나 이를 실천하려는 사람을 말하는데, 2000년에 미국의 내추럴마케팅 연구소가 처음으로 이 용어를 사용하였다. 풀무원의 첨가물 원칙을 포함한 까다로운 제조원칙들은 로하스적 가치를 지향, 인간과 자연을 함께 사랑하는 태도도 나타낸다.

로하스는 개인의 정신적・육체적 건강 뿐만 아니라 환경까지 생각하는 친환경적인 소비형태를 보인다. 또, 자신의 건강외에도 후대에게 물려줄 미래의 소비기반의 지속가능성까지 고려한다. 이러한 생활방식을 하는 사람들을 로하스족이라고 한다. 로하스의 대표적인 활동으로는 장바구니 사용, 천으로 만든 기저귀 사용, 일회용품 사용줄이기, 프린터의 카트리지 재활용 등이 있다.

풀무원의 변함없는 미션은 고객기쁨 경영으로서 이는 경영활동을 관통하는 이념이며 고객기쁨 프로세스를 운영하고자 노력한다.

풀무원의 핵심가치는 바른마음 경영으로서 TISO라고 얘기되는 신뢰(Trust), 정직(Integrity), 연대의식(Solidarity), 개방(Openness)을 의미하며, 이 네 가지는 풀무원이 지식기업으로 가기위해 조직구성원들이 실천해야 할 행동양식으로 삼고 있다.

그림 8-1 풀무원의 비젼과 경영이념

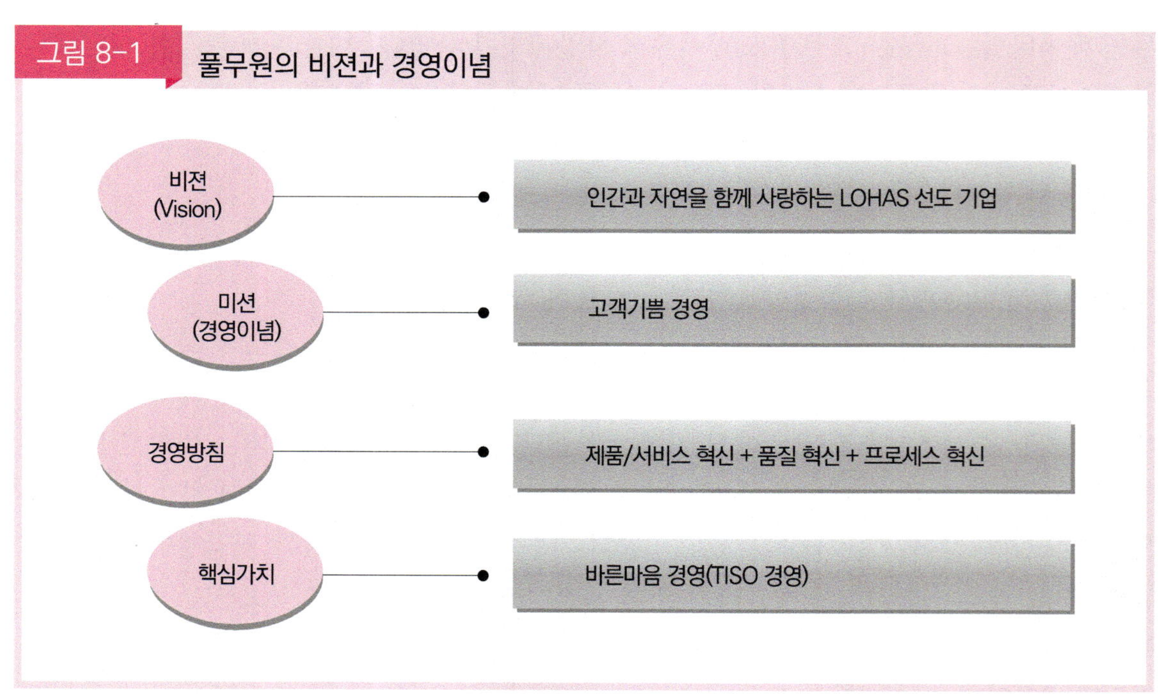

1.2 풀무원의 SCM 도입배경

생식품 업계의 대부분이 재래식 방법으로 제품을 소규모로 생산하여 일부 지역판매에 그치며, 품질이나 가격의 차별성이 낮아 수량경쟁 형태를 보이고 있었다. 그러나 소비자의 위생에 대한 인식과 소득수준의 향상, 식생활의 고급화 추세로 인해 위생성과 안전성이 향상된 포장제품이 증가추세를 보이며, 냉장유통 대중화와 대형 할인마트의 급속한 성장에 따른 유통현대화가 이루어졌다. 풀무원은 이러한 비즈니스 환경의 변화에서 도태되지 않기 위해 SCM을 도입해야 할 필요성을 인식했다.

또한, 식품업계의 특성상 제품의 유통기간이 짧고 재고를 다시 활용할 수 없으므로 풀무원은 SCM을 통한 비용절감과 생산 최적화를 추진하고자 했다. 이를 통해 적기에 필요한 수량을 판매점에 납품하고 정확한 데이터를 바탕으로 공장별 생산배분 계획을 수립할 수 있도록 지원할 수 있기 때문이다.

1.3 풀무원의 SCM 구현방법

1. 지속적 재고보충(CRP: Continuous Replenishment Programs)

CRP란 소비자의 수요에 기초하여 유통업체에 상품을 공급하는 Full방식에 의한 상품보충방법이며, 상품이 공급되는 모든 유통지점에 적용될 수 있는 개념이다. 즉, 유통업체들이 인터넷 연결망을 통해 풀무원에 유통지점들의 재고수준과 제품 수요량을 통보하고, 풀무원은 이를 근거하여 미래수요를 예측하고 미리 알고 있는 유통업체의 재고의 상한과 하한을 고려하여 재고 보충량을 결정함으로써 지속적으로 재고를 보충해 주는 것이다.

CRP는 고객수요에 대한 유연한 대응과 재고유지비용의 절감을 위해 사용되어 지며, 또한 공급 리드타임을 수요자의 요구에 맞추기 위해 사용되어진다.

일반적으로 유통업자의 경우 소매점 매장과 물류센터에 재고를 보유하는 것을 원하지 않을 것이다. 과거에는 재고보충을 위해 실제 수요정보가 판매점별로 취합되어 구매부서에서 배치(Batch)단위로 풀무원에 보냈다. 하지만 이러한 수요대응이 고객만족을 얻을 만한 수준이 되지 않는 경우 또는 채찍효과에 의해 과도한 완충재고를 필요로 하는 경우가 많아 풀무원은 이를 개선하기 위해서 CRP를 구현하게 되었다.

풀무원은 LG생활건강과 더불어 롯데마트와 CRP를 추진하였다. CRP를 도입하는 과정에서 롯데마트의 유통점포와 영업담당자들의 반발이 발생하기도 했다. 유통점포의 구매담당자들은 통제수단을 잃게되면서 풀무원이나 LG생활건강에 거래주도권을 빼앗긴다는 우려를 표시하였다. 그리고 영업담당자들은 매장에서 롯데상품 진열공간이 축소될 것을 우려한 나머지 CRP 도입에 반발하였다. 이때 롯데마트의 최고경영층은 CRP에 대한 의지를 천명하고, 매장별 목표설정 및 평가시스템을 도입함으로써 구성원들의 반발을 무마시키며 CRP 도입을 가속화시켰다.

또한 CRP를 도입하여 운영하는 초기에 총액위주로 재고를 관리함으로써 점포재고가 부정확하고, 매장진열 공간의 불균형을 초래하였다. 이때 롯데마트는 점포 재고관리체계를 개선하여 재고관리 전담조직을 편성하여 재고수시 증감체계를 도입하였다. 그리고 CRP 방식의 보충전에 진열량을 조정하여 CRP 합의 프로세스에 반영하였다.

이 밖에도 풀무원, LG생활건강, 롯데마트가 공동으로 CRP를 실행하면서 겪은 어려움은 마스터데이터의 비표준, 데이터의 정비미비, 카테고리 매니지먼트 미흡, 정보전달 및 공유의지, 정보전달 시간지연 및 시스템 불안정 등을 들 수 있다. 그러나 이들 회사는 상호 간의 신뢰, 경영진의 지원, 정기적인 미팅을 통한 문제해결, 개방적인 생각을 바탕으로 한 정보공유 및 자료의 표준화 등을 통해 점진적으로 어려움을 극복하였다.

롯데마트 입장에서는 발주 프로세스를 제거하여 '수요예측 - 발주입력 - 전송처리'단계를 생략하게 됨으로써 발주에서 납품까지의 사이클타임을 축소시킬 수 있었다. 그 결과 매장품절이 감소하고 매장재고 회전율이 단축되었으며 수발주 업무비용이 절감되었다. 반면 풀무원과 LG생활건강은 수주 프로세스가 제거된 후에도 발주빈도와 발주량을 통제하면서 경제적 규모로 공급할 수 있었다. 이를 통해 납품 서비스가 향상되었고, 공급비용이 절감되었으며, 롯데마트와 신뢰관계를 돈독히 하게 되었다.

결과적으로 풀무원과 유통업체들은 재고량, 유통채널 잔존주문량, 예측판매량, 재고수준 등의 정보를 공유함으로써 상품의 흐름을 통제하고 관리하며, 이를 통해 재고량과 재고시간을 단축할 수 있었다. 이러한 CRP는 풀무원과 유통업체 사이의 긴밀한 협조체계하에서 가능할 수 있었다. 또한 풀무원은 이러한 CRP를 구현하는데 있어 비즈니스 프로세스를 공급자 재고관리(VMI; Vendor Managed Inventory)와 공동 재고관리(CMI; Co-Managed

Inventory)의 두 가지 종류로 나누었다.

① 공급자 재고관리(VMI)

유통업체가 풀무원에 판매 및 재고정보를 제공하면 풀무원은 이를 토대로 과거 데이터를 분석하고 수요예측을 하여, 상품의 적정 납품량을 결정해 준다. 그리고 풀무원이 직접 유통업체의 매장재고와 물류센터 재고를 관리하는 전략이다. 유통업체는 재고관리에 소모되는 인력, 시간 등 비용절감 효과를 기대할 수 있고 풀무원으로서는 적정생산 및 납품을 통해 경쟁력을 유지할 수 있는 것이다. 즉, 풀무원은 아웃소싱 형태를 이용해 이러한 VMI 시스템을 구축하여 실시간 정보공유를 통한 재고유지 및 생산량 조절 등 비용절감을 통한 수익성 창출을 시도하고 있다고 할 수 있다.

② 공동 재고관리(CMI)

전반적인 업무처리의 구조는 VMI와 같은 프로세스이나, CMI의 경우에는 풀무원과 유통업체 상호 간에 제품정보를 공유하고 공동으로 재고관리를 하는 것이다. 즉, VMI는 풀무원이 적정 납품량확정 후 바로 유통업체로 상품배송이 이루어지는 것에 비하여, CMI는 풀무원이 적정 납품량확정을 하기전에 납품량권고를 유통업체에게 보내어 상호합의 후 납품량확정이 이루어지는 처리방식을 말한다.

2. 크로스도킹(Cross-Docking)

풀무원에서 활용하는 크로스도킹은 창고나 물류센터로 입고되는 상품을 보관하는 것이 아니라, 단일 상품들의 입고와 동시에 다양한 제품을 각 점포에 필요한 수량만큼씩 파렛트에 담아 트럭에 싣고 곧바로 소매점포나 유통업체에 배송하는 물류시스템을 말한다. 보관 및 상하역 작업 등을 최소화함으로써 물류비용을 절감할 수 있으며, 물류센터가 상품의 유통을 위한 경유지로만 사용되므로 물류센터의 물리적 공간도 감소되는 효과를 가져온다. 그러나 이러한 효과를 가져올 만큼 크로스도킹을 운영하려면 입고 및 출고를 위한 모든 작업의 긴밀한 동기화를 필요로 한다. 즉, 입고전에 사전 선적통보(ASN)를 활용하여 물류센터에 통보해야 입고가 신속해진다. 또한 각 점포로부터 실시간으로 필요한 수량이 어느 정도인지를 파악해 놓고 있어야, 신속하게 납품패키지를 유통업체별로 재분류하고 세분화하며 업체별 필요한 수량만큼 납품을 동기화시킬 것이다.

[그림 8-2]에서 보는 바와 같이 각각의 입하구를 통해 한 종류의 상품이 들어오면, 각 소

그림 8-2 동기화된 크로스도킹에 의한 물류체계 합리화

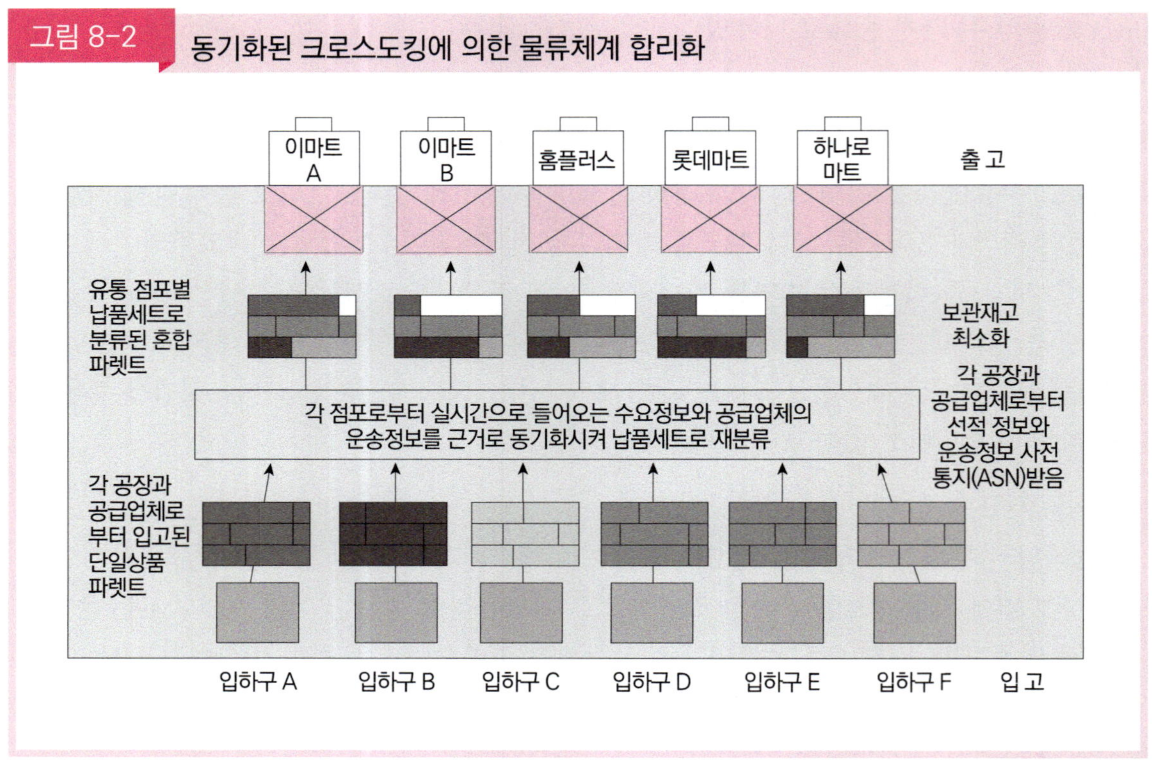

매점포로 운송이 필요한 상품별로 다시 재 그룹화한 다음, 다양한 제품의 필요 수량만큼 세트를 맞추어 출고해 바로 운송된다.

3. 공동계획, 예측, 보충방식(CPFR: Collaborative Planning, Forecasting & Replenishment)

풀무원은 롯데마트와 CPFR도 수행하였다. CPFR은 소매업체와 공급업체를 연결하여 신제품개발 계획과 기존 제품의 상호 판촉내용을 협의하면서 수요예측과 생산계획, 재고처리 등의 협업을 하는 상품보충 시스템이다.

CPFR을 위하여 풀무원은 롯데마트, LG생활건강, 제일제당, 오뚜기와 함께 SCM 공동 프로젝트를 수행하였다. 이는 유통업체와 제조업체 사이의 유통과정을 최적화해서 제조업체는 재고를 감소시키고 리드타임을 줄일 수 있으며, 유통업체는 미납율과 결품율을 감소시킴으로써 양질의 상품 및 서비스를 소비자에게 제공하려는 목적으로 공동으로 프로젝트를 수행한 것이다.

롯데마트에서 판매되는 신상품의 트랜드와 판촉활동에 대한 일정까지 협의하여 풀무원에서 수요예측을 하고 납품함으로써 수익증대와 운영비용 감소, 수송과 창고관리 능력을 향상시키고, 생산에서 고객전달까지 전 흐름을 최적화할 수 있었다. 이 프로세스로 인해 재고일이 단축되고 업무효율이 향상되는 효과가 있었다. 또한 SCM으로 인한 효과는 풀무원과 롯데마트 사이의 주문 프로세스를 간소화시켰고. 공간상의 이익이 생겼다. 또한 주문의 정확도가 증가하였으며, 롯데마트와 풀무원 사이의 신뢰감이 구축되었다.

4. 프로세스 혁신과 정보시스템 구축

풀무원은 약 1년간 프로세스 혁신 마스터플랜(Process Innovation Master Plan) 프로젝트를 통해 15대 핵심과제를 도출했다. 전사통합 경영관리 체제를 구축하고 공급사와 풀무원, 그리고 고객까지 연결되는 풀무원 전체의 공급사슬관리를 통해 지속적으로 성장하고 수익을 창출하며 경쟁력을 확보할 수 있는 기반을 마련하는 것이 목표였다.

확장형 ERP의 일환인 공급사슬관리 모듈을 통해 주문에서 물류창고-납품에 이르는 프로세스를 일관성 있고 체계적으로 관리할 수 있는 정보시스템을 구축하고, 프로세스 자동화를 이루고자 했다.

새로 구축한 시스템을 기반으로 업무생산성이 향상되고 비효율적인 업무방식이 개선되는 등 프로세스 혁신의 효과가 가시화되었다. 정확한 데이터를 확보하게 되어 투명성이 향상되었으며, 실시간으로 매출을 조회하고 매출이익을 분석하고 있다.

특히 5일이 걸리던 월 마감을 2일로 단축했으며, 구조개선 작업을 통하여 1일마감 체제가 가능해졌다. 또, 기존에는 주간보고를 위해 데이터를 취합하는 데 따로 시간이 소요되었으나, 시스템 도입 후 실시간으로 자료를 분석하는 것이 가능해졌다. 그리고 계획에 대비한 매출을 확인하고, 자산에 대한 관리가 가능해졌다.

또한 복잡하고 다양한 물류와 입·출고관리를 위해 창고관리 시스템을 구축하였다. 풀무원은 상품의 종류만 해도 300종이 넘고, 1일 주문량이 4만건에 이른다. 유통채널도 대형 마트와 같은 직접 납품채널과 가맹대리점 등을 통한 간접 납품채널이 있으며, 이러한 유통 채널에 신선한 식품을 매일배송하기 위하여 세 개의 지역 유통센터와 크로스도킹을 포함하는 20개의 배송센터가 유기적으로 움직여야 하므로 복잡한 업무를 시스템화하여 관리하는 것이 무엇보다도 핵심이었다.

이를 위해 Oracle ERP의 WMS(Warehouse Management System) 모듈을 물류 및 입·출고

관리를 위한 인프라로 채택하여, 크로스도킹 시스템을 지원하고, 서류없는(Paperless) 업무 환경을 구현할 수 있게 되었다.

1.4 공급사슬관리에 의한 효과

이와 같은 공급사슬관리 활동을 통해 풀무원은 다음과 같은 효과를 볼 수 있었다.

① 롯데마트, LG생활건강 등의 회사와의 SCM 공동 프로젝트를 통해 주문 프로세스가 개선되고, 주문의 정확도가 향상되었으며, 공간상의 이익도 생겼다.

② 유통업체와 제조업체 사이의 신뢰감이 형성되었다. 양쪽 모두의 신뢰감을 구축하는데 SCM 공동 프로젝트가 기여했다는 것이다. 그 동안의 거래관행에 비춰볼 때 유통업체와 제조업체의 관계는 그리 이상적인 것이 아니었다. 발주관련 업무가 잘못될 경우, 서로에게 책임을 넘기기 일쑤였고, 발주량 산정을 잘못해 물량공급에 차질을 빚을 때도 많았다. 이러한 상황을 정보기술을 이용해 객관적인 데이터에 입각하여 효과적으로 해결하면서 서로에 대한 믿음이 생긴 것이다.

③ 롯데마트와 CRP 및 CPFR을 수행하며 납품의 정확도가 증가했다. 또한 과잉주문과 주문누락의 개선 등 사람이 수작업을 하며 거의 필연적으로 발생했던 주문상의 실수도 개선되었다. 이는 매장품절이 2%에서 1%로, 미납률이 8.8%에서 3.4%로 줄어드는 결과로 나타났다.

④ 풀무원의 SCM 도입은 생식품 업계에서 중요한 품질과 유통기한을 구현하고, 최대한 신속하게 식품을 배달하여 고객이 신선한 제품을 사용할 수 있게 해 주는 것이 가장 기대되는 결과이다. 크로스도킹을 활용하여 신선하고 맛있는 제품의 빠른 배달이라는 풀무원의 기업이미지를 제고할 수 있게 되었으며 식품의 안전이 더욱 중요시 되고 웰빙에 지속적으로 관심을 가지는 시기에 풀무원은 더욱 생식품업 시장에서 우위를 점할 수 있게 되었다.

02 월마트

2.1 회사소개

월마트는 1963년 아칸소에 1호 점을 개점한 후 명확한 비전과 철학을 가지고 저비용전략을 구현하여 오늘날 세계 제일의 소매기업이 되었다.

월마트는 연 매출이 1천억 달러를 넘는 세계 최대의 소매기업이다. 1호점을 개점한 지 불과 33년 만에 월마트는 시어즈, 케이마트를 제치고 소매업 매출액 1위를 기록하며 엄청난 성장을 거듭하고 있다. 이처럼 중남부 지역의 소규모 기업이던 무명의 월마트가 소매업계 최고 자리를 차지할 수 있었던 것은 탁월한 기업경영 전략을 일관성 있게 실행하였기 때문으로 평가된다. '상시 저가판매(EDLP: Every Day Low Price)'라는 슬로건 아래 물류비용의 절감과 농촌 및 도심외곽지역 중심의 출점을 도모하였다. 45년 조그만 잡화점을 개점하면서 시작된 월마트는 63년에 현재의 월마트 스토어를 개장하면서 급속히 성장하였다.

이후 83년에는 회원제 창고형 클럽인 샘즈클럽을 개점하였으며, 87년에는 유럽의 하이퍼마켓을 모방한 하이퍼마트 USA를, 88년에는 월마트 수퍼센터를 출점하는 등 지속적인 변혁을 통해 성장을 거듭해왔다. 97년말 월마트는 1,920여 개의 디스카운트스토어, 443개의 샘즈클럽, 441개의 수퍼센터를 운영하고 있으며, 전체 매출규모가 약 1천 2백억 달러에 이르고 있다. 월마트 성공의 핵심은 무엇보다도 [그림 8-3]에 요약되어 있는 혁신적인 공급사슬관리의 구축이다. 이러한 공급사슬관리 시스템의 지원이 없었다면 오늘날의 월마트의 성공은 불가능했을 것이다.

그림 8-3 월마트의 공급사슬관리 구조

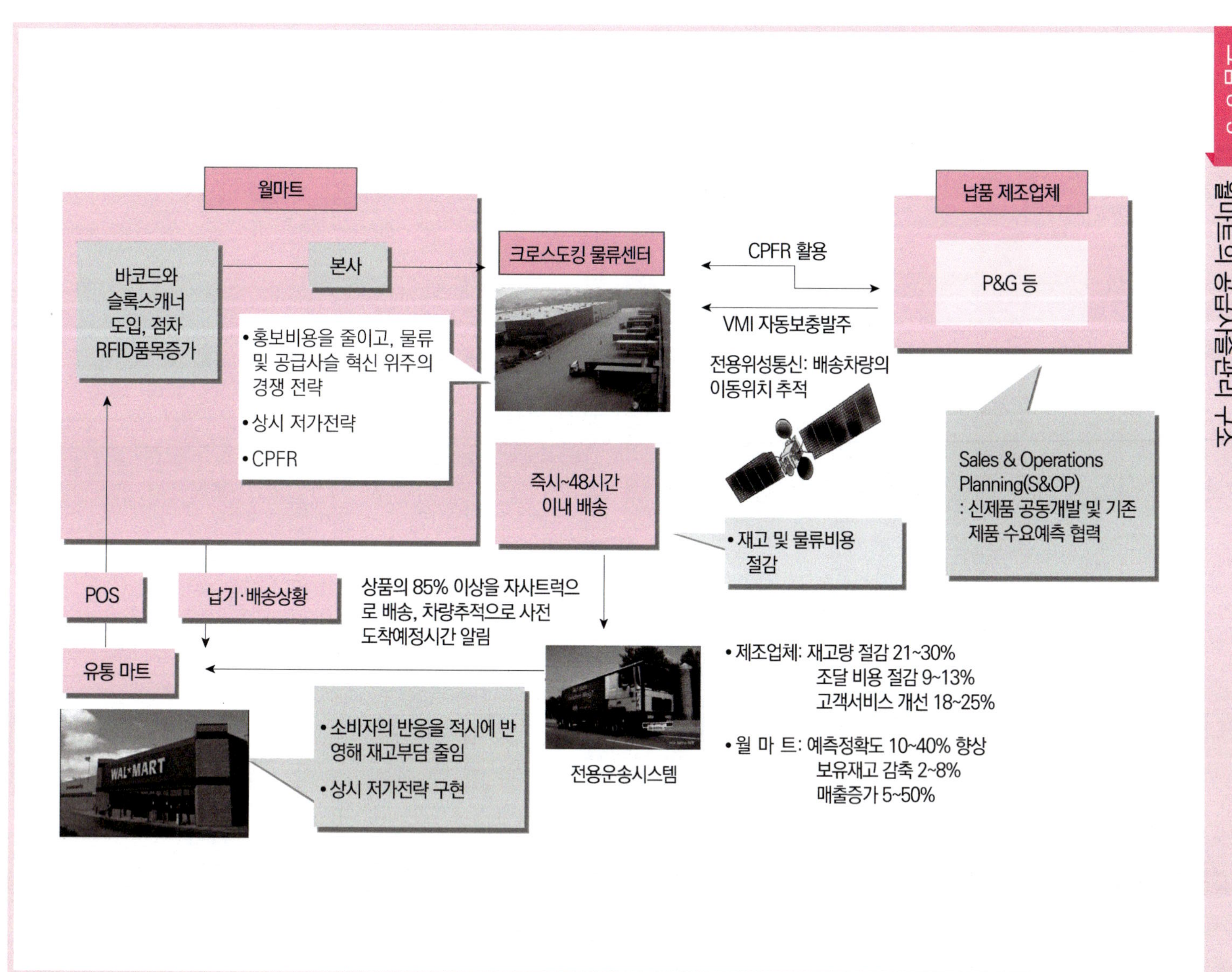

2.2 월마트의 크로스도킹 및 CPFR 도입

월마트는 POS시스템을 위해 바코드와 슬롯 스캐너를 도입했다. 원래 이유는 매장에서 고객이 기다리는 시간을 줄이는 것이 필요하다는 판단에서였다. 월마트는 이러한 POS시스템을 적극적으로 활용하고 있다. [그림 8-3]에서 볼 수 있는 바와 같이 월마트는 주요 취급품목인 3천 2백여 제품에 대한 각 점포의 판매실적을 벤튼빌(Bentonville) 본사 컴퓨터로 1시간마다 취합할 수 있다. 이 데이터는 본사에서 그치는 것이 아니라 제조업체에도 바로 전송된다. 전송된 데이터를 가지고 제조업체들은 각 물류센터에서 필요한 공급량을 미리 예측할 수 있으며, 이 정보에 근거하여 납품을 한다. P&G등 여러 납품업체들은 VMI 자동 보충발주에 입각하여 납품을 한다. 이로써 월마트의 크로스도킹 물류센터에서는 재고부담없이 제조업체에서 납품한 상품을 도착 즉시 점포별로 분류해 필요한 양만큼 공급할 수 있게 된다.

특이한 것은 월마트는 상품의 85% 이상을 자사 전용트럭으로 유통점포에 납품한다는 것이다. 크로스도킹 물류센터에서 전용트럭으로 배송함으로써 차량추적이 가능하고 도착예정시간을 사전에 유통점포 및 물류센터에 알려준다.

최근에는 점차 RFID기술을 많이 이용하고 있다. RFID란, 주파수를 통한 인식시스템이라고 말할 수 있다. 월마트의 POS 시스템은 나날이 발전하고 있다. 바코드를 찍는 RFID는 200미터 앞에서 찍을 수 있는 기술이다. RFID의 단가가 낮아져서 우유 한팩, 껌 한통에까지 RFID스티커를 붙일 수 있게 되면 매우 큰 파급효과가 있을 것으로 보인다. 월마트에서는 이 기술을 이용하게 되면 연간 85억 달러의 인건비 절감이 있을 것으로 예상하고 있다. 인건비 절감만 우리나라 돈으로 9조원 정도이다.

다양한 정보시스템을 사용하던 월마트도 공급업체의 수가 늘어나면서 공급업체의 부정확한 수요예측으로 인해 과잉재고 또는 필요시 결품의 문제를 겪고 있었다. 이런 문제해결을 위해 공급업체들을 계획단계에서부터 참여시켜 CPFR시범 프로그램을 개발했으며 업무 프로세스 및 성과를 획기적으로 개선시켰다. 또한 운송중인 상품정보를 수시로 파악하고 수요를 정확하게 예측하여 상품을 보충함으로써 판매액의 상승과 점포재고의 감소를 실현하였다.

월마트와 의류를 납품하는 사라 리 어패럴(SARA Lee Apparel)은 CPFR 시범 프로그램의 대표적인 성공사례로 분류된다. 실험대상은 부인용 스커트, 바지 등의 23개 품목이었다. 신제품을 공동으로 개발하고 23개 품목에 대한 수요정보를 공유함으로써 CPFR 프로그램 개시 24주 후 양사의 매출은 33% 증가되고 점포재고는 14%가 줄어들었다.

2.3 핵심을 고수하고 초점화된 공급사슬관리

월마트가 미국에서 상시 저가판매(Everyday Low Price)란 슬로건으로 성공할 수 있었던 원동력은 무엇일까?

저비용운영의 핵심은 타사에 비해 낮은 물류비용이며 월마트에서는 여러 가지 물류비용을 낮추는데 초점을 맞추어 공급사슬을 관리하고 있다. 첫번째로 월마트의 혁신적인 상품공급시스템을 살펴볼 필요가 있다. 월마트의 상품공급 시스템은 물류센터를 중심으로 구축되며, 물류센터는 월마트 출점전략의 기본이 되고 있다. 선 거점확보, 후 진출로 대변되는 출점전략은 주요 출점예정 상권에 물류센터를 먼저 설립하여 물류기반을 구축하고, 그 다음 반경 300Km(배송편도 4시간 거리)내에 점포를 집중 출점한다는 것이다.

또한 앞에서 설명한 크로스도킹 시스템을 가장 잘 활용하고 있는 곳이 월마트이다. 크로스도킹은 제품이 창고에 공급되면 각 유통점포별로 필요한 수량만큼 분류되어 여러 필요상품구색으로 재분류되고 재포장되어 점포로 바로 배송하는 시스템이다. 점포로 배송하는데 늦어도 48시간 이상 소요되지 않는다. 상품을 세 가지 종류로 분류하는데, 즉시 배송하는 신속이동 상품(Fast Moving Item), 24시간 내 공급하는 유통상품(Distributed Item) 그리고 48시간 내 공급하는 주요 관리상품(Staple Item)으로 나누었다.

크로스도킹 시스템을 원활히 수행하기 위하여 월마트는 막대한 투자를 공급사슬 연결체제에 집중했다. 예를 들어 크로스도킹 시스템하에서 주문이 들어와 운송되고 분류되어 이행되는 과정에서 빠른 시간내에 이루어지려면 모든 소매점포의 판매대와 월마트의 물류센터 그리고 공급자 간에 지속적인 실시간 접촉이 이루어져야 한다. 이때 앞에서 학습한 POS 시스템과 사전 선적통지(ASN)등이 활용된다.

이러한 크로스도킹 시스템을 활용하여 대량구매함으로써 통상 발생하는 재고 및 취급비용을 절감하고 있으며 취급상품의 85%가량을 월마트의 물류센터를 거쳐 유통함으로써 업계평균보다 2~3% 낮은 원가를 유지하고 있는 것이다. 광고비 등의 예산을 절감하고 크로스도킹 등에 투자를 하여 나타난 결과이며, 물류와 유통 등 공급사슬관리에 초점을 맞추고 있는 월마트의 전략이 구현된 결과이다.

또한 월마트는 회사전용의 위성통신을 이용한 전사통신망을 구축하였고, 공급사슬관리를 위한 정보시스템을 활용하여 전 세계에 흩어져 있는 자사 점포를 유기적으로 연결함으로써 저렴하고 품질이 좋은 상품을 적기에 조달, 공급할 수 있는 글로벌 소싱능력을 갖추고 있다. 전용통신위성을 이용하여 전 배송차량의 이동위치를 추적하여 도착 예정시간을 유통점포 및 물류센터에 알려서 관리를 효율적으로 수행하고 있다.

또한, 월마트의 배송시스템 운영에 있어 특이한 점은 직접 운송비율이 높다는 점이다. 즉, 물류트럭을 직접 월마트가 소유하는 직영운송 시스템을 갖추고 있다. 월마트는 물류를 핵심역량 중 하나로 생각하고 여기에서 경쟁우위를 보유하고 있는 것이다. 41개 물류센터에서 2000여대에 달하는 트럭으로 48시간내에 배송을 한다. 이러한 직접 배송은 초기 자본투자가 많고, 트럭 운전자의 파업 등 집단행동이 있을 경우 많은 손실을 볼 수 있다는 단점이 있으나, 월마트는 직접 배송을 통해 보다 높은 효율과 유연성을 추구했다. 각 물류트럭마다 GPS를 장착했고, Retail Link라는 시스템을 통해 공급업자들과 월마트 간의 직접적인 연결을 이루었다.

월마트는 공급업체와의 관계강화를 매우 중요시 여긴다. 공급업체와의 유기적인 관계는 상품공급선의 안정적인 확보는 물론 납품가를 낮출 수 있기 때문이다. 이는 궁극적으로 월마트가 상시 저가 판매전략을 효과적으로 수행할 수 있게 한 토대가 되었다. 월마트는 공급업체를 동일고객의 만족을 위해 봉사하는 동반자로 인식하고 협력과 제휴에 의한 관계강화를 추진하고 있다.

예를 들어 월마트는 P&G에 고객동향을 파악하여 정보를 전달하고 물류를 개선하는 방법도 양사가 공동으로 작업을 하자고 제안하였다. 이러한 제안을 P&G가 수용하여 [그림 8-4]에서 볼 수 있는 바와 같이 월마트의 POS 데이터를 신속하게 파악하고 자동보충 발주방식에 의해 신속하게 납품하였다. 이런 방법으로 리얼타임으로 수주상품을 자동공급의 형태로 월마트의 물류센터에 일괄해서 직접 납품하였다. P&G 공장에서 지역 물류센터로의 수송은 월마트의 전용 배송트럭이 각 유통점포로 제품을 공급한 후 물류센터로 돌아가는 길에 P&G에 들러 제품을 가져오는 방식을 채택하고 있다. 지역 물류센터에서는 인수 즉시 점포별로 자동분류해서 각 점포로 배송한다. 종이박스에 바코드를 부착해 자동분류는 물론 입·출하시 제품검사를 자동으로 실행할 수도 있다.

이와 같은 전략적 제휴를 통해서 공급업체와 월마트 간 상품보충 사이클을 대폭 단축시

그림 8-4 월마트의 POS

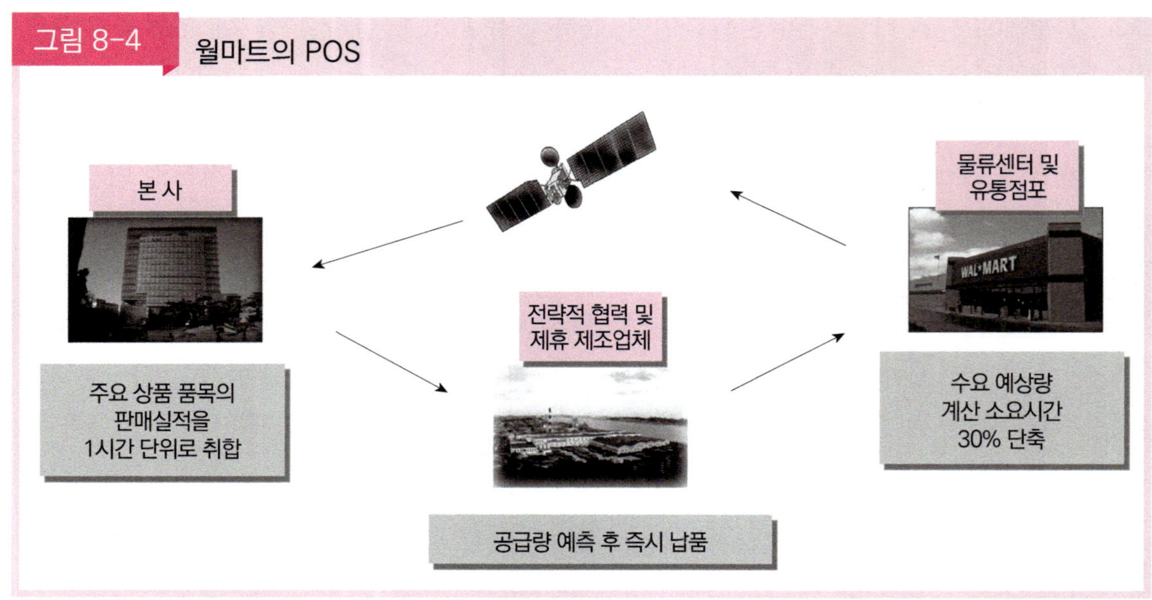

키는 한편 비용절감 효과를 거두게 되었다. 또한 월마트는 정보 네트워크를 통해 기업전략, 경영자 의지 등을 전 사원과 공유하는 한편 쌍방 간 커뮤니케이션의 활성화로 지속적인 공급사슬 혁신을 도모하고 있다.

03 델 컴퓨터

3.1 회사소개 및 성장과정

1984년 마이클 델이 컴퓨터조립 판매업으로 시작했던 델 컴퓨터는 전화나 팩스 등을 통한 맞춤식 통신판매를 통해 성장하였다. 창업당시에도 대리점 등 중간상인을 거치지 않고 고객조립형 컴퓨터를 최종 소비자에게 직접 판매하는 독특한 전략을 폈다. 1990년대 초반 매출규모를 늘리기 위해 기존의 통신판매 이외에 소매점을 통한 판매전략을 병행하였다.

1993년 최초로 적자결산이 되자 매출위주의 전략을 과감히 버리고 고객위주의 전략으로 전환하였다. 1996년 이후 인터넷 상에 인터넷디지털 점포를 개설하여 개인, 기업, 정부까지 상대하는 기업으로 성장하였다.

고객의 요구가 다변화되어 고객은 자신이 원하는 제품을 자신이 원하는 가격으로 사고자 하였으며 이로 인하여 소품종 대량생산 체계가 다품종 소량생산 체계로 바뀌었다. 이러한 상황에서 델 컴퓨터의 내부역량을 분석한 결과 동종의 경쟁업체에 비해서 뛰어난 기술력이나 소프트웨어를 보유하지 못하였고 다른 분야의 경쟁우위가 필요했기 때문에 델 컴퓨터는 인터넷 디지털 점포를 개설하게 되었다.

마이클 델은 온라인 점포에 대해 관심을 가졌고 시범적인 운용을 통해 성공을 확신하였다. 인터넷 사업팀이 1년간에 걸쳐 자료를 수집하고 분석한 후 직접 인터넷 점포를 개설하였다.

고객중심의 경영철학을 발판으로 SCM을 도입하여 고객에 대한 신속한 대응을 통해 매출을 향상시켜 현재 경쟁사들을 추월하였다. 이러한 델 컴퓨터의 SCM적용의 핵심은 델 온라인이라고 불리기도 하는 인터넷 점포(www.dell.com)를 이용한 직판모델(Direct Model)이다.

이러한 인터넷 디지털점포를 통해 고객화가 가능하였으며 나아가 엑스트라넷을 이용한 특별한 고객서비스도 제공하고 있다.

3.2 직판모델과 주문사양 조립체계

델 컴퓨터는 구매의 전 과정을 총괄하는 인터넷 점포를 이용하여 공급사슬내의 중간유통단계를 제거한 직판모델(Direct Model)을 구축하였다. 직판모델을 포함하는 델 컴퓨터의 공급사슬관리와 연관된 전체모습이 [그림 8-5]에 자세히 나타나 있다. 델 컴퓨터의 직판모델은 '컴퓨터를 통한 컴퓨터 판매' 혹은 'Dell Direct Model'이라고 불리우며, 고객이 온라인

그림 8-5 델 컴퓨터의 공급사슬관리 구조

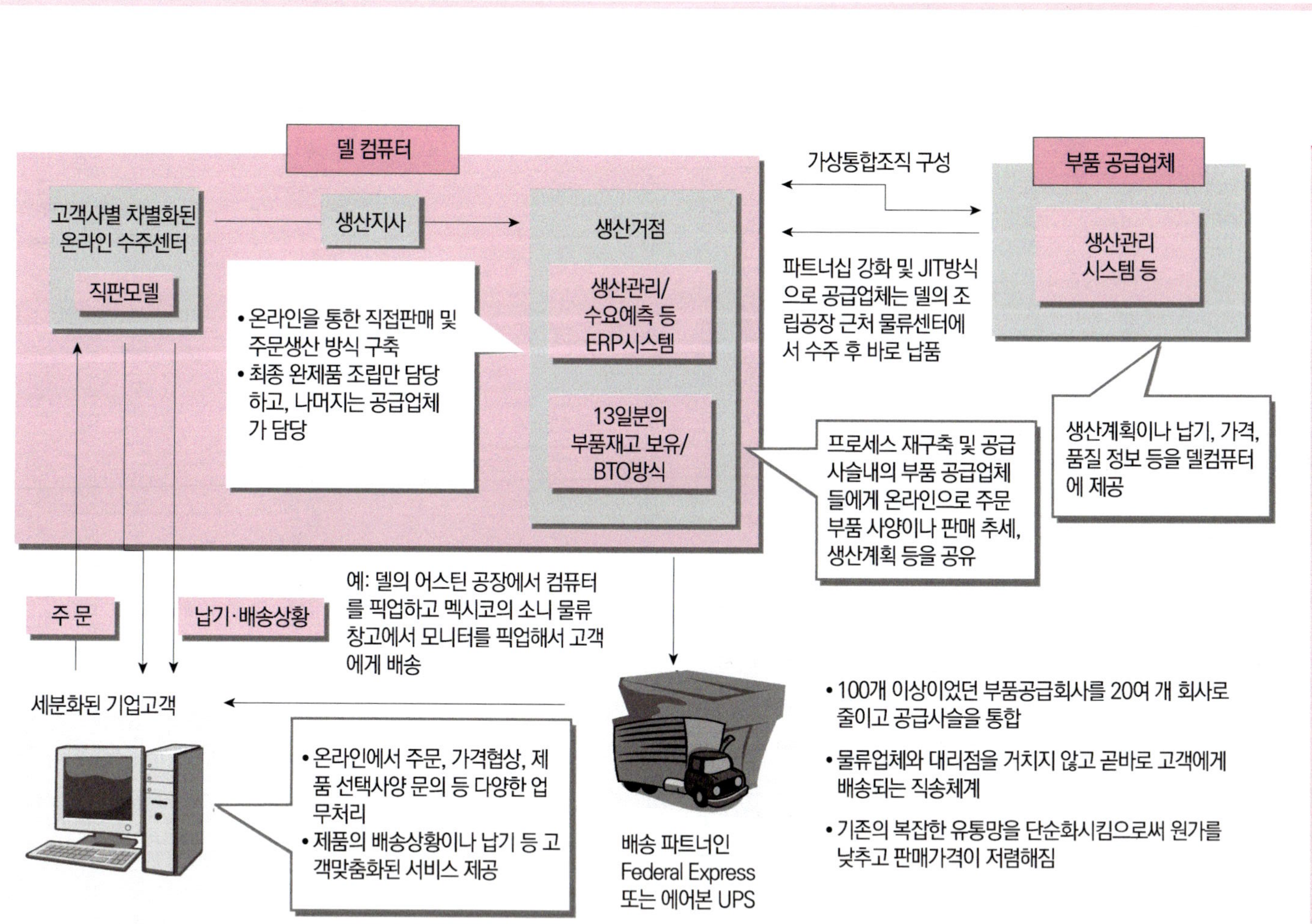

상의 인터넷 점포에서 주문을 하면 바로 공장으로 연결되어 생산을 하게 된다. 기존의 생산된 제품을 판매하는 방식에서 탈바꿈하여 주문받은 사양의 제품을 생산한다는 점이 특이하다. 매우 다양한 선택사양을 소비자가 선택할 수 있고, 가격이 자동으로 책정되며, 제품 가용일자와 배송일자가 자동으로 보여진다. 인터넷 상의 다양한 주문처리와 가용성 점검기능 등을 구현하기 위하여 델 컴퓨터는 SAP ERP를 구축하고 프로세스 혁신을 도모하였다. 이와 같이 델 컴퓨터의 생산유형은 온라인 상에서의 주문에 의해 바로 조립이 되는 주문사양 조립(Build to Order)방식이다.

인터넷 점포에서의 사전에 분류된 고객유형으로 좀더 간단하고 효율적인 고객관리가 가능하다. 델 컴퓨터가 생산하는 모든 제품은 고객 각각의 서로 다른 요구에 맞추어 만든 것인데, 고객이 웹 사이트에서 미리 분류된 고객유형에서 자신과 가장 가까운 것을 선택하면 그에 맞는 최적의 제품모델과 견적을 안내해 준다. 기업의 판매부서의 경우에는 해당기업이 미리 지정해 놓은 사양만을 보여줄 수도 있다. 고객이 일단 주문하면 워크플로(Workflow)를 통해 담당판매원에게 주문사항이 전달되고 주문시스템에 입력되면 주문사양 조립(Build to Order)을 위해 바로 공장으로 전달된다.

고객은 주문당시에 받은 주문번호에 의해 맞춤식 고객서비스를 받을 수 있다. 조립라인에서 모든 부품의 주문번호를 바코드로 인식하여 해당 제품의 특징을 주문번호만으로도 파악할 수 있도록 하고 있으며 주문에서 배송까지의 상황을 추적(Tracking)할 수도 있다. 기업고객의 경우 주문제품의 납기도 파악이 가능하기 때문에 더욱 유용하며, 델 컴퓨터도 주문처리 시간이 줄어들어 수요예측에 필요한 시장동향을 보다 빨리 수집할 수 있게 되었다.

주문번호를 이용하여 해당 제품의 A/S도 받을 수 있으며 이러한 서비스를 제공하기위해 델 컴퓨터는 8만페이지 분량의 지원매뉴얼을 보유하고 있으며 콜센터를 통한 전화서비스를 받을 수도 있다.

델 컴퓨터는 최종 완제품 조립만 담당하고, 나머지는 공급업체가 담당하게 하여 경쟁업체보다 판매, R&D, 제조의 가치활동들을 일관성 있게 연계시킬 수 있었다.

이는 SCM 전체관점에서 볼 때, 가치사슬의 연계관점에서도 중요하다. 과거에는 공급사슬내의 정보를 공유하기 위해 공급사슬을 한 기업으로 만들어 수직적으로 통합하였으나, 이제는 인터넷의 등장으로 관련정보가 공급사슬 내에서 용이하게 공유되자 기업의 수직적 통합(Vertical Integration)이 감소되고 통합된 경쟁력을 바탕으로 한 성장을 위해 공급사슬 내의 기업간 연결이 가속화되는 추세이다.

델 컴퓨터는 이와 같은 공급사슬관리에 의해 주문에서 부품의 구입, 생산, 입금과 지불타

이밍 등 각 프로세스의 속도를 최적화하여 지불보다 입금이 빠르다. 델은 현금전환 사이클(Cash Conversion Cycle)이라는 성과지표를 중요시 여기는데 이는 매출금 회수일과 재고보유일 수를 더하고 매입금 지불일수를 뺀 수치로 「상품을 어떻게 빨리 현금화시킬 것인가」를 표현한 것이다. 일반기업의 경우 출하에서 대금회수까지 시간이 걸리기 때문에 이 수치는 「+」가 되는 경우가 많으나 델 컴퓨터는 「-8일」이 되었고, 지불일보다 입금일과 재고보유일을 합한 일수가 적게 되었다.

최근 델 컴퓨터의 직접 판매모델에도 결점이 드러나기 시작했다. 유통점이 없기 때문에 우수한 A/S를 제공하기 어렵다는 것이다. 이를 개선키 위해 델 컴퓨터는 미국 전역에 A/S망을 구축하고 있으며 온라인과 오프라인의 병행구조를 고려하고 있다.

3.3 가상통합 조직 및 아웃소싱 전략

델 컴퓨터는 가상통합(Virtual Integration)조직을 구축함으로써 이러한 직접 판매방식을 성공으로 이끌었다. 가상통합 조직이란 [그림 8-5]와 같이 공급업체와의 파트너십을 통해 하나의 회사처럼 공급사슬을 최적화시키고, 기존의 유통망을 단순화시킴으로써 고객이 지불하는 가격을 저렴하게 할 수 있으며, 곧 바로 고객에게 배송되는 체계가 구축된 것을 말한다. 칩생산자, 부품생산자, 악세사리 생산자 등 공급업체와의 파트너십을 통한 완벽한 정보네트워크를 구성하여 고객의 주문이 실시간으로 전달될 수 있었으며 생산이후에도 다음 협력업체와 바로 연결되어 포장에 드는 시간과 비용 및 공간을 절감하고 재고수량을 최소화하였다. 공급업체와의 커뮤니케이션의 강화를 통해 공급업체로 부터의 구매가격도 높여 주었다.

또한 운송서비스 업체와의 전략적 아웃소싱계약을 통해 소매를 통한 유통비용을 절감하였다. [그림 8-5]에서 볼 수 있는 바와 같이 배송 파트너인 Federal Express와 에어본 UPS는 델 컴퓨터의 어스틴 공장에서 컴퓨터 본체를 픽업하고 멕시코의 소니 물류창고에서 모니터를 픽업해서 고객에게 직접 배송해 준다. 이와 같이 델 컴퓨터는 앞의 월마트의 전용운송체계와는 정반대의 전략적 아웃소싱 제휴관계의 운송체계를 효과적으로 활용하였다.

델 컴퓨터는 인터넷을 통한 매출신장을 위해 다수의 웹팜(Web Farm)체계를 구축하고 하나의 웹팜에는 수백대의 서버를 유기적으로 연결하여 웹사이트를 통해 핵심역량을 구현하고 있다.

델 컴퓨터는 생산을 제외한 다른 부문들을 모두 아웃소싱하고 있다. 주문에 따른 생산이 끝나면 이후의 모든 과정은 전문 공급업체에게 맡겨진다. 델 컴퓨터는 이렇게 함으로써 효율적인 공급사슬관리를 가능케했다. 전문 공급업체 선정에 있어 명확한 기준을 세우고 이에 가장 적합한 기업을 선정하였다. 이러한 방식으로 델 컴퓨터는 제품의 성능을 높이고 고객화하는 데에 집중한다.

3.4 차별화된 고객관계관리

1997년 'My Dell 서비스'에서 출발하여 현재는 200여개의 Premier Pages라 불리는 엑스트라넷을 통해 고객관리를 하고 있다. 이를 통해 시장세분화(Segmentation)가 가능해지고, 고객관리를 위한 고객정보 분석기능이 제공된다. 특별한 구매고객을 대상으로 패스워드를 제공하여 제품구매, 옵션선택, 가격흥정, 할인가격정보, 재고와 주문추적, 고객서비스 지원팀의 개별정보 등 델 컴퓨터의 정보 및 과거 구매기록을 볼 수 있게 하였다.

초기에는 천만달러 이상의 구매고객만을 대상으로 하였으나 점차 5백만달러~천만달러의 고객으로 확대하였다. 이러한 Premier Pages는 고객사의 개별부서가 구매하고자 할 때 고객사가 승인하는 컴퓨터 모델만을 제시함으로써 구체적으로 고객사의 업무를 지원하기도 한다. 이를 통해 고객들은 다양한 정보뿐만 아니라 스스로 가장 적합한 모델을 선택하는 것이 가능하게 되었다.

인터넷 점포를 통해 직접 고객의 피드백을 아이디어로 체계화하여 고객이 원하는 컴퓨터를 개발하고 생산함으로써 보관비용, 잉여처리 등을 사전에 제거하고 상품구성과 유통과정을 신속하게 하여 그 이익을 고객에게 환원하였다. 이러한 고객과의 쌍방향 커뮤니케이션을 통해 고객에게 신상품 업계의 흐름과 정보를 제공하기도 한다. 또한 고객들에게 기획, 생산계획에 대한 의견을 구하며 문제점을 해결하기 위한 '플래티넘 위원회(Platinum Committee)'를 운영하고 있다.

델 컴퓨터가 보유하고 있는 E-Support Direct 서비스는 사람이 개입하지 않고 인터넷을 통해 고객이 보유한 시스템에 문제가 발생할 경우 이를 인지하고 원인을 파악하여 해결해 주는 서비스다. 고객이 원하는 대로 여러가지 서비스 수준이 있으며 고객보다 먼저 고객에게 발생할 문제를 파악하고 대응한다는 점에서 고객서비스의 혁명이라 불린다.

지금까지 풀무원, 월마트, 델 컴퓨터의 공급사슬관리 사례를 살펴보았다. 각기 다른 산업에 속해 있는 기업들이지만, 유사한 기법을 사용한 경우도 있었다. 예를 들어 풀무원과 월마트는 모두 크로스도킹이라는 물류시스템을 사용하고 CPFR 기법을 적절히 활용하였다. 또한 풀무원과 델 컴퓨터는 ERP를 경영혁신의 도구로 삼아 부문간 가치활동을 연계시키고 최적화를 위해 노력하였다. 또한 핵심역량과 아웃소싱을 할 분야를 정확하게 판단하는 것이 필요하다. 그리고 월마트와 델 컴퓨터는 모두 물류비용을 최소로 감소시키는 전략을 선택했지만 월마트는 전용 운송시스템을 갖추었고, 델 컴퓨터는 Federal Express 등과 전략적 제휴를 하여 물류체계를 개선하였다. 특히 델 컴퓨터의 직접 판매모델과 공급업체들과의 가상 통합조직은 공급사슬의 구조를 변혁시켰다는 점에서 세간의 주목을 받은 바 있다. 공급사슬관리 사례를 읽으면서 앞에서 학습한 내용들을 다시 한번 상기시키고, 각 회사의 공급사슬관리를 위해 어떤 부분을 혁신하는 것이 필요할 지를 생각해 보는 것이 필요하다.

참 고 문 헌

1. 국내문헌

강종열, 민동권, 박재흥, 손병규, 원유동 공역, 래리 리츠먼 외 1인 공저, 『생산운영관리의 기초』, 시그마프레스㈜, 2004.

김선민, 문성암, 박정훈 역, Douglas M. Lambert, James R. Stock, Lisa M. Ellram 저, 『물류관리론(Fundamentals of Logistics Management)』, 한올출판사, 2005.

김은, 박진우, 박준호, 유세열, 『Enterprise Solutions』, 어람출판사, 2005.

김정욱, 함용석 외 10인, 『경영정보시스템』, 박영사, 2007.

김태영, 함용석, "공급사슬관리를 위한 비정수 타임 랙을 갖는 ATP(Available-to-Promise) 시스템", 대한경영학회 논문집, 제22권, 제6호, 2009, pp.3673-3691.

김태현, 『21세기를 대비한 Supply Chain Management』, 박영사, 2000.

남호기 & 인천대 동북아e-물류연구센터, 『e-SCM』, SigmaInsight, 2002.

노부호, 함용석 외 9인 옮김, 토머스 데이븐포트 외 2인 공저, 『빅 아이디어』, 21세기북스, 2003.

류지철, 『글로벌 경제시대의 기술경영을 포함한 생산경영』, 한올, 2008

문근찬, 『혁신과 변화관리』, 한티미디어, 2006.

백주현, 황규진, 함용석, 권오영, 김종근, 『경영학원론』, 도서출판 두남, 2007.

이숙희, 『君子之道에 관한 연구 - 〈中庸〉을 중심으로 - 』, 성신여자대학교 교육대학원 석사학위논문, 1992.

임세헌, 박연우, 『e-Business시대의 SCM과 유통정보화 전략』, 한올출판사, 2005.

전준수, 『종합물류의 이해』, 박영사, 2005.

최경주, 함용석, 박상익, 『전자상거래와 SCM』, 도서출판 두남, 2007.

최정욱, 『기업경쟁력 창출을 위한 구대관리』, 박영사, 2009.

최정욱, 함용석, "전자상거래 환경하의 SCM의 발전단계에 관한 연구", 한국생산관리학회지, 제14권, 제2호, 2003, pp.93-113.

한국능률협회컨설팅 SCM팀 옮김, 후쿠시마 요시아키 지음,『SCM 경영혁명』, 21세기 북스, 1998.

함용석, 『무한세계 SAP ERP여행』, 도서출판 두남, 2008.

함용석, 김태영, “H사의 공급망 환경에서의 생산계획 최적화 사례연구”, 한국경영정보학회 추계컨퍼런스, 2006, pp.375-381.

함용석, 김태영, “혼합정수계획법을 이용한 H사의 분배센터 운영 최적화 방안에 대한 연구”, 대한경영학회 논문집, 제19권, 제6호, 2006, pp.2513-2530.

함용석, 남기찬, “ASP방식을 통한 제이텔의 ERP도입사례”, Information Systems Review, Vol.24, No.1, 2002, pp.19-31.

함용석, 최정욱, “V사의 Post-ERP 혁신활동을 통한 가치창출 사례”, 한국 SI학회 추계학술대회 논문, 2002, pp.245-251.

홍성수 편역, 타나카 카즈나리 지음, 『생산관리』, 새로운 제안, 1999.

2. 국외문헌

Boo-Ho Rho, Yong-seok Hahm and Yung Mok Yu, “Improving Interface Congruence between Manufacturing and Marketing in Industrial- Product Manufacturers”, International Journal of Production Economics, 37, 1994, pp.27-40.

Cavinato, J., 『The Supply Management Handbook』, McGraw-Hill, 2006.

David Frederic Ross, 『Competing Through Supply Chain Management : Creating Winning Strategies Through Supply Chain Partnerships』, Chapman & Hall, 1998.

Dimitris N. Chorafas, 『Integrating ERP, CRM, Supply Chain Ma- nagement, and Smart Materials』, AUERBACH, 2001.

Gerhard Keller and Thomas Teufel, 『SAP R/3 Process-Oriented Implementation- Iterative Process Prototyping』, Addison Wesley Longman, 1998.

Gerhard Knolmayer, Peter Mertens and Alexander Zeier, 『Supply Chain Management Based on SAP Systems』, Springer, 2002.

Jen-Her Wu and Yu-Min Wang, “Measuring ERP Success : the Ultimate User's View”, IJOPM, vol.26 no.8, 2006.

John Storey and Carloline Emberson et al., 『Supply Chain Management: Theory, Practice and Future Challenges』, IJOPM, Vol.26, No.7, 2006.

Kenneth C. Laudon and Jane P. Laudon, 『Management Information Systems』, Pearson Education International, 2007.

Leenders, M, P. Johnson, A. Flynn and H. Fearon, 『Purchasing Supply Management』, Mc-

Graw-Hill/Irwin, 2005.

Martin Christopher & Denis R. Towill, "Supply Chain Migration from Lean and Functional to Agile and Customized," Supply Chain Management: An International Journal, Vol.5, No.4, 2000.

Martin Murray, 『SAP MM-Functionality and Technical Configuration』, Galileo Press, 2006.

Patrik Jonsson and Stig-Arne Mattsson, "A Longitudinal Study of Material Planning Applications in Manufacturing Companies", IJOPM, Vol.26, No.9, 2006.

Stanley E. Fawcett, Lisa M. Ellram and Jeffrey A. Ogden, 『Supply Chain Management: From Vision to Implementation』, Pearson Education International, 2007.

Steve Brown, 『Manufacturing the Future』, Pearson Education, 2000.

국 문 색 인

ㄱ

ㄴ·ㄷ

ㄹ·ㅁ·ㅂ

ㅅ

ㅇ

ㅈ

ㅊ

ㅋ

ㅍ

ㅎ

영 문 색 인

N · O

P

Q · R

S

W · Z

저자 약력

함용석 교수는 삼성SDS와 글로벌 경영컨설팅 회사인 Accenture 및 SAP Korea에서 근무하며 삼성전자, LG전자, 삼성항공, 볼보건설기계코리아, 한국타이어 등 국내 유수기업들의 경영 컨설팅을 담당한 바 있다. 서강대학교에서 학사, 석사, 박사를 취득하고, University of Missouri-Columbia에서 교환교수를 역임하였다. 또한 미국 APICS공인 생산/물류관리사(CPIM) 자격증을 보유하고 있으며, 독일 SAP사의 ERP 관련 SD, MM, PP모듈에 대한 공인자격증을 가지고 있다.

현재 동양미래대학교에서 ERP 및 SCM 관련 과목을 강의하고 있다. 『빅 아이디어(21세기북스)』, 『ERP의 이해와 활용(북넷)』, 『경영정보시스템(박영사)』 등의 주요 저서가 있으며, Improving Interface Congruence between Manufacturing and Marketing in Industrial-Product Manufacturers(International Journal of Production Economics) 등 국내외 학술지에 수십 편의 논문을 발표하였다.

기업성과 혁신을 위한 공급사슬관리

2018년 3월 5일 1쇄 인쇄
2018년 3월 8일 1쇄 발행

저 자 함 용 석
발행인 류 재 식 · 박 용 범
발행처 도서출판 북넷
서울 용산구 효창원로 70길 46 대신빌딩 2층
등 록 2007. 11. 1/제203-90-00857
전 화 (02)395-2341
팩 스 (02)395-2303

정가 23,000원

ISBN 979-11-86947-18-0

e-mail : book2341@naver.com